헌법은 어떻게 국민을 지키는가

헌법은 어떻게 국민을 지키는가

헌법의 자리 2

1판 1쇄 인쇄 2025. 5. 13.
1판 1쇄 발행 2025. 5. 21.

지은이 박한철, 신상준

발행인 박강휘
편집 이혜민 디자인 지은혜 마케팅 이유리 홍보 이한솔, 이아연
발행처 김영사
등록 1979년 5월 17일(제406-2003-036호)
주소 경기도 파주시 문발로 197(문발동) 우편번호 10881
전화 마케팅부 031)955-3100, 편집부 031)955-3200 | 팩스 031)955-3111

값은 뒤표지에 있습니다.
ISBN 979-11-7332-207-5 03360

홈페이지 www.gimmyoung.com   블로그 blog.naver.com/gybook
인스타그램 instagram.com/gimmyoung   이메일 bestbook@gimmyoung.com

좋은 독자가 좋은 책을 만듭니다.
김영사는 독자 여러분의 의견에 항상 귀 기울이고 있습니다.

헌법은
어떻게 국민을 지키는가

헌법의 자리 2

박한철·신상준 지음

IN SEARCH OF THE CONSTITUTION

김영사

저자의 말

2022년 《헌법의 자리》를 출간했다. 당시 일련의 선거 과정
에서 많은 국민, 특히 청년들이 정치권의 유혹과 선동에 흔들
리면서 우왕좌왕하는 모습을 보고 느낀 안타까운 마음과 무
거운 책임감이 계기가 되었다. 정치와 민주 시민 교육을 제대
로 받지 못하고 성장한 우리 젊은 세대가 헌법 정신과 가치와
관련된 의문을 스스로 제기하고 올바른 가치판단 기준과 방
법을 배울 수 있도록 하려는 데 목적이 있었다. 우리 사회에
가장 큰 영향을 미친 13개 헌법판례를 중심으로 기본적인 국

가철학과 헌법 이론을 소개하는 데 주안점을 두었다. 쉽지 않은 책임에도 현직 교사들이 고등학교 생기부(학교생활기록부) 필독서로 추천했을 정도로 독자들의 과분한 사랑을 받았다. 그러나 우리 헌법판례 전반에 흐르는 중요한 헌법 원칙과 가치 모두를 종합적이고 체계적으로 설명하는 데는 한계가 있어 아쉬움이 컸다. 그러한 연유로 이번에 《헌법은 어떻게 국민을 지키는가》를 출간한다. 민주주의 위기의 시대를 살아가는 시민들이 헌법에서 말하는 자유민주주의의 진정한 의미가 무엇인지 되새기는 계기가 되었으면 좋겠다는 마음을 담았다.

'인간의 존엄', '자유주의', '민주주의', '법치국가', '공화주의' 같은 헌법원리와 핵심 가치가 우리 일상생활에서 어떻게 적용되고 운용되는지 실제 사례와 함께 구체적이면서도 종합적·입체적으로 보여주려 한다. 헌법판례를 40여 개 더 담았고, 국가철학과 헌법 이론에 대한 설명도 크게 늘렸다. 이번 책에는 나의 제자 신상준 박사가 공저자로 참여했다. 신 박사의 예리한 문제 제기, 폭넓은 학문적 역량과 뛰어난 글솜씨는 이 책의 수준을 높이고 내용을 더욱 알차게 만들어주었다. 처음 기획 단계부터 많은 아이디어를 제공했고, 특히 '3부 국가철학과 헌법 이론의 조명' 부분은 신 박사가 주도적으로 집필했다. 손이 많이 가는 주석 작업과 마무리까지 정성을 아끼지 않았다. 신 박사의 간곡한 권유와 도움이 없었다면 결코 이 책이 나올 수 없었다고 해도 과언이 아니다. 6개월여에 걸쳐 남산이 바라다보이는 연구실과 카페에서 수시로 만나 토론과 수정을 반복했다. 그러나 좀 더 읽기 쉽고 흥미 있게 쓰려고 했던 당초의 목표에 비추어 보면 여전히 많이 부족한 느낌이다.

헌법재판이란 무엇일까? 헌법재판의 본질은 질문이다. 문제 된 헌법적 쟁점과 헌법가치에 대한 끊임없는 질문을 통해 답을 찾아가는 과정이 바로 헌법재판이기 때문이다. 계속 질문하다 보면 우리의 정치 현실과 미래에 대한 고민으로 자연스럽게 연결된다. 아울러 인간의 존엄, 자유와 평등, 민주주의와 법치주의라는 보편적 가치, 우리 자신의 실존적 정체성에 대한 깊은 고민도 함께 제기될 수밖에 없다. 그러나 여러 가치가 충돌하는 현실에서 그 정답을 찾기란 결코 쉬운 일이 아니다. 헌법은 역사와 시대정신의 반영이자 정치 세력 간 타협의 산물로 무엇보다 실천을 통해 실현되는 규범이기 때문이다. 결국 훌륭한 헌법재판이 되려면 다양한 의견과 가치가 조화롭게 어우러진 아름다운 교향악이 되어야 한다. 이를 바탕으로 개인과 사회, 국가 공동체가 미래를 향해 상생 발전하는 굳건한 토대를 만들지 않으면 안 되는 까닭이다.

헌법재판소의 판례를 읽을 때는 다음 사항을 염두에 둘 필요가 있다. 첫째, 해당 사안에서 문제가 된 헌법적 쟁점과 헌법가치에 대해 질문해보아야 한다. 그러려면 먼저 사실관계에 대한 명확한 이해가 필요하다. 사안에서 침해를 주장하는 권익이 기본권의 보호 영역에 해당하는지, 기본권을 침해하는 법령 또는 국가 행위는 무엇인지, 헌법가치와는 어떻게 연관되는지 확인해보아야 한다. 둘째, 권익을 침해했다고 하는 법령 또는 공권력이 과연 기본권을 제한하는지, 나아가 어떤 방법으로 기본권을 제한하는지 살펴보아야 한다. 셋째, 만약 기본권을 침해한다면 정당한 사유가 있는지 또는 과도하게 침해하지 않는지 여부를 따져보아야 한다. 이 경우 과잉금지 원칙 등 여러 헌법 원칙이 판단 기준으로 작동한다. 이때 일련의 논증 과정을 면밀히 살펴보지 않으면 안 된다. 넷째, 법원이 당사자의 신청 또는 청구를 종국적으로 인용했는지, 기각했는지, 각하했는지 여부에 주의를 기울여야 한다. 이러한 부분은 동일한 사안을 두고 법원과 헌법재판소의 견해가 다를 수 있다는 것을 보여주기 때문이다. 물론 헌법재판소가 결정을 내린 후에는 법원이 이를 존중하고 따르게 된다. 다섯째, 헌재의 다수의견과 소수의견이 부딪히는 부분을 꼼꼼히 읽어볼 필요가 있다. 동일한 쟁점을 두고 헌법재판관 사이에 의견이 나뉜다는 것은 우리 사회에서 아직 논쟁이 정리되지 않았으므로 추가로 분쟁이 이어질 수 있다는 의미다. 또 오늘의 소수의견이 내일의 다수의견이 될 가능성을 배제할 수 없기 때문에 항상 열린 자세로 양자의 의견과 논증 과정을 주시할 필요가 있다.

이 책에 수록한 헌법판례는 민주정치의 확립과 발전, 국민의 자유와 권리 확대, 인권 존중과 보호의 강화, 공동체의 안정과 번영 확보, 보편적 국제 인권의 향상 등 다섯 개 범주로 분류했다. 하지만 모든 판례가 이러한 분류 기준에 꼭 들어맞지는 않는다. 판례에 따라서는 다양한 쟁점을 보유하며 여러 개 범주에 속하기도 하고, 어느 하나의 범주에 넣기 애매한 것도 있기 때문이다. 하지만 책을 끝까지 읽고 나면 이러한 판례 분류에 대해 들었던 의문이 자연스럽게 해소될 것이다. 이 책은 순서대로 읽어도 좋고, 일부를 먼저 읽어도 좋다. 다시 말하면, 이 책에서 다루는 판례 중 어느 것이든 관심 가는 사례를 먼저 선택해 헌법원리 및 헌법가치와의 연관성을 염두에 두면서 읽어도 된다.

집필 과정에서 우리 헌법학이 의존하는 서양철학과 독일 공법학의 난해한 용어를 가능한 한 쉽게 우리말로 옮기고, 헌법판례의 복잡한 쟁점과 문장을 풀어 쓰려고 노력했다. 하지만 그러한 목표가 어느 정도 달성되었는지에 대해서는 부끄러움과 의문이 남는다. 곳곳에 보이는 다소 아쉬운 부분은 전적으로 나의 몫이다. 다만 지난번 책보다 독자에게 좀 더 가까이 다가갔다면 이는 모두 신상준 박사의 열정과 공헌 덕분이라 생각한다.

이 책이 나오기까지 많은 분의 도움을 받았다. 신상준 박사의 아내이자 소설가 고은주 작가는 책을 내는 데 아낌없는 격려와 조언을 해주었다. 전 헌법재판소 홍보심의관 김해웅 박사는 책이 독자의 눈높이에서 보다 쉽게 읽힐 수 있도록 적극적으로 여러 아이디어를 제공해주었다. 헌법재판연구원 이승환 연구부장은 중요하고 핵심적인 헌법판례를 선정하고 평가하는 데 많은 도움을 주었다. 이 외에도 여러 분들이 이 책의 마지막 부인 '피날레: 민주주의를 위한 제언'을 구상하고 집필하는 데 문제의식을 공유하며 실효성 있는 대책을 논의하는 훌륭한 대화 상대가 되어주었다. 이 자리를 빌려 모두에게 특별히 고마운 마음을 전한다. 끝으로 촉박한 일정에도 깔끔하고 정성스럽게 책을 만들어주신 김영사의 김윤경 이사, 박민수 팀장, 이혜민 편집자께도 각별한 감사의 마음을 전하고 싶다.

국민은 무엇인가? — 모든 것이다.
지금까지 정치 질서에서 국민은 무엇이었는가? — 아무것도 아니었다.

앞으로 국민은 무엇이어야 하는가? ― 중요한 것이어야 한다.

– E. J. 시에예스E. J. Sieyès, 《제3신분이란 무엇인가》 중에서[1]

2025년 5월

박한철

제5대 헌법재판소장, (사)국가원로회의 고문,

동국대학교 법과대학 석좌교수

차례

2장 국민의 자유와 권리 확대

5장 보편적 국제 인권의 향상

1부

프렐류드

01

워즈워스가
시에 숨겨놓은 비밀

한때는 그리도 찬란한 빛이었건만
이제는 내 눈에서 영원히 사라져버렸다네,
지나간 시간은 결코 되돌릴 수 없을지라도
초원의 빛이여, 꽃의 영광이여;

우리는 슬퍼하지 않으리, 오히려 찾으리라
그 속에 남겨진 힘을;

What though the radiance which was once so bright

Be now for ever taken from my sight,

Though nothing can bring back the hour

Of splendor in the grass, of glory in the flower;

We will grieve not, rather find

Strength in what remains behind;

이 시詩는 〈초원의 빛Splendor in the Grass〉이라는 제목으로 널리 알려져 있다. 여기서 〈초원의 빛〉이라는 제목은 두 종류의 작품을 지칭한다. 하나는 1961년 미국의 영화감독 엘리아 카잔Elia Kazan이 만든 청춘 영화를, 다른 하나는 1804년 영국의 계관시인 윌리엄 워즈워스William Wordsworth(1770~1850)가 쓴 명시를 의미한다. 사실 워즈워스는 〈초원의 빛〉이라는 단독 시를 쓴 적이 없다. 그것은 단편 시 같은 11개의 연聯, stanza으로 구성된 장편 시이고, 원래 제목은 〈송가: 유년 시절의 회상에서 온 불멸의 암시Ode: Intimations of Immortality from Recollections of Early Childhood〉다. 〈초원의 빛〉은 엘리아 카잔 감독이 워즈워스의 장편 시 일부를 발췌해 영화의 제목, 대사, 엔딩 크레디트로 사용하면서 전 세계적으로 유명해졌다. 이 시는 전체적으로 어린 시절 느꼈던 자연과 영혼의 일체감과 신성한 영광을 성인이 된 삶에서는 상실하고 슬픔을 느끼는 것을 개탄하는 내용을 담고 있다. 그러나 시 뒷부분(9~11연)에서는 유년 시절의 순수한 경험과 이에 대한 새로운 인식, 자연과의 연결을 통해 영적 깨달음과 영혼의 불멸성을 되찾을 수 있다는 희망과 비전을 제시한다.

윌리엄 워즈워스는 유럽의 낭만주의romanticism 시풍을 이끌었다. 그는 "가난한 시골 사람들이 사용하는 언어만이 순수한 감정이 담긴 진실된 것"이라고 주장하면서 당대의 현학적이고 기교적인 시어를 배척했다. 그래서인지 비평가들은 워즈워스의 작품을 순수한 감정적 측면과 목가적 시각에서 주로 바라본다. 하지만 그가 프랑스대혁명에 가담한 열렬한 공화주의자였다는 사실은 비교적 덜 알려진 사실이다. 워즈워스는 케임브리지대학을 졸업한 1791년 프랑스로 건너가 프랑스대혁명을 직접 경험한 인물이다. 당시 프랑스에서는 1789년 발생한 시민혁명의 결과 1791년 새로운 헌법이 만들어졌고, 이 헌법에 따라 절대군주제가 폐지되고 새로운 의회(입법의회)가 구성되었다. 당시 입법의회는 입헌군주제를 지지하는 푀양파가 의사당의 우측, 군주제를 부정하는 자코뱅파가 좌측, 중도파가 중앙에 앉아 있었다. 오늘날 정치적 보수파를 우파the right, 급진파를 좌파the left라고 부르는 관행은 여기서 생겨났다. 워즈워스는 당시 프랑스대혁명의 자유와 평등이라는 이상에 크게 감명받고 이를 적극 지지했으나, 혁명이 점차 혼란과 폭력, 극단적인 방향으로 변하고 1793년부터 공포정치와 전쟁이 본격화하면서 큰 실망감을 안고 영국으로 돌아온다.

이러한 배경지식을 염두에 두고 목가적이고 감성적인 워즈워스의 〈초원의 빛〉을 혁명가 워즈워스의 시각에서 해석해보면 어떨까. 1행의 '찬란한 빛'은 '프랑스대혁명'을, 4행의 '초원의 빛'은 '자유'를, '꽃의 영광'은 '인권'을, 6행의 '남겨진 힘'은 '인간의 불굴의 의지와 이상'을 의미한다고 생각하고 다시 읽어보자. 혁명에 대한 기대와 열망뿐만 아니라 혁명의 좌절에도 굽히지 않는 자유와 평등, 인권의 진보에 대한 믿음이 느껴지지 않는가?

낭만주의 사조는 18세기 말 산업화와 합리주의 및 계몽주의에 대한 반발로 나타났으며, 인간의 내면과 자연의 조화를 강조하는 예술, 문학, 철학의 새로운 흐름을 열었다. 워즈워스는 프랑스대혁명에서 얻은 강렬한 이상과 경험을 바탕으로 자연, 감정, 상상력을 중심에 두고 문학적 혁신을 주도했다. 그는 혁명으로 인한 혼란과 좌절 대신, 시를 통해 인간의 내면적 성찰과 자연의 회복력을 강조했다. 특히 시집《서정적 발라드Lyrical Ballads》(1798) 서문Preface to the Second Edition을 통해 "시는 강렬한 감정의 자발적 범람the spontaneous overflow of powerful feelings이다. 그것은 고요 속에서 재현된 감정emotion recollected in tranquility에서 유래한다"고 선언함으로써, 동시대의 다른 작가들에게도 큰 영향을 주었다. 워즈워스는 낭만주의를 새로운 문학 운동으로 자리 잡게 했으며, 19세기 초반의 문학, 예술, 철학 등을 포함해 사회 전반에 걸쳐 낭만주의의 시대정신을 이끄는 데 중심적 역할을 수행했다.

02

시대정신은 민주주의 발전에
어떤 영향을 미쳤는가

 시대정신Zeitgeist은 한 시대를 지배하는 지적·정치적·사회
적 의식 경향(동향)을 말한다.[1] 시대정신은 각 시대의 사회 전
반에 걸쳐 지배적이고 주도적인 사고방식과 가치관을 형성한
다. 또 불합리한 기존 질서에 대한 도전과 변화를 촉발하기도
하고, 때로는 한 사회가 불합리한 기존 질서를 감당할 수 있는
임계점을 넘어설 때 혁명의 도화선 역할을 하기도 한다.
 중세(5~15세기)는 가톨릭Catholic이 정치와 사회, 지식의 중
심을 차지했으며 종교적 권위에 근거한 절대적 진리가 압도

했던 시대다. 14세기 후반 이탈리아에서 시작된 르네상스 시대의 고전주의 및 인문주의 정신은 종교적 권위와 봉건적 인습에 대한 비판 의식을 키워주었고 인간 본연의 자유와 평등을 추구하는 움직임으로 이어졌다. 이러한 동향은 마침내 1517년 마르틴 루터Martin Luther(1483~1546)의 종교개혁을 불러일으켰다.[2]

　16세기는 중세가 끝나고 근대가 시작되는 변화가 일어나며 힘을 축적하는 시대였다. 종교적 권위에 대한 회의감이 더욱 커지고, 니콜라우스 코페르니쿠스Nicolaus Copernicus(1473~1543), 갈릴레오 갈릴레이Galileo Galilei(1564~1642), 요하네스 케플러Johannes Kepler(1571~1630), 아이작 뉴턴Isaac Newton(1643~1727) 등 과학자의 등장과 인쇄술의 발달은 16~17세기 경험과 관찰을 통한 과학혁명으로 이어졌다. 이는 이성과 논리적 사고를 통해 세상을 이해할 수 있다는 인류의 자신감을 강화하고 합리주의rationalism 철학의 발전에 중대한 영향을 끼쳤다.[3]

　프랜시스 베이컨Francis Bacon(1561~1626)은 경험적 귀납법을, 르네 데카르트René Descartes(1596~1650)는 연역적 방법론을 도입하며 새로운 철학적 방법론을 제시했다. 이는 체계적이고 객관적인 지식 습득을 가능하게 했으며 합리주의 철학의 확립에 주요한 역할을 했다.[4] 합리주의는 인간 이성을 지식의 근원으로 보고 논리적 사고를 강조함으로써 인간 지식의 확장에 새로운 지평을 열어주었다. 이러한 합리주의 사상은 이성을 진리를 발견하고 사회를 개혁할 수 있는 유일한 도구라고 주장하는 계몽주의enlightment 운동으로 연결되었다.[5]

계몽주의(17세기 후반~18세기 전반)는 인간은 각기 자연상태에서 평등하게 천부적 자유와 권리를 누리지만(자연권론과 자연법 사상), 서로 간의 갈등과 충돌로 위험에 처하고 권리를 침해받을 수 있으므로 사회 구성원 간의 합의에 의해 국가를 만들어 권력을 위임해야 한다고 본다. 국가는 개인의 자연적 자유를 보호하고 사회질서를 유지해야 할 의무가 있으며(사회계약설), 만일 국가가 그 의무를 제대로 이행하지 않을 때 국민은 불의한 권력에 맞서 혁명을 통해 정의로운 사회를 이룩하는 것이 합리적이라고 주장한다. 계몽주의 운동은 영국(로크, 흄, 스미스 등)에서 시작되어 프랑스(몽테스키외, 볼테르, 루소, 디드로, 콩디야크 등 백과전서파 등)로 건너갔고, 다시 독일(라이프니츠, 토마지우스, 볼프, 칸트 등)로 파급되었다.[6]

계몽주의 운동은 봉건적 권위와 압제에 항거하고 이를 타파하려는 시민혁명으로 이어졌고, 역사적인 미국 독립혁명과 프랑스대혁명의 성공으로 귀결되었다.[7] 1789년 일어난 프랑스대혁명은 국민주권과 인권을 강조하고 국민의 역할 강화와 혁신적 사상의 탄생을 촉진했으며, 근대 입헌민주주의를 제도화하는 획기적 성과를 거두었다(19세기 근대 입헌민주주의 헌법의 성립). 이후 유럽과 세계 여러 나라가 국민주권, 법치주의, 권력분립 등 입헌민주주의의 기본 원칙을 받아들이면서 자유민주주의의 토대는 폭넓게 확산되었다. 그러나 초기 입헌민주주의는 귀족, 부유층 시민, 남성 등 일부 계층에게만 정치 참여를 허용하는, 보통선거를 보장하지 않는 제한적 민주주의에 지나지 않았다.

또 프랑스대혁명은 영국, 프랑스, 독일의 낭만주의 운동을 태동시키는 결정적 계기가 되었다.[8] 낭만주의(18세기 말~19세기 중반)는 새 시대와 인간의 힘에 대한 희망과 꿈을 부르짖었고, 이성보다는 감정(감성)이 인간의 본질이며, 감정을 통해 진정한 아름다움을 이해할 수 있다고 주장하면서 연애와 민족의식을 찬미했다. 그 결과 자유와 평등, 인권과 인간 정신에 대한 국민적 열광이 온통 세계를 뒤흔들었다.[9] 프랑스대혁명 이후 나폴레옹의 유럽 정복으로 유럽 각국에서는 민족 정체성을 기반으로 한 국민(민족)국가nation state로의 통일과 통합 운동이 일어났으며, 이는 열강 간의 식민지 쟁탈전으로 이어졌다.[10] 결국 합리주의 철학 사조가 근대 시민혁명을 이끈 원동력이었다면, 낭만주의 사조는 시민혁명의 자유와 인권 정신을 유럽 사회 전반, 그리고 세계적으로 확산시킨 추동력이 되었다.

18세기 중반 영국에서 면직물 공업의 발전으로 시작된 산업혁명(1760~1820)은 증기기관과 기계 발명으로 상징되는 기술 발전의 시대를 열었고, 이는 경제구조는 물론, 정치·사회구조도 크게 바꾸어놓는 결과를 가져왔다. 즉 자본주의가 대두되고 노동문제와 환경문제 등 새로운 문제를 야기했다.[11] 인구의 도시집중 현상과 노동계급의 대두는 노동계급의 권리 신장을 위한 투쟁과 사회주의 운동을 불러왔고, 마르크스주의 사상이 나타났다.

마르크스주의Marxism는 19세기 중후반 카를 마르크스Karl Marx(1818~1883)와 프리드리히 엥겔스Friedrich Engels(1820~1895)가 만든 사회·경제·정치사상으로 인간 의식이나 정치 체제보다 경제적 토대를 역사 발전의 핵심 동력으로 보았다.[12] 착취와 불평등이 없는 사회를 만들기 위해 노동자계급prole-tariat이 폭력혁명을 통해 자본주의 체제를 전복하고, 국가가 생산수단을 공유하고 계획경제를 통해 운영하는 사회주의 사회를 건설해야 한다고 주장했다. 마르크스주의는 1917년 러시아혁명, 1949년 중국혁명 등 공산혁명과 사회주의혁명에 큰 영향을 미쳤다.[13, 14]

실존주의Existentialism는 이 시기(19세기 후반~20세기 전반)에 대두한 철학 사조다. 19세기 이후 빠르게 진행된 산업화 및 도시화는 전통적인 공동체가 무너지는 사회구조의 변화와 함께 개인은 익명의 대중 속에서 고립감을 느끼는 개인의 소외 문제를 야기했다. 또 엄청난 인명 피해와 문명 파괴를 초래한 두 차례 세계대전의 참혹한 경험은 기존 가치관과 정치 질서에 대한 강한 회의를 불러일으키고 인간존재의 불안과 무의미함에 대해 근원적으로 직시하도록 했다.[15] 실존주의는 사회경제적 구조에 의해 개인의 삶이 결정된다는 마르크스주의의 사회결정론적 관점을 비판하면서, 인간이 단순히 사회계급이나 경제적 조건에 의해 결정되는 존재가 아니라 개인의 자유와 선택을 강조하며, 인간은 스스로 삶에 의미를 부여하고 책임을 져야 한다고 주장한다.[16] 인간은 피투성 Geworfenheit,[17] 被投性(주어진 것)의 존재로 태어났지만 기투성 Entwurf, 企投性(선택하는 것)으로 살아가는 존재로, '실존은 본질에 앞선다 l'existence précède l'essence'는 것이다. 아울러 사회운동, 시민 참여, 예술 활동 등 다양한 방식으로 개인 스스로 자유롭고 책임감 있는 삶을 살아가려는 노력이 모여 사회를 변화시킬 수 있다고 주장하며 사회정의 실현을 위한 통찰력을 제공했다.[18]

에두아르트 베른슈타인 Eduard Bernstein (1850~1932)이 창시한 사회민주주의 social democracy는 이러한 통찰을 바탕으로 마르크스의 급진적 혁명을 배격하고, 점진적이고 민주적인 방식으로 사회적 변화를 추구하는 정치이념이자 사상이다. 개인의 자유와 권리를 존중하면서도 노동자 권리 증진 등 사회적 평등과 복지국가를 강조한다. 경제적 불평등을 줄이고 사회적 안전망을 통해 모든 시민이 기본적인 생활수준을 유지하고 사회적 서비스에 접근할 수 있도록 지원하는 것을 목표로 한다.[19] 사회민주주의는 1919년 바이마르헌법Weimarer Verfassung의 탄생에 매우 중요한 역할을 했다.

바이마르헌법은 독일의 첫 민주주의 헌법으로서 국민주권주의를 바탕으로 표현의 자유와 집회·결사의 자유, 양심과 신앙의 자유 등 국민의 전통적 기본권을 충실히 보장했다. 동시에 재산권 행사가 공공복리에 어긋나지 말아야 하고, 국민의 생존에 필요한 경제적 조건의 보장을 국가에 요구할 수 있음을 명확히 하는 등 사회적 기본권을 도입했다. 또 노동자의 노동3권과 사회보험제도 도입 등 사회안전망 구축을 위한 제도를 마련함으로써 사회복지국가의 헌법적 근거를 처음으로 마련했다(20세기 사회복지국가 헌법의 성립).[20]

바이마르헌법은 이후 유럽과 세계 각국의 민주주의와 복지국가 발전에 크게 기여했다. 그러나 정작 독일에서는 경제적 위기와 정치적 혼란으로 제대로 정착되지 못하고, 극악한 나치 독재 정권으로 이어지는 비극적 결말을 맞고 말았다. 그 결과 전후 서독에서 방어적 민주주의 개념과 헌법재판제도가 도입되었다. 한편 바이마르헌법이 제시한 사회적 기본권 보장과 복지국가 원칙은 오늘날에도 민주주의국가의 헌법에 지속적으로 영향을 미치고 있다.

제2차 세계대전 이후 식민지 지배가 무너지고 수많은 국가가 독립을 선언하면서 민주주의 체제를 도입했으며, 아시아, 아프리카, 남미 등지에서 민주화 운동이 활발하게 일어났다. UN 등 국제기구는 이 과정에서 민주주의와 인권을 증진하기 위해 많은 노력을 기울였고 민주주의 확산에 공헌했다.[21] 또 1960년대에는 학생운동, 여성운동, 흑인 민권운동, 환경운동 등 다양한 사회운동이 일어났고, 시민사회의 발전은 민주주의의 기반을 강화하는 데 기여했다. 이에 따라 드디어 대부분의 민주주의국가에서 보통선거제도가 확립되어 일정 연령 이상의 모든 국민이 자유롭게 정치에 참여하고 주체가 되는 대중민주주의mass democracy 시대가 도래했다. 그 전까지 시민혁명 이후 근대국가의 민주주의에서는 실질적으로 유산시민계급bourgeoisie에게만 참정권이 인정되었고 노동자, 농민, 여성, 흑인은 정치에 참여할 수 없었다.

1960년대에 등장한 포스트모더니즘postmodernism(탈근대주의) 사조는 기존의 권위, 형식, 질서 등을 비판하면서 개성, 자율성, 다양성, 대중성을 강조했다. 이를 통해 다양한 정치적 목소리와 관점에 대한 포용을 주장함으로써 정치 참여를 확대하는 데 기여했다. 또 대중문화의 발전, 대량 소비주의consumerism의 확산 등 사회·문화 전반에 새로운 표현 방식과 다양성을 증진하는 등 대중민주주의 시대의 보편화에 크게 이바지했다. 포스트모더니즘은 단순히 한 철학 사조에 그치지 않고, 20세기 후반 이후 사회, 문화, 예술 전반의 변화를 반영하고 이끌어낸 중요한 시대정신이다. 이러한 특징은 여전히 현대사회 전반에 영향을 미치고 있다.[22] 그러나 포스트모더니즘이 역설적으로 정치적 냉소주의를 확산시키고 사회적 갈등을 심화시켰다는 비판도 존재한다.

한편 1980년대 이후 세계화globalization와 정보통신 기술의 발전은 민주주의에 새로운 도전과 기회를 가져왔다. 인터넷과 소셜 미디어는 시민들이 정보를 공유하고 의견을 표현하는 새로운 방식을 제공함과 동시에 가짜 뉴스와 혐오·증오 발언 등의 문제 역시 발생시켰다. 20세기 후반에는 냉전 종식, 민주화 운동 확산, 신자유주의 등장 등 세계 정치 전반에 중요한 변화가 초래되었다.[23] 그러나 21세기 초에는 테러리즘, 정치적 양극화와 경제 불평등의 심화, 정치적 포퓰리즘 등으로 민주주의가 중대한 위기에 처했다는 우려가 제기되었다. 일부 국가에서는 권위주의 정권이 재등장하고, 민주주의의 지속 가능성 여부에 대해 활발한 논쟁이 일어났다.

민주주의는 그 자체로서 결코 완성된 정치체제가 아니다. 시대 변화와 흐름 속에서 끊임없이 변화하는 정치체제로서 지속적인 개선과 문제 해결이 필요하다. 만일 민주주의가 슬기롭게 대응하고 해결책을 모색하는 데 실패할 경우 또다시 끔찍한 역사적 비극을 반복할 수밖에 없기 때문이다. 21세기의 미래는 민주주의가 직면한 새로운 도전과 시련을 어떻게 극복해나갈지에 달려 있다 해도 과언이 아니다. 21세기의 시대정신은 과연 어디서, 어떻게 찾아야 하는가?

03

근대국가 성립과
헌법의 탄생

   젊은 날의 워즈워스가 심취했던 혁명이란 무엇일까? 혁명은 국가의 기본 체계를 근본적으로 바꾸는 인위적 변혁을 가리킨다. 그렇다면 '국가Staat, State'란 무엇일까? 국가는 일본을 통해 우리에게 이식된 서구의 용어로 비교적 최근에 형성된 다소 생소한 개념이다. 이러한 국가는 근대 서양의 산물이다. 그렇다면 근대란 무엇일까? 사전적 의미로는 "최근에 형성된 사상, 방법, 스타일을 사용하는" 또는 "현재 또는 시기적으로 가까운, 특히 1500년경 이후의 시대"라고 정의한다.[1] 근대는 1500년대부터 현재까지를 포괄하는 매우 방대한 개념으로 아직까지도 논란이 많고 정립 중이다. 모더니즘과 포스트모더니즘을 표방하는 철학자조차 근대가 무엇을 의미하는지 정확히 정의하지 못하고 있다. 철학자들 사이에서 거의 유일하게 의견 일치를 보이는 부분이 있다면 '근대 이전에는 국가가 존재하지 않았다'는 사실 정도일 것이다.

모더니티의 선구자 막스 베버Max Weber(1864~1920)는 국가를 '사람에 대한 사람의 지배Herrschaft von Menschen über Menschen'[2]라고 정의했다. 국가는 '개인적 충성 맹세에 기초한 인적 결합'을 대체하기 위해 나타났기 때문이다.[3] 중세적 통치 구조(왕국)는 주군과 봉신 사이의 충성 서약과 인적 결합으로 유지된다. 하지만 근대적 통치 구조(국가)는 주권자와 신민 사이의 사회계약에 기초한다. 헌법사학자 미하엘 슈톨라이스Michael Stolleis는 국가 개념의 형성과 종교전쟁 사이에는 밀접한 관련이 있다고 주장한다.

그는 장 보댕Jean Bodin(1530~1596)의 종교전쟁에 대한 거부감이 국가 개념의 근본 토대인 주권 이론을 만들어냈다고[4] 말한다. 보댕 이후 개인에 대한 충성심은 공동체에 대한 법적 유대로 대체되었다. 이렇듯 국가는 통치를 물화物化, Versachlichung[5]한 결과다.

막스 베버의 국가 개념을 최대한 압축하고 형식화하면 게오르크 옐리네크Georg Jellinek(1851~1911)의 국가 개념에 이른 다. 옐리네크에 따르면, 국가는 국가인민Staatsvolk(줄여서 국민), 국가영토Staatsgebiet, 국가권력Staatsgewalt이라는 세 가지 요소로 구성되며, 이 요소는 중요한 규범적 의미를 지닌다.[6] 따라서 국가는 국가인민의 자격, 국가영토의 경계, 국가권력 행사에 관한 규정을 보유해야 한다. 여기서 국가영토는 "공통된 법질서하에서 국경으로 표시된 지리적 공간"을, 국가인민은 "지속적이고 견고한 인간의 결합"을, 국가권력은 "대내적으로는 질서를 유지하고 대외적으로는 다른 국가와 관계를 맺을 수 있는 능력"을 의미한다.[7,8]

이러한 옐리네크의 형식적 국가 개념은 국가의 실체를 인정하고, 자결권[9]을 부여하는 기준으로 사용되기 때문에 오늘날까지 헌법, 행정법, 형법, 국제법을 포괄하는 공법 영역에서 매우 중요한 역할을 한다. 옐리네크의 형식적 국가 개념에 내용적 특성을 부여하면 실체적 국가 개념을 얻을 수 있다. 국가의 본질적 과제는 내부적으로는 평화적 질서를 유지하고 외부적으로는 영토의 안전을 보장하는 것이다.[10] 옐리네크가 영토, 국민, 권력 앞에 '국가'라는 수식어를 붙인 것은 당시 국가는 비교적 새로운 개념이었기 때문이다.

국가의 기본 이념은 '사람들이 국가의 본질적 과제를 달성하기 위해 함께 모였다'는 점에서 파생된다. 사람은 자신의 고유한 권리 중 일부를 포기하고, 내부적 평화와 외부적 안전을 보장하는 기관을 설립한다.[11] 존 로크John Locke(1632~1704)에 의하면, "모든 인간은 본질적으로 자유롭고 평등하며 독립적이다. 어느 누구도 자신의 동의 없이 추방되거나 다른 권력에 종속될 수 없다. 인간이 이러한 자연적 자유를 포기할 수 있는 유일한 방법은 안전하며 평화롭게 생활하기 위해 다른 사람과 함께 공동체에 참여하고 단결하는 데 동의하는 것이다. 즉 공동체에 속하지 않는 다른 사람들이 공동체의 안전을 위협하지 않도록 보장하는 것이다."[12] 이 과정에서 근본적으로 중요한 점은 '개인이 자신의 권리를 행사하기 위해 무력을 사용하지 않는 것'이다. 즉 국가만이 폭력을 독점한다.[13] 이처럼 '권력의 독점을 통해 평화를 만든다'는 생각은 토머스 홉스Thomas Hobbes(1588~1679)에게서 유래했다.[14] 존 로크는 이것을 자유주의적 정치 질서의 필요조건으로 받아들였다.[15] 그러나 로크는 안전은 법적으로 구속되지 않는 절대 권력을 갖춘 '리바이어던Leviathan(구약성서에 나오는 괴수)'에 의해 보장된다는 홉스와는 달리 시민사회의 '헌법적, 의회정부적, 정치적 자기 조직화'에 의해 보장된다고 생각했다.[16]

막스 베버에 따르면, 역사적으로 존재했던 이전의 정치적 결사체와 마찬가지로 국가는 "합법적 폭력 수단을 기반으로 하는 사람에 대한 사람의 지배 관계"다.[17] 국가 내에서 사인간의 폭력 사용은 금지되므로, 각 개인이 자신의 권리를 주장하기 위해서는 국가에 그 권리의 실현을 요청해야 한다. 베버에게 법은 국가를 구성하는 요소일 뿐만 아니라 국가의 임무를 수행하기 위한 필수 도구다. 국가 내에는 세 가지 기본적인 법적 관계가 존재한다.[18] 바로 개인 간 법적 관계, 개인과 국가 간 법적 관계, 국가조직 내부의 법적 관계다. 이러한 세 가지 법적 관계는 사회계약에서 유래하고, 이러한 사회계약을 문서화한 것이 국가의 기본법인 헌법constitution이다.

2부

헌법판례의 이해

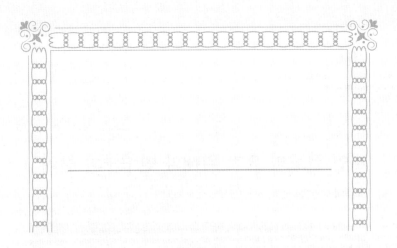

1장

민주정치의 확립과 발전

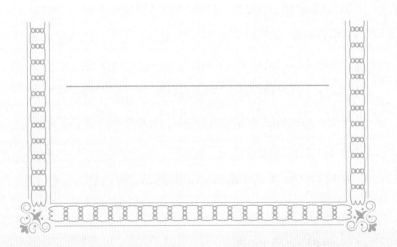

01

계엄 선포의 요건 위배와 민주주의 원리

대통령 윤석열 탄핵 사건(2025. 4. 4. 11:22)[1]

> 대통령의 비상계엄 선포 행위는 고도의 통치행위이므로 헌법재판소의 사법심사(위헌·위법성 통제) 대상이 될 수 없는가
> 비상계엄 선포 과정에서 일련의 법 위반 행위가 헌법 수호의 관점에서 대통령을 파면할 만큼 중대한가

사실관계

2024년 12월 3일 22시 27분경 대통령 윤석열(피청구인)은 대국민담화를 통해 비상계엄을 선포했다. 대국민담화의 내용은 "대한민국은 야당의 탄핵과 특검, 예산 삭감 등으로 국정이 마비된 상태이며, 북한 공산 세력의 위협으로부터 자유 대한민국을 수호하고 헌정질서를 지키기 위해 비상계엄을 선포한다"는 것이었다(제1차 대국민담화). 피청구인은 육군 참모총장 박안수를 계엄사령관으로 임명했고, 박안수는 같은 날

23시 23분경 계엄사령부 포고령 제1호를 발령했다.

12월 4일 1시 2분경 제418회 국회(정기회) 제15차 본회의에서 국회의원 170인이 발의한 비상계엄해제요구 결의안이 재석 190인 중 찬성 190인으로 가결되었다. 같은 날 4시 20분경 피청구인은 비상계엄을 해제하겠다는 내용의 대국민담화를 발표했고, 4시 29분경 국무회의에서 이 사건 계엄 해제안이 의결되었다.

12월 4일 국회에서 피청구인에 대한 탄핵소추안(1차 탄핵소추안)이 발의되었고, 12월 7일 피청구인은 "계엄으로 인해 국민들께 불안과 불편을 끼쳐드린 점을 사과하며, 임기를 포함해 정국 안정 방안을 국민의힘에 일임하겠다"는 취지의 대국민담화를 발표했다. 12월 7일 제418회 국회(정기회) 제17차 본회의에서 1차 탄핵소추안에 대한 표결을 실시했지만, 의결정족수 부족으로 투표가 불성립했다.

12월 12일 피청구인은 제2차 대국민담화를 발표했는데 그 요지는 다음과 같다. '거대 야당의 탄핵 남발, 특검법안 발의 등으로 국정이 마비되었고 국가가 위기 상황에 처했다. 거대 야당이 검찰과 경찰의 내년도 특경비·특활비 예산을 0원으로 깎고 다른 예산도 대폭 삭감해 국정이 마비되고 사회질서가 교란되어 행정과 사법의 정상적인 수행이 불가능하다. 국가정보원이 중앙선거관리위원회의 전산 시스템을 점검해보니 얼마든지 데이터 조작이 가능하고 방화벽도 사실상 없는 것이나 마찬가지라는 사실을 알게 되어, 국방부 장관에게 중앙선거관리위원회 전산 시스템을 점검하도록 지시한 것이다. 계엄령 발동 목적은 국민에게 국정 마비와 국가 위기 상황을 알려, 이를 멈추도록 경고하는 것이었다. 국회에 병력을 투입한 이유는 계엄 선포 방송을 본 국회 관계자와 시민이 대거 몰릴 것을 대비하여 질서유지를 하기 위한 것이지, 국회를 해산하거나 기능을 마비시키려 한 것이 아니다. 대통령의 비상계엄 선포권 행사는 사법심사의 대상이 되지 않는 통치행위다.'

12월 12일 국회의원 190명이 대통령 윤석열에 대한 탄핵소추안(2차 탄핵소추안)을 발의했고, 12월 14일 제419회 국회(임시회) 제4차 본회의에서 재적의원 300인 중 204인의 찬성으로 2차 탄핵소추안을 가결했다. 12월 14일 소추위원(국회 법사위원장)은 헌법재판소에 피청구인에 대한 탄핵심판을 청구했다.

헌재 결정

헌재는 피청구인(대통령 윤석열)이 헌법과 법률을 위배하여 헌법 수호의 책무를 저버리고 민주공화국의 주권자인 대한국민의 신임을 중대하게 배반했으므로 대통령직에서 파면한다는 탄핵심판 인용결정을 내렸다(전원일치).

헌재 결정을 입체적으로 이해하기 위해서는 적법요건판단(재판받을 만한 형식적 요건을 갖추었는지)과 본안판단(당사자의 주장이 타당한지)을 나누어 살펴볼 필요가 있다. 적법요건판단은 본안판단을 받을 만한 전제 조건, 즉 소송주체(자연인), 대상적격(권리·의무), 당사자적격(권리·의무 주체), 소의 이익(권리구제 필요성) 등 소송요건에 대한 판단을 말한다. 당해 사건이 적법요건을 갖추지 못한 경우 본안심리에 들어가지 않고 부적법 각하却下(신청을 물리쳐 판단을 거부함)하며, 적법요건을 갖춘 경우 비로소 본안심리에 들어가 본안판단을 하게 된다. 본안판단은 그 결과에 따라 원고 승소결정인 인용認容(원고 주장을 받아들임)결정과 원고 패소결정인 기각棄却(원고 주장을 버림)결정으로 나뉜다. 탄핵심판 역시 적법요건을 갖추지 못한 경우 각하결정, 적법요건을 갖추어 본안심리를 마친 경우 기각결정 또는 인용결정을 내리게 된다. 탄핵심판 인용결정은 피소추인에 대한 파면결정을 의미한다.

헌재는 이 사건이 적법요건을 갖추었다고 판단했다(전원일치).

대통령의 계엄 선포 행위가 사법심사의 대상이 되는가: 피청구인은 대통령의 비상계엄 선포 행위는 고도의 통치행위로서 사법심사의 대상이 아니므로 이 사건 탄핵심판 청구가 부적법하다고 주장한다. 대통령의 계엄선포권은 전시·사변 또는 이에 준하는 국가비상사태에 있어 병력으로써 군사상의 필요에 응하거나 공공의 안녕질서를 유지할 필요가 있을 때 발동되는 국가긴급권으로, 그 행사에 대통령의 고도의 정치적 결단을 요한다고 볼 수 있다. 그러나 이 경우에도 국가긴급권은 헌법이 정한 발동 요건·사후 통제 및 국가긴급권에 내재하는 본질적 한계는 엄격히 준수되어야 한다.[2] 계엄의 선포에 관해서는 헌법 제77조[3] 및 〈계엄법〉에서 그 요건과 절차, 사후 통제 등에 대해 규정하고 있고, 탄핵심판 절차는 고위 공직자가 권한을 남용해 헌법이나 법률을 위반하는 경우 그 권한을 박탈함으로써, 헌법질서를 지키는 헌법재판이라는 점[4]을 고려하면, 비록 이 사건 계엄 선포가 고도의 정치적 결단을 요하는 행위라 하더라도 탄핵심판 절차에서 그 헌법 및 법률 위반 여부를 심사할 수 있다.

소추 의결서에서 내란죄 등 〈형법〉 위반 행위로 구성했던 것을 탄핵심판 이후에 헌법 위반 행위로 포섭해 주장한 것이 소추 사유의 변경·철회에 해당하는가: 국회가 탄핵심판을 청구한 뒤 별도의 의결 절차 없이 소추 사유를 추가하거나 기존의 소추 사유와 동일성이 인정되지 않을 정도로 소추 사유를 변경하는 것은 허용되지 않는다.[5] 그런데 헌법재판소는 소추 의결서에서 그 위반을 주장하는 '법 규정의 판단'에 관해서는 원칙적으로 구속을 받지 않고 청구인이 그 위반을 주장한 법 규정

외에 다른 관련 법 규정에 근거하여 탄핵의 원인이 된 사실관계를 판단할 수 있으므로,[6] 동일한 사실에 대해 단순히 적용 법조문을 추가·철회·변경하는 것은 '소추 사유'의 추가·철회·변경에 해당하지 않는다. 청구인이 〈형법〉 위반 행위로 구성했던 사실관계를 헌법 위반으로 포섭하는 것은 소추 의결서에 기재한 기본적 사실관계는 동일하게 유지하면서 그 위반을 주장하는 법조문을 철회 또는 변경하는 것에 지나지 않으므로 특별한 절차를 거치지 않더라도 허용된다. 또 피청구인은 소추 사유에 내란죄 관련 부분이 없었다면 의결정족수를 충족하지 못했을 것이라고도 주장하지만 이는 가정적 주장에 불과하며 객관적으로 뒷받침할 근거도 없다.

적법요건과 관련해서는 그 밖에도 국회가 법사위의 조사 절차 없이 탄핵소추안을 의결할 수 있는지, 이 사건 탄핵소추안 의결이 일사부재의 원칙에 위반되는지,[7] 계엄이 단시간 안에 해제되었고 이로 인한 피해가 발생하지 않았으므로 보호이익이 흠결되었는지, 야당이 대통령의 지위를 탈취하기 위해 탄핵소추권을 남용했는지 등이 문제가 되었으나 헌재는 각각의 쟁점 모두 적법요건을 갖추었다고 판단했다.

한편 증거 법칙과 관련해서는 탄핵심판 절차에서 〈형사소송법〉상 전문법칙[8]을 완화해 적용할 수 있다는 재판관 2인의 보충의견과 탄핵심판 절차에서 앞으로는 전문법칙을 보다 엄격하게 적용할 필요가 있다는 재판관 2인의 보충의견이 있다.

우리 헌법과 〈헌법재판소법〉이 규정하고 있는 탄핵요건은 '피청구인이 직무 집행에 있어 헌법이나 법률을 위반했는지'[9] 와 '피청구인의 법 위반 행위가 피청구인을 파면할 만큼 중대한지'[10] 두 가지다. 따라서 헌법재판소의 본안심리는 국회의 소추 사유가 탄핵요건을 충족하는지 여부에 집중되어 있다.

탄핵요건 1: 헌법·법률 위반 여부: 헌재는 각각의 소추 사유별로 피청구인이 직무 집행에 있어 헌법이나 법률을 위반했다고 판단했다(전원일치).

가장 중요한 소추 사유인 비상계엄 선포 행위에 대한 헌재의 판단을 살펴보면 다음과 같다.

비상계엄의 실체적 요건: 헌법[11] 및 〈계엄법〉[12]에 따르면 비상계엄 선포의 실체적 요건 중 하나는 전시·사변 또는 이에 준하는 국가비상사태로 적과 교전 상태에 있거나 사회질서가 극도로 교란되어 행정 및 사법 기능의 수행이 현저히 곤란한 상황이 현실적으로 발생해야 한다. 피청구인은 야당이 다수 의석을 차지한 국회의 이례적인 탄핵소추 추진, 일방적인 입법권 행사 및 예산 삭감 시도 등의 전횡으로 인해 이와 같은 중대한 위기 상황이 발생했다고 주장했다. 실제로 피청구인이 취임한 후 이 사건 계엄선포 전까지 국회는 행안부 장관, 검사, 방통위 위원장, 감사원장 등에 대해 총 22건의 탄핵소추안을 발의했고, 이는 국회가 탄핵소추 사유의 위헌·위법성에 대해 숙고하지 않은 채 법을 위반했다는 의혹에만 근거해 탄핵심판제도를 정부에 대한 정치적 압박 수단으로 이용하고 있다는 정치적 우려를 낳기도 했다. 그러나 이 사건 계엄 선포 당시에는 검사 1인 및 방통위 위원장에 대한 탄핵심판 절차만이 진행 중이었다. 피청구인이 야당이 일방적으로 통과시켜 문제가 있다고 주장하는 여러 법률안은 피청구인이 재의를 요구하거나 공포를 보류해 그 효력이 발생하지 않은 상태였다. 2025년도 예산안은 2024년 예산을 집행하고 있던 이 사건 계엄 선포 당시 상황에 어떠한 영향도 미칠 수 없고, 2025년도 예산안에 대해 국회 예결특위의 의결이 있었을 뿐 본회의의 의결이 있었던 것도 아니다. 따라서 국회의 탄핵소추, 입법, 예산안 심의 등의 권한 행사가 이 사건 계엄선포 당시 중대한 위기 상황을 현실적으로 발생시켰다고 볼 수 없다. 국회의 권한 행사가 위법하고 부당하더라도, 헌법재판소의 탄핵심판, 피청구인의 법률안 재의 요구 등 평상시 권력을 행사하는 방법으로 대처할 수 있으므로 국가긴급권의 행사를 정당화할 수 없다.

또 피청구인은 부정선거 의혹을 해소하기 위해 이 사건 계엄을 선포했다고 주장했다. 그러나 어떠한 의혹이 있다는 것만으로 중대한 위기 상황이 현실적으로 발생했다고 볼 수 없다. 또 중앙선거관리위원회는 제22대 국회의원 선거 전에 보안이 취약한 점에 대해 대부분 조치를 취했다고 발표했으며, 사전·우편투표함 보관 장소 CCTV 영상을 24시간 공개하고 개표 과정에 수검표제도를 도입하는 등의 대책을 마련했다는 점에서도 피청구인의 주장은 타당하다고 볼 수 없다. 결국 피청구인이 주장하는 사정을 모두 고려하더라도, 피청구인의 판단을 객관적으로 정당화할 수 있을 정도의 위기 상황이 이 사건 계엄 선포 당시 존재했다고 볼 수 없다.

헌법과 〈계엄법〉은 비상계엄 선포의 또 다른 실체적 요건으로 병력으로 군사상의 필요에 응하거나 공공의 안녕질서를 유지할 필요와 목적이 있을 것을 요구한다. 그런데 피청구인이 주장하는 국회의 권한 행사로 인한 국정 마비 상태나 부정선거 의혹은 정치적·제도적·사법적 수단을 통해 해결해야 할 문제지 병력을 동원하여 해결할 수 있는 것이 아니다. 피청구인은 이 사건 계엄이 야당의 전횡과 국정 위기 상황을 국민에게 알리기 위한 경고성 계엄 또는 호소형 계엄이라고 주장하지만, 이는 〈계엄법〉이 정한 계엄 선포의 목적이 아니다. 또 피청구인의 행위는 계엄 선포에 그치지 않고 군경을 동원해 국회의 권한 행사를 방해하는 등 헌법 및 법률 위반 행위로까지 나아갔으므로, 경고성 또는 호소형 계엄이라는 피청구인의 주장을 받아들일 수 없다.

비상계엄의 절차적 요건: 계엄의 선포 및 계엄사령관의 임명은 국무회의의 심의를 거쳐야 한다.[13] 피청구인이 이 사건 계엄을 선포하기 직전에 국무총리 및 아홉 명의 국무위원에게 계엄을 선포하려는 취지를 간략히 설명한 사실은 인정된다.[14] 그러나 피청구인은 계엄사령관 등 이 사건 계엄의 구체적인 내용을 설명하지 않았고, 다른 구성원에게 의견을 진술할 기회를 부여하지 않은 점 등을 고려하면 이 사건 계엄 선포에 관한 심의가 이루어졌다고 보기도 어렵다. 그 외에도 피청구인은 국무총리와 관계 국무위원이 비상계엄 선포문에 부서하지 않았는데도 이 사건 계엄을 선포했고, 시행 일시, 시행 지역 및 계엄사령관을 공고하지 않았으며, 지체 없이 국회에 통고하지도 않았으므로, 헌법 및 〈계엄법〉이 정한 비상계엄 선포의 절차적 요건을 위반했다.

그 밖의 소추 사유인 국회 군경 투입, 계엄 포고령[15] 발령, 중앙선거관리위원회 압수·수색, 법조인에 대한 위치 확인 시도 등 모두에 대해 헌재는 피청구인이 직무를 집행하며 헌법이나 법률을 위반했다고 판단했다(전원일치).

탄핵요건 2: 위헌·위법 행위의 중대성: 헌재는 "피청구인의 위헌·위법 행위는 국민의 신임을 배반한 것으로 헌법 수호의 관점에서 용납될 수 없는 중대한 법 위반 행위에 해당한다. 피청구인의 법 위반 행위가 헌법질서에 미친 부정적 영향과 파급효과가 중대하므로, 피청구인을 파면함으로써 얻는 헌법 수호의 이익이 대통령 파면에 따르는 국가적 손실을 압도할 정도로 크다"고 판단했다(전원일치). 구체적 논거는 다음과 같다.

대통령의 권한은 어디까지나 헌법에 의해 부여받은 것이다. 피청구인은 가장 신중히 행사해야 할 권한인 국가긴급권을 헌법으로 정한 한계를 벗어나 행사하여 대통령으로서 권한 행사에 대한 불신을 초래했다. 피청구인이 취임한 이래 야당이 주도한 이례적으로 많은 탄핵소추로 여러 고위 공직자의 권한 행사가 탄핵심판 중 정지되었다. 2025년도 예산안에 관해 헌정사상 최초로 국회 예산결산특별위원회에서 증액 없이 감액에 대해서만 야당 단독으로 의결했다. 피청구인이 수립한 주요 정책은 야당이 반대해 시행될 수 없었고, 야당은 정부가 반대하는 법률안을 일방적으로 통과시켜 피청구인의 재의 요구와 국회의 법률안 의결이 반복되었다. 그 과정에서 피청구인은 야당의 전횡으로 국정이 마비되고 국익이 현저히 저해되어가고 있다고 인식해 이를 어떻게든 타개해야 한다는 막중한 책임감을 느꼈을 것으로 보인다. 피청구인이 국회의 권한 행사가 권력 남용이라거나 국정 마비를 초래하는 행위라고 판단한 것은 정치적으로 존중되어야 한다. 그러나 피청구인과 국회 사이에 발생한 대립은 일방의 책임에 속한다고 보기 어렵고, 민주주의 원리에 따라 해소되어야 할 정치의 문제다. 이에 관한 정치적 견해 표명이나 공적 의사 결정은 헌법 상 보장되는 민주주의와 조화될 수 있는 범위에서 이루어져 야 한다.

국회는 소수의견을 존중하고 정부와의 관계에서 관용과 자제를 전제로 대화와 타협을 통해 결론을 도출하도록 노력했어야 한다. 피청구인 역시 국민의 대표인 국회를 협치의 대상으로 존중했어야 한다. 그럼에도 피청구인은 국회를 배제의 대상으로 삼았는데 이는 민주정치의 전제를 허무는 것으로 민주주의와 조화된다고 보기 어렵다. 피청구인은 국회의 권한 행사가 다수의 횡포라고 판단했더라도 헌법이 예정한 자구책으로 견제와 균형이 실현될 수 있도록 했어야 한다. 피청구인은 취임한 때로부터 약 2년 후에 치러진 국회의원 선거에서 피청구인이 국정을 주도하도록 국민을 설득할 기회가 있었다. 그 결과가 피청구인의 의도에 부합하지 않더라도 야당을 지지한 국민의 의사를 배제하려는 시도를 해서는 안 되었다.

그럼에도 피청구인은 헌법과 법률을 위반해 이 사건 계엄을 선포함으로써 국가긴급권 남용의 역사를 재현해 국민을 충격에 빠뜨리고, 사회·경제·정치·외교 등 전 분야에 혼란을 야기했다. 국민 모두의 대통령으로서 자신을 지지하는 국민을 초월해 사회 공동체를 통합해야 할 책무를 위반했다. 군경을 동원해 국회 등 헌법기관의 권한을 훼손하고 국민의 기본적 인권을 침해함으로써 헌법 수호의 책무를 저버리고 민주공화국의 주권자인 대한국민의 신임을 중대하게 배반했다.

사후 경과 및 평가

2025년 4월 4일 11시 22분 탄핵 인용결정의 선고와 동시에 윤석열 대통령은 즉시 대통령직에서 파면됨으로써 대통령으로서의 신분과 모든 권한을 상실했고 즉시 그 직무에서 배제되었다. 재임 중 형사소추를 받지 않는 특권(헌법 제84조)이 소멸되어 형사소추 및 재판의 대상이 될 수 있으며 5년이 지나지 않으면 공무원이 될 수 없다(〈헌법재판소법〉 제54조). 또 전직 대통령으로서 '필요한 기간의 경호 및 경비' 이외에는 연금, 사무실, 비서관 제공 등의 예우를 받지 못한다(〈전직 대통령 예우에 관한 법률〉 제7조). 한편 헌법 제68조 제2항에 따라 60일 이내에 대통령 선거를 실시하며, 이 기간 동안 국무총리가 대통령권한대행으로서 직무를 수행한다.

탄핵제도impeachment는 고위 공직자의 헌법 침해로부터 헌법을 수호하는 헌법재판제도다.[16] 중세적 탄핵제도가 영국에서 생겨났다면,[17] 현대적 탄핵제도는 미국에서 태동했다.[18] 오늘날 대부분의 국가는 통치구조의 형태를 불문하고 탄핵제도를 두고 있다. 민주국가의 탄핵제도는 행정부의 독단적 통치권 행사와 사법부의 자의적 사법권 행사를 제어하기 위해 마련된 헌법보호제도로서 입헌주의, 국민주권주의, 민주주의, 법치주의를 이념적 근거로 한다. 탄핵제도는 크게 영미식과 독일식으로 구분할 수 있다. 영미식 제도는 하원이 탄핵을 소추(기소)하면 상원이 결정(심판)하는 방식이기 때문에 의회의 정치재판적 성격이 강한 반면, 독일식 제도는 의회가 탄핵을 소추하면 사법기관인 헌법재판소가 결정하기 때문에 사법재판의 성격이 강하다. 우리나라는 독일식 탄핵제도를 기본으로 하되, 우리 현실에 맞추어 운용하고 있다.

윤석열 대통령에 대한 탄핵 인용결정은 우리 헌정사상 두 번째로 '최고의 권력자라 하더라도 결코 법 위에 군림할 수 없다'고 선언한 것으로 법치주의와 헌법 우위의 원칙을 재확인했다. 특히 국가비상사태를 전제로 하는 계엄 선포와 관련해 종래에는 헌법상 사법판단이 자제되어야 하는 고도의 정치적 영역으로 간주되어야 한다는 논란이 있었다. 그러나 국민의 기본권 보장과 법치주의 원칙상 비록 고도의 정치적 사안이라 하더라도 이번 헌재 결정은 '공권력 행사는 헌법과 법률의 테두리 안에 있어야 한다'는 원칙을 확인함과 동시에,[19] 민주적 통제 없이 군 병력을 동원하는 것에 대해 강력한 헌법적 경고를 보여주어 중대한 헌정사적 의미를 지닌다.

대통령 탄핵제도는 국민이 선출한 대통령을 헌법재판소가 사법판단에 의해 파면하는 것으로 국민의 주권 행사와 정치적 위임을 사후적으로 무효화하는 중대한 조치이며, 국민주권주의와 민주주의의 가장 예외적인 절차에 해당한다. 대통령 탄핵심판은 그 결론의 헌법적 의미를 넘어, 분열된 정치와 사회를 헌법의 이름으로 다시 감싸안는 공동체 통합의 헌법적 절차이기도 하다. 이러한 맥락에서 헌법재판소가 변론 과정에서 보여준 진술 시간 제한, 증거 채택 논란 등 절차 운영의 세심함과 유연성 부족은 아쉬운 대목으로 지적된다. 헌법재판이 갖추어야 할 정치적 중립성과 절차적 정의 원칙에 대해 의문이 제기될 수 있기 때문이다. 재판부 구성이 보다 다양화될 필요가 있다거나 정치적 이유로 재판관의 임명을 장기간 지연시킨다는 지적에 대해서도 추후 제도적 보완이 반드시 필요하다.

참고로 박근혜 대통령 탄핵 사건에서 수사기관이 작성한 조서의 증거능력 부여는 신중하게 이루어졌다. 태블릿 PC 등 논란의 소지가 있는 증거자료는 증거로 채택되지 않았고, 중요한 조서는 진술인을 증인으로 소환해 그 내용을 확인했다. 더욱이 증거능력이 과거보다 더 제한된 현행 〈형사소송법〉 하에서 검사 조서의 증거 조사는 기본권 보장을 핵심으로 하는 헌법재판에서 보다 엄격한 절차에 따라 이루어져야 할 것이다.[20]

지금 한국 사회는 이념과 정치 갈등으로 인한 뿌리 깊은 대립과 분열이 극단적으로 노정되고 있다. 이는 우리 정치 시스템의 취약성과 위험성으로 인한 사회통합의 어려움을 그대로 보여준다. 이러한 위기 상황을 슬기롭게 극복하려면 법치주의와 절차적 정당성의 존중, 시민사회의 성숙한 자각이 무엇보다 중요하다. 이를 바탕으로 의회 민주주의의 복원과 정치의 변화, 정치 구조의 개혁을 이끌어내지 않으면 안 되는 까닭이다. 변화와 개혁을 위해 민주 시민들의 자유민주적 기본질서에 대한 확고한 신념과 공감대 형성, 선거권·투표권의 올바른 행사 등 구체적 실천이 반드시 필요하다.

퇴락Verfallen[21]은 세계-내-존재In-der-Welt-Sein를 실존적으로만 규정하는 것은 아니다. 그것의 소용돌이는 내던짐과 움직임이라는 피투성被投性, Geworfenheit의 특성을 동시에 드러낸다. 이 피투성은 현존재Dasein의 존재상태Befindlichkeit 속에서 그 자신에게 강하게 작용할 수 있다. 피투성은 "완성된 사실fertige Tatsache"도 아니고, 닫힌 사실도 아니다. 역사歷史는 지난 것(歷)에 대한 기록(史)을 의미한다. 역사를 남기는 목적은 미래 세대의 시행착오를 줄이기 위함이다. 그런 관점에서 현재진행 중인 사실을 기술하고 논평하는 것은 큰 의미가 없을지도 모른다. 헤겔은 그의 《역사철학 강의》에서 "세계사는 자유의식의 발전(과정)이며, 우리는 그 발전의 필연성을 인식해야 한다"[22]고 말했다. 이러한 헤겔의 견해는 우리의 정치

적 발전과정을 보여주는 대한민국 헌정사에도 그대로 적용될
수 있을 것이다. 2025년 이후의 시대정신은 합리적 이성에 바
탕을 둔 진정한 '자유민주적 공화(함께 조화로움)'이기를 희망
한다.

공권력 개입에 의한
사기업 해체와 시장경제 원칙

국제그룹 해체 사건(1993. 7. 29.)[1]

제일은행장이 재무부 장관의 지시를 받아 사기업체인 국제그룹에
대해 여신 지원을 중단하고 부도 처리함으로써 그룹을 해체시킨 행
위(공권력 개입에 의한 사실행위)는 기업의 기본권을 침해하는가

사실관계

1980년 9월에 출범한 전두환 정부는 1981년 12월 부실기
업 처리를 위한 비상설 기구로 산업정책심의회를 설치하고
부실기업 정리에 나섰다. 중화학공업 투자 조정 및 산업합리
화라는 명분하에 1985년 5월부터 1988년 2월까지 총 여섯
차례에 걸쳐 부실기업 정리를 단행했는데, 총 78개 기업이 그
대상으로 지정되었다. 부실기업을 인수하는 기업에는 각종
특혜가 주어졌다. 이러한 기업은 대출 원리금 상환을 유예받

았고 이자 지급과 조세를 감면받았다. 당시 재계 서열 7위였던 국제그룹은 1980년대 초반에 무리한 사업 확장과 계열사인 연합철강의 창업주 권○현과의 경영권 분쟁 등으로 유동성 위기에 빠졌고, 주거래은행인 제일은행으로부터 여러 차례 구제금융을 받았다. 당시 국제그룹은 부채비율(부채/자본)이 900퍼센트를 넘는 등 부채가 과다한 편이었으나 몇몇 계열사를 매각하면 회생 가능한 상태였다. 1984년 12월 국제그룹의 주거래은행인 제일은행은 국제그룹의 계열사인 국제상사 발행 어음을 당시의 금융 관행(사전 협의)에 따르지 않고 일방적으로 부도 처리했다. 사후 밝혀진 일이었지만 당시 대통령은 금융기관의 국제그룹 여신지원 방침을 전면 철회하도록 재무부 장관에게 지시했고, 재무부 장관은 국제그룹의 주거래은행인 제일은행에 이 사실을 지시했다. 1984년 2월 제일은행장은 '국제그룹의 전면 해체 방침'을 발표했고, 주식 및 경영권 양도 계약서에 국제그룹 총수인 양○모의 서명날인을 받음으로써 국제그룹을 분해시켰다. 국제상사는 한일그룹으로, 국제상사(건설 부문) 및 동서증권은 극동그룹으로, 연합철강, 국제통운, 국제종합기계는 동국제강으로, 국제방직은 동방으로, 성창섬유는 화승으로 인수되었다.

국제그룹이 해체되고 4년이 지난 1989년 국제그룹의 총수였던 양○모는 국제그룹 해체가 불법한 공권력(대통령, 재무부 장관)에 의해 결정된 것이고, 이로 인해 자신의 기본권이 침해되었다고 주장하면서 공권력 행사의 취소를 구하는 내용의 헌법소원심판을 청구했다. 헌법소원이란 공권력이 국민의 기본권을 침해한 경우 국민이 직접 헌법재판소에 침해된 기본권의 구제를 청구하는 헌법소송을 말한다.

헌재 결정

1993년 헌법재판소는 방대한 사건기록 검토와 참고인조사를 통해 사실관계를 확정한 후, 이 사건의 공권력 행사가 권력적 사실행위로서 헌법상의 법치국가 원리, 시장경제 원리(제119조 제1항), 경영권 불간섭 원칙(제126조)을 어겨 청구인의 기업 활동의 자유와 평등권을 침해한 것이므로 위헌이라는 내용의 인용결정을 내렸다. '권력적 사실행위'란 행정청이 일정한 법적 효과의 발생(예를 들어 소유권 이전)을 목적으로 하는 '행정행위(예를 들어 조세 부과 처분, 보조금 지급 처분)'가 아니라 도로 청소같이 '사실상의 결과(예를 들어 환경 미화)'의 실현을 목적으로 하는 '사실행위(예를 들어 청소차 운행)'를 말한다.

이 사건에서는 법정의견과 반대의견이 8(인용) 대 1(각하)로 나뉘었다. 법정의견이란 헌법재판소의 공식의견을 말하는데, 헌법소원이 인용되려면 9인의 재판관 중 6인 이상의 찬성이 필요하다. 반대의견이란 말 그대로 법정의견에 대한 반대의견을 말한다. 소송에서 인용認容이란 법원이 '원고의 주장을 받아들인다'는 원고 승소를, 기각棄却이란 법원이 '원고의 주장을 버린다', 즉 원고 패소를 의미한다. 참고로 원고적격(자격), 피고적격, 대상적격, 청구 기간 등 소송절차에 관한 요건을 갖추지 못해 법원이 본안판단을 거부하는 것을 각하却下(받지 않고 물리침)라 부른다.

사후 경과 및 평가

헌법재판소의 위헌결정에 따라 국제그룹 창업자 양○모는 해체된 기업을 되찾을 기회를 얻었다. 그 결과 제일은행을 상대로 제기한 신한투자금융 주식반환소송에서는 청구인 측이 승소했다. 1994년 12월 대법원은 국제그룹이 해체될 당시 신한투자금융 주식이 제일은행으로 양도된 것은 강박(강력한 협박)에 의한 것이었으므로 제일은행은 전 소유자 김○호에게 주식 130만 주를 반환하라는 판결[2]을 내렸다. 대법원은 이 판결에서 "행정지도란 행정주체가 일정한 행정목적을 실현하기 위해 권고 등과 같은 비강제적 수단을 사용하여 상대방의 자발적 협력 내지 동의를 얻어내 행정상 바람직한 결과를 이끌어내는 행정활동으로 이해된다. 따라서 적법한 행정지도로 인정되기 위해서는 우선 그 목적이 적법한 것으로 인정될 수 있어야 할 것이므로, 주식 매각의 종용이 정당한 법률적 근거 없이 자의적으로 주주에게 제재를 가하는 것이라면 행정지도의 영역을 벗어난 것"이라고 판단해 헌법재판소와 견해를 같이하고 있다.

그러나 청구인이 한일합섬을 상대로 냈던 주식인도청구소송 항소심에서 1994년 5월 서울고등법원은 그 주식 매매계약은 무효가 아니고, 취소할 수도 없다는 판결[3]을 선고했고, 1996년 4월 대법원은 상고기각 판결[4]을 확정했다. 소송법에서 원고가 법원의 1심 판결에 불복하는 것을 항소, 2심(항소심) 판결에 불복하는 것을 상고라 한다.

이 판결에서 대법원은 재무부 장관의 주거래은행에 대한 행정지도가 위헌이더라도, 이를 받아들인 주거래은행의 권유에 따라 성립된 주식 매매계약 자체는 반사회질서 행위가 아니므로, 따라서 주식 매매계약은 무효가 아니고, 주거래은행이 부실기업 정상화를 위한 매각 결정을 내리고 이를 통보, 실행한 조치를 해악의 고지나 강박으로 볼 수 없으므로 취소할 수도 없다고 판단했다.

그 이유는 부실기업을 정리하라는 행정지도(매각 권유의 지시)가 비록 위헌적이라도, 그 지시가 매매 당사자인 대표이사가 아니라 채권자인 주거래은행에게 행해졌고 주거래은행이 그 지시를 받아들여 대표이사와 오랜 기간 여러 차례에 걸쳐 협상과 타협을 통해 주식 매매계약이 성립된 경우, 위헌적 공

권력 행사가 법률행위의 성립에 영향을 미쳤다고 보아 그 의
사표시에 하자가 있다고 함은 몰라도 그 법률행위의 목적이
나 표시된 동기가 불법이었다고 볼 수 없으며, 재무부 측의 행
정지도가 대표이사에 대한 강박이 될 수도 없다고 보았다. 이
는 위헌성은 헌법의 문제, 반사회성은 민법의 문제로서 서로
구분되며 위헌성과 반사회성이 반드시 일치하지는 않는다는
전제하에, 이미 해체된 기업 그룹을 회복시키는 것은 거래의
안전과 법적 안정성을 지나치게 훼손할 위험이 있음을 고려
한 결과로 보인다.

이러한 입장은 위헌적 국가행위를 사실상 용인하는 결과를
가져오며 공권력 남용에 대한 사법적 견제 기능을 약화시켰
다는 비판이 가능하다. 〈민법〉 제103조는 "선량한 풍속 기타
사회질서에 위반한 사항을 내용으로 하는 법률행위는 무효로
한다"고 규정하고 있고, 사회질서에는 단순한 도덕적 가치뿐
만 아니라 법치주의 등 헌법적 가치와 공정한 거래질서도 포
함될 수 있기 때문이다. 즉 국가가 계약 당사자에 대해 아무런
법적 근거 없이 직간접적으로 강요와 압박을 통해 위헌적 행
정지도를 했을 뿐만 아니라 그 법적 효과와 기본권 침해의 결
과가 매우 중대하다는 점에서 이는 마땅히 사법적 심사를 통
해 피해를 회복시켜야 할 필요가 있다. 따라서 이 경우 민법
제103조를 적용해 그 법률행위를 무효로 볼 여지가 충분하다

고 보아야 할 것이다. 이는 국가권력을 남용한 위헌적 공권력 행사로서 법치국가 원리, 시장경제 원칙, 기업 활동의 자유 등 중대한 헌법 원칙을 위배한 행위이며, 사후적으로라도 법치주의를 실현하고 정의 회복을 도모한다는 일반적 법 원칙의 관점에서도 그렇다. 특히 종래의 대법원 판례가 대체로 범죄나 강한 윤리적 위반사항이 있는 경우(예를 들어 뇌물 제공 관련 계약, 불법적인 이혼청부 계약, 도박 관련 채무 부담, 성매매 관련 계약, 조직 폭력 관련 금전 거래 등)에는 민법 제103조의 반사회적 법률행위로 인정하고 있음에 비추어 보더라도, 이 사건의 경우에도 충분히 반사회질서의 법률행위로 해석함이 타당하다고 보아야 할 것이다.

헌법재판소의 이 결정은 제5공화국 정부가 공권력을 남용해 사기업의 영역에 개입한 데 대해 법치주의의 의미를 명백히 선언하고 시장경제질서의 의미를 명확히 확립함으로써 우리나라 민주화와 법치주의가 발전하는 과정에서 매우 중요한 역할을 했다.

03

투표 가치의 불평등과 선거권, 평등권

국회의원 선거구 획정 사건(2014. 10. 30.)[1]

> 특정 선거구의 인구수가 평균 인구수에 비해 많거나 적을 경우, 그 편차가 어느 정도일 때 국민주권주의의 출발점인 선거권자의 투표 가치 평등을 침해하는가

사실관계

이 사건의 청구인 등은 용인시 기흥구 및 수지구에 주민등록을 마친 선거권자로 '경기도 용인시 갑 선거구 및 을 선거구'의 인구수가 다른 선거구에 비해 많아 투표 가치가 불평등할 뿐만 아니라, 생활 여건 등이 다른 지역을 묶어 갑 선거구와 을 선거구로 획정한 것은 입법재량의 범위를 일탈한 자의적인 선거구 획정으로 청구인들의 선거권과 평등권을 침해한다고 주장하면서 선거구구역표의 위헌확인을 구하는 헌법소

원심판을 청구했다. 이외에도 대전, 수원, 천안, 청주, 서울 등에 주민등록을 한 선거권자들이 이 사건과 유사한 논지로 투표 가치의 불평등을 주장했다.

헌재 결정

헌법재판소는 심판대상 선거구구역표 중 경기도 용인시 갑선거구 등 여섯 개 선거구 부분은 청구인들의 선거권 및 평등권을 침해하여 헌법에 위반된다는 이유로 이 부분 심판청구를 인용하면서, 선거구구역표의 불가분성에 따라 선거구구역표 전체에 대해 위헌선언을 하되, 2015년 12월 31일을 시한으로 입법자가 개정할 때까지 이를 계속 적용하기로 하는 내용의 헌법불합치결정을 내렸다(헌법불합치 6인, 합헌 3인: 제3차 선거구 획정 사건).

헌법불합치결정이란 헌법재판소가 "해당 법률 규정이 헌법에 합치되지 않는다"라고 선고하면서, 국회가 관련 법률을 개정할 때까지 한시적으로 해당 법률의 법적 효력을 인정해주는 형식의 위헌결정을 말한다. 단순위헌결정을 내리면 해당 법률 규정의 효력이 즉시 상실되어 법적 공백과 법적 혼란이 발생할 수 있기 때문에, 법조문을 그대로 남겨둔 채 입법기관이 새로 법을 개정하거나 폐지할 때까지 효력을 중지시키거나 시한을 정해 법 규정을 잠정적으로 존속시키는 것이다.

헌법불합치결정도 위헌결정의 일종이기 때문에 헌법재판관 6인 이상의 찬성이 필요하다.

법정의견인 6인의 다수의견(헌법불합치) 논지는 다음과 같다. 국회를 구성함에 있어 국회의원의 지역 대표성이 고려되어야 하지만 국민주권주의의 출발점인 투표 가치의 평등보다 우선시될 수 없다. 현재 지방자치제도가 정착되어 국회의원의 지역 대표 필요성이 예전만큼 크지 않다. 인구편차의 허용 기준을 완화하면 농어촌 지역의 합리적 변화를 저해할 수 있으며, 국토의 균형발전에도 도움이 되지 않는다. 현시점에서 헌법이 허용하는 인구편차의 기준을 인구편차 상하 $33\frac{1}{3}$퍼센트, 인구비례 2 대 1(예를 들어 최대 선거구 20만 명 대 최소 선거구 10만 명)을 넘어서지 않는 것으로 봄이 타당하다. 따라서 심판대상 선거구구역표 중 인구편차 상하 $33\frac{1}{3}$퍼센트의 기준을 넘어서는 선거구에 관한 부분은 이 선거구가 속한 지역에 주민등록을 마친 청구인들의 선거권 및 평등권을 침해한다.

이에 대한 3인의 반대의견(합헌의견)은 다음과 같다. 도농 간 경제력의 현저한 차이나 인구격차가 아직 해소되지 않고 있어 지역 이익이 대표되어야 할 필요성이 크다. 국회와 지방의회의 역할 차이, 지방자치단체의 재정 자립도 등을 고려할 때 국회의원의 지역 대표성은 여전히 투표 가치의 평등 못지않게 중요하다. 인구편차 상하 $33\frac{1}{3}$퍼센트의 기준을 적용할 경우 도시를 대표하는 의원 수만 증가할 뿐 농어촌의 의원 수는 감소할 것이 자명하다. 단원제를 채택한 우리나라는 국회가 지역 이익도 함께 대표할 수 있어야 한다. 헌법재판소가 전국 선거구 평균 인구수 인구편차 상하 50퍼센트, 인구비례 3 대 1(예를 들어 최대 선거구 30만 명 대 최소 선거구 10만 명)을 기준으로 위헌 여부를 판단했던 종전 상황과 크게 달라진바 없으므로 현시점에서도 이 기준을 유지하는 것이 타당하다.

사후 경과 및 평가

이 사건에 대한 헌재 결정으로 인구편차 상하 50퍼센트, 인구비례 3 대 1(예를 들어 최대 선거구 30만 명 대 최소 선거구 10만 명)을 기준으로 편성된 선거구구역표는 입법 시한 다음 날인 2016년 1월 1일부터 효력을 상실했다. 국회는 2016년 4월 13일 제20대 국회의원 선거를 앞두고 2016년 3월 3일에 법률 제14073호로 〈공직선거법〉을 개정해 앞의 결정 내용을 반영한 새로운 국회의원 지역선거구구역표를 마련했다.

헌재의 이 사건 결정은 헌법이 허용하는 인구편차 기준을 국회의원 지역선거구를 정한 〈공직선거법〉 조항의 인구편차 상하 50퍼센트라는 기준보다 엄격한 인구편차 상하 $33\frac{1}{3}$퍼센트, 인구비례 2 대 1(예를 들어 최대 선거구 20만 명 대 최소 선거구 10만 명)로 보고, 이 기준을 넘어서는 선거구 획정이 청구인

들의 선거권 및 평등권을 침해한다고 보아 헌법불합치결정을
한 사건(제3차 선거구 획정 사건)이다. 헌재는 1995년[2]에는 인
구편차 상하 60퍼센트, 인구비례 4 대 1(예를 들어 최대 선거구
40만 명 대 최소 선거구 10만 명)(제1차 선거구 획정 사건), 2001년[3]
에는 인구편차 상하 50퍼센트, 인구비례 3 대 1(예를 들어, 최
대 선거구 30만 명 대 최소 선거구 10만 명)을 허용 한계로 보아
(제2차 선거구 획정 사건) 각각 헌법불합치결정을 한 바 있다.
1995년부터 2014년까지 세 차례에 걸친 헌재의 기준 변화는
점진적으로 투표 가치의 실질적 평등을 보장해 평등선거를
달성하는 방향으로 국회 구성 방법을 개선하는 것이 바람직
하다는 취지가 반영되어 있다.

참고로 지방의회 의원 지역선거구구역표와 관련해 헌재
는 2007년 결정[4]에서 인구편차 상하 60퍼센트, 인구비례
4 대 1(예를 들어 최대 선거구 40만 명 대 최소 선거구 10만 명),
2018,[5] 2019년 결정[6]에서 인구편차 상하 50퍼센트, 인구비례
3 대 1(예를 들어 최대 선거구 30만 명 대 최소 선거구 10만 명)을
제시하여 국회의원 지역 선거구보다는 더 완화된 기준을 허
용하고 있다.

이 사건에 대한 헌재의 결정은 인구 이동이나 급속한 사회
변동 등 최근 한국 사회에서 일어난 일련의 인구사회학적 변
화에 따라 새로운 선거구 기준을 마련하라는 사회적 요구에

부응했다는 평가[7]를 받았다. 반면 인구가 지속적으로 감소하는 농어촌, 지방 소도시의 현실에 비추어 볼 때 지역 대표성을 충분히 반영치 못한다거나 지역의 특수성과 문제 해결을 외면했다는 비판도 받았다.

04

정당 등록 취소와
정당 설립의 자유

의석·유효득표율 미달로 인한 정당 등록 취소 사건(2014. 1. 28.)[1]

> 국회의원 선거에서 정당이 의석을 못 얻거나 유효득표율(2퍼센트)에
> 미달한 때, 정당 등록을 취소하도록 한 〈정당법〉 조항은 정당 설립
> 의 자유를 침해하는가

사실관계

이 사건의 청구인은 진보신당, 녹색당, 청년당과 그 대표였던
사람들이다. 청구인 정당들은 2012년 4월 제19대 국회의원 선
거에 참여했으나, 의석을 얻지 못하고 유효투표 총수의 100분
의 2 이상을 득표하지 못했다(진보신당 1.13퍼센트, 녹색당 0.48퍼
센트, 청년당 0.34퍼센트). 중앙선관위는 〈정당법〉 관련 조항[2]에
따라 청구인 정당의 등록을 취소했다. 청구인들은 〈정당법〉 관
련 조항의 위헌확인을 구하는 헌법소원심판을 청구했다.

헌재 결정

헌법재판소는 재판관 전원의 일치된 의견으로 〈정당법〉 관련 조항('정당 등록 취소' 및 '정당명칭사용금지')이 헌법에 위반된다고 판단했다. 대의민주주의하에서 정당은 국민과 국가의 중개자로서 정치적 도관(연결 통로)의 기능을 수행하여 주체적·능동적으로 국민의 다원적 정치 의사를 유도하고 통합함으로써 국가정책 결정에 직접 영향을 미칠 수 있는 정치적 의사를 형성한다. 헌법이 보장하는 정당 설립의 자유에는 정당 존속의 자유와 정당 활동의 자유가 포함된다. 정당의 명칭은 정당의 정책과 정치적 신념을 나타내는 대표적인 표지에 해당하므로, 정당 설립의 자유는 원하는 명칭을 사용해 정당을 설립하거나 정당 활동을 할 자유도 포함한다. 국민의 정치적 의사 형성에 참여할 의사나 능력이 없는 정당을 배제하는 정당 등록 취소 조항에 대해 목적의 정당성과 수단의 적합성을 인정할 수 있다. 그러나 정당 등록의 취소는 필요 최소한의 범위에서 엄격한 기준에 따라 이루어져야 한다. 어느 정당이 대통령 선거나 지방자치 선거에서 아무리 좋은 성과를 올리더라도 국회의원 선거에서 일정 수준의 지지를 얻는 데 실패하면 등록이 취소될 수밖에 없어 불합리하고, 신생·군소 정당이 국회의원 선거에 참여하는 것 자체를 포기하게 할 우려가 있다. 따라서 정당 등록 취소 조항은 과잉금지 원칙에 위반되

어 청구인들의 정당 설립의 자유를 침해한다. 정당명칭사용
금지 조항은 정당 등록 취소 조항을 전제로 하므로 같은 이유
에서 정당 설립의 자유를 침해한다.

사후 경과 및 평가

이 사건에 대한 헌재의 결정으로 문제가 된 〈정당법〉 조항
들이 실효되어 등록 취소 대상이던 녹색당, 청년당, 진보신
당 등은 기존 정당 명칭을 그대로 쓸 수 있게 되었고, 2014년
6월 4일 실시된 지방선거에도 기존 정당 명의로 후보를 낼 수
있게 되었다.

이 사건에 대한 헌재 결정은 정당 설립의 자유에 정당 존
속 및 활동의 자유가 포함된다는 점을 재확인하는 한편, 원하
는 명칭을 사용해 정당을 설립하거나 정당 활동을 할 자유 또
한 정당 설립의 자유에 포함된다는 것을 밝혔다는 점에서 의
미가 있다. 또 정당 설립 초기에는 인지도나 지지도 확보에 어
려움이 있더라도 장기적으로 거대 정당과 차별화되는 정책을
적극적으로 추진하거나 정당 활동을 지속하며 이미지를 제고
해 제도권 정당으로 진입할 수 있는 기회가 주어진 것이다. 따
라서 척박한 우리의 정당정치 현실에서 다당제로 나아갈 수
있는 발판을 마련했다는 데 더 큰 의의가 있다.

선거운동과 정치적 표현의 자유

인터넷상 정치적 표현과 선거운동 금지 사건(2011. 12. 29.)[1]

공직 선거를 앞두고 인터넷상에 지지 또는 반대의 글을 게시하는 행위를 형사처벌하는 〈공직선거법〉 조항은 과잉금지 원칙에 비추어 볼 때 정당한가

사실관계

이 사건의 청구인은 2007년 12월 실시된 제17대 대통령 선거와 관련해 UCCUser-created contents(이용자 제작 콘텐츠)에 후보자나 정당을 지지 및 추천하거나 반대하는 내용을 담아 이를 각종 포털 사이트, 블로그 등 인터넷상에 게시하려 한 사람, 자신이 운영하는 '민족신문 임시홈피'에 "이명박, 보수우파 대표주자 자격 전혀 없다!"는 내용의 글을 게재했다는 이유로 〈공직선거법〉 위반으로 기소되어 유죄판결을 선고받

은 사람, 2010년 6월 지방선거에 서울시장 후보로 출마하려던 원희룡, 오세훈 등에 대한 글을 자신의 블로그에 게재하여 〈공직선거법〉 위반 혐의로 서울 남대문경찰서의 수사를 받게 된 사람, 정당 및 후보자에 관한 트윗tweet(140자 미만의 단문)을 작성해 자신의 팔로어follower와 보거나 타인이 트윗한 글을 자신의 팔로어와 돌려보기 위해 리트윗retweet하려는 사람들이다. 청구인들은 〈공직선거법〉상 관련 조항이 자신들의 표현의 자유, 선거운동의 자유를 침해한다는 이유로 헌법소원 심판을 청구했다.

이 사건에서는 〈공직선거법〉 제93조 제1항,[2] 즉 정당 또는 후보자를 지지 및 추천하거나 반대하는 내용이 포함되어 있거나 정당의 명칭 또는 후보자의 성명을 나타내는 '문서, 도화, 인쇄물이나 녹음, 녹화 테이프 및 기타 이와 유사한 것'을 배부 및 상영 또는 게시하는 것을 금지하는 규정이 문제가 되었다. 이러한 포괄적인 금지 규정이 헌법 제37조 제2항의 과잉금지 원칙을 준수한 것인지를 두고 재판관들의 견해가 갈렸다. 이 사건은 기본권 침해의 허용 범위를 판단하는 헌법상 기본 원리인 '과잉금지 원칙Übermaßverbot'을 이해할 수 있는 매우 중요한 사례다. 특히 과잉금지 원칙의 적용 순서인 목적의 정당성, 수단의 적합성, 침해의 최소성, 법익의 균형성에 주목하면서 법정의견과 반대의견을 비교해 읽으면 판례를 이해하는 재미를 배가할 수 있다.

헌재 결정

헌법재판소는 〈공직선거법〉 제93조 제1항의 '기타 이와 유사한 것'(또는 '그 밖에 이와 유사한 것')에 '정보통신망을 이용해 인터넷 홈페이지 또는 그 게시판·대화방 등에 글이나 동영상 등 정보를 게시하거나 전자우편을 전송하는 방법'이 포함되는 것으로 해석하는 한 헌법에 위반된다는 내용의 한정위헌 결정을 내렸다(한정위헌 7인, 합헌 2인).

한정위헌결정은 법률조항의 의미가 불확정적이거나 다의적이어서 포괄 범위가 지나치게 확장될 가능성이 있는 경우, 해당 법률조항의 의미를 한정적으로 축소하고, 적용 범위를 그 이상 확대하는 경우는 위헌이라고 결정하는 것을 말한다. 결정주문은 "○○라고 해석하는 한 위헌이다"라고 표현된다. 위헌으로 보이는 법률일지라도 헌법에 합치되도록 해석될 여지가 있다면 합헌으로 판단해야 한다는 법률의 합헌성 추정의 원칙에 근거한다. 국민으로부터 직접 입법권을 부여받은 입법부를 존중하고, 법률질서의 통일성을 유지하며, 위헌선언으로 법적 공백 상태가 발생하는 것을 방지하기 위한 것이다. 한정위헌결정의 경우 법률조항의 문구는 그대로 유지되지만 그 의미와 효력 범위는 헌재가 결정한 바에 따라 축소된다.

법정의견(한정위헌 7인)은 〈공직선거법〉상 관련 조항이 헌법 제37조 제2항[3]의 과잉금지 원칙을 위반한다고 판단했다. 즉 인터넷을 이용한 선거운동을 규제하는 것은 선거운동의 부당한 경쟁 및 후보자 간의 경제력 차이에 따른 불균형의 폐해를 막고 선거의 평등과 공정을 해하는 결과를 방지하기 위한 것으로 입법목적이 정당하다. 그러나 한편 인터넷은 누구나 손쉽게 접근 가능한 매체이고 비용이 거의 발생하지 않는 공간으로서 기회의 균형성·투명성·저비용성의 제고라는 〈공직선거법〉의 목적에 부합한다고 볼 수 있어 무조건 금지가 필요한 수단이라고 할 수 없다. 또 예비 후보자에게는 선거운동 기간 전 인터넷에 의한 선거운동을 제한적으로나마 허용하면서, 일반 유권자의 경우 선거일 전 180일부터 선거일까지 인터넷에 선거 관련 정치적 표현 및 선거운동을 금지하고 처벌하는 것은 적합한 수단이라고 할 수 없다. 정당의 정보 제공 및 홍보가 계속되는 가운데 일반 국민의 정당이나 정부의 정책에 대한 비판을 봉쇄하는 것은 정당정치나 책임정치의 구현이라는 대의제도의 이념적 기반을 약화시킬 우려가 있으므로, 일정 기간 이를 일률적·전면적으로 금지하고 처벌하는 것은 최소침해성의 요건도 충족하지 못한다. 선거일 전 180일부터 선거일까지 장기간 인터넷상 정치적 표현의 자유 내지 선거운동의 자유를 전면적으로 제한함으로써 생기는 불이익

이 매우 크기 때문에 이 사건 법률조항은 법익균형성의 요건
도 갖추지 못했다.

이에 대해 반대의견(합헌 2인)은 〈공직선거법〉의 제한이 헌
법 제37조 제2항의 과잉금지 원칙을 준수하고 있어 합헌이라
는 의견을 개진했다. 이 사건 법률조항은 선거운동 과정에서
부당한 경쟁이나 후보자 간 경제력 차이에 따른 불균형이 발
생하는 폐해를 막고, 선거의 자유와 공정의 보장을 도모하려
는 정당한 입법목적을 지니고 있다. 인터넷 선거운동의 경우
후보자 간 조직 동원력, 경제력에 따른 불균형이 발생할 소지
가 충분하고, 허위사실, 비방, 과대선전 등 선거에 영향을 미
치는 표현 행위가 무제한 쏟아질 경우 선거가 과열되어 선거
의 평온과 공정성을 해할 가능성은 더욱 커질 것이므로 수단
의 적절성도 인정된다. 또 인터넷상의 허위사실 공표나 비방
등이 선거에 부정적 영향을 미치는 것을 막으려면 이러한 표
현 행위 자체를 금지시키는 것 이외에는 다른 대안이 없으므
로 기본권 침해의 최소성도 인정된다. 선거운동에서 후보자
사이 균등한 기회를 보장하고 선거의 평온과 공정성을 확보하
려는 공익에 비해 선거운동 기간 이전에 불법적 방법이나 매
체를 통해 정치적 표현 행위를 하지 못해 입는 불이익은 그다
지 크지 않다고 할 것이므로, 법익의 균형성 요건도 충족한다.

사후 경과 및 평가

이 사건에 대한 헌재 결정에 따라 청구인뿐만 아니라 인터넷을 이용한 선거운동으로 유죄를 선고받은 사람들은 법원에 재심(다시 재판받는 것)을 청구하여 무죄를 선고받았다. 한편 국회는 2012년 2월 29일 법률 제11374호로 〈공직선거법〉을 개정하여 후보자 등이 아닌 일반 유권자라도 문자메시지를 전송하는 방법, 인터넷 홈페이지 또는 그 게시판 혹은 대화방 등에 글이나 동영상 등을 게시하거나 전자우편을 전송하는 방법으로 선거운동을 할 수 있도록 규정했다.[4]

이 사건은 2009년 7월 30일 〈공직선거법〉상 '기타 이와 유사한 것'에 UCC의 제작·배포가 포함된다고 보고 이를 금지한 것에 대해 합헌결정한 선례[5]를 변경한 것이다.

이 사건에 대한 헌재 결정은 SNS 등 인터넷에 의한 선거운동을 허용하여 정치적 표현의 자유를 획기적으로 확장하는 계기가 되었다는 긍정적인 평가를 받고 있다. 반면 법 개정에 따른 부작용에 대해 대비책을 충분히 마련하지 않고 바로 개방한 결과 국가정보원,[6] 사이버사령부[7] 등이 주도적·조직적으로 개입해 댓글 및 여론을 조작한 사건이 일어나 전직 국정원장 등이 형사처벌되었으며, 2021년 7월에는 소위 '드루킹 댓글 여론 조작' 사건으로 김경수 경남도지사가 징역 2년의 대법원 확정판결[8]을 받아 지사직을 상실했다.

한편 이 사건과 대비되는 중요한 참고 판례로는 〈공직선거법〉 제255조등 위헌소원 사건[9](전원일치, 헌법불합치)이 있다. 앞 사건이 인터넷상의 선거운동의 자유를 확장하는 데 기여했다면, 참고 판례는 현실 세계에서 선거운동의 자유를 확장하는 데 기여했다. 주요 논거는 다음과 같다. 즉 〈공직선거법〉상 일정 기간 선거에 영향을 미치게 하기 위한 '시설물(현수막, 광고물, 그 밖의 표시물) 설치 등 금지'와 '인쇄물 배부 등(벽보 게시, 인쇄물 배부·게시) 금지' 조항[10]은 목적의 정당성, 수단의 적정성은 인정되지만 선거의 공정성이라는 입법목적이 〈공직선거법〉상 '후보자 비방 금지' 규정 등을 통해 충분히 달성할 수 있으므로 침해의 최소성, 법익의 균형성에 위배되어 국민의 정치적 표현의 자유를 과도하게 침해한다. 참고 판례는 '시설물 설치 등 금지'와 '인쇄물 배부 등 금지' 조항이 헌법에 위반되지 않는다고 판단한 과거의 선례[11]를 변경한 것이다.

06

집회의 사전 허가와 집회·시위의 자유

야간 옥외집회·시위 금지 사건(2009. 9. 24.)[1]

〈집시법〉 규정이 야간 옥외집회·시위를 원칙적으로 금지하고 예외적으로 허용하는 경우 헌법상 금지되는 집회·결사의 사전 허가에 해당하는가
사전 허가는 아니더라도 집회·시위가 제한되는 야간의 시간적 범위가 과잉금지 원칙에 비추어 볼 때 정당한가

사실관계

이 사건의 제청신청인은 2008년 5월 9일 야간(19시 35분경에서 21시 47분경)에 옥외에서 미국산 쇠고기 수입 반대 촛불집회를 주최해 〈집회 및 시위에 관한 법률〉(이하 〈집시법〉) 위반 혐의로 기소되었다. 제청신청인은 1심 계속 중 자신에게 적용된 집시법 조항[2]이 집회의 사전 허가제를 규정해 헌법에 위반된다고 주장하면서 위헌법률심판 제청신청을 했고, 법원은 이를 받아들여 위헌법률심판을 제청했다.

이 사건은 야간 옥외집회·시위를 금지하고 예외적으로 일정한 요건을 갖춘 경우 관할 경찰서장이 허용할 수 있도록 하고 이를 위반한 경우 형사처벌하도록 한 〈집시법〉 조항이 문제가 되었다. 이 사건의 주요 쟁점은 세 가지다. 첫째, 〈집시법〉의 위헌 여부를 판단할 때 헌법 제21조와 제37조 제2항 중 어느 조항을 기준으로 해야 하는가. 둘째, 〈집시법〉 관련 조항이 헌법이 금지하는 집회에 대한 '허가'에 해당하는가. 셋째, 허가에 해당하지 않더라도 과잉금지 원칙을 위반하지는 않는가.

헌재 결정

헌법재판소는 야간, 즉 해가 뜨기 전이나 해가 진 후의 옥외집회를 금지하고, 일정한 경우 관할 경찰서장이 허용할 수 있도록 한 〈집시법〉 관련 조항이 헌법에 위반되어 집회의 자유를 침해하는지에 대해 위헌의견(5인), 헌법불합치의견(2인), 합헌의견(2인)으로 견해가 나뉘었다. 헌법재판관의 의견은 이분법적으로 위헌 아니면 합헌으로 구분되지 않고, 위헌 강도와 헌법정책적 필요에 따라 단순위헌, 헌법불합치, 일부위헌, 한정위헌(한정합헌), 단순합헌으로 다양하게 구분된다.

단순위헌은 헌재의 위헌결정이 내려지면 즉시 해당 법률조항의 효력을 상실시키는 결정을, 헌법불합치는 사실상 위헌이지만 의회가 대체 법률을 마련할 때까지 해당 법률조항의 효력을 한시적으로 존치시키는 결정을 말한다. 일부위헌결정은 법률조항의 문구 전체가 아니라 일부분만 위헌으로 선언하는 것(양적 일부위헌)을, 한정위헌(또는 한정합헌) 결정은 법률조항의 문구는 그대로 두고 해당 문구의 포괄 범위 또는 해석 범위를 한정해 위헌(또한 합헌)으로 선언하는 것(질적 일부위헌)을 뜻한다. 재판관들의 의견이 다양하게 갈릴 경우(예를 들어 단순위헌 2인, 헌법불합치 2인, 한정위헌 2인, 합헌 3인), 법정 정족수(위헌 6인)에 이를 때까지 단순위헌부터 한정위헌까지 차례로 합산해 위헌 정족수를 계산하되(단순위헌 2인 + 헌법불합치 2인 + 한정위헌 2인 = 6인), 법정의견은 가장 약한 형태의 위헌 결정으로 표시한다(법정의견 = 한정위헌). 이 사건의 경우 단순위헌의견 5인, 헌법불합치의견 2인이므로 헌법불합치를 선언했다.

이 사건에서 위헌의견(5인)은 기본권(집회의 자유) 제한이 위헌인지에 대해 일반적 판단 기준인 헌법 제37조 제2항[3]이 아니라 제21조 제2항[4]에 근거해 판단했다. 즉 야간 옥외집회를 일반적으로 금지하는 〈집시법〉 제10조 본문과 경찰서장의 판단하에 제한적으로 집회를 허용하는 〈집시법〉 제10조 단서를 하나로 보아 제10조 전체[5]를 헌법 제21조 제2항이 금지하고 있는 '사전 허가'로 보아 위헌으로 결정했다. 그 이유는 다음과 같다. 헌법 제21조 제2항은 집회에 대한 허가제를 절대적으로 금지하겠다는 헌법 제정권자인 국민의 결단으로서, 집회의 자유에 대한 제한은 기본권 제한에 관한 일반적 법률유보 조항인 헌법 제37조 제2항에 앞서 헌법 제21조 제2항이 우선적이고 일차적인 위헌 심사 기준이다. 제21조 제2항에서 금지하는 허가는 행정권이 주체가 되어 집회 이전에 예방적 조치로 집회 내용 등을 사전 심사하고 일반적인 집회 금지 원칙을 특정한 경우에 해제해 집회를 할 수 있게 하는 제도, 즉 허가받지 않은 집회를 금지하는 것을 의미한다. 〈집시법〉 제10조 본문은 야간 옥외집회를 일반적으로 금지하고, 그 단서는 행정권인 관할 경찰서장이 야간 옥외집회 허용 여부를 사전에 심사해 결정한다. 결국 〈집시법〉 제10조 전체는 야간 옥외집회에 대한 허가를 규정한 것으로 헌법 제21조 제2항에 정면으로 위반된다.

헌법불합치의견(2인)은 〈집시법〉 제10조 본문이 입법자가 법률로 집회의 자유를 직접 제한하는 것이고, 단서는 입법자의 금지를 행정권자인 경찰이 해제하는 것이기 때문에 헌법이 금지하는 허가, 즉 행정권에 의한 사전 허가에 해당하지 않는다고 보았다. 하지만 이러한 제도 운용이 집회의 자유를 침해하는지에 대해서는 헌법 제37조 제2항(과잉금지 원칙)을 적용해 심사했다. 그 결과 〈집시법〉 제10조 본문이 규정하는 야간(일몰 후부터 일출 전까지)의 시간적 범위가 지나치게 넓어 산업화된 현대사회에 적합하지 않고, 낮 시간이 짧은 동절기에는 집회의 자유를 형해화(빈껍데기만 남는 것)할 수 있기 때문에 수단의 적합성, 침해의 최소성, 법익의 균형성을 갖추지 못해 과잉금지 원칙에 위배된다고 판단했다. 다만, 단순위헌결정을 하면 법률의 효력이 즉시 상실되기 때문에 입법자가 충분한 시간을 가지고 입법 개선을 통해 위헌적인 부분을 개선하는 것이 타당하다는 이유로 헌법불합치의견을 개진했다.

합헌의견(2인)은 집회의 자유에 대해 내용 중립적인 시간, 장소 및 방법에 관한 규제는 구체적이고 명확한 기준에 의해 이루어지는 한, 헌법 제21조 제2항의 금지된 허가에 해당하지 않는다고 보면서, 〈집시법〉 제10조는 헌법 제37조 제2항의 과잉금지 원칙에 비추어 볼 때, 목적의 정당성, 수단의 적합성, 침해의 최소성, 법익의 균형성을 갖추어 합헌이라는 의견을 개진했다.

법정의견(헌법불합치 2인)은 이 사건의 법률조항이 낮이 짧은 동절기 평일의 경우 집회의 자유를 지나치게 제한하는 결과를 초래하므로 과잉금지 원칙에 위반되어 헌법에 합치하지 않는다고 판단했다. 여기서 과잉금지 원칙이란 비례 원칙의 또 다른 이름이다. 전자는 '법률에 의한 기본권 제한이 과도해서는 안 된다', 후자는 '법률에 의한 기본권 제한은 공익과 사익이 일정한 비례관계를 유지해야 한다'는 의미다. 양자 모두 국민의 기본권을 제한하는 법률이 합헌성을 인정받으려면 네 가지 비례성 요건, 즉 목적의 정당성, 수단의 적합성, 침해의 최소성, 법익의 균형성을 모두 갖출 것을 요구한다. 우리 헌법 제37조 제2항은 "국민의 모든 자유와 권리는 국가 안전보장 · 질서유지 또는 공공복리를 위하여 필요한 경우에 한하여 법률로써 제한할 수 있으며, 제한하는 경우에도 자유와 권리의 본질적인 내용을 침해할 수 없다"고 규정함으로써 과잉금지 원칙(비례 원칙)을 선언하고 있다.

사후 경과 및 평가

헌재가 정한 개정 시한(2010년 6월 30일)까지 개선입법이 되지 않아 2010년 7월 1일부터 해당 〈집시법〉 조항은 효력을 상실했다. 대법원은 이 〈집시법〉 조항의 효력이 소급해 상실되었다고 보아 이 조항에 근거해 유죄판결을 받았던 사람들에게 무죄를 선고했다.[6]

이 사건 결정 후 5년이 경과한 2014년 3월 27일까지도 법률 개정이 이루어지지 않자 헌재는 야간 시위, 즉 해가 뜨기 전 해가 진 후 시위를 금지하고 이를 위반한 자를 형사처벌하는 〈집시법〉 관련 조항에 대해 '해가 진 후부터 같은 날 24시까지의 시위'에 적용하는 한 헌법에 위반된다는 한정위헌결정을 선고했다.[7] 같은 내용의 구 〈집시법〉 조항에 대해서도

'일몰 후부터 같은 날 24시까지의 옥외집회 또는 시위'에 적용하는 한 헌법에 위반된다는 한정위헌결정을 내렸다.[8] 헌재가 이미 헌법불합치결정을 했던 사안에 대해 다시 한정위헌결정을 선고한 이유는 〈집시법〉 해당 조항을 일정 시한까지 반드시 개정해야 할 의무가 있는 국회가 법의 효력이 상실된 후에도 장기간 법률 개정을 방치하는 데 대해, 입법재량을 행사함에 있어 미리 어느 정도 가이드라인을 제시해 부담을 덜어주려는 데 있다. 즉 정치적으로 다소 민감한 부분인 야간의 시간 설정 범위를 '해가 진 후부터 최소 24시까지'로 보다 구체화하여 국회가 입법 과정에서 덜 민감한 장소나 방법, 참가 인원, 소음 규제, 교통질서 유지 등을 충분히 고려해 신속하게 개정할 수 있도록 함이다. 그러나 국회의 후속 입법조치는 아직도 진행되지 않았다. 이는 우리 국회의 안일한 인식과 무책임한 행태를 보여주는 단면이라 할 수 있다.

집회 및 시위의 자유는 집단적 의사 표현을 통해 민주주의를 실현하는 중요한 기본권이다. 앞에서 언급한 헌재 결정들은 국민의 표현의 자유를 신장하고 민주주의가 발전하는 데 중요한 이정표를 세웠다고 평가된다. 즉 비록 야간이라도 입법에 의해 일정 시한(해가 진 후부터 최소 24시)까지는 평화로운 옥외집회 및 시위를 보장해 우리 사회를 한 단계 더 성숙한 민주주의 사회로 진척시켰다고 평가할 수 있다.

07

블랙리스트 작성·관리와
개인정보 자기결정권, 표현의 자유

문화예술계 블랙리스트 작성 및 지원 사업 배제 사건(2020. 12. 23.)[1]

대통령 지시로 문체부 장관 등이 정부에 비판적인 문화예술인을 국가 지원 사업에서 배제한 행위는 표현의 자유를 제한하거나 평등권을 위배한 것으로 기본권 침해에 해당하는가

사실관계

이 사건의 청구인들은 야당 후보를 지지하거나 정부에 비판적 활동을 한 문화예술인이나 단체로서 박근혜 대통령의 지시로 대통령 비서실장, 문화체육관광부 장관 등이 정부의 문화예술 지원 사업에서 자신들을 배제해 기본권이 침해되었다고 주장하면서 헌법소원을 청구했다.

헌재 결정

헌법재판소는 대통령의 지시로 대통령 비서실장, 정무수석 비서관, 교육문화수석비서관, 문화체육관광부 장관이 야당 소속 후보를 지지했거나 정부에 비판적 활동을 한 문화예술인이나 단체를 정부의 문화예술 지원 사업에서 배제할 목적으로 청구인 윤○○, 정○○의 정치적 견해에 관한 정보를 수집·보유·이용한 행위는 청구인들의 개인정보 자기결정권을 침해한 것이라고 보았다. 또 한국문화예술위원회, 영화진흥위원회, 한국출판문화산업진흥원 소속 직원들로 하여금 청구인 ○○협회, ○○ 네트워크, 윤○○, □□, 주식회사 ○○, 정○○을 다양한 문화예술인 지원 사업에서 배제하도록 한 일련의 지시 행위는 청구인들의 표현의 자유 및 평등권을 침해한 것으로서 모두 취소되어야 한다고 판단했다. 그러나 이미 피청구인의 행위가 종료되었으므로 동일하거나 유사한 기본권 침해의 반복을 방지하기 위해 선언적 의미에서 위헌임을 확인한다는 내용으로 재판관 전원일치의 위헌확인 결정을 내렸다.

헌재가 제시한 논거는 다음과 같다. 이 사건에서 정보 수집 행위의 대상은 정치적 견해에 관한 정보로 비록 공개된 것이라 해도 개인의 인격 주체성을 특징짓는 것이므로 개인정보 자기결정권의 보호 범위에 속한다. '국가가 개인의 정치적 견해에 관한 정보를 수집·보유·이용하는 행위'는 개인정보 자기결정권을 중대하게 제한하므로 법령상의 명확한 근거가 필요하다. 이 사건의 정보 수집 행위는 법령상 근거 없는 행위이므로 법률유보 원칙(법적 근거가 있어야 한다는 원칙)을 위반해 청구인의 개인정보 자기결정권을 침해한다. 지원을 배제하라는 지시는 특정한 정치적 견해를 표현한 자에게 문화예술 지원 공모사업에서 공정하게 심사받을 기회를 박탈해 사후적으로 제재를 가한 것으로, 개인 및 단체의 정치적 표현의 자유를 제한하는 조치에 해당한다. 그 법적 근거가 없으므로 법률유보 원칙을 위반하고, 헌법의 근본원리인 국민주권주의와 자유민주적 기본질서에 반해 청구인들의 표현의 자유를 침해했다. 또 특정한 정치적 견해를 표현한 청구인들을 그러한 정치적 견해를 표현하지 않은 다른 신청자와 구분하여 정부 지원 사업에서 배제해 차별적으로 취급한 것은 정치적 견해를 기준으로 한 자의적 차별 행위로서 청구인들의 평등권을 침해했다.

사후 경과 및 평가

'최순실 국정농단 의혹 사건'의 특별검사는 대통령 비서실장, 문화체육부 장관과 차관, 청와대 비서관 등이 연간 약 2,000억 원에 이르는 국가의 문화예술 분야 보조금 지원 사업에서 정부정책에 비판적이거나 견해를 달리한다는 이유만으로 특정 문화예술인이나 단체를 지원 대상에서 배제한 것은 직권남용권리행사방해죄 등에 해당한다는 이유로 기소했다. 2017년 1심 판결,[2] 2018년 항소심 판결,[3] 2020년 상고심 판결[4]을 거쳐 피고인들의 유죄가 대부분 인정되었다.

소위 문화예술계 블랙리스트 사건은 비록 정치적으로 반대하는 세력이더라도 법적 근거 없이 지원 사업에서 배제하는 등 교묘하게 차별하는 행위는 정치적 반대의사를 억압하는 것으로 자유민주적 기본질서에 반하는 중대한 위헌행위임을 확인해주었다. 또 국민의 대표자가 유념해야 할 민주적 국정 운영 태도가 무엇인지에 대한 헌법적 기준을 제시해주었다는 평가[5]를 받았다.

08

그 밖의 중요한 판례

범죄자의 참정권 제한 사건(2014. 1. 28.),
재외 국민의 참정권 제한 사건(2007. 6. 28. 등)

범죄자의 참정권 제한 사건¹에서는 집행유예 또는 실형선
고를 받은 수형자에 대해 획일적으로 선거권을 제한한 〈공직
선거법〉 조항이 국민주권 원리에 비추어 볼 때 정당한지 문제
가 되었다.

헌법재판소는 〈공직선거법〉 관련 조항 중 집행유예자에 대
한 획일적인 선거권 제한은 헌법에 위반되고(위헌 9인), 수형
자에 대한 획일적인 선거권 제한은 헌법에 합치되지 않는다
고 결정했다(헌법불합치 7인, 단순위헌 1인, 합헌 1인).

법정의견(위헌 및 헌법불합치)의 주요 논거는 다음과 같다. 선거권은 국민주권 원리의 필수 요건이므로 선거권을 제한하는 것은 신중해야 한다. 집행유예자는 교정 시설에 구금되지 않고 일반인과 동일하게 사회생활을 하고 있어 선거권을 제한할 필요성이 크지 않은데도 획일적으로 제한하고 있고, 수형자의 경우 범죄의 경중을 전혀 고려하지 않고 지나치게 전면적·획일적으로 선거권을 제한하고 있다.

이 사건은 두 차례에 걸쳐 합헌결정을 했던 선례[2]를 변경한 것이다. 이 결정으로 2014년 6월 4일 실시된 지방선거부터 11만여 명에 달하는 집행유예자가 투표에 참여할 수 있게 되었다. 이 사건은 그동안 범죄의 경중이나 고의·과실 여부, 침해 법익의 종류를 묻지 않고 과도하게 제한되었던 범죄자의 선거권을 회복해 국민이 주권자인 대의민주주의국가에서 참정권의 중요성을 재확인하는 한편, 피선거인의 민주적 정당성을 강화한다는 의미를 지닌다.

재외 국민의 참정권 제한 사건(재외 국민 사건)에서는 재외국민이 선거권과 국민투표권을 행사하는 데 주민등록 또는 국내거소 신고를 요구하는 〈공직선거법〉 조항이 재외 국민의 참정권을 부정하는 것은 아닌지 등이 문제 되었다. 재외 국민이란 한국 국적을 유지하면서 국외에 거주(영주권자) 또는 체류(유학, 여행, 출장)하는 사람을 말한다. 선거권은 대통령, 국회의원 등 국민의 대표자를 선출하는, 사람에 대한 선택권으로 〈공직선거법〉이, 국민투표권은 헌법 개정, 중요 국가정책 등 사안에 대한 선택권으로 〈국민투표법〉이 규율한다.

재외 국민 사건에는 해외 영주권자의 선거권 제한 사건,[3] 해외 영주권자의 국민투표권 제한 사건,[4] 해외 연수 중 선거일 이전에 귀국한 우리 국민의 선거권 제한 사건[5] 등이 포함된다. 헌재는 재외 국민 사건 전부에 대해 헌법불합치결정을 내렸다. 선거권이 문제가 된 사안에 대해서는 재판관 전원의 의견이 일치했고, 국민투표권 관련 사안에서는 의견이 갈렸다(헌법불합치 6인, 합헌 3인). 선거권과 국민투표권의 차이를 어느 정도 중시하는지에 따라 국민투표권 제한 사건에 대한 의견 불일치가 비롯되었다. 선거권은 국민이 자신의 대표자를 선출해 국정을 운영하는 간접민주주의의 수단이고, 국민투표권은 국민이 중요한 국정 사안에 대해 직접 결단을 내리는 직접민주주의의 운영 수단이다. 국민투표권 제한 사건의 법정의견(헌법불합치 6인)은 평등한 국민투표 참여 기회를 강조했다. 반면, 반대의견(합헌 3인)은 국민투표가 헌법적 중요 사안에 대해 국민이 직접 의사결정을 내리는 절차이므로 영토적 밀접성, 참여의 진지성에 따라 그 범위를 제한할 수 있다고 보았다. 이 같은 헌재의 헌법불합치결정에 따라 2015년 12월 31일 〈국민투표법〉 관련 조항(제14조)이 효력을 상실했는데도 2025년 4월 말 현재까지 개선입법이 이루어지지 않고 있다.

이 세 개의 판결 중 특히 해외 영주권자의 선거권 제한 사건에 대한 헌재의 결정은 재외 국민에게 선거권을 부여하지 않는 〈공직선거법〉 조항이 합헌이라고 했던 종전의 결정[6]을 변경한 획기적인 판례다. 이러한 헌재의 판례는 재외 공관원, 상사 주재원, 유학생 등 국외 부재자는 물론, 영주권자 등 재외 국민에게 선거 및 투표권을 부여 또는 확대해 국민의 참정권 행사를 실질화하고, 대한민국 국민으로서의 귀속감과 민주시민 의식을 고양하는 효과를 가져왔다.

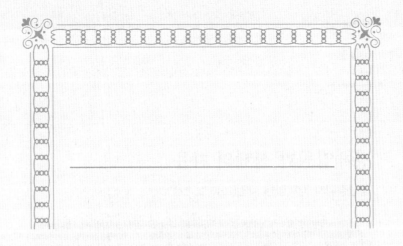

2장

국민의 자유와 권리 확대

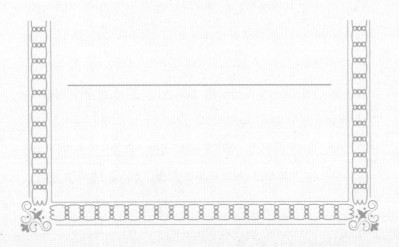

강제입원과 신체의 자유

정신질환자 강제입원 사건(2016. 9. 29.)¹

> 정신질환자의 보호 의무자 2인의 동의와 정신과 전문의 1인의 진단
> 으로 정신병원 입원 치료를 허용하는 〈정신보건법〉 조항은 정신질
> 환자의 권리 보호에 충분한가

사실관계

이 사건의 제청신청인은 2013년 11월 보호자인 자녀 2인
의 동의와 정신과 전문의 1인의 입원 진단에 의해 화성시 소
재 정신 의료기관인 화성초록병원에 입원되었다. 제청신청
인은 자신이 갱년기 우울증을 앓고 있을 뿐 정신 의료기관에
서 입원 치료를 받을 정도의 정신질환에 걸렸거나, 자신의 건
강·안전 혹은 타인의 안전을 해할 염려가 없는데도 강제로
입원되었다고 주장하면서 서울중앙지방법원에 〈인신보호법〉

에 따른 구제청구를 했다. 이 사건 계속 중인 2014년 2월 정신질환자를 강제입원시킬 수 있도록 한 〈정신보건법〉 관련 조항²이 자신의 신체의 자유 등을 침해한다고 주장하면서 위헌법률심판제청을 신청했다. 서울중앙지법은 이 신청을 받아들여 헌재에 위헌법률심판을 제청했다.

헌재 결정

헌법재판소는 재판관 전원의 일치된 의견으로 〈정신보건법〉 관련 조항은 헌법에 합치되지 않는다는 헌법불합치결정을 내렸다. 심판대상 조항은 정신질환자 본인과 사회의 안전을 지키기 위한 것으로서 그 목적이 정당하다. 보호 의무자 2인의 동의 및 정신과 전문의 1인의 진단을 요건으로 정신질환자를 정신 의료기관에 보호입원시켜 치료받도록 하는 것은 수단의 적절성도 인정된다. 다만, 보호입원은 정신질환자의 신체의 자유를 인신구속에 버금가는 수준으로 제한하는데도 보호입원 대상인 정신질환의 구체적 기준을 제시하지 않았고, 보호 의무자 2인의 동의를 요건으로 하면서 보호 의무자와 정신질환자 사이 이해 충돌을 적절히 예방하지 못한다. 또 보호입원의 필요성에 대한 판단 권한을 정신과 전문의 1인에게 전적으로 부여해 그가 자의적으로 판단하거나 권한을 남용할 가능성을 배제하지 못한다. 보호 의무자 2인이 정신과 전문의와 공모하거나, 그로부터 방조 및 용인받는 경우 보호입원제도가 남용될 위험성은 더욱 커진다. 보호입원 기간도 최초부터 6개월의 장기로 정해져 있고, 계속 연장 가능해 보호입원이 치료보다 격리 목적으로 이용될 우려도 크다. 따라서 심판대상 조항은 침해의 최소성과 법익의 균형성을 충족하지 못했다. 심판대상 조항은 과잉금지 원칙을 위반해 신체의 자유를 침해한다.

사후 경과 및 평가

이 사건 위헌제청이 계류 중이던 2016년 5월 29일 국회는 〈정신보건법〉을 법률 제14224호 〈정신건강 증진 및 정신질환자 복지 서비스 지원에 관한 법률〉로 전부 개정했다(2017년 5월 30일부터 시행). 기존에는 '자의입원(본인 의사에 기한 입원)'과 '보호 의무자에 의한 입원(보호 의무자 2인 이상 동의에 기한 입원)'만 존재했다. 그러나 개정법률에서는 '동의입원(본인 의사와 보호자 동의에 의한 입원)'을 신설했고, 보호 의무자에 의한 입원 시 요건과 절차를 강화한 '진단입원제도'를 도입했다. 보호 의무자에 의한 입원 등의 경우 적합성 심사를 위해 '입원 적합성 심사위원회'를 설치하도록 했으며, 서로 다른 정신 의료기관에 소속된 정신과 전문의 2인 이상이 입원을 계속할지 여부를 진단하게 하는 등 기존 보호입원제도의 악용 및 남용 가능성을 배제할 수 있는 절차적 방안을 마련했다.

그동안 재산 다툼 같은 가족 내 갈등이나 정신병원의 수익 때문에 강제입원 조항을 악용해 정신질환자를 강제입원시키는 사례가 빈번하게 발생하여 사회문제가 되었다. 그러나 헌법재판소의 결정과 국회의 입법조치로 그 부작용과 정신질환자의 신체의 자유 침해 소지를 최소화할 수 있게 되었다.

정보화 시대의 변화와 개인정보 자기결정권

주민등록번호 변경 불인정 사건(2015. 12. 23.)[1]

> 인터넷업체에서 개인정보가 대량 유출된 사고로 주민등록번호가 유출된 피해를 입은 개인은 개인정보 자기결정권에 근거해 주민등록번호 변경을 요구할 수 있는가

사실관계

이 사건은 두 개의 유사 사건이 병합된 것이다. 청구인들은 인터넷 포털 사이트, 온라인 장터, 신용카드 회사에서 개인정보가 유출되고 침해되는 사고로 주민등록번호가 불법 유출되었다는 이유로 각 관할 지방자치단체장에게 주민등록번호를 변경해줄 것을 신청했다. 그러나 각 자치단체장은 현행 주민등록 법령상 주민등록번호 불법 유출을 원인으로 주민등록번호를 변경하는 것은 허용되지 않는다는 이유로 거부했다. 청

구인들은 행정법원에 거부처분 취소소송을 제기했으나 변경신청권 자체가 인정되지 않는다는 이유로 각하되었다. 청구인들은 이에 불복해 항소를 제기했고 소송 계속 중 〈주민등록법〉 관련 조항[2]이 헌법에 위반된다고 주장하며 위헌법률심판제청을 신청했으나 법원이 제청신청을 각하하자 직접 헌법소원심판을 청구했다.

헌재 결정

헌법재판소는 〈주민등록법〉 관련 조항이 헌법에 합치되지 않는다는 내용의 헌법불합치결정을 내렸다. 이에 대해 심판대상 변경을 주장하는 1인의 반대의견(헌법불합치)과 합헌을 주장하는 2인의 반대의견이 존재한다. 심판대상 변경을 주장하는 1인의 반대의견은 6인의 다수의견과 헌법불합치라는 결론은 동일하지만 심판대상의 범위를 〈주민등록법〉 제7조 전체, 아니면 동법 제7조 제4항으로 볼지를 두고 견해차가 있고, 논증이 다소 기술적이기 때문에 여기서는 설명을 생략한다.

법정의견(헌법불합치 6인)의 논거는 다음과 같다. 주민등록번호는 표준식별번호로 기능해 개인정보를 통합하는 연결자로 사용되어, 불법으로 유출되거나 오남용될 경우 개인의 사생활뿐만 아니라 생명·신체·재산까지 침해될 소지가 크므로, 국가는 이러한 사례가 발생하지 않도록 주민등록번호를 철저히 관리해야 하고, 피해가 최소화되도록 제도를 정비하고 보완해야 할 의무가 있다. 그럼에도 주민등록번호가 유출되거나 오남용되어 발생할 수 있는 피해 등에 대해 아무런 고려 없이 변경을 일체 허용하지 않는 것은 그 자체로 개인정보 자기결정권에 대한 과도한 침해가 될 수 있다. 비록 국가가 〈개인정보보호법〉 등으로 정보 보호를 위한 조치를 취하고 있더라도 이미 유출되어 발생한 피해에 대해 뚜렷한 해결책을 제시하지 못하므로, 국민의 개인정보를 충분히 보호하고 있다고 보기 어렵다. 한편 개별적인 주민등록번호 변경을 허용하더라도 변경 전 주민등록번호와의 연계 시스템을 구축해 활용한다면 개인식별 기능 및 본인 동일성 증명 기능에 혼란이 발생할 가능성이 없다. 일정한 요건하에 객관성과 공정성을 갖춘 기관의 심사를 거쳐 변경할 수 있도록 한다면 주민등록번호 변경 절차를 악용하려는 시도를 차단할 수 있으며, 사회적으로 큰 혼란을 불러일으키지 않을 것이다.

현행 주민등록제도가 합헌이라는 반대의견(2인)의 구체적 논거는 다음과 같다. 개별적인 주민등록번호 변경을 인정하는 경우 주민등록번호의 개인식별 기능이 약화되어 범죄 은폐, 탈세, 채무 면탈, 신분 세탁 등 불순한 용도로 이를 악용할 우려가 있어 사회적 혼란이 야기될 수 있다. 입법자는 〈개인정보보호법〉 등의 입법을 통해 주민등록번호의 유출이나 오남용에 대한 사전적 예방과 사후적 제재 및 피해구제 등의 조치를 취하고 있다. 따라서 심판대상 조항이 과잉금지 원칙에 위배되어 개인정보 자기결정권을 침해한다고 볼 수 없다.

사후 경과 및 평가

이 사건에 대한 헌법재판소의 헌법불합치결정 이후, 국회는 2016년 5월 29일 〈주민등록법〉을 법률 제14191호로 개정해 주민등록번호 변경에 관한 규정(제7조의2부터 제7조의5까지)을 신설했다. 동법이 2017년 5월 30일 시행되어 일정한 요건하에 주민등록번호 변경이 가능해졌다. 개정법률에 따르면, 유출된 주민등록번호로 인해 생명·신체에 위해를 입거나 입을 우려가 있다고 인정되는 사람, 재산에 피해를 입거나 입을 우려가 있다고 인정되는 사람, 피해를 입거나 입을 우려가 있는 피해 아동·청소년, 성폭력 피해자, 가정 폭력 피해자 등은 변경을 신청할 수 있다.

인터넷의 발달로 개인정보가 대량으로 유출되는 사례가 여러 차례 발생해 그 피해에 대한 국민적 우려와 주민등록번호 변경 가능성에 대한 요구가 높아진 현실에서 이러한 결정은 주민등록번호 불변 원칙을 고수하던 입법부와 행정부가 전향적인 정책을 추진할 수 있는 계기를 마련했다는 점에서 매우 긍정적으로 평가받고 있다. 아울러 이 결정은 정보화 시대에 개인정보 자기결정권의 중요성을 국가와 국민에게 새로이 환기하는 전환점이 되었다.

인터넷 실명제와 표현의 자유

인터넷 실명제 사건(2012. 8. 23.)[1]

인터넷 게시판에 익명으로 댓글을 게시하지 못하도록 한 〈정보통신망법〉상의 인터넷 실명제(운영자가 게시자에 대한 본인 확인 절차 필요) 규정은 표현의 자유를 과도하게 제한하는가

사실관계

이 사건은 두 개의 관련 청구가 병합된 것이다. 청구인들은 2009~2010년 인터넷 사이트인 유튜브(kr.youtube.com), 〈오마이뉴스(ohmynews.com)〉, 〈와이티엔(ytn.co.kr)〉 등의 인터넷 게시판에 익명으로 댓글 등을 게시하려고 했으나 게시판 운영자가 게시자 본인임을 확인하는 절차를 거쳐야 게시판에 댓글 등을 게시할 수 있도록 조치해 댓글을 게시할 수 없었다. 이에 청구인들은 게시판 운영자에게 게시판 이용자

에 대한 본인확인 의무를 부과하는 〈정보통신망 이용촉진
및 정보보호 등에 관한 법률〉(이하 〈정보통신망법〉) 관련 조항[2]
이 자신들의 표현의 자유 등을 침해한다고 주장하면서 헌법
소원심판을 청구했다.

헌재 결정

헌법재판소는 재판관 전원의 일치된 의견으로 〈정보통신
망법〉 관련 조항이 헌법에 위반된다고 결정했다. 구체적 논거
는 다음과 같다. 이 사건 법령조항이 표방하는 건전한 인터넷
문화의 조성이라는 입법목적은 인터넷 주소 등의 추적·확인,
당해 정보의 삭제, 손해배상, 형사처벌 등 인터넷 이용자 표현
의 자유나 개인정보 자기결정권을 제약하지 않는 다른 수단
에 의해서도 충분히 달성할 수 있다. 그런데도 인터넷의 특성
을 고려하지 않은 채 본인확인제의 적용 범위를 광범위하게
정해 법집행자에게 자의적인 집행의 여지를 부여하고, 목적
달성에 필요한 범위를 넘어 과도하게 기본권을 제한하고 있
으므로 침해의 최소성이 인정되지 않는다.

또 이 사건 법령조항으로 국내 인터넷 이용자의 해외 사이
트 도피, 국내 사업자와 해외 사업자 사이의 차별 문제가 발생
할 수 있다. 나아가 본인확인제 시행 이후 명예훼손, 모욕, 비
방의 사례가 의미 있게 감소했다는 증거를 찾아볼 수 없는 반

면, 게시판 이용자의 의사 표현 자체를 위축시켜 자유로운 여론의 형성을 방해한다. 또 본인확인제의 적용을 받지 않는 정보통신망상의 새로운 의사소통 수단과 경쟁해야 하는 게시판 운영자에게 업무상 불리한 제한을 가하며, 게시판 이용자의 개인정보가 외부로 유출되거나 부당하게 이용될 가능성이 증가했다. 이러한 인터넷 게시판 이용자 및 정보통신 서비스 제공자의 불이익은 본인확인제가 달성하려는 공익보다 결코 더 작다고 할 수 없으므로, 법익의 균형성도 인정되지 않는다.

따라서 본인확인제를 규율하는 이 사건 법령조항은 과잉금지 원칙에 위배되어 인터넷 게시판 이용자의 표현의 자유, 개인정보 자기결정권 및 인터넷 게시판을 운영하는 정보통신 서비스 제공자의 언론의 자유를 침해한다.

사후 경과 및 평가

헌법재판소의 위헌결정 이후 국회는 2014년 5월 28일 법률 제12681호로 〈정보통신망법〉을 개정해 인터넷 실명제 조항을 삭제했다.

이 사건의 결정 취지는 2021년 1월 28일 인터넷 언론사가 선거운동 기간 중에는 게시판 실명제를 유지해야 한다는 〈공직선거법〉 조항에 대해 "모든 익명 표현을 사전적·포괄적으로 규율하는 것은 표현의 자유보다 행정 편의와 단속 편의를 우선함으로써 익명 표현의 자유와 개인정보 자기결정권 등을 지나치게 제한"하므로 위헌이라는 결정[3,4]으로 이어졌다.

최근 인터넷으로 정보와 의견을 교환하는 방식이 보편화되어 나타난 인터넷상의 언어폭력, 명예훼손, 불법 정보 유통 등의 사회문제를 해결하기 위한 목적으로 도입된 인터넷 실명제가 오히려 인터넷 게시판 이용자의 인터넷상 의사 표현 자체를 사전에 위축시켜 자유로운 여론의 형성을 방해하는 모순과 부작용을 초래했다. 인터넷 실명제를 폐지하는 헌재의 결정은 민주주의의 근간이 되는 (익명) 표현의 자유를 더욱 철저히 보장하는 결과를 가져왔다. 다만 온라인상의 악성 댓글로 인한 명예훼손, 자살 등 폐해를 방지할 최소한의 장치가 사라졌다는 비판의 목소리도 존재한다.

공익 목적의 개발 제한 법률과
재산권 제한의 한계

그린벨트 사건(1998. 12. 24.)[1]

〈도시계획법〉상 그린벨트 지정으로 건축, 형질변경 등이 금지되는 경우 토지 소유자가 감당해야 하는 사회적 제약의 범위를 어디까지로 보아야 하는가

토지 소유자가 감당해야 하는 재산적 제약이 가혹한데도 보상받을 수 있는 규정을 두지 않았다면 개인의 재산권을 과도하게 침해하는 것이 아닌가

사실관계

개발제한구역(그린벨트green belt)이란 말 그대로 개발을 제한하고 자연을 보존하도록 법이 지정한 구역을 의미한다. 이러한 정책의 주된 목적은 도시의 무절제한 팽창을 막고 도시민의 건강에 필요한 녹지 환경을 보전하는 데 있다. 한국은 영국과 더불어 그린벨트가 가장 발달한 나라 중 하나다. 한국의

그린벨트는 박정희 대통령이 1971년 처음 도입했다. 급속한 경제 발전에 따라 도시 지역이 무분별하게 팽창하며 교통, 주거, 환경 등이 악화될 조짐을 보이자 이를 해결하기 위해 도입했다. 2023년 말 현재 국내에 지정된 그린벨트는 국토 면적의 3.8퍼센트인 3,793제곱킬로미터로, 전체의 64퍼센트가 서울·수도권을 제외한 여섯 개 광역도시 권역에 위치한다.[2]

세 개 관련 청구가 병합된 이 사건 청구인은 〈도시계획법〉[3]에 따라 개발제한구역으로 지정된 토지에 허가를 받지 않고 건축물을 소유하고 있다는 이유로 관할 관청으로부터 '철거 대집행(대리집행) 계고(경고) 처분' 등을 받고 처분취소를 구하는 행정소송이나, 개발제한구역 지정으로 인한 손실보상금 청구소송을 제기한 사람들이다. 소송 계속 중 법원에 위헌법률심판 제청신청을 했으나 기각되자 직접 헌법재판소에 헌법소원심판을 청구했다.

헌재 결정

헌법재판소는 개발제한구역 내에서 구역 지정의 목적에 위배되는 건축물의 건축, 공작물의 설치, 토지의 형질변경 등을 할 수 없도록 규정한 〈도시계획법〉 제21조가 헌법에 합치되지 않는다고 결정했다(헌법불합치 7인, 위헌 1인, 합헌 1인).

법정의견(헌법불합치 7인)의 논거는 다음과 같다. 헌법상의 재산권은 토지 소유자가 모든 용도로 토지를 자유로이 최대한 사용할 권리를 의미하지는 않는다. 입법자는 중요한 공익상의 이유로 토지를 일정 용도로 사용하는 권리를 제한할 수 있다. 토지재산권은 강한 사회성, 공공성을 지녀 다른 재산권보다 제한과 의무를 강하게 부과할 수 있다. 그렇다 해도 다른 기본권을 제한하는 입법과 마찬가지로 비례성 원칙을 준수해야 하고, 재산권의 본질적 내용인 사용·수익권과 처분권을 부인해서는 안 된다. 개발제한구역으로 지정되어 토지를 종래의 목적으로도 사용할 수 없거나 더 이상 법적으로 허용된 토지 이용의 방법이 없어 실질적으로 토지의 사용·수익의 길이 없는 경우(예를 들어 지정 당시 기존 건물이 없는 나대지로서 건물 신축이 금지되거나, 농지로서 종래 용도대로 사용이 불가능한 경우)에는 토지 소유자가 수인(감당)해야 하는 사회적 제약의 한계를 넘는 것으로 보아야 한다. 개발제한구역의 지정으로 개발 가능성이 소멸되어 지가가 하락하는 것은 토지 소유자가 수인해야 하는 사회적 제약의 범주에 속한다고 보아야 한다. 자신의 토지를 장래에 건축이나 개발 목적으로 사용할 수 있으리라는 기대가능성이나 신뢰, 지가가 상승할 기회는 원칙적으로 재산권의 보호 범위에 속하지 않는다. 구역 지정 당시의 상태대로 토지를 사용·수익·처분할 수 있는 이상, 구역 지정에 따른 단순한 토지 이용의 제한은 원칙적으로 재산권에 내재하는 사회적 제약의 범주를 넘지 않는다.

〈도시계획법〉 제21조에 의한 재산권의 제한은 개발제한구역으로 지정된 토지를 원칙적으로 지정 당시의 지목(논, 밭 등 토지의 이용목적)과 토지 현황에 의한 이용 방법에 따라 사용할 수 있는 한, 재산권에 내재하는 사회적 제약을 비례의 원칙에 합치하게 합헌적으로 구체화한 것이다. 그러나 종래의 지목과 토지 현황에 의한 이용 방법에 따라 토지를 사용할 수 없거나 실질적으로 사용·수익을 전혀 할 수 없는 예외적인 경우에도 아무런 보상 없이 이를 감수하도록 하는 한 비례의 원칙에 위반된다. 이는 당해 토지 소유자의 재산권을 과도하게 침해해 헌법에 위반된다. 다만 보상의 구체적 기준과 방법은 광범위한 입법형성권을 가진 입법자가 입법정책적으로 정할 사항이므로, 입법자가 보상입법을 마련해 위헌적 상태를 제거할 때까지 이 조항을 형식적으로 존속시키기 위해 헌법불합치결정을 한다. 재산권 침해와 공익 간의 비례성을 회복하기 위한 방법은 헌법상 반드시 금전보상으로만 해야 하는 것은 아니다. 입법자는 지정을 해제하거나 토지매수청구권제도같이 금전보상을 갈음하거나 기타 손실을 완화할 수 있는 제도를 보완하는 등 여러 가지 다른 방법을 사용할 수 있다.

반대의견 중 1인(단순위헌)이 제시한 논거는 다음과 같다. 다수의견이 취하는 헌법불합치결정은 헌법 제111조 제1항 제1호 및 제5호, 〈헌법재판소법〉 제45조, 제47조 제2항의 명문규정에 반한다. 이는 헌법재판소 결정의 소급효(위헌결정의 효력이 결정 이전까지 거슬러 올라가 적용되는 것)를 원칙적으로 인정하는 독일의 법제와 원칙적으로 장래효(위헌결정의 효력이 결정이 내려진 이후부터 적용되는 것)를 인정하고 있는 우리의 법제를 혼동해 독일의 판례를 무비판적으로 잘못 수용한 것이다. 따라서 단순위헌결정을 해야 한다.

또 다른 반대의견 1인(합헌)이 제시한 논거는 다음과 같다. 모든 국민이 건강하고 쾌적한 환경에서 생활할 수 있는 환경권(헌법 제35조)은 인간의 존엄과 가치·행복추구권의 실현에 기초가 되는 기본권이므로 사유재산권인 토지소유권을 행사하는 경제적 자유보다 우선하는 지위에 있다. 〈도시계획법〉 제21조는 환경오염을 예방하기 위해 필요한 규제입법으로 헌법상 정당성을 갖추고 있다. 이 규제입법으로 나대지의 이용이 제한되고 토지를 사용하는 데 지장이 생겼다고 해도 이 같은 규제는 성질상 재산권에 내재된 사회적 제약에 불과하다. 법익의 비교형량 면에서도 토지 소유권자가 입는 불이익보다 국가 안전보장과 공공복리에 기여하는 이익이 더 크고, 입법목적 달성을 위한 합리성·필요성을 갖추었으므로 헌법 제37조 제2항에서 정하고 있는 기본권 제한의 한계요건을 벗어나는 것도 아니다. 그뿐 아니라 제한구역 내의 다른 토지와 서로 비교해보아도 재산권 박탈로 볼 수 있는 정도로 제한을 가한, 합리성 없는 차별적인 취급으로 인정되지 않으므로 평등원칙을 위반한 것도 아니다.

사후 경과 및 평가

이처럼 헌법재판소가 〈도시계획법〉 제21조는 헌법에 합치되지 않는다고 결정한 이후, 국회는 2000년 1월 28일 법률 제6241호로 〈개발제한구역의 지정 및 관리에 관한 특별조치법〉을 제정했다. 새 법에서는 개발제한구역으로 지정된 토지에 대해 정부에 매수를 청구할 수 있도록 토지 소유자에게 매수청구권을 인정했다(제16조 제1항, 제19조).

개인의 재산권이 공공의 이익과 충돌하는 개발제한구역제도는 도시 기능의 적정화 및 환경 보존, 국가안보상 필요에 따른 것으로 공공 이익에 부합한다. 하지만 사회적 제약의 범위를 넘는 가혹한 부담이 발생하는 예외적인 경우에까지 보상규정을 두지 않는 것은 위헌이라고 판단해 어디까지 공공 필요에 의한 제한이 가능하고 개인 재산권이 인정되어야 하는지에 대한 명확한 법적 기준을 최초로 제시했다. 헌법재판소의 결정은 정부의 그린벨트 정책이 종전의 규제 강화 일변도에서 규제가 완화되는 쪽으로 전환하는 계기가 되었다.

그 밖의 중요한 판례

구치소 과밀 수용 사건(2016. 12. 29.),
영화 사전심의 사건(1996. 10. 4.),
동성동본 금혼 사건(1997. 7. 16.),
부부 합산과세 사건(2002. 8. 29.),
유류분 사건(2024. 4. 25.)

구치소 과밀 수용 사건[1]의 청구인은 벌금 70만 원의 판결을 선고받았으나 벌금을 미납해 다시 노역장유치 명령을 받고 약 10일간 구치소(면적 8.96제곱미터, 정원 여섯 명)에 수용되었다. 전통적 면적 단위인 평坪은 성인 한 명이 누웠을 때 차지하는 토지 면적을 계량화한 것으로 미터법에 의하면 3.3제곱미터에 해당한다. 이 사건의 경우 약 9제곱미터, 즉 3평도 되지 않는 면적에 성인 여섯 명을 수용하고 있었다. 이는 각 개인이 모로 누워 칼잠을 잘 수밖에 없는 협소한 면적이다.

헌법재판소는 국가가 이러한 공간에 국민을 수용한 행위는 인간의 존엄과 가치를 침해한 것으로 위헌이라는 내용의 결정을 선고했다(전원일치). 이 사건에 대한 헌재의 결정 이후, 대법원은 구치소의 과밀 수용 행위에 대해 국가배상책임을 인정했다.[2]

이 사건에 대한 헌법재판소의 결정은 교정 시설 내 과밀 수용이 인간의 존엄과 가치를 침해함을 확인하여 국가형벌권 행사의 한계를 밝혔다. 이는 수형자 등의 인권 신장에 크게 이바지했을 뿐 아니라, 인간의 존엄성이 주관적 권리로서 구체적 기본권임을 보다 분명히 재확인했다는 데 큰 의의가 있다.[3]

영화 사전심의 사건[4]에서는 공연윤리위원회(이하 '공륜')의 사전심의를 받지 않고 영화를 상영한 경우 형사처벌하는 〈영화법〉 조항이 헌법상 금지된 언론·출판에 대한 검열에 해당하는지가 문제 되었다.

헌법재판소는 〈영화법〉상 공륜이 영화를 사전심의하는 것이 우리 헌법이 금지한 검열에 해당한다고 결정했다(전원일치). 공륜이 민간인으로 구성된 자율기관이라 하더라도 행정권이 공륜의 구성에 지속적으로 영향을 미칠 수 있다면 공륜을 검열기관으로 볼 수밖에 없다는 것이 주요 논거였다. 여기서 검열은 행정권이 주체가 되어 사상이나 의견을 발표하기 전에 그 내용을 검토하고 허가받지 않으면 발표를 금지하는 제도를 뜻한다.

하지만 이 사건은 긴 갈등의 서막에 불과했다. 이후 10여 년 동안 헌법재판소는 식민지 시절부터 존속해온 예술에 대한 검열제도와 힘겨운 투쟁을 벌여야 했다. 헌재는 1998년 12월 24일 공륜의 사전심의를 받지 않은 비디오물의 판매 등을 금지하는 〈음반 및 비디오물에 관한 법률〉,[5] 1999년 9월 16일 비디오물에 대해 한국공연예술진흥협의회의 사전심의를 받도록 한 동법 개정법률에 대해 각각 위헌결정을 내렸다(두 사건 모두 전원일치).[6] 또 2005년 2월 3일 외국 비디오물을 수입할 경우 영상물등급위원회(이하 '영등위')의 수입 추천을 받도록 규정한 구 〈음반·비디오물 및 게임물에 관한 법률〉에 대해(위헌 8인, 합헌 1인),[7] 2008년 10월 30일 영등위에 의한 비디오물 등급 분류보류제도를 규정한 동법 규정에 대해 위헌결정을 내렸다(단순위헌 8인, 한정위헌 1인).[8] 이러한 사건에서 문제가 된 제도 모두 우리 헌법이 금지하는 검열에 해당한다는 것이 주요 논거였다. 2008년 7월 31일에는 제한 상영가 등급 영화를 '상영 및 광고·선전에 있어서 일정한 제한이 필요한 영화'라고 규정한 〈영화진흥법〉 관련 규정에 대해 명확성 원칙과 포괄위임금지 원칙(법률이 사항과 범위를 구체적으로 한 정하지 않고 특정 행정기관에 입법권을 일반적·포괄적으로 위임하는 것은 금지된다는 원칙)에 위배된다는 이유로 헌법불합치결정을 내렸다(헌법불합치 6인, 단순위헌 1인, 합헌 2인).[9]

사전심의제도를 폐지한 후 영화를 제작하고 상영하는 데 있어 표현의 자유가 크게 신장되었고, 그 결과 〈쉬리〉, 〈공동 경비구역 JSA〉 등 관객 1,000만 명 이상을 동원하는 영화가 등장해 한국 영화 산업은 급속히 발전했고, 오늘날 한류 문화 발전의 원동력으로 작용했다. 2002년에 등급분류제도를 도입 한 후 2004년 대구에서 두 극장이 제한 상영관으로 재개관했 지만 몇 달 만에 경영난으로 폐쇄되었다. 제한 상영관이 생존 할 수 없는 시장 여건하에서 등급분류제도가 사실상 검열 효 과를 발생시킨다는 영화계 일각의 비판이 존재한다. 실제로 외 화 수입업자나 국내 영화 제작자가 제한 상영가 등급을 받지 않기 위해 스스로 필름을 잘라내는 일이 발생하고 있다.

동성동본 금혼禁婚 사건[10]에서는 동성동본 금혼을 규정한 〈민법〉 조항이 개인의 존엄과 양성평등에 기초한 헌법상의 혼 인·가족제도에 부합하는지가 문제 되었다. 동성동본同姓同本

이란 성과 본이 같은 사람을 의미한다. 2000년 정부의 인구조사 결과 신라 시대 김알지金閼智를 시조로 하는 경주 김씨의 경우 국내에 173만 6,798명이 살고 있는 것으로 나타났다. 따라서 경주 김씨와 같은 큰 성씨大姓氏의 경우 8촌 이내의 근친을 제외하고는 사실상 친족의 개념으로 포괄하기 힘들다. 하지만 구 〈민법〉에서는 "동성동본인 혈족 사이는 혼인하지 못한다"고 규정해 동성동본인 사람들의 혼인을 절대적으로 금지하고 있었다.

헌법재판소는 동성동본혼을 금지한 〈민법〉 규정이 헌법에 합치되지 않는다(헌법불합치)는 결정을 내렸다(단순위헌 5인, 헌법불합치 2인, 합헌 2인). 단순위헌의견(5인)이 다수이기는 하지만 위헌결정에 필요한 정족수(6인)에 이르지 못해 이보다 약한 의미의 위헌결정인 헌법불합치결정(단순위헌 5인+헌법불합치 2인=헌법불합치 7인)을 내리게 된 것이다. 법정의견은 자유와 평등을 근본이념으로 하고 경제가 고도로 발달한 현대 산업사회와 자유민주주의 사회에서는 동성동본 금혼제가 사회적 타당성 및 합리성을 상실했다고 보았으나, 반대의견은 동성동본 금혼제가 단군 건국 초부터 전래되어 관습화된 우리 민족의 미풍양속으로서 전통문화 중 하나라고 보았다.

헌법재판소의 헌법불합치결정 이후 대법원은 동성동본 혼인신고를 금지한 〈호적예규〉를 폐지했다. 국회는 〈민법〉을 개정해 동성동본 금혼을 폐지하고, 8촌 이내의 혈족이나 6촌 이내 인척 사이의 혼인을 금지하는 근친혼 금지제도로 전환했다.

헌법재판소는 남성 우위 가부장제의 유산인 동성동본 금혼제도를 폐지해 국민의 성적 자기결정권 내지 자기운명결정권을 신장하고, 개인의 존엄과 양성평등에 근거한 혼인, 가족생활의 토대를 구축했다. 그 결과 그동안 법률혼으로 인정받지 못하던 20만 가구의 동성동본혼이 구제되었다.

부부 합산과세 사건[11]에서는 〈소득세법〉상 부부의 자산소득을 합산과세해 조세 부담이 증가한 것이 비혼자에 비해 기혼부부를 불합리하게 차별 취급하지 않는지 여부가 문제 되었다. 헌법재판소는 〈소득세법〉 관련 조항이 혼인한 부부를 혼인하지 않은 부부나 독신자에 비해 차별 취급하고 있으므로 헌법에 위반된다고 보았다(전원일치).

이후 헌재는 종합부동산세를 과세하는 방법을 '인별 합산'이 아니라 '세대별 합산'으로 정한 〈종합부동산세법〉 조항에 대해서도 "혼인한 자 또는 가족과 함께 세대를 구성한 자를 독신자 등에 비해 불리하게 차별한다"는 이유로 헌법불합치결정을 했으며,[12] '1세대 3주택 이상에 양도소득세를 중과세'한 구 〈소득세법〉 규정에 대해서도 '혼인으로 새롭게 한 세대를 이룬 자에 대한 완화책이나 보완책이 없다'는 등의 이유로 헌법불합치결정을 내렸다.[13]

이 같은 일련의 헌법재판소 결정은 헌법 제36조 제1항에서 보장하는 혼인과 가족생활에 대한 규범적인 내용이 경제생활, 특히 소득세법 영역에서도 준수되어야 하고, 소득세를 부과할 때 조세 회피 가능성을 방지하고 담세력(세금을 낼 수 있는 능력)을 고려한다는 명분으로 혼인한 자를 비혼자에 비해 함부로 차별해서는 안 된다는 점을 명확히 선언했다는 데 의미가 크다.

유류분 사건[14]을 이해하기 위해서는 복잡한 법률용어에 대한 이해가 선행되어야 한다. 사람이 사망하면 〈민법〉에 따라 상속이 발생하는데, 이때 재산을 남긴 사람을 '피상속인', 재산을 물려받는 사람을 '상속인'이라고 부른다. 원칙적으로 피상속인은 생전행위(매매, 증여) 또는 사후행위(유언)를 통해 자신의 재산을 자유로이 처분할 수 있다. 따라서 피상속인이 유언으로 타인(사회복지단체)이나 상속인(가족) 중 일부(간병한

딸)에게만 유증(유언에 따른 증여)을 하면 나머지 상속인에게 상속재산이 이전되지 않을 수 있다. 그러나 피상속인이 재산을 처분할 자유를 무제한 인정하면 가족생활의 안정을 해치고, 피상속인이 사망한 후 상속인의 생활 보장이 침해될 수 있다. 이에 〈민법〉은 유류분遺留分, 즉 상속인에게 '남겨둔 몫'을 두고 있다. 즉 피상속인은 상속인의 상속분 중 2분의 1(배우자, 직계비속) 또는 3분의 1(직계존속, 형제자매)은 남겨두어야 하고, 이를 어긴 경우 상속인은 수증자(증여받은 자)에게 유류분 반환청구권을 가진다.

헌재는 〈민법〉이 유류분을 상실할 사유를 별도로 규정하지 않은 것은 패륜적인 상속인의 유류분을 인정하는 결과를 초래해 헌법에 위반되며(전원일치, 위헌), 상속재산을 형성하는 데 기여하거나 상속재산을 기대하는 것 등이 거의 인정되지 않는 피상속인의 형제자매에게까지 유류분을 인정한 것은 기본권제한입법의 한계를 벗어났다고 보았다(전원일치, 헌법불합치). 또 유류분을 산정할 때 기여분(동거, 간호, 부양, 재산 형성에 기여한 상속인의 가산분)을 고려하지 않는 것 역시 헌법에 위반된다고 판단했다(전원일치, 헌법불합치).

해의害意(손해를 가할 의도) 증여의 경우 (수증자가) 반환하는 기간에 제한이 없는데, 이에 대해 법정의견(5인, 합헌)은 '나쁜 의도'는 보호할 가치가 없고 법원이 해의를 엄격하게 해석하기 때문에 문제가 없다고 본 반면, 반대의견(4인, 헌법불합치)은 물가 상승 등을 감안하면 (수증자에게) 과도한 부담이 초래된다고 보았다.

이 사건에서 헌재는 상속제도에 내재된 형식적 평등을 어떻게 실질화할지에 대한 새로운 기준을 제시하고 있다. 헌재가 결정을 내린 후 2024년 8월 28일 국회는 양육 의무를 저버린 부모의 상속권을 상실시키는 〈민법〉 개정안(소위 〈구하라법〉[15])을 통과시켰다. 경제가 고도화된 오늘날에는 유족의 생존을 보호할 필요성이 과거만큼 크지 않다.[16] 1804년 나폴레옹 법전을 통해 유류분réserve héréditaire제도를 창시한 프랑스도 2006년 민법 대개혁 이후 제도의 유연성을 보다 확대하는 방향으로 개편을 모색하고 있다.[17]

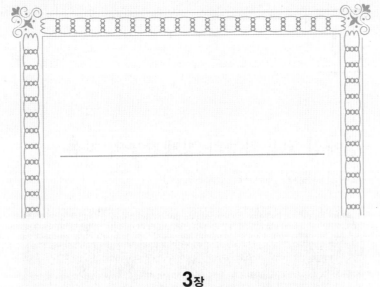

3장

인권 존중과 보호의 강화

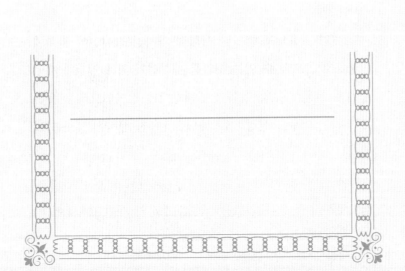

01

장애인 고용의무와 경제활동의 자유

장애인 고용의무제도 사건(2003. 7. 24.)[1]

근로자 수 일정 규모 이상의 사업주에게 장애인을 의무고용(1~5퍼센트)하도록 한 〈장애인고용촉진법〉 규정은 사업주의 경제활동 및 계약의 자유를 지나치게 제한하지는 않는가

사실관계

'장애인 고용의무제도'란 사회적 약자인 장애인이 사회에 진출하고 근로할 수 있는 기회를 제공하기 위해 일정한 사업주에게 전체 근로자 수의 1~5퍼센트를 장애인으로 고용하도록 하는 의무를 설정한 〈장애인고용촉진법〉상의 제도를 말한다.

이 사건의 청구인은 공동주택 관리 회사로 서울지방노동청장으로부터 구 〈장애인고용촉진법〉 소정의 기준 고용률에 미

달하는 장애인을 고용했다는 이유로 1995년에 장애인 고용부담금(7,441만 2,000원)과 가산금(744만 1,200원) 부과처분을 받았다. 청구인은 이에 불복해 행정소송(부과처분 취소소송)을 제기하며 상고심 계속 중 구 〈장애인고용촉진법〉 관련 규정이 헌법에 위반된다고 주장하면서 대법원에 위헌법률심판제청을 신청했으나 기각되었다. 이에 청구인은 헌법재판소에 직접 헌법소원심판을 청구했다.

헌재 결정

구 〈장애인고용촉진법〉에는 장애인 고용을 촉진하기 위해 장애인 고용부담금제도와 장애인 고용의무제도 관련 규정을 두고 있었다. 장애인 고용부담금제도에 대해서는 재판관 전원이 합헌의견을 개진했다(전원일치, 합헌). 고용부담금제도는 장애인 고용의무제의 실효성을 확보하는 수단이므로 입법목적의 정당성이 인정된다. 한편 이 부담금은 장애인 고용의 경제적 부담을 조정하고 장애인을 고용하는 사업주를 지원하기 위해 사용되고 국가의 일반적 재정수입에 포함되는 것이 아니므로 방법의 적정성도 인정된다. 나아가 고용부담금의 부담 기초액은 최저임금의 100분의 60 이상 범위로 규정되어 있는데, 2003년에는 85퍼센트에 불과한 실정이다. 따라서 이 정도 부담금이라면 사업주의 재산권 등을 과도하게 침해한다고 할 수 없고, 헌법상 요구되는 장애인의 고용을 촉진한다는 공익에 비추어 볼 때 법익의 균형성을 크게 잃었다고 할 수도 없다. 또 이 사건의 고용부담금은 일정한 요건에 해당하는 사업주에게는 일정한 방식으로 차등 없이 부과하고 있다. 따라서 고용의무제가 적용되는 사업주와 그렇지 않은 사업주 간의 구분 자체에 불합리한 차별이 있는지 여부는 별론으로 하고 고용부담금제도 자체의 차별성은 문제가 되지 않는다. 고용부담금제도는 고용의무를 성실히 이행하는 사업주와 그렇지 않은 사업주 간 경제적 부담의 불균형을 조정하는 기능을 하기 때문이다.

그러나 장애인 고용의무제도에 대해서는 합헌과 위헌의견이 각각 4 대 5로 팽팽하게 갈렸다(합헌 4인, 위헌 5인). 법정의견(합헌 4인)의 논지는 다음과 같다. 장애인은 현실적으로 능력에 맞는 직업을 구하기가 지극히 어려우므로, 사회적·국가적 차원에서의 조치가 요구된다. 우리 헌법은 기업의 경제활동의 자유를 보장(헌법 제119조 제1항)하고 개인의 계약 자유의 원칙을 천명(헌법 제10조 전문)하고 있지만, 일정한 경우 이러한 자유를 제약하는 것이 가능하다. 우리 헌법상 계약 자유의 원칙과 기업의 경제상 자유는 무제한의 자유가 아니라 헌법 제37조 제2항에 의해 공공복리를 위해 법률로써 제한 가능하며, 국가는 경제주체 간 조화를 통한 경제의 민주화를 위해 규제하고 조정할 수 있기 때문이다(헌법 제119조 제2항). 국가와 지방자치단체는 장애인 고용 시책을 추진하는 공공 주체이므로 국가와 지방자치단체에게 장애인 고용부담금을 부과·징수하지 않더라도 국가·지방자치단체와 민간 사업주와의 차별 취급은 합리적 근거가 있는 차별에 해당한다. 구법 제35조 제1항 본문은 장애인 고용의무 사업주의 범위를 고용 근로자 수를 기준으로 한다는 기본 원칙을 정하되, 수시로 변화하는 경제 상황 등을 고려해 시대에 따라 탄력적으로 정해야 할 사항이므로 이를 법률로 명시하지 않고 있다. 하지만 이러한 입법자의 판단이 반드시 잘못되었다고 볼 수 없다. 구법 제35조 제1항은 "사업주는 그 근로자의 총수의 100분의 1 이상 100분의 5 이내의 범위 안에서 대통령령이 정하는 비율 이상에 해당하는 장애인을 고용하여야 한다"고 규정했다. 이 규정을 해석하면 최소한 20인 이상의 근로자를 고용하는 사업주에게만 장애인 고용의무가 도출됨을 알 수 있다. 기준 고용률의 상한인 5퍼센트를 상정하더라도 20인이 되어야 1명의 장애인 고용의무가 생기기 때문이다. 따라서 동 조항은 포괄위임입법금지 원칙 내지는 법률유보 원칙에 위반된다고 할 수 없다.

반대의견(위헌 5인)의 논거는 다음과 같다. 헌법 제75조에서 밝히고 있는 포괄위임입법금지의 원칙은 행정입법의 수요와 헌법상 기본권 보장의 원칙과의 조화를 기하기 위해 위임입법은 허용하되 백지위임만은 허용되지 않는다는 것이다. 이는 국민의 헌법상 기본권 및 기본의무와 관련된 중요한 사항 내지 본질적인 내용은 원칙적으로 주권자인 국민이 선출한 입법부가 담당해 법률의 형식으로 이를 수행해야 하고, 입법화된 정책을 집행하거나 적용함을 임무로 하는 행정부나 사법부에 그 기능을 넘겨서는 안 된다는 점을 천명한 것이다. 그런데 장애인 고용의무 및 그에 따르는 고용부담금 납부 의무는 국민의 계약 및 직업 수행의 자유와 재산권 등 헌법상 기본권의 실현에 관련된 중요한 사항 내지 본질적인 내용이라고 할 수 있는데도, 구법 제35조 제1항 본문은 그 적용대상이 되는 사업주에 대해 단순히 "대통령령이 정하는 일정 수 이상의 근로자를 고용하는 사업주"라고만 규정하고 있어 이 조항만 가지고는 도저히 대통령령으로 규정될 내용을 대강이라도 예측할 수 없다. 따라서 구법 제35조 제1항 본문 중 "대통령령이 정하는 일정 수 이상의 근로자를 고용하는 사업주" 부분은 헌법 제75조가 규정하는 포괄위임입법금지의 원칙에 위배되고 법치주의 원리 및 기본권 보호 이념에서 파생하는 법률유보 원칙에도 충실하지 못하다.

이 사건 심판대상 조항 중 고용부담금 조항이 헌법에 위반되지 않는다는 점에 대해서는 재판관 전원의 의견이 일치했고, 장애인 고용의무 조항에 대해서는 위헌의견에 찬성한 재판관이 5인이어서 다수이기는 하지만 헌법소원 인용결정을 위한 심판정족수(6인)에는 이르지 못해 위헌결정을 할 수 없어 이 사건 심판대상 조항 모두에 대해 합헌결정을 선고했다.

사후 경과 및 평가

〈장애인고용촉진법〉이 제정되고 이에 대한 헌법재판소의 합헌결정이 내려진 이후 그 이전보다는 장애인의 사회 진출이 활발해졌으나 실질적 고용률 향상은 아직도 많이 미흡한 편이다. 그럼에도 2003년 이후 장애인 고용률(민간 부문)은 꾸준히 상승했으며(고용노동부에 따르면 2003년 1.08퍼센트에서 2016년 2.58퍼센트), 2009년에는 개정법(〈장애인고용촉진 및 직업재활법〉)의 시행으로 국가와 지방자치단체도 의무고용률을 지키지 못하면 부담금을 부과받게 되었다.[2]

2007년 4월 10일 법률 제8341호로 〈장애인 차별금지 및 권리구제 등에 관한 법률〉이 제정되어 차별 행위가 악의적인 경우 3년 이하 징역이나 3,000만 원 이하 벌금에 처하도록 규정했다(제49조). 한편 헌재는 2008년 10월 30일 시각장애인에 한해 안마사자격제도를 인정한 〈의료법〉 조항에 대해 안마사가 시각장애인이 선택할 수 있는 거의 유일한 직업이고 소수이자 약자인 시각장애인의 실질적 평등을 구현하기 위해

우대 조치가 필요하다는 이유로 합헌결정[3]을 했으며, 이후에도 같은 입장[4]을 견지했다.[5]

이러한 헌법재판소의 결정은 장애인의 실질적 권리를 보장하기 위해 일자리를 제공하는 것은 매우 중요하면서도 반드시 필요한 과제이며, 사회적 소수 및 약자와 함께 '더불어 사는 공동체 사회'로 나아가기 위한 최소한의 조치임을 확인한 점에서 그 의미가 있다. 한편 의무고용률에 미달할 경우 부과되는 장애인 고용부담금이 낮아 현실적으로 장애인 고용을 외면하는 기업과 기관이 적지 않다는 비판이 있다. 국회에서 발표한 자료에 의하면 2022년 장애인 고용의무가 있는 사업체 수는 3만 42곳으로, 이 중 58퍼센트(1만 7,419곳)가 고용의무를 다하지 않았다. 고용의무 사업체 3만 42곳의 상시 근로자 수는 698만 4,148명으로, 이 가운데 장애인은 2.91퍼센트(20만 3,138명)에 불과했다. 의무고용률에 못 미치는 장애인을 고용하는 사업주는 매년 고용노동부 장관에게 부담금을 내야 한다. 민간 기업이 낸 부담금을 연도별로 살펴보면 2018년 5,996억 원, 2019년 7,326억 원, 2020년 6,905억 원, 2021년 6,908억 원, 2022년 7,438억 원이다.[6]

중대한 기본권 침해 위험과 국가의 인권 회복 의무

일본군위안부의 대일 배상청구권 사건(2011. 8. 30.)[1,2]

일본군위안부 피해자들의 대일 배상청구권 행사와 관련해 〈한일 청구권 협정〉 제3조의 해석상 한일 간 분쟁이 있음에도 정부가 해결하기 위해 아무런 조치를 취하지 않고 있는 부작위가 헌법을 위반했다고 볼 수 있는가

사실관계

청구인들은 일제에 의해 강제로 동원되어 성적 학대를 받으며 위안부로서의 생활을 강요당한 일본군위안부 피해자이며, 피청구인은 대한민국의 외교통상부 장관이다. 대한민국은 1965년 6월 22일 일본국과 〈대한민국과 일본국 간의 재산 및 청구권에 관한 문제의 해결과 경제협력에 관한 협정〉(조약 제172호, 소위 〈한일 청구권 협정〉)[3]을 체결했다. 청구인들

이 일본국에 대해 가지는 일본군위안부로서의 배상청구권이 이 사건 협정 제2조 제1항에 의해 소멸되었는지 여부에 관해, 일본국은 청구권이 이 협정 규정에 의해 모두 소멸되었다고 주장하면서 청구인들에 대한 배상을 거부했다. 대한민국 정부는 청구인들의 청구권은 이 협정에 의해 해결된 것이 아니라는 입장이어서, 한일 양국 간에 이에 관한 해석상 분쟁이 존재한다. 청구인들은 피청구인이 〈한일 청구권 협정〉 제3조가 정한 절차에 따라 이와 같은 해석상 분쟁을 해결하기 위한 조치를 취할 의무가 있는데도 이를 전혀 이행하지 않고 있다고 주장하면서, 2006년 7월 이러한 피청구인의 부작위不作爲(행동을 취하지 않은 것)가 청구인들의 기본권을 침해하여 위헌이라는 확인을 구하는 이 사건 헌법소원심판을 청구했다.

헌재 결정

헌법재판소는 이 사건에 대해 피청구인(대한민국 정부)의 부작위가 위헌임을 확인한다는 내용의 결정을 내렸다(인용[위헌] 6인, 기각[합헌] 3인).

법정의견(인용[위헌] 6인)의 논거는 다음과 같다. 헌법 전문, 제2조 제2항, 제10조와 이 사건 협정 제3조의 문언에 비추어 볼 때, 피청구인이 협정 제3조에 따라 분쟁 해결의 절차로 나아갈 의무는 일본국에 의해 자행된 조직적이고 지속적인 불법행위에 의해 인간의 존엄과 가치를 심각하게 훼손당한 자국민의 배상청구권을 실현하도록 협력하고 보호해야 할 헌법적 요청에 의한 것으로서, 그 의무를 이행하지 않으면 청구인들의 기본권이 중대하게 침해될 가능성이 있으므로, 피청구인의 작위의무는 헌법에서 유래하는 것으로 법령에 구체적으로 규정되어 있는 경우다. 특히 우리 정부가 직접 일본군위안부 피해자의 기본권을 침해하는 행위를 하지는 않았지만, 일본에 대한 배상청구권의 실현 및 인간으로서의 존엄과 가치 회복에 대한 장애 상태가 초래된 것은 우리 정부가 청구권의 내용을 명확히 하지 않고 '모든 청구권'이라는 포괄적 개념을 사용해 이 사건 협정을 체결한 것에도 책임이 있다는 점에 주목한다면 그 장애 상태를 제거하는 행위로 나아가야 할 구체적 의무가 있음을 부인하기 어렵다. 이러한 분쟁 해결 절차로 나아가지 않은 피청구인의 부작위가 청구인들의 기본권을 침해해 위헌인지 여부는 침해되는 기본권의 중대성, 기본권 침해 위험의 절박성, 기본권의 구제 가능성, 작위로 나아갈 경우 진정한 국익에 반하는지 여부 등을 종합적으로 고려해 국가기관의 기본권 기속성에 합당한 재량권 행사 범위 내로 볼 수 있을지 여부에 따라 결정된다.

일본국에 의해 광범위하게 자행된 반인도적 범죄행위에 대해 일본군위안부 피해자들이 가지는 배상청구권은 헌법상 보장되는 재산권일 뿐만 아니라, 그 배상청구권의 실현은 무자비하고 지속적으로 침해된 인간으로서의 존엄과 가치 및 신체의 자유를 사후적으로 회복한다는 의미를 가지므로 피청구인의 부작위로 인해 침해되는 기본권이 매우 중대하다. 또 일본군위안부 피해자는 모두 고령으로 기본권 침해 구제의 절박성이 인정되며, 이 사건 협정의 체결 경위 및 그 전후 상황, 일련의 국내외적인 움직임을 종합해볼 때 구제 가능성이 결코 작다고 할 수 없다. 피청구인이 내세우는 '소모적인 법적 논쟁으로 발전할 가능성이 있고 외교 관계가 불편해질 수 있다'는 부작위의 이유는 매우 불분명하고 추상적이기 때문에 진지하게 고려되어야 할 국익이라고 보기 힘들다. 결국 피청구인의 부작위로 인해 청구인들에게 중대한 기본권 침해를 초래했다 할 것이므로, 이는 헌법에 위반된다.

반대의견(기각[합헌] 3인)의 논거는 다음과 같다. 행정권력의 부작위에 대한 헌법소원이 적법하려면 공권력의 주체에게 '헌법에서 유래하는 작위의무'가 구체적으로 규정되어 있어야 하는데, 작위의무를 도출하는 근거는 헌법의 명문, 헌법의 해석, 법령의 규정 등 세 가지다. 우선 헌법 제10조의 국민의 인권을 보장할 의무, 제2조 제2항의 재외국민 보호의무와 헌법 전문前文은 국가의 국민에 대한 일반적·추상적 의무를 선언한 것이어서 그 조항 자체로부터 국민에 대한 국가의 구체적인 작위의무가 나올 수 없다고 할 것이고 이는 우리 재판소의 확립된 판례다. 다음으로 이 사건 협정은 한일 양국이 당사자가 되어 상대방에 대해 부담할 것을 전제로 체결된 조약이기에 이 협정 제3조로부터 '우리 정부가 청구인들에 대해 부담하는 작위의무'는 도출될 수 없다. 그리고 이 협정 제3조에 기재된 외교적 해결, 중재회부 요청은 우리 정부의 '외교적 재량 사항'에 해당한다는 선례(헌재 2000. 3. 30. 98헌마206 결정)도 있는데, 다수의견은 결론적으로 이러한 선례와 배치되는 판단을 하고 있다. 이 사건 협정 제3조가 말하는 '외교적 해결 의무'는 그 이행의 주체나 방식, 정도, 완결 여부를 사법적으로 판단할 수 있는 객관적 판단 기준을 마련하기 힘든 고도의 정치행위 영역으로서, 헌법재판소의 사법심사의 대상은 되지만 사법자제가 요구되는 분야에 해당한다. 이 사건 청구인들의 기본권을 구제해주어야 한다는 절박한 심정을 생각하면 어떤 방법으로든 국가적 노력을 다해주었으면 하는 바람은 우리 모두 간절하나, 헌법과 법률의 규정 및 그에 관한 헌법적 법리 해석의 한계를 넘어서까지 피청구인에게 그 외교적 문제해결을 강제할 수는 없다. 이는 권력분립의 원칙상 헌법재판소가 지켜야 하는 헌법적 한계다.

사후 경과 및 평가

이 사건에 대한 헌법재판소의 위헌(인용)결정 이후, 2012년 11월 국가인권위원회는 정부에 일본군위안부 피해자들의 인권을 회복하기 위한 다양하고 적극적인 외교 조치를 이행할 것을 촉구했고, 국제사회도 일본 정부에 일본군위안부 피해자들의 인권을 침해한 사실을 인정하고 국제 인권기구의 권고에 따라 일본군위안부에 대해 진상을 규명하고 공식적으로 사과하며 배상 조치를 취할 것을 거듭 요구했다.

하지만 일본 정부는 별다른 조치를 취하지 않았고 박근혜 정부 시기인 2015년 12월 28일 한일 외교 장관 합의가 이루어졌다. 그 직후에 열린 한일 외교 장관 공동 기자회견에서 일본은 책임을 통감한다는 의사를 표시하면서, 한국 정부가 위안부 지원을 위한 재단을 설립하고 여기에 일본 정부가 10억 엔 정도를 출연하기로 하며, 이로써 위안부 문제는 최종적·불가역적으로 해결되었음을 확인한다고 발표했다. 그러나 우리 정부는 이러한 합의 과정에서 일본 정부의 법적 책임을 묻기 위해 오랜 세월 노력해온 피해자들을 배제했고, 합의 이후에도 합의 내용을 제대로 설명하지 않았다. 이에 일본군위안부 피해자들은 이 합의가 자신의 기본권을 침해했다고 주장하며 그 위헌 확인을 구하는 헌법소원을 다시 청구했다. 2019년 12월 27일 헌법재판소는 이러한 한일 양국 간 합의는 비구속적 합의에 불과하므로 기본권을 침해할 가능성이 없다는 이유로 각하결정을 내렸다.[4] 그 뒤 2017년 취임한 문재인 정부는 일본 정부의 사과와 금전배상을 요구하며 일본 정부가 재단에 출연하는 것을 거부하고 '화해·치유재단'의 운영비를 차단하는 등 사실상 합의 내용을 무효화했다.

헌법재판소의 결정은 국가가 일제강점기에 인권을 참혹하게 유린당한 여성 피해자들의 인간으로서의 존엄과 가치를 사후적으로라도 회복시켜주어야 한다는 의미를 되새기도록 해주었다. 또 3·1운동으로 건립된 대한민국임시정부의 민주주의 법통을 이어받은 대한민국 정부로서 국가가 마땅히 떠맡아야 할 중대한 기본권 침해에 대해 그 책임 범위를 확인해준 의미 있는 결정이다.

03

위치추적, 감청과 적법절차 원칙, 개인정보 자기결정권

위치정보 추적 사건(2018. 6. 28.),[1] 기지국 수사 사건(2018. 6. 28.),[2] 패킷감청 사건(2018. 8. 30.)[3]

> 수사기관이 법원의 허가를 얻어 전기통신 사업자로부터 개별적으로 또는 기지국을 이용해 수사대상자의 위치정보 등 통신사실 확인 자료를 제공받거나, 인터넷망을 통한 패킷감청으로 방대한 통신정보를 취득할 수 있도록 하는 〈통신비밀보호법〉 조항은 과잉금지 원칙과 적법절차 원칙에 부합하는가

사실관계

다수의 관련 판례가 얽혀 있어 일견 사안이 복잡하고 어려워 보이는 경우가 있는데, 이 경우에도 핵심적 사실관계를 염두에 두고 헌재 결정을 읽으면 내용을 이해하기가 한결 쉬워진다. 위치정보 추적 사건에서는 수사기관이 민간인의 위치

정보를 추적한 것이, 기지국 수사 사건에서는 수사기관이 통신 기지국을 통해 대량의 통신정보를 수집한 것이, 패킷감청 사건의 경우 수사기관이 패킷 packet 감청한 것이 문제 되었다. 패킷감청이란 인터넷망에 오가는 정보의 내용을 가로채는 것을 말한다. 예를 들어 수사기관이 다음의 인터넷망에 감청 설비를 연동하면 실시간으로 카카오톡 접속 정보, 메신저 내용 등을 모두 들여다볼 수 있다.

위치정보 추적 사건의 경우, 청구인은 ○○ 중공업이 영도조선소 근로자를 정리해고한 것에 항의하여 크레인 점거 농성 중이던 김○숙 등을 응원하고자 희망버스 집회를 개최해 〈집시법〉 위반 등의 혐의로 기소된 사람들이다. 해당 수사기관은 이 사건을 수사하거나 체포영장을 집행하기 위해 법원의 허가를 얻어 전기통신 사업자에게 청구인들에 대한 〈통신비밀보호법〉 제2조 제11호 바목에 해당하는 통신사실 확인자료 제출을 요청해 이를 제공받았고, 청구인들은 2011년 12월부터 2012년 4월 사이 해당 수사기관으로부터 이 같은 통신사실 확인자료를 제공받았다는 사실을 통지받았다. 청구인들은 〈통신비밀보호법〉 제13조 제1항(요청조항),[4] 제13조의3 제1항(통지조항)[5] 등이 자신들의 통신의 자유, 사생활의 비밀과 자유, 개인정보 자기결정권 등 기본권을 침해한다고 주장하면서 헌법소원심판을 청구했다.

기지국 수사 사건은 청구인이 취재 활동 중이던 인터넷 신문기자라는 점, 수사기관이 10분 동안의 통신사실 확인자료를 제공받았지만 기지국을 이용한 관계로 청구인을 포함한 총 659명이라는 다수인의 통신사실 확인자료를 제공받았다는 사실이 문제가 되었다는 점 이외에는 위치정보 추적 사건과 유사하다.

패킷감청 사건의 경우 피청구인 국가정보원장은 청구 외 김○윤의 〈국가보안법〉 위반 범죄를 수사하기 위해 김○윤이 사용하는 휴대폰, 인터넷 회선 등 전기통신감청 등을 목적으로 2008년경부터 2015년경까지 7년 동안 법원으로부터 총 35차례의 통신제한조치를 허가받아 집행했다. 이러한 조치에는 2013년 10월부터 2015년 4월까지 6차례에 걸쳐 행해진 인터넷 회선에 대한 통신제한조치가 포함되어 있었다. 이는 인터넷 통신망에서 정보를 전송하기 위해 쪼개진 단위인 전기신호 형태의 패킷을 수사기관이 중간에 확보해 그 내용을 파악하는 이른바 패킷감청이었다. 이에 청구인은 통신의 비밀과 자유, 사생활의 비밀과 자유 등 기본권을 침해하고 헌법상 영장주의, 적법절차 원칙 등에 위반된다고 주장하며, 2016년 3월 29일 헌법소원심판을 청구했다.

헌재 결정

위치정보 추적 사건에 대해 헌법재판소는 〈통신비밀보호법〉 제13조 제1항(요청조항) 및 제13조의3 제1항(통지조항)은 헌법에 합치되지 않는다고 결정했다(헌법불합치 6인, 합헌 3인). 이 사건에서는 법정의견을 통해 반대의견의 논거를 추론할 수 있기 때문에 반대의견에 대한 구체적인 설명은 생략하기로 한다.

법정의견(헌법불합치 6인)의 구체적인 이유는 다음과 같다.

요청조항의 위헌성: 위치정보 추적자료에 담긴 내용, 즉 특정 시간대 정보 주체의 위치 및 이동 상황에 대한 정보는 충분한 보호가 필요한 민감한 정보다. 그럼에도 이 사건 '요청조항'은 수사기관이 광범위하게 위치정보 추적자료의 제공을 요청하는 것을 허용해 정보 주체의 기본권을 과도하게 제한하고 있다. 실시간 위치추적, 불특정 다수에 대한 위치추적의 경우 보충성 요건을 추가하고 대상 범죄의 경중에 따라 보충성 요건을 차등 적용해 수사에 지장을 초래하지 않으면서도 정보 주체의 기본권을 덜 침해하는 수단이 존재한다. 법원의 허가 절차를 두고 있지만 '수사의 필요성'만을 요건으로 두고 있어 절차적 통제도 제대로 이루어지기 어려운 것이 현실이다. 따라서 이 사건의 요청조항은 과잉금지 원칙에 반해 청구인들의 개인정보 자기결정권과 통신의 자유를 침해한다.

통지조항의 위헌성: 수사의 밀행성을 확보하는 것은 필요하지만, 적법절차 원칙에 따라 수사기관의 권한 남용을 방지하고 정보 주체의 기본권을 보호해야 한다. 위치정보 추적자료 제공과 관련해 정보 주체에게 적절하게 고지해야 하고 의견을 진술할 실질적인 기회를 부여해야 한다. 이 사건의 통지조항은 수사가 장기간 진행되거나 기소중지 결정이 내려지는 경우에 대해 통지할 의무를 규정하지 않았고, 그 밖의 경우에도 그 사유가 통지되지 않으며, 수사 목적을 달성한 이후 해당 자료가 파기되었는지 여부도 확인할 수 없게 되어 있어, 정보 주체가 수사기관의 권한 남용에 적절히 대응할 수 없다. 수사가 장기간 계속되거나 기소중지된 경우라도 일정 기간이 경과하면 원칙적으로 정보 주체에게 제공받은 사실을 통지하도록 하되 수사에 지장을 초래한다면 중립적 기관의 허가를 얻어 통지를 유예하는 방법, 일정한 조건하에 정보 주체가 제공을 요청한 사유를 통지받도록 신청할 수 있게 하는 방법, 통지 의무를 위반한 수사기관을 제재하는 방법 등의 개선 방안이 있다. 통지조항(제13조의3 제1항)은 적법절차 원칙에 위배되어 청구인들의 개인정보 자기결정권을 침해한다.

기지국 수사 사건은 결론과 논거가 위치정보 추적 사건과 유사하므로 구체적인 설명을 생략한다(헌법불합치 6인, 합헌 3인).

헌법재판소는 패킷감청 사건에 대해 〈통신비밀보호법〉 제
5조 제2항[6] 중 '인터넷 회선을 통하여 송수신하는 전기통신
부분을 통신제한하는 조치(패킷감청)'는 헌법에 합치되지 않
는다는 헌법불합치결정을 내렸다(헌법불합치 6인, 합헌 2인, 각
하·기각 1인).

법정의견(헌법불합치 6인)의 구체적 논거는 다음과 같다.

인터넷 회선을 감청하는 것은 인터넷 회선을 통해 흐르는
전기신호 형태의 패킷을 중간에 확보한 다음 재조합 기술을
거쳐 그 내용을 파악하는 이른바 패킷감청의 방식으로 이루
어진다. 따라서 이를 통해 개인의 통신뿐만 아니라 사생활의
비밀과 자유가 제한된다.

오늘날 인터넷 사용이 일상화되어 국가 및 공공의 안전, 국
민의 재산이나 생명·신체의 안전을 위협하는 범죄를 수사하
는 데 필요한 경우 인터넷 통신망을 이용하는 전기통신에 대
한 감청을 허용할 필요가 있다. 따라서 이 사건 법률조항은 입
법목적의 정당성과 수단의 적합성이 인정된다.

수사기관은 인터넷 회선을 감청해 개인의 내밀한 사생활
영역에 해당하는 통신자료까지 취득할 수 있다. 따라서 법원
이 통신제한조치에 대해 허가하는 단계에서는 물론이고, 집
행이나 집행 이후 단계에서도 수사기관의 권한 남용을 방지
하고 관련 기본권 제한이 최소화될 수 있도록 입법적 조치가

제대로 마련되어야 한다.

패킷감청 방식으로 이루어지는 인터넷 회선 감청은 해당 인터넷 회선에 흐르는 불특정 다수인의 모든 정보가 패킷 형태로 수집되어 일단 수사기관에 그대로 전송되므로, 다른 통신제한조치에 비해 감청을 집행해 수사기관이 취득하는 자료가 비교할 수 없을 정도로 매우 방대하다. 불특정 다수가 하나의 인터넷 회선을 공유해 사용하는 경우가 대부분이므로, 실제 집행 단계에서 법원이 허가한 범위를 넘어 불특정 다수인의 통신자료까지 수사기관에 모두 수집·저장된다. 따라서 인터넷 회선을 감청해 수사기관이 취득하는 개인의 통신자료 양은 전화감청 등의 다른 통신제한조치와 비교할 바가 아니다.

따라서 인터넷 회선 감청은 집행한 때와 그 이후에 제3자의 정보나 범죄수사와 무관한 정보까지 수사기관에 의해 수집·보관되고 있지 않은지, 수사기관이 원래 허가받은 목적, 범위 내에서 자료를 이용 및 처리하고 있는지 등을 감독하거나 통제할 법적 장치가 강하게 요구된다. 그런데 현행법은 관련 공무원 등에게 비밀준수의무를 부과하고(법 제11조), 통신제한조치로 취득한 자료의 사용 제한(법 제12조)을 규정하는 것 외에 수사기관이 감청을 집행해 취득하는 막대한 양의 자료를 처리하는 절차에 대해 아무런 규정을 두고 있지 않다.

현행법상 전기통신 가입자에게 집행을 통지하게 되어 있으나 집행 사유는 알려주지 않아야 하고, 수사가 장기화되거나 기소중지 처리되는 경우에는 감청이 집행된 사실조차 알 수 없도록 되어 있어(법 제9조의2), 객관적이고 사후적인 통제가 어렵다. 또 현행법상 감청 집행으로 취득한 전기통신의 내용은 법원으로부터 허가받은 범죄와 관련되는 범죄를 수사·소추하거나 그 범죄를 예방하기 위해서도 사용 가능하므로(법 제12조 제1호), 특정인의 동향을 파악하거나 정보를 수집하기 위한 목적으로 수사기관에 의해 남용될 가능성도 배제하기 어렵다.

인터넷 회선을 감청하는 것과 동일하거나 유사한 감청을 수사상 필요에 의해 허용하면서도, 관련 기본권 침해를 최소화하기 위해 집행 이후에도 주기적으로 경과 보고서를 법원에 제출하도록 하거나, 감청을 허가한 판사에게 감청 자료를 봉인해 제출하도록 하거나, 감청자료를 보관할지 아니면 파기할지 여부를 판사가 결정하도록 하는 등 수사기관이 감청을 집행해 취득한 자료에 대한 처리 등을 객관적으로 통제할 수 있는 절차를 두는 입법례가 상당수 있다.

이상을 종합하면, 이 사건 법률조항은 기본권 침해의 최소성 요건을 충족하지 못하고, 법익균형성도 인정되지 않는다. 그러므로 과잉금지 원칙을 위반하여 청구인의 기본권을 침해한다.

사후 경과 및 평가

이러한 일련의 사건에 대한 헌법재판소의 헌법불합치결정 이후, 국회는 2019년 12월 31일 법률 제16849호로 〈통신비밀보호법〉 제13조(범죄수사를 위한 통신사실 확인자료 제공의 절차) 제2항을 신설하여 "다른 방법으로는 범죄의 실행을 저지하기 어렵거나 범인의 발견·확보 또는 증거의 수집·보전이 어려운 경우에만" 통신사실 확인자료를 요청할 수 있도록 하되, 수사기관이 전기통신 사업자에게 요청할 수 있는 대상자료는 제2조 제11호('통신사실 확인자료' 정의 규정) 바목("정보통신망에 접속된 정보통신기기의 위치를 확인할 수 있는 발신기지국의 위치추적자료") 및 사목("컴퓨터통신 또는 인터넷의 사용자가 정보통신망에 접속하기 위하여 사용하는 정보통신기기의 위치를 확인할 수 있는 접속지의 추적자료") 중 실시간 추적자료(제1호)와 특정한 기지국에 대한 통신사실 확인자료(제2호)에만 한정했다. 또 제13조의3을 개정해 통신사실 확인자료를 제공받은 사실과 요청한 기관 및 기간 등을 당사자에게 서면으로 통지하도록 하는 등 관련 규정을 보완했다.

국회는 2020년 3월 24일 법률 제17090호로 제12조('통신제한조치로 취득한 자료의 사용 제한')를 신설해 통신제한조치로 취득한 자료는 "통신제한조치의 목적이 된 제5조 제1항에 규정된 범죄나 이와 관련되는 범죄를 수사·소추하거나 그 범죄를 예방하기 위하여 사용한 경우" 등 외에는 사용할 수 없도록 제한했다. 제12조의2(범죄수사를 위하여 인터넷 회선에 대한 통신 제한조치로 취득한 자료의 관리)에서는 인터넷 회선에 대한 통신 제한조치로 취득한 자료의 경우 그 자료를 사용하거나 보관하려고 하는 때는 14일 이내에 보관 등이 필요한 전기통신을 선별해 법원에 보관 등의 승인을 청구하도록 하는 등 엄격한 관리 절차를 별도로 규정했다.

헌법상 통신의 비밀 보호는 종래 주로 통신의 내용을 보호 대상으로 인식해왔다. 그러나 최근 인터넷 통신이 급속하게 발달해 개인의 신상정보,[7] 위치정보나 통신사실 확인자료, 인터넷 회선을 감청한 자료는 비록 내용적 정보는 아니지만 충분한 보호가 필요한 사생활 영역이자 민감한 개인정보에 해당하게 되었다. 따라서 이와 관련된 헌법재판소의 결정은 이러한 정보를 다루는 데 보다 엄격한 통제가 필요하다는 국민적 요청에 따른 것으로 시의적절하다는 평가를 받고 있다.

다만 개정 〈통신비밀보호법〉은 실시간으로 위치를 추적하고 기지국을 이용해 수사하는 것에 대해 '다른 방법으로는 수사가 어려운 경우'라는 추상적 보충성 요건만을 추가하고 통신사실 확인자료 통지를 강화하는 정도에 그쳐 헌법재판소의 결정 취지를 충분히 반영하지 못해 미흡하다는 비판 의견이 있다.

04

입법 흠결에 따른 과세와 조세법률주의

구 〈조세감면규제법〉 부칙 조항 사건(2012. 5. 31.)[1]

구 〈조세감면규제법〉이 전면 개정되어 부칙조항이 실효되었는데도, 구법에 따라 자산재평가를 했다가 주식 상장을 포기하고 자산재평가를 취소한 기업에게 종전 부칙조항을 유효하다고 보아 법인세를 중과세한 행위는 조세법률주의에 비추어 볼 때 정당한가

사실관계

조세법 분야는 복잡하고 어렵다. 전 세계 모든 국가가 그렇다. 이 사건의 경우 설명하고 있는 사실관계, 인용하고 있는 법률조항을 중심으로 살펴본 후 쟁점 사항을 읽어보면 한결 이해하기 쉬울 것이다.

자산재평가는 물가 상승으로 인해 부동산, 설비 등 기업이 보유 중인 자산의 현실적인 가액이 장부가액(통상 매입가)과 현저한 차이를 보일 때 자산을 다시 평가하는 것을 말한다.[2]

물가 상승률이 높은 국가는 통상 재평가 시 시가(현재가격)와 장부가(매입가격)가 차이(재평가차익) 나기 때문에 실제 기업가치에는 변화가 없지만 수치상으로는 기업 내용이 개선되는 효과가 있다. 예를 들어 10년 전 10억 원(장부가)을 주고 산 토지를 재평가해 20억 원으로 만들었을 경우, 재평가차익(10억)은 자본잉여금으로 계상되어 자본총계가 늘어나고 부채비율(부채/자본)은 낮아지는 효과가 발생한다. 기업은 낮아진 부채비율을 기준으로 금융기관에서 쉽게 자금을 차입할 수 있으며, 재평가차익을 무상증자 재원으로 사용할 수 있다. 그러나 재평가차익에 대해서는 3퍼센트의 세금을 물게 되며, 재평가 후 1년 동안 해당 자산을 팔 수 없고 매각할 경우 중과세된다. 자산재평가제도는 우리나라의 부동산 경기와 관련해 예외적으로 만들어진 제도로 2000년에 시행이 중단되었다.

이 사건의 청구인 ○○ 주식회사는 1990년 10월 1일 구 〈조세감면규제법〉에 근거해 자산재평가를 실시하고 한국증권거래소에 주식 상장을 준비했으나, 2003년 12월 31일까지 주식 상장이 어려워지자, 2003년 12월 30일 스스로 종전의 자산재평가를 취소했다. 이에 2004년 4월 16일 역삼세무서장은 구 〈조세감면규제법〉 관련 조항[3]에 따라 과거 10년 동안의 법인세를 재계산해 부과하여 청구인은 합계 1,568억 원의 세금 폭탄을 맞게 되었다. 청구인은 조세 부과 처분 취소를 구하는 행정소송을 제기했고, 파기환송심(서울고등법원) 계속 중 과세처분의 근거가 된 구 〈조세감면규제법〉 관련 조항에 대해 위헌법률심판제청을 신청했으나 기각되자, 직접 헌재에 헌법소원심판을 청구했다.

헌재 결정

문제가 된 구 〈조세감면규제법〉 부칙 제23조 제1항은 "이법 시행 전에 종전의 제56조의2 제1항 본문의 규정에 의하여 재평가를 한 법인에 대하여는 종전의 동조 동항 단서의 규정에 불구하고 재평가일부터 대통령령이 정하는 기간 이내에 한국증권거래소에 주식을 상장하지 아니하는 경우에 한해 이미 행한 재평가를 〈자산재평가법〉에 의한 재평가로 보지 않는다"고 규정했다. 동 조 제2항은 "제1항의 규정에 의한 재평가를 한 법인이 당해 자산재평가 적립금의 일부 또는 전부를 자본에 전입하지 않는 경우에는 재평가일부터 제1항의 규정에 의한 기간 이내에 그 재평가를 취소할 수 있으며, 이 경우 당해 법인은 각 사업연도소득에 대한 법인세를 재계산하여 재평가를 취소한 날이 속하는 사업연도분 법인세과세표준신고와 함께 신고·납부하여야 한다"고 규정되어 있었다.

이 사건에서 헌법재판소는 재판관 전원의 일치된 의견으로 구 〈조세감면규제법〉(1993년 12월 31일에 법률 제4666호로 전부

개정된 것)의 시행에도 불구하고 구 〈조세감면규제법〉(1990년 12월 31일 법률 제4285호) 부칙 제23조가 실효되지 않은 것으로 해석하는 것은 헌법에 위반된다고 한정위헌결정을 내렸다 (한정위헌 9인). 한정위헌결정은 해당 법률(조항)의 개념이 불확정적이거나 다의적인 경우 그 의미를 한정적으로 축소해석하고 그 이상으로 적용 범위를 확대하는 것은 위헌이라고 결정하는 것이다. 결정주문은 "○○라고 해석하는 한 위헌이다" 식으로 표현된다.

헌재의 논거는 다음과 같다. 청구인이 다투는 것은 '법원의 근거법률에 대한 해석·적용'이 아니라 법률이 전면 개정(전부 개정법 시행)되어 구법의 부칙조항이 '실효된' 것으로 보아야 하는데도 법원이 이를 '유효한' 법률조항으로 잘못 판단하고 당해 사건에 적용한 것을 문제 삼고 있으므로 이 사건 심판 청구는 '구법 부칙조항의 위헌성'을 다투고 있다고 봄이 상당하다.

형벌조항이나 조세법의 경우 헌법상 죄형법정주의, 조세법률주의의 원칙상 엄격하게 법문을 해석해야 하고 합리적인 이유 없이 확장해석하거나 유추해석할 수 없다. 따라서 '유효한' 법률조항의 불명확한 의미를 논리적·체계적 해석을 통해 합리적으로 보충하는 것이 아니라, 해석을 통해 전혀 새로운 법률상의 근거를 만들어내거나 실효되어 더 이상 존재하지 않는 법률조항을 '유효한' 것으로 해석한다면, 이는 일종의 '입법행위'로서 헌법상의 권력분립, 죄형법정주의, 조세법률주의의 원칙에 반한다. 이 사건 부칙조항이 실효되었다고 해석하면 청구인을 비롯한 해당 법인들이 부당한 이익을 얻게 되어 과세 형평에 어긋나는 결과에 이를 수 있다. 그러나 과세요건 법정주의 및 과세요건 명확주의를 포함하는 조세법률주의가 지배하는 조세법 영역에서는 경과규정의 미비라는 명백한 입법 공백을 방지하고 형평성의 왜곡을 시정하는 것은 원칙적으로 입법자의 권한이고 책임이지 법문의 한계 안에서 법률을 해석·적용하는 법원이나 과세관청의 몫은 아니다. 그뿐 아니라 구체적 타당성을 이유로 법률에 대한 유추해석 내지 보충적 해석을 하는 것도 어디까지나 '유효한' 법률조항을 대상으로 할 수 있지 이미 '실효된' 법률조항은 그러한 해석의 대상이 될 수 없다. 전부개정법이 시행되었음에도 이 사건의 부칙조항이 실효되지 않았다고 해석하는 것은 헌법상의 권력분립과 조세법률주의의 원칙에 위배되어 헌법에 위반된다.

사후 경과 및 평가

이 사건에 대한 헌법재판소의 한정위헌결정 이후, 청구인은 〈헌법재판소법〉[4]에 따라 법원의 판결에 대해 재심을 청구했다. 그러나 재심법원은 이 결정의 기속력을 부정해 재심청구를 기각했고, 청구인은 재심대상판결, 재심청구기각판결 및 이 사건 부과처분의 취소를 모두 구하는 헌법소원심판을 청구했다. 이에 헌재는 2022년 7월 21일 서울고등법원 판결[5] 및 대법원 판결[6]이 청구인의 재판청구권을 침해했다는 이유로 모두 취소결정을 했다.[7]

이후 대법원은 자신의 위헌적 공권력 행사(위헌적 판결)로 기본권이 침해당한 국민의 권리구제에 나서는 대신, 언론에 "헌재는 판결을 취소할 권한이 없다"는 논지의 입장문을 발표했다.[8,9]

이 사건에 대한 헌법재판소의 결정은 법원이 구체적 타당성과 공평을 이유로 법률 해석의 한계를 넘어 입법적 흠결을 무리하게 보충하는 것은 권력분립의 원칙상 허용될 수 없을 뿐 아니라, 특히 조세 행정 분야에는 조세법률주의가 엄격히 적용되어야 하므로 법원이 해석으로 과세 근거를 보충할 수 없다는 것을 명백히 선언했다는 점에서 큰 의미가 있다. 한편 이 결정에 대해 조세 부과 처분의 구체적 타당성과 형평을 이유로 부당하다거나, 법률이 헌법소원 대상에서 제외한 법원의 재판[10]에 대해 실질적으로 판단한 것이라는 법원 측 비판이 있다.

헌법은 국가 최고법이다. 헌법재판은 국가의 공권력 행사가 헌법에 합치하는지 여부를 심판하는 절차다. 우리 헌법은 국민의 기본권을 보호하기 위해 수평적이고 기능적인 권력분립 제도[11]와 아울러 법관의 독립[12]을 보장한다. 우리 헌법은 법관의 독립이 그 자체가 목적이 아니라 헌법과 법률에 종속되어 있다는 점을 분명히 하고 있다. 국가권력이 수단과 목적을 전도시키면 그 자체가 위헌적인 행위가 된다. 조세법률주의가 영국의 마그나카르타(1215년 대헌장) 이후 민주주의 발전의 역사에서 국민의 권리를 보호하고 권력 남용을 방지하는 데 핵심적 역할을 해온 중요한 헌법적 원칙임을 되짚어보면 더욱 그렇다.

그 밖의 중요한 판례

보호감호 사건(1989. 7. 14.),
검사의 중형 구형 시 석방제한 사건(1992. 12. 24.),
변호인의 조력제한 사건(1992. 1. 28. 등),
사인의 뇌물죄 처벌 사건(2012. 12. 27.)

보호감호 사건[1]에서는 강력범죄의 상습범이나 동종범죄 3회 이상, 형기 합계 5년 이상 징역형 전력 등 특정 기준을 충족한 경우 반드시 10년의 보호감호를 선고하도록 한 〈사회보호법〉 규정이 헌법상 적법절차에 비추어 정당한지가 문제 되었다. 근대적 '형벌'이 인간의 이성과 자유의지에 대한 배신행위에 부과하는 정당한 '응보(복수)'의 성격을 지녔다면, 현대적 '보호처분'은 인간의 비이성적, 병리적 행위에 부과하는 '사회보호(방위)와 재사회화(교육)'의 성격을 지니고 있다. 동일인에 대해 형벌과 보호처분을 동시에 부과하는 것은 '과거의 행위'에 대한 제재와 '미래의 위험'에 대한 보호를 목적으로 하기 때문에 원칙적으로 이중 처벌 문제가 발생하지 않는다. 구 〈사회보호법〉에 근거한 보호처분을 '보호감호'라 한다. 보호감호는 형을 집행한 후에도 범죄자를 일정 기간 격리 수용해 재범을 막고 사회 적응을 돕겠다는 취지로 1980년 전두환 군사정권에 의해 도입되었다.

이 사건 심판대상인 〈사회보호법〉 제5조 제1항은 강력범죄 등의 상습범에게 '반드시' 10년(50세 이상의 경우 7년)의 보호감호를 선고하도록, 제5조 제2항은 비상습적이라도 사회적 위험성이 큰 특정 범죄자에 대해 법원이 '재범의 위험성'이 있다고 판단하는 경우 7년의 보호감호에 처하도록 규정하고 있었다. 헌법재판소는 동법 제5조 제1항은 헌법에 위반되지만(위헌 6인, 각하 3인), 제5조 제2항은 헌법에 위반되지 않는다(합헌 7인, 위헌 2인)고 판단했다. 동법 제5조 제1항은 법정 요건에 해당되면 재범의 위험성 유무와 상관없이 반드시 그에 정한 보호감호를 선고해야 할 의무를 법관에게 부과하고 있어 헌법이 보장한 재판받을 권리를 침해하기 때문이다. 반면 동법 제5조 제2항은 재범의 위험성을 보호감호의 요건으로 하고, 7년의 보호감호 기간은 단순히 집행상의 상한으로 보아야 하므로 헌법상 적법절차에 위반되지 않는다.

이 사건에 대한 헌법재판소의 결정은 국민의 신체의 자유에 관해 큰 획을 긋는 결정으로 언론의 주목을 받았으며, 특히 제5공화국 초기 국가보위입법회의에서 비민주적으로 제정한 법에 대해 처음으로 제동을 걸었다는 점에서 큰 의미가 있다.[2]

검사의 중형 구형 시 석방제한 사건[3]에서는 법원이 무죄, 면소, 집행유예 등을 선고했음에도 검사의 중형(사형, 무기 또는 10년 이상 징역·금고형) 구형 시 피고인의 석방을 제한하는 〈형사소송법〉 조항이 과잉입법금지 원칙에 비추어 볼 때 적정한지가 문제 되었다. 헌법재판소는 〈형사소송법〉 관련 규정이 헌법상 적법절차 원칙과 과잉금지 원칙에 위반되므로 위헌이라고 판단했다(전원일치).

1년 뒤인 1993년 12월 23일 헌법재판소는 법원이 피고인을 석방하기로 결정(보석허가결정)했음에도 '검사의 즉시항고 제기 기간인 3일 동안' 그리고 '검사가 실제로 즉시항고하는 경우 그 즉시항고에 대한 항고심재판이 확정될 때까지' 보석 집행이 무조건 정지되도록 규정한 〈형사소송법〉 관련 규정이 영장주의, 적법절차 원칙, 과잉금지 원칙에 위반된다는 이유로 위헌결정을 내렸다.[4] 그 뒤 2012년 6월 27일 '법원의 피고인에 대한 구속집행정지 결정'에 대해 검사의 즉시항고권을 인정한 〈형사소송법〉 관련 규정에 대해서도 같은 취지로 위헌결정을 선고했다.[5]

헌법재판소가 위헌결정을 한 후, 국회는 〈형사소송법〉 관련 규정을 모두 개정했다. 이 결정으로 무죄 또는 집행유예 등의 판결을 받고도 대법원이 최종 판결을 내릴 때까지 구금 생활을 계속해야 했던 수감자들이 즉시 석방되는 혜택을 입어 형사절차상 피고인의 신체의 자유가 크게 신장되었다.

변호인 조력제한 사건에는 미결수용자의 변호인 접견 제한 사건,[6] 변호인의 수사 기록 열람·등사 거부 사건,[7] 불구속피의자 신문 시 변호인 참여 거부 사건[8] 등이 포함된다. 미결수용자란 구속 상태에서 재판받고 있는 사람을 말한다. 헌재의 이러한 결정들이 있기 전까지는 미결수용자에 대한 형사절차적 기본권은 사실상 유명무실했다. 1992년 미결수용자의 변호인 접견 제한 사건에 대한 헌재 결정을 계기로 이후 30년 동안 국가형벌권과 헌재의 힘겨운 싸움이 계속되었다.

미결수용자의 변호인 접견 제한 사건에서는 변호인 접견 시 안기부 수사관이 참여해 대화 내용을 듣거나 기록한 것은 헌법이 보장한 변호인의 조력을 받을 권리를 침해해 위헌임을 확인한다고 판단했고, 미결수용자에 대해 수형자(유죄 확정 판결을 받고 구금된 자)와 마찬가지로 접견과 서신 수발 시 교도관이 참여해 검열하도록 한 〈행형법〉 준용 부분도 헌법에 위반된다고 판단했다(위헌 9인).

변호인의 수사 기록 열람·등사 거부 사건에서는 검사가 수사 기록 일체에 대한 열람·등사를 거부한 행위는 청구인의 신속하고 공정한 재판을 받을 권리와 변호인의 조력을 받을 권리를 침해한 것으로서 위헌이라고 판단했다(인용[위헌] 7인, 합헌[기각] 2인).

불구속피의자 신문 시 변호인 참여 거부 사건에서 헌법재판소는 피의자 신문 시 변호인들이 참여해 조력할 수 있도록 해달라는 청구인의 요청을 검사가 거부한 행위는 변호인의 조력을 받을 권리를 침해한 것으로서 위헌임을 확인했다(인용[위헌] 6인, 기각[합헌] 3인).

미결수용자의 변호인 접견 제한 및 불구속피의자 신문 시 변호인 참여 거부 사건에 대해 헌재가 인용결정(위헌결정)을 내린 후 국회는 구 〈행형법〉과 〈형사소송법〉을 헌재의 결정 취지에 따라 개정했다. 하지만 변호인의 수사 기록 열람·등사 거부 사건에 대한 결정 이후에도 유사한 사례는 반복되었다. 예를 들어 헌법재판소는 2003년 3월 27일에 구속적부심

사건 피의자의 변호인이 신청한 고소장과 피의자 신문조서의 열람과 등사를 거부한 경찰서장의 정보 비공개 결정에 대해 변호인의 피구속자에게 조력할 권리 등을 침해한다는 결정(인용[위헌] 6인, 기각[합헌] 1인, 각하 2인)[9]을 내렸고, 2010년 6월 24일에 검사가 변호사가 수사 서류를 열람하고 등사할 수 있도록 신청한 것을 일차로 거부한 후 법원이 수사 서류를 열람하고 등사하도록 허용할 것을 명하는 결정에 따라 변호사들이 다시 열람·등사를 신청한 것에 대해 일부 수사 서류의 열람·등사를 재차 거부한 행위 역시 피고인의 조력받을 권리를 침해한다고 결정(인용[위헌] 8인, 각하 1인)[10]했다. 또 2017년 12월 28일에는 법원이 수사 서류를 열람하고 등사하는 것을 허용한 결정과 관련해 해당 수사 서류 열람만 허용하고 등사를 거부한 검사의 행위에 대해 신속하고 공정한 재판을 받을 권리와 변호인의 조력을 받을 권리를 침해한다고 결정(인용[위헌] 9인)[11]했다. 비교적 최근인 2022년 6월 30일에는 법원이 열람 및 등사를 허용하는 결정을 했는데도 검사가 열람 및 등사를 거부한 행위에 대해 헌법재판소가 위헌결정(인용[위헌] 9인)[12]을 내리는 등 비슷한 사건이 지속적으로 발생하고 있다.

헌법재판소는 미결수용자가 변호인을 접견할 때 교도관이 참여하는 것을 금지하는 한편, 피의자 또는 피고인이 수사 서류를 포함한 소송관계 서류를 열람·등사해 검토한 결과를 토대로 공격과 방어를 준비할 수 있는 권리와 함께 수사기관이 피의자를 신문할 때 변호인이 참여하는 것 역시 인정해 모두 변호인의 조력을 받을 권리에 포함된다고 선언했다. 그 결과 피의자·피고인의 변호인의 조력을 받을 권리가 보호받을 영역을 크게 확대함으로써 피의자·피고인의 형사절차상 권리가 더욱 강화되고 실질화되었다.

사인私人의 뇌물죄 처벌 사건[13]의 경우 국립대학 교수인 제주특별자치도 위촉위원이 법상 명시적인 공무원 의제(간주)규정이 없어 사인에 해당한다고 보아야 하는데도 〈형법〉상 뇌물죄로 형사처벌하는 것이 죄형법정주의에 비추어 볼 때 정당한지가 문제 되었다.

이 사건에서 헌법재판소는 〈형법〉상 수뢰죄(뇌물을 받는 죄)의 공무원에 제주특별자치도 통합영향평가 심의위원회 심의위원 중 위촉위원이 포함되는 것으로 해석하는 한 헌법에 위반된다는 한정위헌결정을 내렸다(한정위헌 6인 대 합헌 3인). 형벌법규는 죄형법정주의 원칙상 유추해석이 일체 금지되며, 엄격하게 해석해야 한다. 법관이 유추해석으로 형벌법규의 적용 범위를 확대하는 것은 법관에 의한 법률의 제정에 해당해 죄형법정주의 원칙에 위배된다. 법률에 공무원 의제 조항을 두어 사인을 뇌물죄로 처벌하도록 한 경우가 아닌 한 법관이 해석을 통해 사인을 공무원에 포함시켜서는 안 된다.

헌재가 결정을 내린 후 청구인은 유죄판결에 대한 재심을 법원에 청구했다. 그러나 법원은 헌재 결정의 기속력(구속력)을 부인하면서 재심청구를 기각(원고패소)했다. 이에 청구인은 재심 기각결정 및 그에 대한 재항고 기각결정의 취소를 구하는 헌법소원심판을 청구했다. 헌재는 2022년 6월 30일 문제가 된 광주고등법원 결정 및 대법원 결정이 청구인의 재판청구권을 침해했다는 이유로 모두 취소결정했다.[14] 하지만 이후에도 법원은 재심절차를 다시 진행하는 등 후속 조치를 취하지 않았다.[15]

이 사건에 대한 헌법재판소의 결정에 대해 피고인의 신분과 업무 및 역할, 형벌 부과의 구체적 타당성과 형평성을 이유로 부당하다거나, 헌법소원 대상에서 제외되는 법원의 재판을 실질적으로 판단한 것이라는 법원 측의 비판이 있다. 그러나 헌법상 죄형법정주의는 마그나카르타 이후 민주주의 헌법의 대원칙으로서 어떤 경우에도 유추해석은 금지된다는 원칙에 비추어 볼 때 이러한 비판은 타당하지 않다. 이는 단순한 국가기관 간 권한(관할) 분쟁의 문제가 아니라, 헌법을 최고규범으로 하는 국가법 질서의 근본을 존중하고 준수하는지, 하지 않는지가 문제이기 때문이다. 따라서 이 문제를 종국적으로 해결하기 위해서는 국회의 입법 개선이 필요하다.

4장

공동체의 안정과 번영 확보

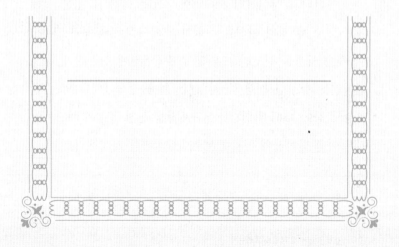

01

사형제도와 생명권

사형제 사건(2010. 2. 25.)[1]

살인 및 성폭력 범죄로 사형을 선고받은 피고인에게 적용된 〈형법〉 및 〈성폭력범죄처벌법〉 조항의 사형과 관련된 근거 규정은 피고인의 생명권 또는 인간의 존엄과 가치를 침해해 위헌적인 형벌제도에 해당하는가

사실관계

이 사건의 제청신청인 오○근은 2회에 걸쳐 네 명을 살해하고 그중 세 명의 여성을 추행한 범죄사실로 구속기소되어, 1심에서 사형을 선고받은 후 광주고등법원에 항소했다. 제청신청인은 항소심 진행 중 사형제도를 규정한 〈형법〉의 관련 조항[2,3] 등에 대해 위헌법률심판제청을 신청했고, 광주고등법원은 이를 받아들여 헌재에 위헌법률심판을 제청했다.

헌재 결정

이 사건에 대해 헌법재판소는 〈형법〉 관련 조항[4] 및 구 〈성폭력범죄의 처벌 및 피해자보호 등에 관한 법률〉 관련 조항 중 사형에 처한다는 부분[5]은 각각 헌법에 위반되지 않는다고 판단했다. 이 결정에 대해 1인의 일부위헌의견과 3인의 위헌 의견이 있었으나 각각의 논거에는 다소간 차이가 존재한다(합헌 5인, 위헌 3인, 일부위헌 1인).

법정의견(합헌 5인)의 논거는 다음과 같다.

[쟁점 1] 헌법 제110조 제4항은 "비상계엄하의 군사재판은 법률이 정한 경우에 한하여 단심으로 할 수 있다. 다만, 사형을 선고한 경우에는 그러하지 아니하다"고 규정하고 있다. 이 조항은 사형을 선고한 경우에는 비상계엄하의 군사재판이라도 단심으로 할 수 없고 사법절차를 통한 불복이 보장되어야 한다는 취지의 규정으로, 우리 헌법은 문언의 해석상 사형제도를 간접적으로나마 인정하고 있다.

[쟁점 2] 헌법은 절대적 기본권을 명문으로 인정하고 있지 않으며, 헌법 제37조 제2항에서는 국민의 모든 자유와 권리는 국가 안전보장·질서유지 또는 공공복리를 위해 필요한 경우에 법률로써 제한할 수 있도록 규정하고 있어, 비록 생명이 이념적으로 절대적 가치를 지녔다 하더라도, 생명권 역시 헌법 제37조 제2항에 의한 일반적 법률유보(법률에 의한 통제)의

대상이 될 수밖에 없다. 생명권에 대한 제한은 생명권의 완전한 박탈을 의미하지만, 예외적인 경우 생명권의 박탈이 곧바로 기본권의 본질적인 내용을 침해한다고 볼 수는 없다.

[쟁점 3] 사형은 일반 국민에 대한 심리적 위하(위협)를 통해 범죄의 발생을 예방하며 극악한 범죄에 대한 정당한 응보(보복)를 통해 정의를 실현하고, 당해 범죄인의 재범 가능성을 영구히 차단해 사회를 방어하려는 것으로 그 입법목적은 정당하고, 가장 무거운 형벌인 사형은 입법목적의 달성을 위한 적합한 수단이다. 인간의 생존 본능과 죽음에 대한 근원적 공포까지 고려하면, 사형은 무기징역형 등 자유형보다 더 큰 위하력을 발휘해 가장 강력한 범죄 억지력을 지니고 있다. 범죄자의 책임, 피해자 가족 및 일반 국민의 정의 관념 등을 고려할 때 사형제도가 침해최소성 원칙에 어긋난다고 할 수 없다. 오판 가능성은 사법제도의 숙명적 한계이므로 오판 가능성을 이유로 사형이라는 형벌을 부과하는 것 자체가 위헌이라고 할 수 없다. 사형제도에 의해 달성되는 정의의 실현 및 사회 방위라는 공익은 극악한 범죄를 저지른 자의 생명권이라는 사익보다 결코 작다고 볼 수 없다. 사형제도는 법익균형성 원칙에 위배되지 않는다.

한편 사형을 선고하거나 집행하는 법관 및 교도관 등이 인간적 자책감을 가질 수 있다는 이유만으로 사형제도가 법관 및 교도관 등의 인간으로서의 존엄과 가치를 침해하는 위헌적인 형벌제도라고 할 수 없다.

[쟁점 4] 현행 형사법령하에서도 가석방제도의 운영 여하에 따라 사회로부터 영구적으로 격리 가능한 절대적 종신형[6]과 상대적 종신형의 각 취지를 살릴 수 있다는 점 등을 고려하면, 현행 무기징역형제도가 상대적 종신형 외에 절대적 종신형을 따로 두고 있지 않은 것이 형벌 체계상 정당성과 균형을 상실해 헌법 제11조의 평등 원칙에 반한다거나 형벌이 죄질과 책임에 상응하도록 비례성을 갖추어야 한다는 책임 원칙에 반한다고 단정하기 어렵다.

반대의견(위헌 4인)의 논거는 다음과 같다. [쟁점 2] 생명권은 헌법상 제한이 불가능한 절대적 기본권이다. 생명의 박탈은 곧 신체의 박탈도 되므로 사형제도는 생명권과 신체의 자유의 본질적 내용을 침해한다.

[쟁점 3] 사형제도는 사회로부터 범죄인을 영원히 배제한다는 점 외에는 형벌의 목적에 기여하는 바가 결코 명백하다고 볼 수 없고, 우리나라는 국제 인권단체로부터 사실상의 사형 폐지국으로 분류되고 있어 사형제도가 실효성을 상실해 더 이상 입법목적을 달성하기 위한 적절한 수단이라고 할 수 없다. 절대적 종신형제 또는 유기징역제도의 개선 등 사형제도를 대체할 만한 수단을 고려할 수 있는데도, 생명권을 박탈

하는 것은 피해의 최소성 원칙에도 어긋난다. 사형으로 침해되는 사익은 범죄인에게는 절대적이고 근원적인 기본권인 반면, 이를 통해 달성하고자 하는 공익은 다른 형벌에 의해 상당 수준 달성될 수 있어 공익과 사익 간에 법익의 균형성이 갖추어졌다고 볼 수 없다.

사형은 악성이 극대화된 흥분된 상태의 범죄인에게 집행되는 것이 아니라 이성이 일부라도 회복된 안정된 상태의 범죄인의 생명을 박탈하는 것이므로 인간의 존엄과 가치에 위배되며, 직무상 사형제도의 운영에 관여하는 사람들에게 그들의 양심과 무관하게 인간의 생명을 계획적으로 박탈하는 과정에 참여하게 해 그들의 인간으로서의 존엄과 가치 또한 침해한다.

[쟁점 4] 다만 위헌의견 중 1인은 사형제도가 헌법에 위반되어 폐지되어야 한다 하더라도 이를 대신해 흉악범을 사회로부터 영구히 격리하는 실질적 방안이 강구되어야 하는바, 가석방이 불가능한 절대적 종신형제도를 도입하고, 엄중한 유기징역형을 선고할 수 있도록 해야 한다. 경합범(판결이 확정되지 않은 여러 개의 죄) 합산 규정을 수정하고, 유기징역형의 상한을 대폭 상향조정해야 하므로, 형벌의 종류로서 사형을 열거하고 있는 〈형법〉 제41조 제1호를 위헌으로 선언함과 동시에 무기징역형, 경합범 가중규정, 유기징역형 상한 및 가석

방에 관한 현행 법규정이 헌법에 합치되지 않는다는 것을 선언해야 한다는 의견을 제시했다. [쟁점 4] 또 다른 1인은 지금의 무기징역형은 사형의 효력을 대체할 수 없으므로, 가석방이나 사면 등의 가능성을 제한하는 최고의 자유형을 도입하는 것을 조건으로 사형제도는 폐지되어야 한다고 보았다.

[쟁점 1] 반대의견 중 1인의 일부위헌의견은 사형제도는 헌법 제110조 제4항 단서[7]에 해당되는 경우에 적용하면 헌법에 위반된다고 할 수 없지만, 해당되지 않는 경우에 적용하면 생명권의 본질적인 내용을 침해해 헌법 제37조 제2항에 위반된다고 판단했다.

헌재는 1996년 11월 28일에도 사형제도에 대해 합헌결정을 한 바 있는데 이 사건에서는 2인의 위헌의견[8]이 있었다.

사후 경과 및 평가

사형제에 대해 여러 차례 합헌 결론을 냈는데도 그 위헌 여부에 대해 새로운 사건(2019헌바59)이 제기되어 2022년 7월 헌재에서 변론을 개최하는 등 아직도 논란[9] 중이다. 다만 우리나라는 1997년 12월 30일 이후 사형을 집행하지 않고 있어 국제사회에서 사실상 사형 폐지 국가로 분류되고 있다. 학계에서는 사형제도를 폐지하면서 그 대안으로 종신형제(절대적 종신형 또는 상대적 종신형)를 도입하는 것에 대한 논의가 전개되고 있다. 한편 제19대 국회에서 사형을 폐지하면서 종신형으로 대체하는 내용의 사형폐지에 관한 특별법안이 발의되었으나 폐기되었다.

사형제도는 법철학에서 오랫동안 논쟁의 대상이 되어온 주제다. 이 논쟁은 정의, 공익이라는 공동체적 가치와 인간의 존엄, 생명권이라는 개인적 가치 사이의 깊은 갈등을 내포하고 있다. 아울러 단순한 법적 문제를 넘어 생명의 존엄성, 정의와 공정, 극악범죄 진압과 국가의 역할 등 본원적 가치에 대한 질문을 제기한다. 따라서 각국의 법적, 사회적, 역사적, 문화적 상황에 따라 서로 다른 시각에서 바라볼 수 있는 논쟁이기도 하지만, 근본적으로는 현대 민주주의국가에서 인간의 존엄성을 어떻게 정의하고 실현할지에 대한 깊은 철학적 성찰이 요구된다.

세계적으로 사형제를 폐지하고 종신형 또는 장기 징역형으로 대체하는 국가가 늘어나는 추세다. 학계와 종교계를 중심으로 사형제는 반인도적 형벌제도이며 국제적으로도 폐지되는 추세라는 이유로 찬반 논쟁이 지속적으로 이어지고 있다.

구성요건상 다의적 개념과
죄형법정주의, 표현의 자유

〈국가보안법〉상 찬양·고무죄 사건(1990. 4. 2.)[1]

반국가단체를 이롭게 할 목적으로 도서·표현물을 소지·반포한 행위를 형사처벌하는 〈국가보안법〉 조항은 법문 내용이 다의적이고 적용 범위가 지나치게 넓어 죄형법정주의에 위배되는가

사실관계

〈국가보안법〉은 1948년 10월 19일에 발생한 '여수·순천 사건'[2]이 계기가 되어 1948년 12월에 국회에서 제정한 특별 형법이다. 초기 법률은 "국헌國憲을 위배하여 정부를 참칭僭稱하거나 그것에 부수하여 국가를 변란할 목적으로 결사 또는 집단을 구성한 자"에 대해 최고 무기징역의 형벌을 가하는 등 10개 조로 구성되어 있었다. 이 법률의 모태는 일제강점기 공산주의자를 처벌하기 위해 만든 〈치안유지법〉(1925년)[3]이었

다. 미국은 프랑스와의 전쟁이 일어날 위험에 처하자 1798년 우리의 〈국가보안법〉과 유사한 내용이 담긴 〈내란선동법The Alien and Sedition Acts〉을 제정·시행했다. 오늘날의 공화당인 연방파Federalist 정부가 야당을 탄압하는 수단으로 이 법을 악용했기 때문에 상당 부분이 폐지되었지만, 일부는 여전히 유효하다.

이 사건의 제청신청인들은 1989년 10월 반국가단체를 이롭게 할 목적으로 도서 및 표현물을 소지하고 이를 반포해 〈국가보안법〉 위반죄로 기소되었다. 마산지방법원 충무지원은 제청신청을 받아들여 1989년 11월 헌법재판소에 〈국가보안법〉 관련 조항⁴의 위헌심판을 제청했다.

헌재 결정

1990년 헌법재판소는 이 사건에 대해 반국가단체에 대한 찬양·고무, 이적표현물 제작 등의 행위를 형사처벌하는 〈국가보안법〉 관련 조항이 국가의 존립 및 안전을 위태롭게 하거나 자유민주적 기본질서에 위해를 줄 경우에 한해 적용되는 한 헌법에 위반되지 않는다며 한정합헌결정을 내렸다(한정합헌 8인, 위헌 1인).

법정의견(한정합헌 8인)의 주된 논거는 다음과 같다. 법문의 내용이 다의적이고 적용 범위가 과도하게 광범위하다면 법치주의와 죄형법정주의에 위배되어 위헌의 소지가 있다. 어떤 법률의 개념이 다의적이고 여러 해석이 가능할 때는 헌법을 최고법규로 하는 통일적 법질서를 형성하기 위해 헌법에 합치되는 해석, 즉 합헌적인 해석을 택해야 한다. 위헌적 결과가 될 해석은 배제하면서 합헌적이고 긍정적인 면은 살려야 한다는 것이 헌법의 일반 법리다.

〈국가보안법〉 소정의 행위를 국가의 존립·안전을 위태롭게 하거나 자유민주적 기본질서에 위해를 줄 명백한 위험이 있을 경우로만 축소해 적용되는 것으로 해석한다면 헌법에 위반되지 않는다. 국가의 존립·안전을 위태롭게 한다는 것은 대한민국의 독립을 위협·침해하고 영토를 침략하며 헌법과 법률의 기능 및 헌법기관을 파괴·마비시킨다는 뜻으로 외형적인 적화 공작 등을 일컫는다. 자유민주적 기본질서에 위해를 준다는 것은 모든 폭력적이고 자의적인 지배, 즉 반국가단체의 일인독재 내지 일당독재를 배제하고 다수의 의사에 의한 국민의 자치, 자유·평등의 기본 원칙에 의한 법치주의적 통치질서의 유지를 어렵게 만드는 것으로, 구체적으로는 기본적 인권의 존중, 권력분립, 의회제도, 복수정당제도, 선거제도, 사유재산과 시장경제를 골간으로 한 경제질서 및 사법권의 독립 등 우리의 내부 체제를 파괴·변혁시키려는 것이다.

반대의견(위헌 1인)의 논거는 다음과 같다. 〈국가보안법〉 관련 조항은 너무 막연하고 불명확해 죄형법정주의에 위반되며, 표현 행위가 대한민국에 명백한 현실적인 위험이 있거나 없거나를 가리지 않고 반국가단체에 이로울 수 있다는 이유만으로 무조건 표현 행위를 제한하고 처벌대상으로 삼고 있다는 점에서 표현의 자유의 본질적 내용을 침해하는 명백한 위헌법률이다. 〈국가보안법〉은 북한을 반국가단체로 규정짓고 있을 뿐만 아니라 반국가단체인 북한에 이로운 것은 곧 대한민국에 해롭다는 상호배타적인 적대관계의 논리를 강요하고 있어 헌법의 평화통일 조항에 정면으로 위반된다. 결정주문의 "대한민국의 존립·안전을 위태롭게 하거나 자유민주적 기본질서에 위해를 줄 경우"라는 표현 역시 매우 애매모호하므로 마땅히 위헌을 선언해야 한다. 또 주문과 같은 형태의 이른바 한정합헌결정 또는 변형결정이 우리 법제상 허용되지 않는다.

사후 경과 및 평가

이 결정 이후 국회는 1991년 5월 31일 〈국가보안법〉 제7조를 법률 제4373호로 개정해, 제1항 앞부분에 "국가의 존립·안전이나 자유민주적 기본질서를 위태롭게 한다는 정(사정)을 알면서"라는 문구를 새로 삽입하고, 제1항 후단의 "기타의 방법으로 반국가단체를 이롭게 한 자"라는 부분을 삭제하는 대신 "국가변란을 선전·선동한 자"라는 부분을 삽입했다.

〈국가보안법〉이 개정된 이후에도 여전히 불명확성이 존재한다는 이유로 개정 조항에 대해 위헌법률심판 또는 헌법소원심판이 제기되었으나, 헌재는 "국가의 존립·안전이나 자유민주적 기본질서를 위태롭게 한다는 정(사정)을 알면서"라는 주관적 구성요건이 추가되어 법문의 다의성과 적용 범위의 광범성이 대부분 제거되었다는 이유로 계속 합헌결정을 했다.[5]

다만 2015년 4월 30일에 선고된 결정은 논증하는 방법에 있어 이전 결정들과 차별성을 보였다. 종전 결정들이 주로 명확성 원칙을 위반했는지 여부와 같은 규율 형식에 중점을 둔 판단이었던 것과 달리, 2015년 결정은 표현의 자유를 침해했는지 여부 등 규정 내용의 실질적 위헌성에 대한 판단도 비중 있게 다루었다.[6] 이 결정에서 재판관 1인은 제7조 제1항의 이적 행위 중 '동조同調' 부분이 죄형법정주의의 명확성 원칙과 과잉금지 원칙을 위반해 표현의 자유 등을 침해한다는 이유로 단순위헌의견을 제시했고, 3인의 재판관이 제5항의 이적표현물 중 '소지·취득한 자' 부분에 대해 과잉금지 원칙을 위반해 표현의 자유 등을 침해한다는 이유로 단순위헌의견을 제시했다(이적행위 조항에 대해서는 합헌 8인, 위헌 1인, 이적표현물 조항에 대해서는 합헌 6인, 위헌 3인).

헌재는 2023년 9월 26일 이 〈국가보안법〉 조항에 대해 또 다시 합헌결정을 했다.[7] 반국가단체 조항[8]과 이적단체 가입 조항[9]에 대해서는 재판관 전원일치로 각하결정을 내린 반면,[10] 이적행위 조항[11] 중 '찬양·고무·선전 또는 이에 동조한 자', 이적표현물 조항[12] 중 '제작·운반·반포한 자' 부분에 대해서는 합헌결정을 내렸다(합헌 6인, 위헌 3인). 이적표현물 조항 중 '소지·취득' 부분에 대해 합헌의견과 위헌의견이 각각 4 대 5로 나뉘어 위헌의견이 다수이기는 하지만 위헌결정을 위한 심판정족수 6인에는 이르지 못해 합헌을 선고했다.

개정 〈국가보안법〉 조항은 핵무장까지 하면서 남한을 위협하고 있는 북한의 기술전·사상전·심리전에 대항할 수 있는 유일한 법적 수단으로, 〈국가보안법〉 위반으로 사법처리된 인원수가 해마다 현저히 감소하고 있는데, 이는 헌재의 결정 취지에 따라 법원이 법리를 엄격하게 해석하고 검찰이 신중하게 사건을 처리한 데서 기인했다는 이유로 〈국가보안법〉을 지지하는 의견이 다수다.[13] 한편 경제 교류, 대북 지원, 방송 등으로 북한의 실상에 대한 이해도가 높아진 상황에서 현재 남북한 간의 현저한 군사적·경제적 차이와 우리 국민의 민주주의에 대한 의식 등을 고려할 때 국민이 북한을 찬양·고무하는 경우가 있더라도 우리 사회에 심각한 위험을 줄 우려는 거의 없다는 이유로 반대하는 의견도 있다.

특별법에 의한 공소시효 정지와 형벌불소급 원칙, 법치주의

〈5·18 특별법〉 사건(1996. 2. 16.)[1]

12·12 군사반란 사건과 5·18 내란 사건의 관련자에 대해 공소시효가 이미 완성된 경우거나 아직 완성되지 않은 경우 〈5·18 특별법〉 제정으로 공소시효의 진행을 일괄해 정지시킨 것은 형벌불소급 원칙에 위배되는가(또한 양자의 경우 어떤 차이가 있는가)

사실관계

12·12 군사반란은 1979년 12월 12일부터 13일까지 전두환, 노태우 장군을 중심으로 한 신군부 세력이 최규하 대통령의 승인 없이 정승화 육군 참모총장, 정병주 특수전사령부 사령관, 장태완 수도경비사령부 사령관 등을 체포한 사건을 말한다. 당시 보안사령관이었던 전두환은 12·12 군사반란을 통해 대한민국을 장악하고 정치적 실세로 등장했다. 1980년

5월 전두환을 중심으로 하는 신군부는 5·18 광주민주화운동을 무력으로 진압했고, 1980년 9월 1일 전두환은 대한민국 제11대 대통령이 되었다. 16년이 지난 1995년 12월 19일 국회는 12·12 군사반란 및 5·18 광주민주화운동 무력 진압에 대해 형사적으로 규명하고 책임자를 처벌하기 위해 〈5·18 민주화운동 등에 관한 특별법〉(이하 〈5·18 특별법〉 또는 〈특별법〉)을 만들었고, 1996년 헌법재판소에서 이 법률에 대한 위헌법률심판을 수행했다.

이 사건의 관련자는 두 그룹으로 나누어지는데 그중 하나는 1979년 12월 12일 벌어진 12·12 군사반란 사건 관련자 38명(1그룹)이고 다른 하나는 1980년 5월 18일에 벌어진 5·18 내란 사건 관련자 35명(2그룹)이다. 서울지방검찰청 검사는 1994년 10월 29일 1그룹에 대해 기소유예 불기소처분을, 1995년 7월 18일 2그룹에 대해 공소권 없음 불기소처분을 내렸다. 그런데 1995년 12월 21일에 〈5·18 특별법〉이 제정·공포되자, 서울지방검찰청 검사는 두 사건의 피의자 전원에 대해 사건을 재기한 다음 1그룹에 대해서는 '반란중요임무종사' 등의 혐의로, 2그룹에 대해서는 '반란 및 내란중요임무종사' 등의 혐의로 서울지방법원에 구속영장을 청구했다. 1그룹과 2그룹 피의자 전원은 〈특별법〉 제2조[2]는 공소시효가 이미 완성된 그들의 범죄혐의 사실에 대해 소급해 그 공소시효 진행을 정지시킨 것으로 헌법상 형벌불소급의 원칙에 위반된다고 주장하면서 서울지방법원에 해당 법률조항에 대한 위헌법률심판 제청신청을 했다. 법원은 1그룹의 위헌제청신청을 받아들여 헌법재판소에 위헌법률심판을 제청했으나, 2그룹의 위헌제청신청은 아직 공소시효가 완성되지 않아 해당 법률조항의 위헌 여부는 재판의 전제가 되지 않는다는 이유로 기각했다. 이에 2그룹 피의자들은 헌법재판소에 직접 헌법소원심판을 청구했다.

헌재 결정

헌법재판소는 〈5·18 특별법〉 제2조가 헌법에 위반되지 않는다는 합헌결정을 내렸다. 그 논거는 다음과 같다. 개별사건 법률은 원칙적으로 평등 원칙에 위배되는 자의적 규정이라는 의심을 강하게 불러일으킨다. 하지만 개별사건 법률이 곧바로 위헌을 뜻하지는 않는다. 차별적 규율이 합리적인 이유로 정당화될 수 있는 경우에는 합헌적일 수 있다. 12·12 및 5·18 사건의 경우 공소시효가 완성되었는지 여부에 관한 논의가 아직 진행 중이고, 집권하는 과정의 불법적 요소나 올바른 헌정사를 정립하기 위해 과거를 청산하는 일이 필요하다는 요청에 미루어 볼 때 비록 특별법이 개별사건 법률이라고 하더라도 입법을 정당화할 수 있는 공익이 인정될 수 있으므로 이 법률조항은 헌법에 위반되지 않는다.

특별법이 시행될 당시 아직 공소시효가 완성되지 않은 사건에 대해서는 재판관 전원이 합헌의견을 냈다(합헌 전원일치).

하지만 공소시효가 이미 완성된 사건의 경우 재판관 4인의 합헌의견과 재판관 5인의 한정위헌의견으로 견해가 갈렸다(합헌 4인, 한정위헌 5인). 한정위헌의견이 다수(5인)지만 위헌결정의 정족수(6인)에 이르지 못했기 때문에 합헌으로 선고했다.

법정의견(합헌 4인)의 논거는 다음과 같다. 진정소급입법[3]이라 하더라도 기존 법을 변경해야 할 공익적 필요는 심히 중대한 반면 (법적 상태를 유지하는 것에 대한) 개인의 신뢰를 보호해야 할 필요가 상대적으로 적은 경우에는 예외적으로 허용될 수 있다. 진정소급입법이 허용되는 예외적인 경우로는 국민이 소급입법을 예상할 수 있었거나, 법적 상태가 불확실하고 혼란스러워 보호할 만한 신뢰의 이익이 적은 경우, 소급입법에 의한 당사자의 손실이 없거나 아주 경미한 경우, 그리고 신뢰보호의 요청에 우선하는 심히 중대한 공익상 사유가 소급입법을 정당화하는 경우를 들 수 있다. 이 사건 반란행위 및 내란행위자들은 우리 헌법질서의 근간을 이루고 있는 자유민주적 기본질서를 파괴했고, 그로 인해 우리 민주주의가 장기간 후퇴한 점은 말할 것도 없고, 많은 국민의 생명과 신체가 침해되었으며, 전 국민의 자유가 장기간 억압되는 등 국민에게 끼친 고통과 해악이 너무도 심대하다. 공소시효의 완성으로 인한 이익은 단순히 법률적 차원의 이익이고, 헌법상 보장된 기본권적 법익에 속하지 않는다. 또 집권 과정에서 헌정질서를 파괴하는 범죄를 범한 자들을 응징하여 정의를 회복해 왜곡된 우리 헌정사의 흐름을 바로잡아야 할 뿐만 아니라, 앞으로 우리 헌정사에 다시는 그와 같은 불행한 사태가 반복되지 않도록 자유민주적 기본질서를 확립하기 위한 헌정사적 이정표를 마련해야 할 공익적 필요는 매우 중대한 반면, 이 사건 반란행위자 및 내란행위자들이 군사반란죄나 내란죄의 공소시효 완성으로 인한 법적 지위에 대한 신뢰이익이 보호받을 가치가 별로 크지 않다. 그렇다면 이 법률조항은 관련 행위자들의 신뢰이익이나 법적 안정성을 물리치고도 남을 만큼 월등히 중대한 공익을 추구한다고 평가할 수 있다. 따라서 각 행위자들의 공소시효 완성에 따르는 법적 지위를 소급적으로 박탈하고, 그들에 대한 형사소추를 가능하게 하는 결과를 초래하는 이 법률조항은 헌법적으로 정당화된다. 이 법률조항은 헌정질서를 파괴한 범죄자들에게 국가가 소추권을 실효적으로 행사할 수 있는 기간을 다른 일반 국민에 대한 시효기간과 동일하게 맞추어, 그 범죄행위로 초래된 불평등을 제거하겠다는 것에 불과해, 해당 범죄행위자들을 자의적으로 차별하지 않을뿐더러, 오히려 실질적 정의와 공평의 이념에 부합하는 조치라고 할 수 있다.

반대의견(한정위헌 5인)의 논거는 다음과 같다. 형사실체법의 영역에서 형벌은 신체의 자유와 바로 직결되기 때문에 적어도 범죄 구성요건과 형벌에 관한 한, 어떤 공익상의 이유도 개인의 신뢰보호 요청과 법적 안정성에 우선할 수 없다. 공소시효가 이미 완성되어 소추할 수 없는 상태에 이른 뒤 뒤늦게 소추가 가능하도록 하는 새로운 법률을 제정하는 것은 결과적으로 형벌을 사후적으로 가능하게 하는 새로운 범죄 구성요건을 제정하는 것과 실질적으로 같다. 따라서 공소시효가 이미 완성된 경우 다시 소추할 수 있도록 법률로 규정하는 것은 헌법 제12조 제1항 후단의 적법절차의 원칙과 제13조 제1항의 형벌불소급의 원칙 정신에 비추어 볼 때 헌법적으로 받아들일 수 없는 위헌적인 것이다.

사후 경과 및 평가

헌법재판소가 이 법률조항을 합헌으로 결정하면서 이를 둘러싼 위헌 및 법리 논쟁은 종료되었다. 그 결과 법원은 공소시효의 기산점(기간의 계산이 시작되는 시점)에 대한 고민 없이 피고인들의 유무죄에 대한 심리에 집중할 수 있게 되었다. 한편 검찰은 1996년 2월 28일에 12·12 사건과 5·18 사건에 관한 수사를 종결하고 전두환, 노태우 두 전직 대통령을 비롯한 16명을 기소했다. 서울지방법원은 같은 해 8월 26일에 전두환에게는 사형을, 노태우에게는 징역 22년 6월을 선고했다. 12월 16일 항소심에서는 각각 무기징역과 징역 17년으로 감형된 뒤 1997년 4월 17일에 대법원의 상고기각으로 형이 확정되었으나, 같은 해 12월 22일 김영삼 대통령의 특별사면으로 석방되었다.

헌재 결정은 신군부 세력의 집권과 5·18 광주민주화운동 진압 과정의 불법적 요소를 규명하는 등 과거사를 청산하고 헌정사를 올바르게 정립하는 것에 대한 국민적 요청에 따랐다고 평가할 수 있다. 그 뒤 전직 대통령 등 관련자를 처벌하고 피해를 보상하는 동시에 피해자들의 명예를 회복하고 사건의 진실을 규명하며 기념 사업을 추진하는 기회가 마련되었다는 측면에서 역사적 의미가 크다.

언론인·사립학교 관계자에 대한 청탁 금지와 부패 방지의 공익

〈부정청탁금지법〉(일명 〈김영란법〉) 사건(2016. 7. 28.)[1]

> 언론인 및 사립학교 관계자는 공무원이 아닌데도 공직자에 포함시켜 이들에 대한 부정청탁을 금지하고 형사처벌하는 조항은 과잉금지 원칙에 위배되어 기본권을 침해하는가

사실관계

〈부정청탁 및 금품 등 수수의 금지에 관한 법률〉(이하 〈부정청탁금지법〉)은 대한민국에서 부정부패를 방지하기 위해 김영란 전 국민권익위원장이 제안해 만든 법률로, 제안자의 이름을 따서 흔히 '김영란법金英蘭法'이라는 별칭으로 불린다. 이 법은 공무원이나 공공기관 임직원, 학교 교직원 등이 일정 규모 이상의 금품을 받으면 직무 관련성이 없더라도 처벌하는 것을 골자로 한다. 청구인들은 〈김영란법〉이 국회에서 통과

하기 직전인 2015년 3월 5일 헌법재판소에 헌법소원을 제기했고, 헌법재판소는 동법이 시행(2016년 9월 28일)되기 이전인 2016년 7월 28일에 이에 대한 답을 제시했다. 이 사건은 그 쟁점과 논증 과정이 매우 복잡하고 치밀하므로 주의 깊게 읽을 필요가 있다.

네 개의 관련 청구가 병합된 사건으로, 청구인은 사단법인 한국기자협회, 대한변호사협회 공보이사, 신문사 등의 대표이사·편집인·기자, 대학교 총장, 고등학교 교장·교사·행정실장, 유치원 원장·교사, 사립학교법인 이사로 재직 중인 사람들이다. 청구인들은 언론사, 사립학교 등을 공공기관으로 정의하고 언론사 대표, 임직원, 사립학교의 장 등을 공직자로 정의한 〈부정청탁금지법〉상 '정의조항',[2] 공직자에 대한 부정청탁을 금지하는 '부정청탁금지조항',[3] 수수가 금지된 금품 등의 가액 범위를 대통령령으로 정하도록 한 '위임조항',[4] 배우자가 금지된 금품을 수수한 것에 대해 공직자 등이 신고할 의무와 그 제재를 규정한 '제재조항'[5] 등이 죄형법정주의의 명확성 원칙 및 포괄위임금지 원칙에 위배되어 자신들의 언론의 자유, 평등권, 사학의 자유, 교육의 자주성 및 대학의 자율성, 양심의 자유 등 기본권을 침해한다며 헌법소원심판을 청구했다.

헌재 결정

헌법재판소는 자연인이 아닌 사단법인 한국기자협회의 심판청구는 각하(심리 거부)하고, 나머지 청구인들의 심판청구는 모두 기각(원고패소)했다. 〈부정청탁금지법〉의 정의조항에 대해 2인, 위임조항에 대해 4인, 제재조항에 대해 4인의 반대의견이 각각 존재한다.

헌법재판소는 〈김영란법〉에 대한 헌법소원 기각결정(합헌결정=법정의견)을 내리며 다음과 같은 구체적인 논거를 제시하고 있다.

정의조항, 부정청탁금지조항, 금품수수금지조항: 정의조항과 관련해 '부정청탁'이라는 용어는 〈형법〉 등 여러 법령에서 사용되고 있고, 대법원은 부정청탁의 의미와 관련된 많은 판례를 축적하고 있으며, 동법에서 14개 분야의 부정청탁 행위 유형을 구체적으로 열거하는 등 구성요건을 상세하게 규정하고 있다. 한편 부정청탁금지조항은 조례와 규칙도 법령에 포함된다는 점을 명시하고 있다. '사회상규'라는 개념은 형법 제20조에 사용되고, 대법원이 그 의미를 일관되게 판시해오고 있다. 따라서 부정청탁금지조항이 규정하는 부정청탁, 법령, 사회상규라는 용어는 그 의미 내용이 명백하므로, 죄형법정주의의 명확성 원칙에 위배된다고 보기 어렵다.

교육과 언론이 국가나 사회 전체에 미치는 영향력이 크고,

이 분야의 부패는 파급효과가 커서 피해가 광범위하고 장기적인 반면 원상회복이 매우 어렵다는 점에서 사립학교 관계자와 언론인에게는 공직자에 맞먹는 청렴성 및 업무의 불가매수성(공적 업무를 돈으로 살 수 없음)이 요청된다.

대가관계를 증명하기 어려운 부정청탁이나 금품 등의 수수 행위를 〈형법〉상 배임수재죄(타인의 사무를 처리하는 자가 그 임무에 관해 부정한 청탁을 받고 재물 또는 재산상 이익을 취득하는 범죄)로 처벌할 수 없어 〈형법〉상 배임수재죄로 처벌하는 것만으로는 충분하지 않고, 교육계와 언론계에 부정청탁하거나 금품 등을 수수하는 관행이 오랫동안 만연해왔으며 크게 개선되지 않고 있다는 각종 여론조사 결과와 국민 인식 등에 비추어 볼 때, 교육계와 언론계의 자정 노력에만 맡길 수 없다는 입법자의 결단이 잘못되었다고 단정하기 어렵다.

금품수수금지조항은 직무 관련성이나 대가성이 없더라도 동일인으로부터 1회 100만 원 또는 매 회계연도 300만 원을 초과하는 금품 등을 수수한 경우 처벌하도록 하고 있다. 이는 사립학교 관계자나 언론인에게 적지 않은 금품을 주는 행위가 순수한 동기에서 비롯될 수 없고 일정한 대가관계를 추정할 수 있다는 데 근거를 두었다고 볼 수 있다. 사립학교 관계자나 언론인이 금품수수금지조항에 따라 종래 받아오던 금품이나 향응 등을 받지 못하게 되는 불이익이 법적으로 보호받아야 하는 권익의 침해라 보기 어려운 반면, 부정청탁금지조항과 금품수수금지조항이 추구하는 공익은 매우 중대하므로 법익의 균형성도 충족한다. 따라서 두 조항이 과잉금지 원칙을 위반해 청구인들의 일반적 행동자유권을 침해한다고 보기 어렵다.

위임조항: 위임조항에 따라 수수가 허용되는 '사교', '의례', '선물'은 사전적으로 의미가 분명하고, 다른 사람과 사귈 목적 또는 예의를 지킬 목적으로 대가 없이 제공되는 물품 또는 유가증권, 숙박권, 회원권, 입장권 그 밖에 이에 준하는 것을 뜻함을 충분히 알 수 있다. 따라서 위임조항이 명확성 원칙에 위배되어 청구인들의 일반적 행동자유권을 침해한다고 볼 수 없다.

법률에 사립학교 관계자와 언론인이 동일인으로부터 1회 100만 원 또는 매 회계연도 300만 원을 초과하는 금품 등을 수수하면 처벌하도록 규정하고, 위임조항은 이 금액의 범위 내에서 대통령령으로 가액을 정하도록 위임하고 있으므로 그 가액이 범죄 성립과 연관될 여지는 없다. 따라서 죄형법정주의 위배 문제는 발생하지 않는다. 한편 사립학교 관계자 및 언론인이 외부 강의 등의 대가로 대통령령으로 정하는 금액을 초과하는 사례금을 받고 신고 및 반환하는 조치를 하지 않는 경우, 또는 직무와 관련해 동일인으로부터 1회에 100만 원 또는 매 회계연도에 300만 원 이하의 금품 등을 수수하는 경우에는 과태료가 부과된다. 그런데 과태료는 행정질서벌에 해당할 뿐 형벌이 아니므로 죄형법정주의의 규율대상에 해당하지 않는다. 따라서 위임조항이 죄형법정주의에 위반된다는 주장은 더 살펴볼 필요가 없다.

〈부정청탁금지법〉상 수수가 허용되는 외부 강의 등의 사례금이나 사교·의례 목적의 경조사비, 선물, 음식물 등의 가액은 일률적으로 법률에 규정하기 곤란한 측면이 있으므로, 사회 통념을 반영하고 현실 변화에 대응해 유연하게 규율할 수 있도록 탄력성 있는 행정입법에 위임할 필요성이 인정된다. 결국 위임조항에 의해 대통령령으로 규정될 수수가 허용되는 금품 등의 가액이나 외부 강의 등 사례금은 직무 관련성이 있는 경우이므로 100만 원을 초과하지 않는 범위 안에서 누구나 납득할 수 있고 공공기관의 청렴성을 해하지 않는 정도의 액수가 될 것임을 충분히 예측할 수 있다. 따라서 위임조항이 포괄위임금지 원칙에 위배되어 청구인들의 일반적 행동자유권을 침해한다고 볼 수 없다.

제재조항: 〈부정청탁금지법〉은 배우자를 통한 금품 등 수수의 우회적 통로를 차단하는 한편, 신고라는 면책사유를 부여하고 있다. 사립학교 관계자나 언론인은 자신의 직무와 관련해 배우자가 수수가 금지된 금품 등을 받거나 제공한다는 약

속 또는 의사표시를 받은 사실에 대해 인식해야 신고조항과
제재조항에 따라 처벌될 수 있음을 충분히 알 수 있다. 따라
서 신고조항과 제재조항이 죄형법정주의의 명확성 원칙에 위
배되어 청구인들의 일반적 행동자유권을 침해한다고 볼 수
없다.

사립학교 관계자나 언론인 본인과 경제적 이익 및 일상을
공유하는 긴밀한 관계인 배우자가 사립학교 관계자나 언론인
의 직무와 관련해 수수가 금지된 금품 등을 받은 행위는 사실
상 사립학교 관계자나 언론인 본인이 수수한 것과 마찬가지
라고 볼 수 있다. 〈부정청탁금지법〉은 금품 등을 받은 배우자
를 처벌하는 규정을 두고 있지 않으며, 신고조항과 제재조항
은 배우자가 위법한 행위를 한 사실을 알고도 공직자 등이 신
고 의무를 이행하지 않을 때 비로소 그 의무를 위반한 행위를
처벌하는 것이므로, 헌법 제13조 제3항에서 금지하는 연좌제
에 해당하지 않으며 자기책임 원리에도 위배되지 않는다.

부정청탁금지조항과 금품수수금지조항 및 신고조항과 제
재조항은 전체 민간 부문을 대상으로 하지 않고 사립학교 관
계자와 언론인만 '공직자 등'에 포함시켜 공직자와 같은 의무
를 부담하게 하는데, 입법자의 입법재량이 인정되는 영역으
로 이러한 입법자의 결단이 자의적 차별이라 보기 어렵다. 교
육과 언론은 공공성이 강한 영역으로 공공 부문과 민간 부문

이 함께 참여하고, 참여 주체의 신분에 따라 차별을 두기 어려운 분야다. 부정청탁금지조항과 금품수수금지조항 및 신고조항과 제재조항이 청구인들의 평등권을 침해한다고 볼 수 없다.

정의조항에 대해서는 2인의 반대의견이 존재한다. 논거는 다음과 같다. 사회에서 발생하는 모든 부조리에 국가가 전면적으로 개입해 부패행위를 전부 없애기란 사실상 불가능할 뿐만 아니라, 부패행위를 근절한다는 이유로 사회의 모든 영역을 국가의 감시망 아래 두는 것 역시 바람직하지 않다. 직무의 성격상 공공성이 인정된다는 이유로 공공 영역과 민간 영역의 본질적인 차이를 무시하고 동일한 잣대를 적용해 〈부정청탁금지법〉이 규제하는 대상을 확대하고자 하는 입법목적은 그 자체로 정당성을 인정하기 어렵다. 사립학교가 공교육에 참여하는 것은 국가의 역할을 일정 부분 분담하는 것에 불과하고, 사적 근로관계에 기초한 사립학교 교직원의 지위가 국공립학교 교직원의 지위와 동일하게 되는 것은 아닌 점, 언론은 민주주의 사회에서 활동의 자유가 보장되어야 하는 자율적인 영역이고, 언론이 부패하면 신뢰를 상실해 자연스럽게 도태된다는 점에서 사립학교 교직원과 언론인이 행하는 업무의 공정성, 신뢰성 및 직무의 불가매수성이 공무원과 동일한 수준으로 요구된다고 보기 어렵다. 〈부정청탁금지법〉의 정의

조항이 사립학교 관계자나 언론인이 사회윤리 규범을 위반하는 행위에까지 형벌과 과태료의 제재를 가할 수 있도록 한 것은 과도한 국가 형벌권 행사이며, 책임과 형벌 간의 비례 원칙에도 어긋난다.

위임조항 중 제8조 제3항 제2호에 대해서는 재판관 3인의 반대의견(위헌의견)이 존재하는데 그 논거는 다음과 같다. 헌법상 법치주의의 핵심 내용인 법률유보 원칙은 단순히 행정작용이 법률에 근거를 두기만 하면 충분한 것이 아니라, 국가 공동체와 그 구성원에게 기본적이고도 중요한 의미를 갖는 영역, 특히 국민의 기본권을 실현하는 영역에서는 행정에 맡기기보다 국민의 대표자인 입법자 스스로 그 본질적 사항을 결정해야 한다는 요구, 즉 의회유보 원칙까지 내포한다. 따라서 적어도 헌법상 국민의 기본권과 관련된 중요한 사항 내지 본질적인 내용에 대한 정책 형성 기능만큼은 주권자인 국민에 의해 선출된 대표자들로 구성되는 입법부가 담당해 법률 형식으로 수행해야지, 행정부나 사법부에 넘기면 안 된다. 공직자 등에게 금품 등을 수수하는 것에 작용하는 실질적인 행동규범은 〈부정청탁금지법〉 제8조 제1항의 "동일인으로부터 1회에 100만 원 또는 매 회계연도에 300만 원 초과 기준"과 함께 제8조 제3항 제2호에 따라 대통령령으로 정하는 "금품 등 수수 금지행위의 가액 하한선"이라고 할 것이다. 공직자 등에게 제공되는 음식물·경조사비·선물 등과 관련해 가액 상한선 100만 원은 지나치게 고액이므로 입법자는 허용되는 가액 기준이 비록 100만 원 내의 범위라고 하더라도 이와 관련된 다수 국민의 이해관계를 충분히 고려하고 법감정과 〈부정청탁금지법〉의 입법 취지에 부합하는 구체적인 가액 기준을 직접 제시할 필요가 있다. 그렇다면 〈부정청탁금지법〉 제8조 제3항 제2호의 "금품 등 수수 금지행위의 가액 하한선"은 청구인을 포함한 공직자 등의 일반적 행동자유권과 관련된 중요한 사항 내지 본질적 내용에 대한 것이므로, 행정부에 넘기면 안 되고 주권자인 국민에 의해 선출된 대표자로 구성되는 입법부가 담당해 법률로 결정해야지 행정부에 그 기능을 넘겨 결정할 사항이 아니다. 따라서 위임조항 중 〈부정청탁금지법〉 제8조 제3항 제2호가 "금품 등 수수 금지행위의 가액 하한선"을 법률이 아닌 대통령령으로 정하도록 위임한 것은 헌법 제37조 제2항에서 정하는 기본권 제한의 법률유보 원칙, 특히 의회유보 원칙을 위반해 청구인들의 일반적 행동자유권을 침해한다.

위임조항 전체에 대해서는 재판관 1인의 반대의견(위헌의견)이 존재한다. 〈부정청탁금지법〉 제8조 제3항 제2호 및 제10조 제1항의 위임조항은 단지 "대통령령으로 정하는 가액 범위 안의 금품 등", "대통령령으로 정하는 금액을 초과하는

사례금"이라고 규정해, 수수가 허용되는 금품 등의 가액 범위
에 관한 기본적 사항에 대해 어떤 기준이나 범위도 구체적으
로 제시하지 않은 채 모두 하위 법령인 대통령령에 포괄적으
로 위임하고 있다. 금품 가액이나 사례금 상한액의 범위 모두
어느 수준으로 대통령령에 규정될지 도저히 예측할 수 없다.
결국 위임조항은 포괄위임금지 원칙을 규정한 헌법 제75조에
위배되어 청구인들의 일반적 행동자유권을 침해하므로 헌법
에 위반된다.

　제재조항 중 제22조 제1항 제2호에 대해서는 4인의 반대
의견이 존재한다. 공직자 등이 그 배우자가 금품 등을 수수한
사실을 알면서 신고하지 않는 행위(이하 '불신고행위'라 한다)를
처벌할 필요가 있다고 하더라도, 불신고행위의 가벌성과 죄
질, 비난 가능성, 책임이 공직자 등이 직접 금품 등을 수수한
경우와 동일하다고 보기는 어렵다. 그런데도 제재조항 중 제
22조 제1항 제2호(이하 '불신고처벌조항'이라 한다)는 공직자 등
의 불신고행위를 공직자 등이 직접 금품 등을 수수한 경우와
그 가벌성이나 죄질 등이 동일하다고 보아 같은 법정형으로
처벌하도록 규정하고 있으므로 책임과 형벌의 비례 원칙에
위반된다. 우리 형사법 체계상 불고지죄(범죄사실을 수사기관
에 알리지 않아 성립하는 범죄)를 처벌하는 경우는 〈국가보안법〉
제10조의 불고지죄 외에는 그 예를 쉽게 찾기 어렵다. 더구나

〈국가보안법〉상의 불고지죄의 경우는 본범이 중하게 처벌되는 범죄인 데 반해, 불신고처벌조항은 본범(금품 등을 직접 수수한 공직자 등의 배우자)이 전혀 처벌되지 않는데도 본범의 행위를 알고서 신고하지 않은 불고지범(공직자 등)만 처벌하는데 이러한 입법례는 더더욱 찾기 어렵다. 처벌되지 않는 본범의 행위를 알고서 신고하지 않은 행위만 처벌하는 불신고처벌조항은 우리 형사법 체계에서 찾아보기 어려운 극히 이례적인 입법 형태이고, 책임에 상응하지 않은 형벌을 부과하는 것이므로 〈형법〉 체계상의 균형을 상실한 과잉입법에 해당한다. 이러한 점을 모두 종합하면 불신고처벌조항은 형벌과 책임의 비례 원칙에 어긋나고 형벌 체계상의 균형을 상실해 청구인들의 일반적 행동자유권을 침해하므로 헌법에 위반된다.

사후 경과 및 평가

이 사건에 대한 헌법재판소의 결정은 〈부정청탁금지법〉의 시행을 앞두고 언론인 및 사립학교 관계자에 대한 적용과 관련해 크게 부각되었던 사회적 논란에 종지부를 찍었다. 시민단체와 시민들은 대체로 환영의 뜻을 나타냈고, 여야 등 정치권은 헌법재판소의 결정을 존중하며 법의 부작용을 최소화해 법이 연착륙할 수 있도록 노력하겠다는 입장을 표명했다.[6,7]

학계에는 〈부정청탁금지법〉이 우리 사회가 투명한 사회로 나아갈 필요가 절실한데도 이를 가로막는 부정적 관습이 그만큼 고착화되어 있기 때문에 나온 법률이고, 그로 인해 자유가 제한되는 정도가 심대하지 않다는 긍정적 의견,[8] 언론과 사립학교 등 민간 영역을 적용 대상자로 규정해 일반적 행동자유권을 침해할 소지가 매우 큰데도 헌재가 너무 쉽게 합헌 결정을 했다는 비판적 의견[9]이 공존한다.

05

〈탄소중립기본법〉상
온실가스 감축목표와 환경권

온실가스 감축목표 미제시 사건(2024. 8. 29.)[1]

〈탄소중립기본법〉이 2031년부터 2049년까지 온실가스 감축목표의
정량적 기준을 제시하지 않아 미래에 과중한 부담을 이전하는 방식
으로 규율하고 있어 국민의 환경권을 침해하지 않는가

사실관계

지구온난화, 즉 지구의 평균기온이 상승하는 현상은 과거에
도 있었다. 오늘날에는 주로 산업화가 본격화된 19세기 이후
부터 관측되고 있는 온난화를 가리킨다. 이러한 현대적 온난
화의 원인이 온실가스가 증가하는 데 있다고 보는 견해가 지
배적이다. 산업이 발달하면서 석유, 석탄 등 화석연료 사용이
크게 늘어나고, 농업 발전으로 숲이 파괴되면서 이산화탄소
의 배출이 증가해 온실효과의 영향이 커졌기 때문이다.

우리나라는 1994년 〈유엔 기후변화협약〉,[2] 2005년 〈교토 의정서〉,[3] 2016년 〈파리협정〉[4] 등 지구온난화를 방지하기 위한 다자조약에 참여하며 전 지구적 노력에 동참하고 있다. 조약 당사국으로서의 의무를 국내적으로 이행하기 위해 2010년 4월 14일 〈저탄소 녹색성장 기본법〉[5](이하 〈녹색성장법〉)을, 2022년 3월 25일 〈녹색성장법〉을 대체하는 법률인 〈기후위기 대응을 위한 탄소중립·녹색성장 기본법〉[6](이하 〈탄소중립기본법〉)을 제정·시행하고 있다.

이 사건은 다수의 유사한 사건이 병합된 것으로 청구인들은 청소년 환경 단체인 '청소년 기후행동' 회원을 포함한 다수의 국민으로, 청구 당시 태아였던 한 청구인은 심판 과정에서 출생해 '최○○'으로 당사자 표시 정정을 하기도 했다. 청구인들은 구 〈녹색성장법〉 및 동법 시행령, 현행 〈탄소중립기본법〉 및 동법 시행령, 〈탄소중립기본법〉에 따라 정부가 수립한 〈제1차 국가 탄소중립 녹색성장 기본계획〉(이하 '기본계획') 등 매우 다양한 형태의 공권력 행사 및 불행사가 그들의 기본권을 침해한다고 주장하면서 이 사건 헌법소원심판을 청구했다.

청구인들은 앞서 언급한 법령 및 계획으로 인해 생명권, 행복추구권, 멸종저항권, 신체의 자유, 거주이전의 자유, 직업선택의 자유, 주거의 자유, 인간다운 생활을 할 권리, 건강하고 쾌적한 환경에서 생활할 권리 등 다양한 기본권이 침해된다고 주장했다. 하지만 헌재는 결국 기후위기로 생활의 기반이 되는 환경이 훼손되어 다양한 자유와 권리가 침해될 위험이 있다는 것으로 보고, 심판대상과 가장 밀접한 관계에 있는 환경권 침해 여부만을 판단했다.

한편 헌재는 위헌성을 판단하는 기준으로 비례 원칙(과잉금지 원칙)이 아닌 과소보호금지 원칙Untermaßverbot을 적용했다. 과소보호금지 원칙이란 국가가 기본권을 보호할 의무를 지는 경우, 그 의무를 다했는지를 기본권 보호에 필요한 최소한의 조치를 다했는지 여부로 판단한다는 위헌심사 기준을 의미한다.[7] 쉽게 말해 과소보호금지란 불충분한 조치Untermaß를 금지한다는 뜻이다.

헌재 결정

이 사건은 다수의 당사자가 참여하고 있고, 사실관계가 기술적이고 복잡하며, 당사자의 주장과 항변이 다양하기 때문에, 헌재의 결정 내용을 체계적으로 이해하기 위해서는 심판대상별로 구분해 살펴볼 필요가 있다.

(심판대상 1) 구 〈녹색성장법〉 등[8]에 대한 판단(각하, 전원일치). 폐지된 법률은 원칙적으로 헌법소원의 심판대상이 아니다.[9] 다만 예외적으로 중요한 이유가 있는 경우에 한해 헌

법소원의 대상이 될 수 있다.[10] 구 〈녹색성장법〉 관련 규정은 2022년 3월 25일 현행 〈탄소중립기본법〉 관련 규정이 시행되어 폐지되었고 더 이상 청구인들을 비롯한 국민에게 적용될 여지가 없게 되었으며, 감축 기준이 상향되고 관련 조항의 체계가 변경되어, 헌법적으로 해명할 필요성도 인정되지 않는다(따라서 헌법소원의 대상이 아니다).

(심판대상 2) 현행 〈탄소중립기본법〉 등[11]에 대한 판단. 〈탄소중립기본법〉 관련 조항은 국가 온실가스 배출량을 2030년까지 2018년 대비 40퍼센트만큼 감축하는 것을 중장기 감축목표로 설정하고 있고(이하 '의회·정부의 작위'), 2031년 이후의 기간에 대해서는 언급이 없다(이하 '의회의 부작위').

의회·정부의 작위에 대한 판단(기각[합헌], 전원일치). 〈탄소중립기본법〉 제8조 제1항과 같은 법 시행령 제3조 제1항이 설정한 2030년까지 국가 온실가스 배출량을 중장기적으로 2018년 대비 40퍼센트 감축한다는 목표 비율의 수치만으로는 전 지구적으로 온실가스를 감축하기 위해 노력해야 한다는 관점에서 우리나라가 기여해야 할 몫에 현저히 미치지 못한다거나, 기후변화의 영향을 고려하고 온실가스의 배출을 제한한다는 측면에서 미래에 과중한 부담을 이전한다고 단정하기 어렵다.

연도별 감축목표를 이행한 현황을 점검하거나 배출권거래

제 등 배출량 목표 달성을 보장하기 위한 여러 수단과 관련해, 매년 정량적 감축목표가 달성되지 않은 경우 추후 감축목표에 미달성된 부분을 추가하는 규율이 법률에 명시되어 있지 않다는 이유로 〈탄소중립기본법〉 제8조 제1항(의회의 작위)에 규정된 온실가스 감축목표를 설정하는 방식이 온실가스 감축을 실효적으로 담보할 수 있도록 설계되지 않았다고 볼 수도 없다.

〈탄소중립기본법〉 시행령 제3조 제1항(정부의 작위)은 같은 〈탄소중립기본법〉 제8조 제1항에서 위임받아 2030년 중장기 감축목표의 구체적인 비율의 수치를 정한 것일 뿐이므로, 과소보호금지 원칙에 반해 기본권 보호의무를 위반했다고 볼 수 없어 청구인들의 환경권 등 기본권을 침해하지 않는다.

의회의 부작위에 대한 판단(인용[헌법불합치], 전원일치). 그러나 〈탄소중립기본법〉 제8조 제1항에서는 2031년부터 2049년까지의 감축목표에 관해 어떤 형태의 정량적 기준도 제시하지 않고 있다(부작위). 〈탄소중립기본법〉이 예정하고 있는 온실가스의 감축목표를 재설정하는 주기나 범위 등을 고려해볼 때, 동 조항은 탄소중립 목표 시점인 2050년에 이르기까지 점진적이고 지속적인 감축을 실효적으로 담보할 수 없으므로, 미래에 과중한 부담을 이전하는 방식으로 온실가스 감축목표를 규율했다. 구체적인 감축목표를 정할 때 단기적일 수 있는 정부의 상황 인식에만 의존하는 구조로는 온실가스 감축정책의 적극성 및 일관성을 담보하기 어렵다. 2031년부터 2049년까지의 감축목표에 대한 규율을 담은 〈탄소중립기본법〉 제8조 제1항은 기후위기라는 위험 상황에 상응하는 보호조치로서 필요한 최소한의 성격을 갖추지 못했으므로 과소보호금지원칙을 위반했다.

또 〈탄소중립기본법〉 제8조 제1항에서 2030년까지의 감축목표를 설정할 때 2030년을 목표 연도로 한 2018년 대비 감축비율의 하한만 법률에서 정했을 뿐, 구체적인 감축비율의 수치는 대통령령에 위임하고 감축하는 경로는 정부가 설정하는 부문별 및 연도별 감축목표에 따르도록 한 것은 법률유보 원칙을 위반했다고 볼 수 없다. 그러나 중장기적인 온실가스 감축목표와 그 경로를 계획할 때는 매우 높은 수준의 사회적 합의가 필요하고 미래 세대는 현재의 민주적 정치 과정에 참여하는 것이 제약되어 있다는 점과 관련해 입법자에게 더욱 구체적인 입법의무와 책임이 있음을 고려할 때, 2031년부터 2049년까지의 감축목표에 관해 대강의 정량적 수준도 규정하지 않고 정부가 5년마다 정하도록 한 것은 의회유보 원칙을 포함하는 법률유보 원칙을 위반한 것이다. 따라서 과소보호금지 원칙 및 법률유보 원칙에 반하여 기본권 보호의무를 위반했으므로 청구인들의 환경권을 침해한다.

〈탄소중립기본법〉 제8조 제1항의 규범 영역 전부에 대한 효력을 상실시킬 경우(단순위헌결정), 탄소중립 목표 시점인 2050년 이전에 존재하는 정량적 중간목표가 사라지므로, 오히려 온실가스 감축에 관한 제도적 장치가 후퇴하는 더욱 위헌적인 상황이 발생하게 되며, 2031년부터 2049년까지의 온실가스 감축목표의 정량적인 수준을 어떻게 정할지 등에 관해서는 입법자에게 광범위한 입법형성 권한이 있다. 따라서 〈탄소중립기본법〉 제8조 제1항에 대해 2026년 2월 28일을 시한으로 개선입법이 있을 때까지 계속 적용을 명하는 헌법불합치결정을 한다.

결국 국회가 〈탄소중립기본법〉 제8조 제1항에서 2030년까지의 온실가스 감축목표를 정한 것(작위)은 합헌이고, 2031년부터 2049년까지의 온실가스 감축목표를 정하지 않은 것(부작위)은 위헌이지만, 단순위헌을 선언할 경우 2030년까지의 온실가스 감축목표도 사라지게 되므로, 입법시한을 두고 국회가 개정할 때까지 해당 조항을 존치시키는 내용의 헌법불합치결정을 내린 것이다.

(심판대상 3) 정부의 부문별, 연도별 감축목표[12, 13, 14]에 대한 판단.

감축목표에 대한 판단(기각=합헌, 전원일치). 이 사건 부문별 및 연도별 감축목표는 정부가 〈탄소중립기본법〉에 따라 중장기 감축목표를 달성하기 위해 국가 전체의 온실가스 배출량 및 흡수량의 구체적인 목표 수치를 부문별 및 연도별로 설정한 행정계획이다. 이는 기후위기라는 위험 상황에 대응하는 보호조치 중 하나인 온실가스 감축목표를 설정하는 국가의 행위로서 국가가 기본권을 보호할 의무를 진다는 관점으로 볼 때 국민의 환경권 등 기본권에 직접적으로 영향을 미치고, 〈탄소중립기본법〉 등 관련 법령으로 뒷받침되어 구체적이고 개별적인 온실가스 감축 시책들로 이행될 것이 예정되어 있으므로, 헌법소원심판의 대상이 되는 공권력 행사에 해당한다.[15]

이 사건 부문별 및 연도별 감축목표가 과소보호금지 원칙을 위반했는지 여부는 기후위기라는 위험 상황의 성격에 상응하는 보호조치로서 필요한 최소한의 성격을 갖추었는지를 기준으로 판단하며, 구체적인 감축목표치가 전 지구적인 감축 노력의 관점에서 우리나라가 기여해야 할 몫에 부합하는지, 감축목표를 설정하는 체계가 기후변화의 영향을 고려하고 온실가스의 배출을 제한한다는 측면에서 볼 때 미래에 과중한 부담을 이전하지 않고 감축을 실효적으로 담보할 수 있는 방식으로 제도화되어 있는지 등을 과학적 사실과 국제 기준을 고려해 살펴야 한다. 이 사건의 부문별 및 연도별 감축목표는 과소보호금지 원칙에 위반되지 않는다.

배출량의 산정 방식에 대한 판단(기각[합헌] 4인, 인용[위헌] 5인: 기각). 이 사건 부문별 및 연도별 감축목표를 이행하기 위한 배출량 산정 방식(미주 13, 14의 밑줄 부분)에 대해서는 인용의견이 다수지만, 헌법소원에 관한 인용결정에 필요한 심판정족수인 6인에 이르지 못했으므로 기각결정을 선고했다.

법정의견(기각[합헌] 4인)의 주요 논거는 다음과 같다. 현행 〈탄소중립기본법〉에는 배출량의 의미를 정의하거나 그 산정 방식을 구체화한 규정은 없다. 우리나라가 제출한 '국가결정 기여NDC(〈파리협정〉 가입국이 자발적으로 제출하는 기후행동 계획)'에 2018년도 기준 온실가스 배출량에 관해 흡수원 부문을 제외한 것이라고 명시한 이상, 2018년의 배출량(합계) 부분에 '흡수 및 제거' 부분을 반영하지 않은 총배출량만 기재한 것이 〈파리협정〉이 추구하는 투명성에 반한다고 볼 수 없다. 〈탄소중립기본법〉 제8조 제1항 및 동법 시행령 제3조 제1항이 정한 40퍼센트라는 수치는 탄소중립으로 나아가는 중간 단계로, 향후 수립될 행정계획을 종합해 2050년까지 탄소중립을 달성할 가능성이 열려 있으므로 설령 이 사건 부문별 및 연도별 감축목표의 배출량(합계)을 순배출량으로 통일하는 경우 40퍼센트에 다소 못 미치는 감축목표가 설정된다고 하더라도 국가가 환경권의 보호를 위한 최소한의 보호조치를 다하지 않았다고 판단하기는 어렵다. 따라서 이 사건 부문별 및 연도별 감축목표는 배출량 목표치 산정 방식에 관해 상위 법령에 위반되지 않으며, 과소보호금지 원칙에도 반하지 않는다.

반대의견(인용·[위헌] 5인)의 주요 논거는 다음과 같다. 〈탄소중립기본법〉 제8조 제1항은 하나의 조항에서 '국가 온실가스 배출량'이라는 동일한 용어를 2018년도와 2030년도에 관해 두 번 사용하면서 다른 설명은 붙이지 않았으므로, 이에 따르면 양자의 배출량 기준을 달리할 수 없고, 감축 비율을 정한 계산식의 측면에서도 입력값과 산출값의 기준이 다를 수 없다.

〈탄소중립기본법〉의 체계와 입법목적 등에 비추어 보면 정부가 부문별 및 연도별 감축목표를 설정할 때, 기준연도와 목표 연도의 '국가 온실가스 배출량' 수치 모두 순배출량을 기준으로 산정해야 합리적으로 보이고, 기준점과 목표점의 수치를 산정하는 기준을 달리하면 과학적·정책적으로 합리적인 감축 경로가 관리되지 않는다. 만약 기준 연도에는 흡수량을 반영하지 않고 목표 연도에만 반영한다면 국가 온실가스 배출량 감축에 관해 왜곡이 발생하는데, 이는 〈파리협정〉이 추구하는 투명성에 반하고, 다른 부문의 실질적인 감축 노력을 강화하는 데도 장애가 된다. 2030년의 국가 온실가스 배출량 목표치는 〈탄소중립기본법〉 제8조 제1항의 국가 온실가스 배출량을 모두 순배출량으로 해석하든(2018년 대비 36.4퍼센트), 총배출량으로 해석하든(2018년 대비 29.6퍼센트), 법령이 설정한 40퍼센트의 감축 비율에 미치지 못하고, 기후위기를 완화하는 조치를 규율하는 법적 제도로서의 실효성을 확보하지 못했다. 정부가 채택한 '기준 연도 총배출량 − 목표 연도 순배출량'의 배출량 목표치 산정 방식은 〈탄소중립기본법〉 제8조 제1항에서 입법자가 온실가스 감축목표를 정량화한 체계를 자의적으로 변경해 기후위기를 완화하는 보호조치의 수준을 낮추는 것이므로, 이와 같은 정부의 법률해석은 받아들일 수 없다.

따라서 이 사건의 부문별 및 연도별 감축목표는 배출량 목표치 산정 방식의 관점에서 과소보호금지 원칙 또는 법치 행정의 법률우위 원칙을 위반했다. 다만 그 효력을 바로 상실시킬 경우, 온실가스 감축에 관한 제도적 장치가 후퇴하는 더욱 위헌적인 상황이 발생하므로, 청구인들의 환경권을 침해해 위헌임을 확인하는 결정을 선고해야 한다.

(심판대상 4) 재정계획[16, 17]에 대한 판단(각하, 전원일치). 예산도 일종의 법규범이고 법률과 마찬가지로 국회의 의결을 거쳐 제정되지만 법률과 달리 국가기관만을 구속할 뿐 일반 국민을 구속하지 않는다. 가령, 예산이 정부의 재정행위를 통해 국민의 기본권에 영향을 미친다고 하더라도 그것은 관련 법

령에 근거한 정부의 구체적인 집행행위로 나타나는 것이지 예산 그 자체나 예산안의 의결행위와는 직접 관련성이 없다. 따라서 국회가 의결한 예산 또는 국회의 예산안 의결은 〈헌법재판소법〉의 '공권력의 행사'에 해당하지 않아 헌법소원의 대상이 되지 않는다.[18] 이 사건과 관련된 재정계획은 성격상 정부가 편성하고 국회가 의결하는 예산에 관한 중장기적 계획을 정한 것일 뿐, 국민의 기본권에 직접적 영향을 미치는 공권력 행사라고 보기 어려우므로, 헌법소원심판의 대상이 되지 않는다.

평가

IPCC(기후변화에 관한 정부 간 협의체)[19]에 따르면 화석연료 사용 등 인간 활동으로 배출되는 온실가스는 자연의 기후 체계에서 모두 흡수되지 못하고 일부 남아서 대기 중에 계속 누적되어 총량이 지속적으로 증가하며, 온실가스 농도가 높아지는 만큼 온실효과로 인한 지구의 온도 상승이 유발된다. 2023년 3월 19일 IPCC의 〈제6차 평가보고서〉에 의하면, 전 지구의 지표면 온도는 산업화 이전인 1850~1900년보다 2011~2020년에 섭씨 1.09도 높아졌고, 인간 활동으로 1,000기가이산화탄소환산톤$GtCO_2$의 온실가스가 배출될 때마다 섭씨 0.45도씩 상승한다.

이러한 지구온난화는 자연적인 기후변동의 범위를 벗어나 평균적인 상태로 돌아오지 않는 기후 체계의 변화를 유발하고, 기후변화는 세계 곳곳에서 폭염, 가뭄, 홍수 등 극단적인 날씨, 물과 식량 부족, 해양 산성화, 해수면 상승, 생태계 붕괴 등의 현상을 초래하고 있다. 특히 지구의 온도 상승 수준이 임계점에 다다르면, 기후변화가 갑작스럽고 돌이킬 수 없는 모습으로 나타날 개연성도 있다. 예를 들어 전 세계의 해수면 상승 수준은 빙상의 대규모 융해로 갑자기 수 미터 이상이 될 수 있고, 특정 지역 해류의 순환 체계가 바뀌어 그 영향을 받는 지역의 기후가 급격하게 변경될 수 있다.

기후변화의 부정적 영향을 억제하기 위해서는 지구온난화의 주요 원인인 온실가스 배출을 줄이는 '완화' 행동과 기후변화를 전제로 피해를 줄이거나 예방하는 제반 활동인 '적응' 행동이 모두 필요하다. 그런데 지구온난화가 심화되어 피해가 증가할수록 적응 조치에는 더 큰 어려움이 따르고 더 많은 비용이 든다. 그러므로 기후위기의 원인인 지구온난화의 속도를 늦추려면 인간이 배출하는 온실가스의 양을 줄이는 노력이 반드시 필요하다. 그런 측면에서 이번 헌재의 판단은 매우 긍정적인 결정으로 평가된다. 참고로 사안에 대해 보다 입체적인 이해를 원하는 독자를 위해 2021년 독일연방헌법재판소의 기후보호 판결[20]을 주 부분에 실어놓았다. 독일과 한국의 헌재 판단은 양자 모두 기후위기 상황과 그에 대한 대책을 수립하는 일이 국민의 기본권과 긴밀한 관련성이 있음을 강조하고 있다. 그러나 헌법에 근거한 국가의 역할과 재량 범위에 대한 판단은 다소 시각차를 보인다. 이는 양국의 헌법 체계와 기후위기 정책의 발전 단계에 따른 차이에서 비롯되었다고 해석할 수 있다.[21]

06

그 밖의 중요한 판례

성범죄자 등에 대한 사회 방위 조치 사건(2012. 12. 27. 등),
인터넷 신문 고용인력 강제 사건(2016. 10. 27.),
자발적 성매매 금지 사건(2016. 3. 31.)

성범죄자 등에 대한 사회방위조치 사건에서는 성범죄자 등에게 전자발찌(위치추적장치)를 착용시키고,[1] 이들의 신상정보를 데이터베이스에 등록하고,[2] 특정 범죄자의 모발을 채취하는 등의 행위를 통해 DNA 정보를 수집·관리[3]하는 것이 소급입법금지 원칙 또는 이들의 개인정보 자기결정권과 신체의 자유를 침해하는지가 문제 되었다.

전자발찌 사건에서 헌재는 국회가 법률을 개정하면서 종전에 적용이 제외된 사람(징역형 집행이 종료된 후 3년 이내인 자

등)에게 전자발찌를 부착할 수 있도록 규정한 것은 헌법상 소급입법금지 원칙에 위반되지 않는다고 결정했다(합헌 4인, 일부 위헌 4인, 위헌 1인). 법정의견(합헌 4인)은 전자발찌 부착이 의무적으로 노동을 부과하거나 피부착자의 행동을 직접 통제(형벌)하지 않고, 성범죄자의 재범을 방지하기 위해 공익상 필요한 조치(보호처분)라고 본 반면, 반대의견(위헌 1인, 일부위헌 4인)은 형벌과 유사한 강력한 형사제재로 보았다.

신상정보 데이터베이스 등록 사건에서 헌재는 형법상 강제추행죄로 유죄판결이 확정된 자를 신상정보 등록 대상자로 정한 것이 성범죄자의 개인정보 자기결정권을 침해하지 않는다고 판결했다(기각[합헌] 7인, 인용[위헌] 2인). 각각의 논거는 전자발찌 사건과 유사하다.

DNA 정보 수집·관리 사건에서 헌재는 방화, 손괴, 특수폭행, 성폭행 등 다양한 유형의 범죄자로부터 DNA 정보를 수집·관리하는 것 역시 헌법에 위반되지 않는다고 결정했다. 다만 법률조항별로 상당히 다양한 반대의견이 존재한다.

헌법재판소가 합헌성을 인정한 전자발찌, 신상정보관리제도 등은 중범죄자 또는 특정 범죄자의 재범을 억제해 사회를 방위하고, 효율적 수사를 통해 사회 혼란을 방지하기 위한 최소한의 불가피한 제도라는 평가를 받고 있다. 다만, DNA 정보관리에 대한 헌법재판소의 결정에 대해서는 수형자 등의

기본권 보호보다 효율적인 형사소추라는 공익에 치우친 것이
어서 법정책적 측면에서 재고를 요하며, 재범 위험성에 대한
예측 규정을 신설하거나 개별적으로 재범 위험성을 판단해
DNA 정보를 삭제할 수 있도록 입법 개선이 필요하다는 견해
도 있다.[4]

인터넷 신문 고용인력 강제 사건[5]에서는 인터넷 신문 사업
자에게 취재·편집인력 5명 이상(취재인력 3명 이상)을 상시적
으로 고용하도록 강제하는 〈신문 등의 진흥에 관한 법률 시행
령〉 등이 과잉금지 원칙을 위반해 언론의 자유를 침해하지 않
는지가 문제 되었다.

헌법재판소는 동법 시행령(제2조 제1항 제1호 가목 등)에 인
터넷 신문이 독자적으로 기사를 생산하기 위한 요건으로 취
재·편집인력 5명 이상(취재인력 3명 이상)을 상시 고용해야 한
다고 규정한 것이 언론의 자유를 침해한다고 판단했다(위헌
7인, 합헌 2인).

법정의견(위헌 7인)의 주요 논거는 다음과 같다. 인터넷 신
문 기사의 품질 저하와 그로 인한 폐해가 인터넷 신문의 취재
및 편집인력이 부족해 발생하는 문제라고 단정하기 어렵다.

오히려 주요 포털 사이트의 검색에 의존하는 인터넷 신문의 유통구조로 인한 폐해이므로, 인터넷 신문이 포털 사이트에 의존하지 않고 독자적으로 유통될 수 있는 방안을 마련하는 것이 이러한 문제를 해결하기 위한 더 근원적인 방법이다. 고용강제는 소규모 인터넷 신문이 언론으로서 활동할 수 있는 기회 자체를 원천적으로 봉쇄할 수 있는 데 비해, 인터넷 신문의 신뢰도를 제고한다는 입법목적의 효과는 불확실하다.

반대의견(합헌 2인)의 주요 논거는 다음과 같다. 언론의 자유는 표현의 방법과 내용의 자유를 보장하지, 수단으로 필요한 시설이나 기업으로서의 활동에 관한 것까지 포함한다고 볼 수 없다. 인터넷 신문은 종이 신문과 비교해 설비투자 및 유통 비용이 적게 들어 기사를 작성하고 발행하는 데 용이하다. 인터넷 신문은 불특정 다수를 독자로 하고, 블로그, SNS 등을 통해 기사가 확대·재생산되며, 기사가 삭제된 이후에도 SNS 등에 게시되어 지속적으로 보존 및 검색될 수 있으므로 종이 신문에 비해 파급력이 크다. 종이 신문과 달리 인터넷 신문에만 인적 기준 요건을 규정한다 하더라도 이는 합리적 이유 없는 차별이라 볼 수 없다. 인터넷 신문사가 급증하면서 부정확하거나 선정적인 보도 또는 유해 광고로 인한 폐해 역시 증가하고 있다. 〈언론중재법〉 및 〈신문법〉에 의한 구제수단은 사후적 조치에 불과해 파급력이 큰 인터넷 신문의 오보로 인한 침해를 효과적으로 구제하는 절차로 기능하지 못하고 있다.

이러한 헌재의 결정으로 기존 인터넷 신문 인력 기준(3인)도 사라져 1~2인의 소규모 인터넷 신문 등록이 가능해졌고 인터넷 저널리즘 시대를 여는 중요한 단초가 되었다. 이는 이후 새롭게 등장한 1인 유튜브 방송 등 소규모 독립 미디어가 활발하게 여론을 형성하는 역할을 하면서 기존 신문·방송에 못지않은 주요 매체로 자리매김하여 민주주의의 핵심 가치인 언론의 다양성을 실현하고 정보의 균형, 사회 갈등의 조정, 민주 공동체의 지속 가능성을 제고하는 데 결정적 계기가 되었다. 다만, 이에 따른 허위 정보나 가짜 뉴스의 확산, 극단적 선동 등 부정적 측면에 대한 보완책 역시 다각적으로 강구되어야 한다.

자발적 성매매 금지 사건[6]에서는 자발적 성매매를 형사처벌하는 〈성매매 알선 등 행위의 처벌에 관한 법률〉 관련 조항이 개인의 성적 자기결정권과 사생활의 자유를 침해하지 않는지가 문제 되었다. 헌법재판소는 동법 관련 조항에 대해 합헌결정을 내렸다(합헌 6인, 일부위헌 2인, 전부위헌 1인).

법정의견(합헌 6인)의 논거는 다음과 같다. 개인의 성행위 자체는 내밀한 사생활 영역에 해당하고 개인의 성적 자기결정권의 보호대상에 속한다고 할지라도, 외부에 표출되어 사회의 건전한 성풍속을 해칠 때는 법률의 규제를 받아야 한다. 자발적인 성매매도 인간의 성을 상품화해 성판매자의 인격적 자율성을 침해할 수 있고, 자금과 노동력의 정상적인 흐름을 왜곡해 산업구조를 기형화한다는 점에서 사회적으로 매우 유해하다. 성매매는 그 자체로 폭력적·착취적 성격을 지닌 것으로 경제적 대가를 매개로 해 경제적 약자인 성판매자의 신체와 인격을 지배하는 형태를 띠므로 대등한 당사자 사이의 자유로운 거래 행위로 볼 수 없다.

　반대의견(일부위헌 2인, 전부위헌 1인)의 논거는 다음과 같다. 성매매자(성판매자 및 성매수자)의 성적 자기결정권 및 사생활의 비밀과 자유를 침해하므로 헌법에 위반된다. 성인 간 자발적 성매매는 본질적으로 개인의 사생활 중에서도 극히 내밀한 영역에 속하고, 그 자체로 타인에게 피해를 주거나 건전한 성풍속 및 성도덕에 해악을 미친다고 보기 어렵다. 건전한 성풍속 및 성도덕이라는 개념 자체가 추상적·관념적이고, 내밀한 성생활의 영역을 형벌의 대상으로 삼는다면 입법자가 특정한 도덕관을 강제하는 것이다. 심판대상 조항은 성매매 여성들의 생존을 위협하는 인권유린의 결과를 낳고 있으며, 국민에 대한 최소 보호의무조차 다하지 못한 국가가 오히려 생계형 자발적 성매매 여성들을 형사처벌하는 것은 또 다른 사회적 폭력이므로 입법목적의 정당성을 인정할 수 없다. 〈성매매처벌법〉이 시행된 지 10여 년이 지났는데도 심판대상 조항은 성매매를 근절하는 데 전혀 기여하고 있지 못하므로 수단의 적합성도 인정되지 않는다. 성매매에 대한 최선의 해결책은 사회보장·사회복지정책을 확충해 성매매 여성이 성매매에서 벗어날 수 있도록 지원하는 것이다.

이 결정이 있기 전에도 헌법재판소는 성매매 장소로 이용된다는 사실을 알면서 건물을 제공하는 행위를 형사처벌하는 구 〈성매매 알선 등 행위의 처벌에 관한 법률〉,[7] 아동·청소년의 성매매 영업을 알선하는 행위를 형사처벌하는 〈아동·청소년 성보호에 관한 법률〉에 대해 합헌결정을 한 바 있다.[8]

한국여성변호사회는 이러한 헌재의 결정에 대해 성매매는 경제적 대가를 지급했다는 이유로 성매수인이 성매도인의 성과 인격에 대한 지배권을 가지게 되므로 대등한 관계에서 이루어지는 성적 자기결정권의 문제로 볼 수 없고, 사생활의 비밀과 보호의 대상이 아니며, 성매매의 개인적·사회적 위험성에 비추어 볼 때 직업의 자유를 보장하기 위해 보호할 대상으로 볼 수도 없다고 지지하는 성명을 발표하기도 했다.[9] 헌재의 결정은 성매매의 사회적 해악과 인권침해, 착취적 성격으로 볼 때 합당하다는 의견이 일반적이다. 다만 여성계 일각에서는 성매매를 억제하기 위해 형사처벌하는 것만이 능사가 아니라며 인권 사각지대에 놓인 생계형 성매매 여성들에 대한 사회적 안전망을 확충하는 것이 필요함을 강조하고 성산업의 착취구조를 축소시켜야 한다고 지적하고 있다.

5장

보편적 국제 인권의 향상

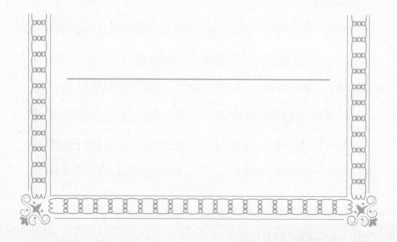

01

외국인 근로자의 기본권 주체성과
법적 차별의 문제

외국인 산업연수생 도입 기준 완화 등 차별 사건(2007. 8. 30.)[1]

> 외국인 산업연수생은 사실상 노무를 제공하고 수당을 받고 있어 실질적으로 근로자 신분인데도 〈노동부 예규〉로 〈근로기준법〉이 보장한 근로기준 중 주요사항의 적용에서 제외하는 것은 외국인에 대한 자의적 차별이거나 법률유보 원칙에 위배되지 않는가

사실관계

이 사건의 청구인은 외국인 산업연수생의 신분으로 입국해 3일간 연수를 받은 후, 춘천시 ○○면에 있는 주식회사 ○○제지에서 근무하다가 근무를 중단했다. 청구인은 현행 외국 인력에 대한 산업연수생제도가 본래의 목적인 연수를 위해 운용되어야 하는데도 실질적으로 단순 노무를 위한 구인에 활용되고 있는바, 이 제도의 근거가 되는 정부의 지침과 예규 등

226 헌법은 어떻게 국민을 지키는가

이 청구인과 같은 산업연수생의 기본권을 침해하고 있다고 주장하면서 헌법재판소에 헌법소원심판을 청구했다.

헌재 결정

헌법재판소는 〈외국인 산업기술연수생의 보호 및 관리에 관한 지침〉(〈노동부 예규〉 제369호)은 헌법에 위반된다(위헌)는 결정을 내렸다. 이 사건의 〈노동부 예규〉에 관해 재판관 2인의 반대의견(합헌)이 있다(위헌 7인, 합헌 2인).

헌법재판소(법정의견)가 위헌결정을 내린 구체적 논거는 다음과 같다. 근로의 권리는 '일할 자리에 관한 권리'만이 아니라 '일할 환경에 관한 권리'도 함께 내포하고 있다. 후자는 인간의 존엄성에 대한 침해를 방어하기 위한 자유권적 기본권의 성격도 지니고 있어 건강한 작업 환경, 일에 대한 정당한 보수, 합리적인 근로조건의 보장 등을 요구할 수 있는 권리 등을 포함한다고 할 것이므로 외국인 근로자라고 해서 이 부분까지 기본권 주체성(기본권에 의한 보호를 받을 수 있는 일반적인 자격이나 지위)을 부인할 수 없다.

행정규칙이라도 재량권 행사의 준칙으로서 되풀이 시행되어 행정관행을 이루게 되면, 행정기관은 평등의 원칙이나 신뢰보호의 원칙에 따라 상대방과의 관계에서 그 규칙에 따라야 할 자기구속을 당하게 되어, 이 경우에는 대외적 구속력을 가진 공권력을 행사하는 것이 된다. 지방노동관서의 장은 사업주가 〈노동부 예규〉 제8조 제1항(산업연수생은 폭행 및 강제근로 금지, 최저임금 수준의 보장, 산업 안전·보건의 확보, 산업재해 보상·의료보험 혜택 등 여섯 개 사항에 관한 보호를 받는다)의 사항을 준수하도록 행정지도를 하고, 만일 이러한 행정지도를 위반하는 경우에는 연수 추천 단체에 필요한 조치를 요구한다. 사업주가 계속 이를 위반한 때는 특별감독을 실시해 제8조 제1항의 위반 사항에 대해 관계 법령에 따라 조치해야 한다. 지방노동관서의 장은 평등 및 신뢰의 원칙상 모든 사업주에 대해 이러한 행정관행을 반복할 수밖에 없으므로, 결국 이 예규는 대외적 구속력을 가진 공권력을 행사하는 것이 된다. 나아가 이 예규의 일부 조항이 〈근로기준법〉 소정 일부 사항만을 보호대상으로 삼고 있으므로 청구인이 주장하는 평등권 등 기본권을 침해할 가능성이 있다. 그렇다면 이 사건의 〈노동부 예규〉는 대외적인 구속력을 갖는 공권력 행사로 기본권을 침해할 가능성이 있으므로 헌법소원의 대상이 된다.

산업연수생이 연수라는 명목하에 사업주의 지시·감독을 받으면서 사실상 노무를 제공하고 수당 명목의 금품을 수령하는 등 실질적인 근로관계에 있는 경우에도 〈근로기준법〉이 보장한 근로기준 중 주요 사항(예를 들어 퇴직금, 임금채권 우선변제, 연차 유급휴가 등)을 외국인 산업연수생에게만 적용하지 않는 것은 합리적인 근거를 찾기 어렵다. 실질적 근로자인 산업연수생에게 일반 근로자와 달리 〈근로기준법〉의 일부 조항의 적용을 배제하는 것은 자의적 차별이 아니라고 할 수 없다. 〈근로기준법〉 제5조와 〈국제연합의 경제적·사회적 및 문화적 권리에 관한 국제규약〉 제4조에 따른 "동등한 가치의 노동에 대하여 동등한 근로조건을 향유할 권리"는 법률에 의해서만 제한해야 하는바, 이를 행정규칙에서 규정하고 있으므로 법률유보의 원칙에도 위배된다. 따라서 이 사건의 〈노동부 예규〉는 청구인의 평등권을 침해한다.

이러한 법정의견에 대해 2인의 반대의견(합헌)이 존재하는데 구체적인 이유는 다음과 같다. 이 사건 〈노동부 예규〉에서 직접적인 수범자(규범의 수신자)는 어디까지나 행정기관인 지방노동관서의 장이므로, 이 예규 자체가 대외적 구속력이 있는 규범으로서 산업연수생의 권리관계를 직접 변동시키거나 그 법적 지위에 영향을 주게 되지는 않는다. 〈노동부 예규〉 제8조 제1항은 재량권의 행사에 관한 것이 아니라 〈근로기준법〉 등 법률의 해석 내지 그 적용 범위에 관한 것이므로 이에 대해서는 자기구속의 법리에 의한 대외적 구속력이 인정될 여지가 없다. 그러므로 이 예규가 법령의 근거도 없이 임의로 산업연수생에 대해 〈근로기준법〉의 적용 범위를 제한하더라도 아무런 법적 효력이 없다. 따라서 이 사건 〈노동부 예규〉

는 공권력의 행사로 인해 국민의 기본권이 침해받을 가능성
이 있는 경우라고 볼 수 없어 심판청구는 각하되어야 한다.

사후 경과 및 평가

기업연수를 통해 선진기술을 이전한다는 명분으로 외국 인
력을 도입하는 외국인 산업연수제도는 2004년 8월 〈외국인
근로자의 고용 등에 관한 법률〉이 새로 제정되어 시행됨에 따
라 그때부터 2006년 12월까지 '산업연수제'와 '고용허가제'
를 병행해 실시하던 중 2007년 1월부터 고용허가제로 단일화
되어 현재에 이르고 있다. 이후에는 산업연수제에 의한 추가
적인 외국인 근로자 도입은 중단되었다.

외국인 산업연수생은 법적 신분이 근로자가 아닌 연수생으
로서, 저임금과 장시간 근로, 사업장 이탈을 방지한다는 명목
의 강제 저축, 감시 및 감금 등 이들에 대한 인권침해 사례가
드러났다. 헌법재판소의 위헌결정 이후 일반 근로자와 똑같
이 〈근로기준법〉이 적용되어 외국인 근로자의 권익을 보호하
고 차별을 넘어 '함께 사는 다문화 사회'로 나아가는 획기적
인 계기가 마련되었다.

구금된 난민신청자의 변호인 접견 불허와 변호인의 조력을 받을 권리

난민 변호인 접견 불허 효력정지가처분 사건(2014. 6. 5.)[1],
송환 대기실 수용 난민에 대한 변호인 접견 거부 사건(2018. 5. 31.)[2]

> 난민신청을 한 외국인이 심사불처분 및 입국불허결정을 받고 인천 국제공항 내 송환 대기실에 임시로 수용되어 있던 중, 그 취소 및 인신보호청구의 소를 제기하면서 변호인 접견을 신청했으나 인천 공항출입국 관리소장이 거부한 것은 비록 형사절차가 아니고 〈출입 국관리법〉상 보호 또는 강제퇴거와 관련된 행정절차라 할지라도 변호인의 조력을 받을 권리를 침해하지 않는가

사실관계

난민 변호인 접견 불허 효력정지가처분 사건의 신청인은 수단 국적의 외국인으로 수단 하르툼 공항에서 출국, 2013년 11월 20일 인천국제공항에 도착해 입국 수속을 하면서, 동족

을 학살하기 위한 북수단 정부의 강제징집에 불응해 생명에 위협을 받고 있다는 이유로 난민신청을 했으나, 같은 날 난민 인정심사불회부 결정 및 입국불허 결정을 받았다. 신청인은 피신청인(인천공항 출입국관리사무소장)을 상대로 인신보호청구의 소 및 난민인정심사불회부 결정취소의 소를 제기했고, 그 소송을 수행하기 위해 변호인을 접견하고자 했으나, 피신청인이 2014년 4월 25일 변호인의 접견 신청을 거부하자, 변호인의 조력을 받을 권리가 침해되었다고 주장하며 거부행위의 취소를 구하는 헌법소원심판을 청구했다. 신청인은 이와 동시에 변호인 접견 신청을 허가해달라는 내용의 가처분 신청을 했다.

송환 대기실에 수용된 난민에 대한 변호인 접견 거부 사건의 청구인은 앞 사건의 신청인과 동일인이다. 인천국제공항 출입국관리 공무원은 2013년 11월 20일 청구인에 대해 입국 목적이 사증Visa(외국인에 대한 입국 허가 증명)에 부합함을 증명하지 못했다는 이유로 입국불허 결정을 했고, 피청구인(인천공항출입국·외국인청장)은 청구인이 타고 온 비행기의 운수업자인 중국남방항공에 대해 청구인을 국외로 송환하라는 내용의 송환 지시서를 발부했다. 하지만 집행이 보류되면서, 청구인은 2013년 11월 20일부터 인천국제공항 환승 구역 내에 설치된 송환 대기실에 수용되었다. 인천국제공항 송환 대기실

은 입국이 불허된 외국인이 임시로 머무는 곳이다. 인천국제
공항 건물 3층에 위치한 송환 대기실은 전용면적 약 330제곱
미터에 공중전화기, 의자, 텔레비전, 음료수대, 샤워실, 화장실
을 갖추고 있으나 정상적인 침대나 침구는 없었다. 인천국제
공항 항공사운영협의회는 청구인에게 치킨버거와 콜라 등을
제공했다. 청구인은 자신의 의사에 따라 대기실 밖으로 나갈
수 없었고, 공중전화 외에는 외부와 소통할 수단이 없었다. 송
환 대기실은 인천국제공항 항공사운영협의회에 의해 출입이
통제되었고, 철문으로 막혀 있다. 청구인의 변호인은 2014년
4월 25일 청구인에 대한 접견을 신청했지만, 피청구인은 송
환 대기실 내에 수용된 입국 불허자에게 변호인 접견권을 인
정할 법적 근거가 없다는 이유를 들어 거부했다. 이에 청구인
은 피청구인이 접견 신청을 거부해 변호인의 조력을 받을 권
리가 침해되었다고 주장하면서 접견 신청 거부의 취소를 구
하는 헌법소원심판을 청구했다.

헌재 결정

　전자의 사건에 대해 헌법재판소는 재판관 전원의 일치된
의견으로 피신청인은 변호인의 신청인에 대한 변호인 접견
신청을 즉시 허가해야 한다는 내용의 가처분 인용결정을 했
다. 헌법재판소가 이 같은 결정을 내린 구체적 이유는 다음과

같다. 신청인이 소송 제기 후 5개월 이상 변호인을 접견하지 못해 공정한 재판을 받을 권리가 심각하게 제한받고 있다. 이러한 상황에서 피신청인의 재항고(인신보호청구의 소 관련)가 인용될 경우 신청인은 변호인을 접견하지 못한 채 불복의 기회마저 상실하게 되므로 회복하기 어려운 중대한 손해를 입을 수 있다. 이 인신보호청구의 소는 재항고 결정이 머지않아 날 것으로 보이므로 긴급하게 손해를 방지할 필요 역시 인정되고, 이 사건의 신청이 기각된 뒤 본안 청구가 인용될 경우 발생할 불이익이 크므로 이 사건 신청을 인용함이 상당하다.

후자의 사건에 대해 헌법재판소는 전원일치 의견(이 중 2인은 청구인의 재판청구권 침해라는 별개의견 제시)으로 피청구인이 2014년 4월 25일에 청구인 변호인의 청구인 접견 신청을 거부한 행위는 난민인정심사불회부 결정을 받은 후 인천국제공항 송환 대기실에 수용 중인 청구인이 변호인의 조력을 받을 권리를 침해한 것이므로 헌법에 위반됨을 확인한다는 내용의 위헌결정을 내렸다.

위헌결정의 구체적 논거는 다음과 같다. 헌법 제12조 제4항 본문에 규정된 '구속'은 사법절차뿐만 아니라, 행정절차에서 이루어진 구속까지 포함하는 개념이다. 따라서 헌법 제12조 제4항 본문에 규정된 변호인의 조력을 받을 권리는 행정절차에서 구속을 당한 사람에게도 즉시 보장된다. 종래 이와 견해를 달리해 헌법 제12조 제4항 본문에 규정된 변호인의 조력을 받을 권리는 형사절차에서 피의자 또는 피고인의 방어권을 보장하기 위한 것으로서 〈출입국관리법〉상 보호 또는 강제퇴거의 절차에 적용된다 보기 어렵다고 판시한 종전 결정[3]은 이 결정 취지와 저촉되는 범위 안에서 변경한다. 인천국제공항 송환 대기실은 출입문이 철문으로 되어 있는 폐쇄된 공간이고, 인천국제공항 항공사운영협의회에 의해 출입이 통제되기 때문에 청구인은 송환 대기실 밖 환승 구역으로 나갈 수 없었으며, 공중전화 외에는 외부와 소통할 수단이 없었다. 청구인은 변호인 접견 신청을 거부당할 당시 약 5개월째 송환 대기실에 수용되어 있었는데, 자신의 의사에 따라 머무르고 있었다고 볼 수도 없다. 따라서 청구인은 당시 헌법 제12조 제4항 본문에 규정된 '구속' 상태였다. 이 사건 변호인 접견 신청 거부는 현행법상 아무런 근거 없이 변호인의 조력을 받을 권리를 제한해 청구인의 변호인의 조력을 받을 권리를 침해한 것이다. 이 사건의 변호인의 접견 신청을 거부한 행위는 국가 안전보장이나 질서유지, 공공복리를 위해 필요한 기본권 제한 조치로도 볼 수 없다.

사후 경과 및 평가

신청인이 피신청인을 상대로 제기한 〈인신보호법〉상 '수용

임시해제청구의 소'는 항소심에서 인용되고 피신청인이 재항고했으나, 이후 신청인이 구금에서 해제되어 대법원은 원심결정을 파기하고, 구제청구자(신청인)의 항고를 기각하는 결정을 했고 그 결정이 확정되었다.[4] 한편 청구인은 난민인정심사불회부 결정 취소소송의 제1심 및 항소심에서 승소했고, 피청구인이 상고를 포기해 2015년 2월 승소판결이 확정되었으며, 2016년 3월 17일 난민인정 결정을 받았다.

그동안 입국이 불허된 난민신청자들은 구금된 상태에서 소를 제기해도 재판에 출석할 수도, 변호인의 조력을 받을 수도 없어 사실상 인권 사각지대에 놓여 있었으나, 헌법재판소 결정으로 이들의 인권이 크게 신장되었다.

그 밖의 중요한 판례

강제퇴거 대상 외국인의 무기한 보호 사건(2023. 3. 23.),
외국인에 대한 건강보험 급여 제한 사건(2023. 9. 26.),
난민인정자에 대한 코로나19 긴급재난지원 제외 사건
(2024. 3. 28.)

강제퇴거 대상 외국인의 무기한 보호 사건[1]에서는 체류기간을 도과(경과)한 강제퇴거 대상 외국인을 국외로 송환할 때까지 보호 시설에 인치·수용할 수 있도록 한 〈출입국관리법〉 조항에서 보호 기간의 상한을 두지 않아 무기한 보호를 가능하게 한 것이 과잉금지 원칙 또는 적법절차 원칙에 위배되어 신체의 자유를 침해하지 않는지가 문제 되었다.

헌재는 동법 관련 조항이 헌법에 합치되지 않는다(헌법불합치)는 결정을 내리면서, 이를 합헌으로 보았던 종전 선례[2]를 변경했다(헌법불합치 6인, 합헌 3인). 법정의견(헌법불합치 6인)의 논거는 다음과 같다. 보호 기간의 상한을 두지 않아 강제퇴거 대상자를 무기한 보호할 수 있도록 한 것은 일시적·잠정적 조치로서의 한계를 벗어난다. 강제퇴거명령을 효율적으로 집행한다는 행정목적 때문에 기간에 제한을 두지 않고 보호를 가능하게 하는 것은 행정의 편의성과 획일성만 강조한 것이다. 〈출입국관리법〉상 보호는 신체의 자유를 제한하는 정도가 박탈에 이르러 형사절차상 체포 또는 구속에 준한다고 볼 수 있는데도 독립된 중립적 기관이 통제하는 절차가 마련되어 있지 않다. 또 당사자가 의견이나 자료를 제출할 기회도 부여하지 않고 있다. 이는 적법절차 원칙에 위배되며 피보호자의 신체의 자유를 침해한다.

반대의견(합헌 3인)의 논거는 다음과 같다. 미국, 일본과 중국 등은 여전히 강제퇴거 대상자를 수용하는 기간의 상한을 규정하고 있지 않아, 우리나라가 보호 기간에 상한을 설정하면 우리나라에 불법으로 체류하는 외국인이 급증할 가능성을 배제할 수 없다. 또한 보호 해제된 강제퇴거 대상자의 국내체류를 효율적으로 관리하거나 취업, 주거, 의료, 생계를 지원하는 등 이들의 어려운 국내 체류 여건을 완화할 수 있는 방안 역시 충분히 마련되어 있지 않다. 따라서 선례의 판단을 변경할 만한 정책적 변화 등 사정이 변경되었다고 보기 어렵다. 심판대상 조항에 의한 보호는 행정처분으로 엄격한 영장주의가 적용되지 않으며, 행정소송절차를 통한 구제 수단 등이 마련되어 있으므로 헌법에 위배되지 않는다.

이러한 헌법재판소의 결정은 강제퇴거 명령을 집행하기 위한 행정목적을 위해 사람의 신체를 구금하는 것은 최후의 수단으로 활용되어야 하고 또한 필요 최소한에 그쳐야 하는데도, 그동안 사실상 방치되어온 강제퇴거 대상 외국인의 신체의 자유와 법적 권리 보장에 획기적 전기를 마련했다고 볼 수 있다.

외국인에 대한 건강보험 급여 제한 사건[3]에서는 외국인 국민건강보험 지역가입자가 보험료를 1회 체납하는 것만으로도 공단이 체납을 통지하는 등 별도의 처분 없이 곧바로 그다음 달부터 즉시 가입자의 자격을 잃게 하고 보험급여를 제한하도록 규정한 것이 외국인 지역가입자(내국인 가입자는 6회 이상 체납하거나 별도로 급여를 제한하는 처분이 필요)에 대한 불합리한 차별이 아닌지가 문제 되었다.

헌재는 재판관 전원일치의 의견으로 외국인에 대해 보험급여를 제한하는 규정이 헌법에 합치되지 않는다고 결정했다

(헌법불합치 9인). 외국인은 그의 재산이 국내에만 있지 않을 수 있어, 체납 보험료를 징수하는 절차로는 실효성을 거두기 어렵고, 외국인은 진료를 마치고 본국으로 출국해 보험료를 납부할 의무를 쉽게 회피할 수 있다. 따라서 외국인 지역가입자에게 보험급여를 제한하는 조치를 내국인과 달리 실시하는 것 자체는 합리적인 이유가 있는 차별이다. 그러나 외국인의 경우 보험료를 1회 체납하는 것만으로도 공단이 별도의 처분 없이 곧바로 그다음 달부터 보험급여를 제한하도록 규정하므로, 보험료가 체납되었다는 통지를 실시하지 않는다. 보험료 체납을 통지하는 조치는 당사자에게 착오를 시정할 수 있도록 하거나, 잘못된 보험료 부과 및 보험급여를 제한하는 처분에 불복할 기회를 부여하는 것이기 때문에, 이를 통지하지 않는 것은 정당화될 수 없는 차별이다. 외국인은 내국인과 달리 과거에 보험료를 납부해온 횟수나 개별적인 경제적 사정을 고려하지 않고 보험료를 단 1회 체납했다는 것만으로도 일률적으로 보험급여를 제한하고, 체납한 보험료를 사후에 완납하더라도 예외 없이 소급해 보험급여를 인정하지 않는다. 이는 평균 보험료를 납부할 능력이 없는 외국인이 갑작스럽게 질병에 걸리거나 사고를 당하거나 상해를 입을 경우 건강에 대한 치명적 위험성을 초래하거나 가족 전체의 생계가 흔들리는 결과를 낳을 수 있다.

외국인도 국민건강보험에 당연히 가입하도록 하고, 국내에 체류하는 한 탈퇴를 불허하는 것은 내국인과의 형평성을 제고할 뿐 아니라 이들에게 사회연대 원리가 적용되는 공보험의 혜택을 제공한다는 정책적 효과도 가지게 된다는 점을 고려하면, 보험료를 체납했더라도 보험급여를 실시할 수 있는 예외를 전혀 인정하지 않는 것은 합리적인 이유 없이 외국인을 내국인 등과 차별한 것이다.

헌재의 불합치 결정은 보험료를 체납했을 때 적어도 독촉한 후 보험급여를 제한해 보험재정의 건전화를 달성하면서도 최소한 필수적인 치료에 한해 저소득층 외국인 가입자에게도 보험급여를 제공하는 등의 방법으로 가급적 형평성 있게 보험 혜택을 부여해야 한다는 취지다. 그래야 우리 사회가 당면한 인구 감소 등 미래 변화에 능동적으로 대처하고 '함께 사는 다문화 사회'를 실현하는 데 바람직하다. 이러한 점에서 헌법재판소의 결정은 의미 있는 올바른 방향을 제시했다고 볼 수 있다.

난민인정자에 대한 코로나19 긴급재난지원 제외 사건[4]에서는 코로나19 위기를 극복하기 위해 2020년 5월 13일 정부

관계 부처가 합동으로 마련한 〈긴급재난지원금 처리기준〉(이하 '기준')에서 외국인 가구 중 영주권자 및 결혼이민자만을 긴급재난지원금을 지급하는 대상에 포함시키고 난민인정자[5]를 제외한 것이 난민인정자의 평등권을 침해하는지 여부가 문제되었다.

헌재는 재판관 전원일치의 의견으로 난민인정자를 긴급재난지원 대상에서 제외한 '기준'이 헌법에 위반된다고 결정했다(위헌 9인). 영주권자, 결혼이민자, 난민인정자는 코로나19로 경제적 타격을 입었다는 점에서는 차이가 없다. 영주권자 및 결혼이민자는 한국에서 영주하거나 장기 거주할 목적으로 합법적으로 체류하고 있고, 난민인정자 역시 우리나라에 합법적으로 체류하면서 취업 활동에 제한받지 않는다는 점에서 이들은 차이가 없다. 또 〈재한외국인 처우 기본법〉은 결혼이민자, 영주권자, 난민인정자를 동일하게 지원하는 내용의 규정을 두고 있다. 현재까지 인정된 난민인정자의 수(2023년 6월 말 기준 1,381명)를 고려할 때 이들에게 긴급재난지원금을 지급한다 해서 재정에 큰 어려움이 있다고 할 수 없고, 가족 관계를 증명하기 어렵다는 행정적 이유 역시 난민인정자를 지급대상에서 제외해야 할 합리적인 이유가 될 수 없다. 이 사건 '기준'이 외국인 가구 중 영주권자 및 결혼이민자를 지원 대상에 포함시키면서 난민인정자를 제외한 것은 합리적인 이유가 없는 차별이라 할 것이다(평등권 침해).

헌재는 이 사건으로 외국인의 기본권 주체성을 확인하고,[6] 행정기관의 내부적인 사무 처리 기준인 행정규칙[7]에 대해 헌법소원의 대상성을 인정했으며, 정부의 재난지원금 지급이 종료되어 주관적 권리보호이익(청구인의 재난지원금 수령 가능성)이 소멸했음에도 객관적 권리보호이익(장래 코로나19가 재확산되거나 다른 재난이 발생했을 때 재난지원금을 지급받을 가능성)을 인정하는 등 기본권 보호에 있어 사법 적극주의를 보여준다.

3부

국가철학과 헌법 이론의 조명

민주주의의 이념과 원리는
무엇인가

　민주주의란 국가의 주권이 국민에게 있으며, 국민이 모든 권력을 가지고 스스로 행사하는 정치제도를 말한다. 민주주의의 역사적 유래, 이념과 내포하는 개념, 원리를 먼저 살펴본 다음, 우리 헌법상에 민주주의가 어떻게 구현되어 있는지, 구체적 헌법재판 사례에서 어떻게 반영되고 있는지 살펴볼 필요가 있다.

민주주의의 유래

민주주의democracy는 고대 그리스어 데모크라티아demo-kratia에서 유래했다. 사람(인민)을 뜻하는 데모스demos와 지배를 뜻하는 크라테인kratein이 결합한 것으로 '인민의 지배'를 의미한다. 민주주의라는 용어는 고대 그리스의 고전적 통치 형태 중 하나를 가리킨다.[1] '인민의 지배'라는 고대 그리스의 정치적 패러다임은 솔론의 개혁을 통해 완성되었고, 페리클레스 시대에 정점에 달했다.[2]

그리스의 철학자 플라톤과 그의 제자 아리스토텔레스는 통치 유형에 따라 좋은 헌법(정부 형태)과 나쁜 헌법을 체계적으로 분류했다. 특히 아리스토텔레스는 '통치자의 수'에 따라 '1인' 통치 형태인 군주정, '소수' 통치 형태인 귀족정, '다수' 통치 형태인 시민정politeia으로 분류하고, 각각의 타락한 형태, 즉 사익을 추구하는 폭력적 통치 형태로 폭군정(전제정), 과두정, 민주정demokratia을 들었다.[3] 플라톤은 아테네의 민주 정치(다수 통치)가 스승인 소크라테스를 죽음으로 내몬 현실에 분노했고, 이러한 경험은 그의 정치철학에 지대한 영향을 미쳤다.[4] 오늘날 정치학자들은 아리스토텔레스가 말한 시민정을 민주정으로, 민주정을 우민정(중우정ochlokratia)으로 바꿔 부르고 있다. 아마도 'politeia', 즉 '폴리스의 통치'를 적절히

솔론의 정치체제
(그리스 민주정)

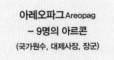

아레오파그 Areopag
- 9명의 아르콘
(국가원수, 대제사장, 장군)

↑
1년마다 1계급 중에서 선출

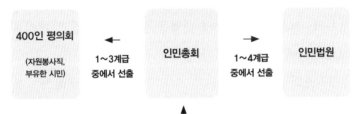

400인 평의회		인민총회		인민법원
(자원봉사직, 부유한 시민)	1~3계급 중에서 선출 ←		→ 1~4계급 중에서 선출	

↑
1년마다 1~4계급 중에서 선출

자산에 따른 시민의 분류	계급	계급에 따른 병역의무의 분류
대지주, 대상인	1계급	기병
농부, 상인, 수공업자	2계급	중장갑 보병
소농, 소상공인	3계급	경장갑 보병
임금노동자, 빈농	4계급	선원
여성, 외국인, 노예	–	–

표현하기 어려운 점, 제2차 세계대전 이후 민주주의가 전체주의의 대항 이념으로 부상한 데서 기인하지 않았나 생각된다. 즉, 현실적 필요에 따라 의미의 전용이 발생한 것이다.

플라톤과 아리스토텔레스가 통치 형태를 분류한 방법은 로마 시대의 역사가 폴리비우스의 헌법순환론[5]으로 재탄생한다. 폴리비우스는 헌법, 즉 통치 형태가 주기적으로 순환한다고 생각했다. 그는 역사상 일정한 주기와 고정된 규칙에 따라 여섯 개의 헌법 유형이 번갈아 나타난다고 보았다.[6] 이러한 헌법 유형은 '통치자의 수'와 '공공의 이익'을 추구하는지 여부에 따라, 1인 통치 형태의 이상적 모습인 군주정과 타락한 모습인 폭군정, 소수 통치 형태의 이상적 모습인 귀족정과 타락한 모습인 과두정, 다수 통치 형태의 이상적 모습인 민주정과 타락한 모습인 우민정으로 분류된다.[7] 폴리비우스의 분류 방법은 플라톤과 아리스토텔레스에게서 영감받았다. 그러나 헌법 체계가 순환한다는 사고방식은 폴리비우스 이론의 독창적인 부분이다.

이러한 사고실험은 다시 로마의 철학자 키케로의 혼합헌법 이론에 큰 영향을 미쳤다. 키케로는 '통치 권력이 공동체의 복지(공공복리)를 위해 행사되지 않는다면 통치 형태는 필연적으로 퇴보한다'고 믿었고, 로마의 혼합헌법을 최적의 통치 형태로 여겼다. 혼합헌법이란 군주정, 귀족정, 민주정의 여러 요

키케로의 혼합헌법
(로마 공화정)

상원
- 300명의 전직 집행관
- 정치 지침 결정
- 감독관이 지정

독재자
- 국가 비상 시
- 최대 반년
- 집행관이 임명

결정 ↗   ↓ 조언   임명 ↗

감독관
- 자산에 따른 시민 계급의 분류
- 도덕성 감독

집행관
- [2인] 집정관(콘술consul): 최고 권력자, 군 통수권자
- [6~8인] 법무관praetor: 재판관
- [4인] 치안관aedile: 공공 건축, 공공 질서 유지
- [20인] 재무관quaestor: 국고 관리

평민위원회
- 거부권
- 평민의 대변인
- 평민회의 주재

↑ 5년마다 선출   ↑ 1년마다 선출   ↑ 1년마다 선출

귀족

민회
- 전쟁의 결정
- 집행관 선출
- 집행관이 제안한 법률에 대한 투표
- 범죄에 대한 재판

평민

소가 혼합된 통치 형태를 의미한다.[8] 키케로의 혼합헌법 이론은 1748년 몽테스키외의 《법의 정신》에서 권력분립론의 형태로 재현되었고, 1787~1788년 미국 헌법을 제정하는 과정에서 알렉산더 해밀턴Alexander Hamilton과 제임스 매디슨James Madison의 《연방주의 논고Federalist Papers》에 반영되었다. 키케로의 혼합헌법론과 몽테스키외의 권력분립론은 미국 헌법의 성립에 지대한 영향을 미쳤다.[9]

민주주의에 대한 이념적 정당화

홉스의 절대주의

토머스 홉스Thomas Hobbes는 인간을 '윤리적 기준 없이 자기보존 본능에 따라 행동하는 이기적인 동물'로 보고 "인간은 인간에게 늑대다Homo homini lupus"라고 말했다.[10] 홉스가 바라본 세상은 그의 저서 《리바이어던》에 묘사되어 있듯 국가 이전의 자연상태, 즉 만인의 만인에 대한 전쟁 상태다. 따라서 홉스는 세상을 "만인의 만인에 대한 투쟁Bellum omnium contra omnes"상태라고 말했다.[11] 국가의 일차적 목적은 계약을 체결해 자연상태를 극복하고 평화 상태를 유지하는 것이다. 평화를 확보하려면 국가권력을 단 한 사람에게 집중시켜야 한다.

즉 다른 사람들이 기댈 수 있는 필멸의 신인 주권자(왕)에게 모든 권력을 집중하는 것이다. 따라서 "인간(왕)은 인간에게 신이다Homo homini deus."[12] 주권자가 지켜야 할 유일한 약속은 국가의 근본 목표인 평화를 유지하는 것이다. 개인은 평화를 위한 질서가 자신에게 도움이 된다는 사실을 인식하고, 국가권력에 자발적·무조건적·절대적으로 복종해야 한다.[13]

이후 계몽적 절대주의, 즉 계몽주의를 포용한 절대군주가 출현하면서 군주가 '국가권력을 공정하게 행사'하기 위해서는 '이성에 따라 국가의사를 결정'해야 한다는 사고방식이 나타났다. 이러한 사고방식을 준수한다면 홉스가 말한 절대적 통치자의 무기속성은 현저히 약화될 수 있다. 그러나 역사적 현실은 법적 구속을 받지 않고 한 사람에게 집중된 권력은 공동선에 봉사하지 않고 권력 남용과 자의성이라는 결과로 이어진다는 사실을 보여준다. 국가권력의 소유자인 왕은 공공의 이익보다 개인의 이익을 우선시하기 때문에 공정한 공동체 질서는 존재할 수 없다.[14] 절대적 통치자가 '오직 이성에 근거하여 결정을 내린다'는 가정은 공허한 이상에 불과하다. 법적 구속과 통제를 받지 않는 절대 권력은 구조적인 결함으로 부당한 결정을 내릴 수밖에 없고, 정의로운 평화질서를 만든다는 국가 본연의 목적을 달성할 수 없다.

루소의 민주주의

정부 형태로서의 민주주의에 대한 근대적 정당화는 18세기 계몽주의로 거슬러 올라간다. 민주주의에 대한 장자크 루소Jean-Jacques Rousseau의 영향력은 다른 모든 사상가를 합친 것보다 더 크다.

루소는 인간을 '자유롭고 자율적이며 이성적인 존재'로 보았다. 따라서 루소의 정치사상은 홉스의 인간상, 즉 '인간은 윤리적 기준 없이 자기보존 본능에 따라 행동하는 이기적인 동물'이라는 관념과 양립할 수 없다. 루소가 말한 자율성이란 개인의 양심이 최종적인 도덕적 권위로 남는 상태를 의미한다. 따라서 루소는 각 개인에게 "비록 모든 사람과 결합하더라도 여전히 자신에게만 복종하고 이전과 같이 자유로울 것"을 요구한다.[15] 절대 권력에 대한 무조건적이고 취소할 수 없는 복종은 인간의 자율성을 파괴하기 때문이다.

루소의 민주주의는 모든 사람이 이러한 자율성을 유지하면서도 국가의 권위에 복종하고, 다른 모든 시민과 함께 국가권력을 행사하여, 자신은 물론 인류 공동체의 공존을 이루고자 하는 통치 형태를 의미한다. 모든 국민은 정치적 참여권의 행사를 통해 국가권력을 통제할 수 있다. 루소적 민주주의의 이상은 치자治者(지배하는 자)와 피치자被治者(지배받는 자)가 하나 되는 것을 의미한다. 따라서 치자는 피치자의 정치적 결단이 있을 때만 국가권력을 행사할 수 있다. 따라서 국민의 공통의지(일반의지)는 개인이 복종해야 하는 국가의지를 형성한다. 공통의지는 모든 개별의지를 포함하기 때문에 정의로운 결단으로 이어진다. 이러한 공통의지volonté générale는 개별의지(사적의지volonté de tous)를 모두 합한 것보다 크다. 루소의 민주국가에서 모든 국민은 국가권력 행사에 평등하고 자유롭게 참여할 자격이 있다. 그리고 이러한 사실로부터 국가권력에 대한 법적 구속이 절차적으로 보장된다.

하지만 모든 국가권력 행사에 모든 시민이 직접 참여하는 것은 현대적 광역국가에서는 도저히 생각할 수 없는 일이다. 직접민주주의 이론의 창시자인 루소조차 모든 입법행위에 모든 시민이 참여하는 것은 곤란하다고 보았다. 그러나 모든 국가권력의 행사가 민주적으로 정당화되기 위해서는 적어도 '최초'에는 국민의 의지적 행위에 따라 국가권력이 만들어지고 행사되어야 한다.

우리 헌법 전문에서는 "우리 대한 국민은 우리들과 우리들의 자손의 안전과 자유와 행복을 영원히 확보할 것을 다짐하면서 1948년 7월 12일에 제정되고 8차에 걸쳐 개정된 헌법을 이제 국회의 의결을 거쳐 국민투표에 의하여 개정한다"고, 헌법 제1조에서는 "대한민국은 민주공화국이다. 대한민국의 주권은 국민에게 있고, 모든 권력은 국민으로부터 나온다"고 규정하고 있다. 이 문구는 모든 국가권력의 근원이 국민이라는 민주주의의 본질과 모든 국가권력의 행사는 국민의 의지적 행위에 귀결되어야 한다는 민주주의의 요건을 기술한 것이다.

민주주의를 위한 기본적 결단

모든 국가적 결단에 민주적 정당성이 부여되기 위해서는 공통의지(공동체의 이익)와 개별의지(개인의 이익)가 본질적인 부분에서 일치해야 하고, 서로 상충되는 개별이익 사이의 균형과 조정이 공정한 공동체 질서 내에서 이루어져야 한다. 민주적 국가 형태를 이루기 위해서는 헌법질서 내에서 다음과 같은 몇 가지 기본적 결단이 필요하다.

평등한 국정 참여권

민주주의는 국가적 의지 형성과 권력 행사에 모든 국민이 '참여'하는 것을 의미한다. 이는 모든 국민이 국가적 의지 형성과 실행에 함께 '참여할 권리'를 가진다는 뜻이다. 따라서 민주적 국가에서는 모든 개인에게 평등한 '정치적 참여권'이 부여되고, '투표권'을 자유롭게 행사할 수 있도록 보장되어야 하며, 의사 소통 및 정보 공유 과정에서 모든 개인의 효과적인 참여가 보장되어야 한다. 따라서 표현의 자유, 집회의 자유, 정보의 자유가 보장되어야 한다.

'어떤 권리를 부여할지'는 헌법을 통해 구체적으로 형성된 민주주의의 형태에 따라 달라진다. 직접민주주의를 강조하는 헌법에서는 그에 상응하는 국민투표권Abstimmungsrecht이 주어지고, 간접민주주의를 강조하는 헌법에서는 국민의 대표를 선출하는 보통·평등·자유·비밀 선거권Wahlrecht이 주어진다. '모든 국민은 평등하다'는 평등의 이념은 국가의사가 형성되는 과정에 원칙적으로 모든 국민이 참여할 것을 요구한다. 민주주의국가에서는 적극적 시민이 필수다. 따라서 재산, 인종, 성별 등이 국민의 정치 참여를 제한하는 기준으로 사용되어서는 안 된다. 정치 참여에 대한 자격 제한은 이성적 의지 형성에 의문이 있는 경우, 즉 특정한 연령에 도달하지 못했거나 분별력 있는 사고활동이 일상적으로 어려운 사람에게만 가능하다.

선거에서 외국인을 배제한다고 해서 민주주의 개념에 반하는 것은 아니다. 국가적 의사결정 과정에 참여하는 것은 국가 구성원의 자격을 갖출 것을 전제로 하기 때문이다.

정당성을 지닌 대의제도

현대 국가에서 모든 개인이 국가적 의사 형성 과정에 참여하는 것은 시간적, 공간적 이유로 불가능하다. 따라서 현대 민주주의에서는 국가 의사를 형성하는 데 필요한 대의제도(대표제도Repräsentativsystem), 즉 국민의 대표가 국민을 대신해 국가적 의사를 결정하는 제도가 필요하다. 대의적 의사결정은 다수의 국민이 직접적 의사결정 과정에서 배제된다는 점에서 원래의 민주주의 이상에는 미치지 못한다. 하지만 그 단점을 극복할 수 있는 장점을 보유하고 있다. 이는 효율적이고 합리적이며 신속하게 행동할 수 있는 소수의 사람들(대표)에게 국민의 의지를 형성하도록 권한을 위임한다. 이러한 방식은 국가적 의사 형성 과정에서 국민의 일부를 배제하여 민주적 흠결을 발생시키지만, 국민대표가 국민 전체의 추정적 의지 및 이익을 고려할 수 있어 민주적 흠결에 대한 보정이 가능하다. '좁은 의미'의 대표는 국민이 직접 임명해 '입법'이라는 국가 기능을 대신 수행하는 것을 의미한다. '넓은 의미'의 대표는 모든 국가기관이 국민을 대신해 국가 기능을 수행하는 것, 즉 대의제도 자체를 의미한다.

이념적으로 볼 때 모든 국가권력은 전적으로 국민으로부터 나오고, 국가기관에게는 국민의 대리인 자격에서 임무가 부여된다. 이러한 대의제도는 인적 대표와 기능적 대표로 나눌 수 있다. 전자는 국민이 직접 선출한 대표(국회의원, 대통령)를 통해, 후자는 국민이 직접 선출한 대표가 위임받은 권한에 근거하여 구성한 기관(내각, 행정부) 및 그 대리인(공공기관)을 통해 국가 임무를 수행하는 것을 의미한다.

대의제도만으로 대표자와 국민의 관계를 모두 설명할 수 있는 것은 아니다. 대표자가 국민의 의지를 실행하는 방법은 기속위임(명령위임)과 무기속위임(자유위임)이 있다. 기속위임은 대표자가 독립적이 아니라 국민의 구체적 지시에 따라 국가 의사를 결정하는 방식을 말한다. 이는 국민의 대표에 대한 상시적 소환(해임) 가능성을 전제하고 있다. 국민이 대표를 지속적으로 통제할 수 있어야 하기 때문이다. 이에 반해 후자, 즉 자유위임의 경우에는 국민의 대표가 자신의 자유로운 신념에 따라 국민을 대신해 결정을 내리고, 임기가 끝나기 전에는 국민이 대표를 소환할 수 없다. 이 경우 대표에 대한 실효적이고 민주적인 통제는 국민이 대표자에게 정기적으로 신임을 부여하는 행위, 즉 선거 행위로 축소된다. 민주국가에서는 위임의 형태를 불문하고 국민의 대표에 대한 통치권의 위임은 시간적으로 제한된다(임기제).

대의제도하에서 대표자는 국민에게 통제받아야 한다(직접적 민주적 정당성). 국민의 직접적인 통제가 불가능하다면 적어도 국민이 선출한 대표자를 통해 통제받아야 한다(간접적 민주적 정당성). 자유민주주의 사회에서 모든 국가권력은 인민Volk 으로부터 나오기 때문이다. 국가권력은 국민이 선거와 투표 그리고 입법, 행정, 사법을 위한 특별 기관(국회, 대통령, 법원) 을 통해 행사된다. 국가권력을 행사하는 모든 기관과 대표자 는 국민Staatsvolk, 즉 전체시민Bürger으로부터 유래하는 정당 성이 필요하다. 민주주의 원리는 모든 유형의 국가권력 행사 에 적용된다. 헌법은 국민으로부터 국가 업무를 위임받은 기 관과 공무원에 이르기까지 단절 없이 연결된 민주적 정당성 의 고리를 요구한다. 그러나 이러한 정당성이 항상 국민의 직 접선거에서 나올 필요는 없다. 원칙적으로 국가권력의 소유 자인 국민에게 간접적으로 귀속될 수 있으면 충분하다.[16]

국가적 의사결정 과정의 투명성

국민의 의지가 형성되려면 충분한 정보가 필요하다. 현대 민주주의는 국가적 의사결정의 투명성 없이는 존립할 수 없 다. 투명성을 통해서만 국민이 의견을 형성하고 대표자를 통 제할 수 있다. 국가기관은 정치적으로 의사결정을 내리는 과 정을 최대한 공개할 것을 요구받는다. 하지만 이로 인해 국가 기관의 기본적인 의사결정 능력이 손상되어서는 안 된다.[17]

다수결 원칙

토론이 끝나면 '보다 나은' 주장이 승리하고, '모든' 사람이 이를 지지하는 합의에 이르는 것(만장일치)이 민주주의가 가정하는 가장 이상적인 모습이다. 하지만 현대의 거대국가에서 수천만 명이 한데 모여 이러한 형태의 공동 의사를 형성하는 것은 실현될 수 없는 유토피아에 불과하다. 현대적 대중민주주의하에서는 토론이 형성되기 어렵기 때문에 토론을 제한하는 절차로 다수결(다수의 결정)이라는 결단적 요소가 필요하다. 하지만 다수결 원칙을 통해 결단적 요소를 설계하기 위해서는 두 가지 전제 조건이 갖춰져야 한다. 다수결 시스템에 동의하는 사람이 반대하는 사람보다 더 많아야 하고, 다수의 결정이 보다 더 합리적이라는 가정을 존중해야 한다.

다수결의 원칙은 민주주의의 기본 원칙 중 하나다.[18] 민주적 의사결정을 가능하게 하기 때문이다. 그러나 다수결은 국가적 의지 형성에 모든 국민이 '평등한 영향력'을 행사하도록 하는 대신 국가적 의지 형성에 영향력을 행사할 수 있는 '평등한 기회'를 보장하는 데 그친다. 적어도 형식적 관점에서 보면 소수의 의지는 국가적 의사 형성 '결과'에 반영되지 않는다. 따라서 '만장일치에 가장 근접한 민주적 구조'하에서 의사를 결정해야 한다. 다수결, 즉 다수의 결정은 '시민의 평등한 참여'에 기초해야 하며, 결정에 앞서 자유롭고, 공개적이고,

평등하게 의견을 형성하는 과정이 있어야 한다. 이러한 경우에만 다수결은 정당성을 얻을 수 있다.

평등한 참여란 국민에게 평등한 참여권을 보장한다는 의미다. 모든 시민이 국가권력 행사에 참여해 영향을 미칠 수 있는 동등한 기회를 갖는 경우에만 그 결정은 민주적이다. 소수자의 의견에 다수가 박수(찬성)를 보낼 수 있어야 하며, 소수자의 투표가 다수자의 투표와 동등한 중요성(가치)을 가질 수 있어야 한다. 소수자에게도 발언권과 동의권動議權(의안 제출권) 등 절차적 기회가 부여되어야 한다.

소수자 보호

다수결 없는 민주주의는 국가 형태로서 비효율적이다. 아무런 의사결정도 내릴 수 없기 때문이다. 그러나 다수결 만능의 민주주의, 즉 소수의 보호 없는 민주주의는 다수의 권한 남용 위험에 노출된다. 아주 오래되고 안정된 민주국가에서조차 소수자에 대한 억압과 학대 행위가 존재했다. 과거 미국은 세계 최초의 민주적 헌법국가를 수립했음에도 노예제도를 통해 흑인 소수자에 대한 억압을 제도화했다. 제2차 세계대전 중 미국 정부는 이와 유사한 행태를 반복했다. 일본이 진주만을 기습한 이후, 미국 정부는 민간인 소개(분리) 명령Civilian Exclusion Orders을 내려 일본계 미국인(미국 시민권자)들을 강제

수용소에 가둔 경험이 있다.[19]

소수자에 대한 보호 장치가 없는 민주주의는 다수의 의지가 소수에게 피해를 입히는 불공정한 결정을 남발할 수 있다. 이처럼 민주주의는 남용의 위험이 있는 정치체제다. 법치국가 이념은 이러한 민주주의를 보완하는 보호 장치 역할을 한다. 민주주의를 구속하는 법치국가 수단으로는 무엇보다 '기본권'과 '권력분립'을 들 수 있다. 기본권은 시민에게 국가로부터 자유로운 영역을 제공하고 이를 보호한다. 권력분립은 말 그대로 국가권력을 분할하는 것을 의미한다. 권력분립 원리에 따라 국가권력은 기능적·인적으로 분할되고(수평적 권력분립), 위계에 따라 분할되며(수직적 권력분립), 분할된 각각의 권력과 국가기관은 서로를 통제한다(권력 통제).

자유롭고, 공개적이며, 정기적으로 경신되는 의견 형성 과정 절차와 의지 형성 절차를 통해 다수가 출현하는 경우에만, 국가권력을 행사하는 다수의 결정이 전체의 의지로 간주될 수 있다. 이 경우에만 전체 시민의 자유로운 자기결정이라는 (민주주의) 이념을 근거로 모든 사람에게 자발적 복종 의무를 부여할 수 있다. 이러한 과정에는 선거권을 보유한 모든 시민이 동등한 자격으로 참여해야 하고, 의사를 결정하는 과정에서 공동선을 우선적으로 고려해야 하며, 소수의 권리와 이익을 보호해야 한다. 미래의 다수가 될 수 있는 (오늘의) 소수에

게서 법적 기회를 박탈하거나 축소해서는 안 된다.[20]

민주주의의 유형

현대적 민주주의국가는 몇 가지 기본 요소로 구성된다. 하지만 이러한 기본 요소가 늘 순수한 형태로 발현되지는 않는다. 여러 가지 기본 요소가 서로 결합되기도 하고, 다른 국가적 요소에 의해 약화되기도 한다.

직접민주주의와 간접민주주의

직접민주주의와 간접민주주의를 구별하는 기준은 국민이 직접 국가적 사안에 대해 결정을 내리는지, 혹은 국민이 사전에 임명한 대표가 국민을 대신해 결정을 내리는지 여부다.[21]

직접민주주의는 국민 자신이 직접 '사안'에 대해 결정을 내린다. '국가의지는 국민 자신이 직접 형성해야만 완전하고 영구적으로 형성된다'는 순수한 민주주의 개념에 바탕을 두고 있다. 직접민주주의는 '국민의 의지'와 '국가의 의지'가 일치하는 민주주의의 이상을 실현하는 것을 목표로 한다. 따라서 직접민주주의의 국가 의사 결정은 최고의 민주적 정당성을 갖는다.

간접민주주의에서는 국민의 결정 권한이 자신의 '대표자'를 지정하는 일로 제한된다. 국민의 대표가 국가적 의사를 결정하며, 모든 결정을 자율적으로 수행한다. 국민의 권한은 정기적으로 경신되는 인사결정권(선거권)으로 제한된다. 대표자가 국민의 의사결정권을 대리해 행사하기 때문에 대의민주주의 또는 대표민주주의라고 부른다.

〈스위스 연방헌법〉은 강력한 국민투표적 요소를 갖춘 민주국가 모델을 제시하고 있다. 〈스위스 연방헌법〉은 국민이 직접 국가 입법에 영향을 미칠 수 있는 광범위한 참여권과 결정권을 인정하고 있다.[22] 스위스 국민은 국민회의Nationalrat(연방의회) 선거권, 연방 사안에 대한 직접결정권(국민투표권), 국민제안권, 국민청원권 등을 보유하고 있다.

우리 헌법은 간접(대의)민주주의적 요소와 직접민주주의적 (국민투표) 요소를 함께 인정하고 있다. 우리 헌법상 간접민주주의적 요소는 헌법 제24조(선거권), 제41조(국회의원 선거), 제67조(대통령 선거)에서 규정하고 있는 선거Wahl에 의해 보장되고, 직접민주주의적 요소는 헌법 전문, 제72조(중요 정책에 대한 임의적 국민투표), 제130조(헌법 개정에 대한 필수적 국민투표)에서 규정하고 있는 투표Abstimmung를 통해 확인된다.

선거는 헌법 제41조(국회의원 선거)와 제67조(대통령 선거)에 따라 국민이 내리는 인사적 결정Personalentscheidung(사람에 대한 의사결정)이다. 선거는 의회의 구성원인 국회의원과 행정부 수반인 대통령이라는 국민의 대표를 국민이 직접 선택하는 행위를 말한다. 국민이 인사적 문제가 아닌 사항적 문제Sachfrage를 결정(사안에 대한 의사 결정)한다면 그것은 국민투표에 해당한다.[23]

사항적 문제에 대해 국민이 직접 입장을 표명할 수 있는 방법과 관련해서는 다음과 같이 다양한 개념이 존재한다.[24]

- 국민투표Volksabstimmung: 국민이 사항적 문제를 직접 결정 (유개념類概念).
  - 레퍼렌덤referendum: 국민이 국가적으로 중요한 문제를 공동으로 결정하는 특별한 절차(절차, 종개념種概念).[25]
  - 국민결정Volksentscheid: 국민투표의 결과(결과, 종개념).
- 국민청원Volksbegehren: 국민투표를 실시해달라는 국민의 요청.
- 국민제안Volksinitiative: 국민대표(국회의원, 대통령)에게 사항적 문제(예: 법률 제정, 제도 개선)를 결정해달라는 국민의 요청.
- 국민조사Volksbefragung: 국가기관이 사항적 문제에 대한 정치적 의견을 결정하기 위해 국민을 대상으로 실시하는 구속력 없는 조사.

대통령제 민주주의와 의회 민주주의

대통령제 민주주의는 국가 및 정부의 수장인 대통령을 국민이 직접 선출하는 제도를 말한다. 대통령 통치제도를 만든 나라는 미국이다. 정부(행정부)의 민주적 정당성은 의회(입법부)가 아니라 국민(주권자)의 선거(선택)에서 나온다(직접적 민주적 정당성). 정부는 국민에게만 직접 책임을 질 뿐, 의회에 종속되거나 책임을 지지 않는다. 의회는 국민을 위해 마련된 헌법상 권한 행사를 통해 정기적으로 정부를 통제한다. 미국 연방의회가 주도권을 가지고 있는 예산법이나 공직 파면(탄핵) 절차가 대표적이다. 대통령제 민주주의에서는 정부가 의회로부터 상당히 독립성을 가지고 있기 때문에 의회 민주주의에서보다 강력한 지위를 지닌다. 의회 내 정치적 다수파의 변화가 곧바로 정부의 변화로 이어지지 않는다. 우리나라의 통치구조는 미국식 대통령제 민주주의의 기초 위에 영국, 일본의 의회 민주주의를 가미하고 있다.

의회 민주주의는 국민이 의회 내에서 자신을 대표할 의원을 선출한다. 원래 유럽의 의회Parlament는 귀족을 구성원으로 하는 국왕의 자문기관이었다. 17~18세기 시민혁명을 거치면서 군주와 시민(평민)이 타협하는 방식으로 의회 민주주의가 만들어졌다. 상원은 귀족으로 구성하되, 하원은 평민이 직접 선출하도록 했다. 오늘날에도 영국, 네덜란드, 벨기에, 스페인 등 유럽의 많은 군주제 국가가 의회 민주주의를 채택하고 있다. 의회 민주주의하에서 국민은 정기적으로 실시되는 선거를 통해서만 정치적 의지를 직접 표현할 수 있다. 정부(행정부)는 의회(입법부)가 선출하기 때문에 간접적으로 국민(주권자)이 결정하는 모습을 취한다(간접적 민주적 정당성). 의회 민주주의에서 국민대표(의원)는 직접적 민주적 정당성을 보유한 유일한 기관이기 때문에 국가의 중심적 기관이 된다. 일본과 독일도 영국과 유사한 의회 민주주의를 채택하고 있지만, 제2차 세계대전에서 패전한 이후 승전국의 영향 아래 만들어진 수정된 형태의 의회 민주주의다.

입법 민주주의와 행정 민주주의

입법Legislative 민주주의와 행정Exekutive 민주주의는 국가권력을 행사하는 무게중심이 입법부 혹은 행정부에 있는지에 따라 구별된다. 이러한 구별은 입법부와 행정부가 업무를 수행하기 위해 택하는 법적 행위가 국가법률 시스템 내에서 차지하는 비중과 중요도에 큰 영향을 미친다. 입법부는 법률Gesetz을 수단으로 사용하는 반면, 행정부는 법규명령, 행정행위(협의), 사실행위 등 행정행위Exekutivakt(광의)를 통해 직무를 수행한다. 입법 민주주의에서는 기본적으로 법률의 우위가 적용되는 반면, 행정 민주주의에서는 헌법상 한정된 법률 목록만 존재한다. 입법 민주주의 모델에서는 의회가, 행정 민주주의 모델에서는 행정부가 강력한 지위를 차지한다. 대부분의 국가가 입법 민주주의를 도입하고 있는 데 반해, 프랑스는 행정 민주주의를 채택하고 있다.

평의회 민주주의와 인민민주주의

평의회Rat 민주주의는 국가조직 전체가 사다리 모양의 위계질서를 이루고 있으며, 각 단계별로 평의회가 존재한다. 평의회 민주주의의 이념은 인민이 직접 자신을 통치하는 것이다. 따라서 가장 낮은 단계부터 가장 높은 단계에 이르기까지 피라미드 모양의 평의회를 인민이 단계적으로 선출한다.

평의회는 '국민이 선출한 대의원으로 구성된 회의체'로서 모든 절차는 공개된다. 평의회는 기본적으로 전능하다. 즉 모든 문제에 대해 조치를 취할 수 있다. 행정부와 입법부 사이에 기능적·인적 권력분립이 없으며, 법원 역시 평의회의 통제를 받는다. 판사는 독립적인 지위를 갖지 않으며 제한된 기간 동안 평의회에서 선출되고 언제든지 평의회가 소환할 수 있다. 고대 그리스의 인민회의와 인민법원의 관계와 유사하다.

평의회는 영속적으로 국민에게 통제받는다. 평의회는 제한된 기간 동안 선출되며 언제든지 국민이 소환할 수 있다. 평의회의 선출은 기속위임을 의미한다. 즉 평의회는 자유롭고 독립적이 아니라, 공개 회의를 통해 국민의 희망에 따라 의사를 결정한다. 결과적으로 평의회 민주주의는 권력분립, 소수자 보호 등 중요한 법치국가 요소를 희생한 직접민주주의적 조직 형태를 의미한다.

평의회 민주주의는 1917년 이후 소련(소비에트사회주의공화국연방) 국가체제의 핵심이었으며, 1945년 이후 대부분의 동유럽 국가에 도입되었다. 원래 소비에트는 평의회를 의미한다(Soviet=Rat). 그러나 이들 국가에서 평의회 민주주의는 관념적으로만 존재했다. 국민의 의지가 '아래에서 위로' 전달되는 방식으로 운영되는 국가조직은 실제로 어디에도 없었다. 평의회 민주주의는 일종의 공산당 과두정치의 위장막이었다. 의사결정 과정은 항상 '위에서 아래로' 진행되었다.

인민민주주의라는 용어는 구 동구권 국가들이 만든 신조어로서 냉소적인 과장 어법 같은 것이다.[26] 인민민주주의는 인민이 선거를 통해 인민대표를 선출한다는 특징이 있다. 그러나 인민대표는 진정한 민주적 국가기관이 아니다. 인민대표 선거는 국가 정당(공산당)에 의해 지배되기 때문이다. 정당 간의 민주적 경쟁은 처음부터 배제된다. 국가 정당이 모든 권력을 독점하기 때문에 인민대표 역시 실질적인 국가권력을 가지지 못한 허수아비에 불과하다.

유동적 민주주의

우리 헌법상 국민이 국가권력을 행사하는 데 직접 참여하는 것은 놀라울 정도로 제한적이다. 정치적으로 중요한 문제에 대해 시민이 직접적이고 실질적으로 개입하기에는 매우 높은 장벽이 존재한다. 최근 우리와 상황이 비슷한 독일, 미국, 영국 등지에서는 시민이 정치적으로 중요한 문제에 직접적이고 실질적으로 개입할 수 있는 여건을 강화할 목적으로 '유동적 민주주의liquid democracy'라는 개념이 활발히 논의되고 있다.[27]

유동적 민주주의는 직접민주주의와 대의민주주의의 요소를 모두 활용한다.[28] 유동적 민주주의하에서 유권자는 원칙적으로 직접민주주의에 따라 모든 정책 문제에 대해 직접 투표할 권리를 가진다. 또 유권자는 대의민주주의에 따라 자신의 대리인에게 투표권을 위임할 수도 있다.[29] 투표권의 위임을 프록시proxy라고 하는데, 프록시는 재위임이 가능하기 때문에 대량 위임의 결과를 초래할 수 있다.[30] 이러한 투표권 위임은 개인이 '모든 사안'에 대한 투표권을 양도하는 포괄적 위임, '특정 사안'에 대해서만 양도하는 정책별 위임, '일정한 기간' 동안만 양도하는 기한부 위임이 가능하다.[31] 포괄적 위임의 경우에도 유권자는 언제든지 투표권 위임을 철회할 수 있다.[32] 정책별 위임의 경우 유권자는 다양한 문제에 대해 다양한 대표를 선택할 수 있다.[33] 유권자는 익숙하지 않은 분야에 대해 자신보다 높은 전문성, 풍부한 경험, 뛰어난 역량을 지닌 사람을 대표자로 선택할 수 있다. 기한부 위임의 경우, 유권자는 한 주 동안만 자신의 투표를 위임하고, 그다음 주에는 자신의 투표권을 완전히 회복할 수 있다. 유동적 민주주의는 국가 활동에 적극적으로 참여하고자 하는 적극적 시민뿐만 아니라 참여를 주저하는 소극적 시민에게도 정치 참여의 기회를 제공할 수 있다.[34] 유동적 민주주의에 관한 대부분의 학술 문헌은 이론보다는 실증적 연구에 기반을 두고 있다. 아쉬운 점이 있다면 관련 실험 대부분이 지역 수준에서 진행되거나 온라인 플랫폼을 통해서만 수행되고 있다는 것이다.

우리 헌법의 민주주의

정당성을 보유한 대의제

헌법 제1조 제1항[35]에서는 민주주의 원칙을 약속하고 있고, 제2항[36]에서는 그 의미를 설명하고 있다. 이에 따르면 국가권력은 국민으로부터 나오며(국민주권의 원리), 국민이 선거(사람에 대한 결정)와 국민투표(사안에 대한 결정)를 통해 국가권력을 직접 행사한다. 입법, 행정, 사법, 헌법재판 등과 같은 국가 기능은 국민이 행사하지만 국회, 정부, 법원, 헌법재판소 등과 같은 특별 기관을 통해 대리(대표) 행사된다.

국민과 국가 통치 사이의 이러한 귀속적 연결(민주적 정당성)은 의회와 대통령에 대한 선거, 행정권의 기준이 되는 의회 제정 법률, 정부 정책에 대한 의회의 영향력, 그리고 대통령의 지시를 따라야 하는 행정부의 기본적 의무를 통해 확립된다. 민주적 정당성의 형태는 기능적·인적·형식적·실질적 정당성 등 여러 기준에 따라 구분될 수 있다. 하지만 민주적 정당성이 충분한 수준으로 실현되고 있는지 평가할 때는 형태적 구분은 큰 의미가 없다. 모든 구분이 복합적으로 작용하기 때문이다. 헌법적 관점에서는 민주적 정당성의 형식(형태)이 아니라 그 결과, 즉 민주적 정당성의 밀도(수준)가 중요하다.[37]

우리 헌법상 대의제도는 인적으로는 국민이 선출한 대표(국회의원, 대통령)로, 기능적으로는 특별한 국가기관(국회, 정부, 법원, 헌법재판소)과 이에 종속되어 국가적 임무를 수행하는 다양한 기구로 구성된다. 우리 헌법은 직접민주주의적, 간접(대의)민주주의적 요소를 갖춘 민주적 질서에 기초하고 있다.

대의민주주의: 우리 헌법상 통치구조의 형태는 대의제(대의민주주의)다. 대의제와 관련된 국민의 직접적인 민주적 의사표시는 헌법 제41조 제1항(국회의원 선거)과 제67조 제1항(대통령 선거)에 규정되어 있다. 국민의 대표자(국회의원, 대통령)는

선거를 통해 자유위임을 부여받는다. 따라서 대표자는 국민의 의지로부터 독립하여 결정을 내리며, 대표자의 지위는 조기에 소멸될 수 없다. 국민은 국회의원과 대통령을 제외한 다른 모든 국가기관의 임명에는 직접적 영향을 미치지 않는다. 따라서 우리 헌법상 국민적 의지의 직접적 표현은 사실상 국회 대표(국회의원)와 정부 대표(대통령)의 선출로만 이루어지며, 추가적 국가의지 형성은 특별한 국가기관(국회, 정부, 법원, 헌법재판소)을 통해서만 이루어진다.

이러한 대의제도에 대한 엄격하고 형식적인 이해는 현실 세계에 존재하는 구조적 불평등을 무시하고 영속화할 가능성이 있다. 민주주의는 다양성을 먹고 자란다. 사회적 소수집단이 정치 과정에서 자신의 의견을 관철시킬 가능성이 사라진다면, 민주적으로 의사를 형성하는 과정에 반드시 필요한 다양한 생각과 관점이 제대로 공급되지 못할 위험성이 커진다.[38]

직접민주주의: 국민이 국가적으로 중요한 사안을 결정하는 데 직접 참여하는 것은 헌법 제72조, 제130조에 규정되어 있다. 현행 헌법에 따르면 국민은 "대통령이 필요하다고 인정하는 경우 국가 안위에 관한 중요 정책"에 대해(제72조), "대통령 또는 국회 재적의원 과반수가 발의한 헌법 개정안을 확정"하기 위해(제130조) 투표권을 행사한다. 헌법 전문에서는 "1948년 7월 12일에 제정되고 8차에 걸쳐 개정된 헌법을 이

제 국회의 의결을 거쳐 국민투표에 의해 개정한다"고 규정해 헌법 개정에 대한 국민투표권이 국민의 헌법적 권력임을 분명히 하고 있다.

이 외의 다른 사안에 대해 국민투표가 가능한지 의문을 제기할 수 있다. 그러나 헌법 제72조와 제130조의 국민투표에 관한 표현은 제한적으로 이해하는 것이 옳다. 우리 헌법재판소도 같은 의견이다.[39] 그러므로 국가기관에 구속력을 갖는 국민의 직접적 참여는 헌법에 규정된 경우를 제외하고는 허용될 수 없다.[40] 국민투표 요소를 강화하려면 헌법을 개정해야 한다.[41] 다만 우리 헌법에 별도의 규정이 없더라도 국가기관을 구속하지 않는 자문적 성격의 국민조사는 허용된다고 보아야 한다.[42]

민주적 정당성: 선거로 선출된 국회의원과 대통령은 국민에게 직접 민주적 정당성을 부여받는다. 국회의원과 대통령을 제외한 다른 모든 국가기관은 파생적이고 간접적인 민주적 정당성을 부여받는다. 이러한 민주적 정당성은 국회와 대통령(1차 기관)을 통할 수 있지만, 간접적 민주적 정당성을 확보한 기관(2차 기관)을 통해 또 다른 기관에게 전달될 수도 있다(3차 기관). 지방자치제도를 통해 지방 차원에서 민주적 정당성이 형성되는 것도 가능하다. 궁극적으로 이러한 민주적 정당성의 사슬은 국민으로부터 시작해 국가적 과제를 부여받고

국가권력을 행사하는 모든 기관과 공무원에 이르기까지 끊임없이 연결되어야 한다.[43]

민주적 정당성은 인적·기능적 정당성으로 구분될 수 있다. 인적 정당성은 국가기관과 공공기관이 직원을 임용할 때 민주적 정당성에 근거를 두어야 한다는 뜻이다. 행정 각부를 구성하는 '대통령'과 대통령의 행위를 규율하는 근거법률을 만드는 '국회'가 바로 '인적 정당성'의 출발점이다. 국회가 제정한 '형식적 법률'은 모든 국가 행위에 '기능적 정당성'을 부여하기 위한 기초가 된다. 형식적 법률은 국민으로부터 직접 민주적 정당성을 부여받은 국가기관인 국회가 만든 것으로, 해당 법률의 수취인Gesetzesadressat에게 간접적인 민주적 정당성을 부여한다.

이 과정을 예를 들어 설명해보자. 국회는 국회의원 선거에 의해 국민으로부터 직접 민주적 정당성을 얻는다. 대통령은 대통령 선거에 의해 국민으로부터 직접 민주적 정당성을 얻는다. 국무총리는 국회의 동의를 얻어 대통령이 임명하며 간접적으로 민주적 정당성을 얻는다. 국무위원은 국무총리의 제청으로 대통령이 임명하고, 행정 각부의 장은 국무위원 중에서 국무총리의 제청으로 대통령이 임명해 간접적 민주적 정당성을 얻는다. 경찰관은 국민이 직접 선출하지 않고 대통령이 구성한 행정부를 통해 임명된다. '인적 측면(인적 정당성)'에서 경찰관은 정부(대통령)에 의해 간접적으로 민주적 정당성을 부여받는다. 또 '기능적 측면(기능적 정당성)'에서 경찰관은 자신의 행동이 국회가 만든 〈경찰법〉과 〈경찰관직무집행법〉이 부여한 권한에 근거한다는 사실로 정당화된다.

기한부 통치

직접민주주의에서는 국민이 직접 입법권, 행정권, 사법권을 행사하기 때문에 선거가 필요없다. 그러나 대의민주주의에서는 국민의 본원적 통치권이 다른 국가기관에 위임된다. 따라서 민주주의의 특성을 보존하고 국민이 대표를 효과적으로 통제하기 위해 통치권 이전을 '시간적'으로 제한해야 한다.

기한부 통치의 원칙은 헌법 제42조(국회의원 4년)와 제70조(대통령 5년, 단임)에 규정되어 있다. 국회의원과 대통령 선거는 국민의 의지에 따라 국가권력을 자신의 대리인(대표자)에게 이전하는 행위다. 국회의원(4년)과 대통령(5년)의 임기가 끝나면 국가권력은 국민에게 반환되며, 국민은 새로운 선거 행위를 통해 새로운 국민의 대표를 정한다. 우리 헌법은 "대통령의 임기는 5년이고 중임重任할 수 없다"고 규정하여 정부수반의 통치 기한을 5년 단임單任으로 제한하고 있다. 중임을 제한하는 논의가 우리 헌법에만 존재하는 특별한 것은 아니다. 세계에서 최초로 대통령제 통치기구를 창조해낸 미국 헌법의 제정자들도 행정 수반을 몇 명으로 할지, 통치 기간을 몇 년으로 할지에 대해 심각하게 논의한 바 있다.[44] 특히 벤저민 프랭클린은 한 명의 행정 수반은 언제나 자신의 권력을 강화하는 경향이 있고 종국에는 군주제로 변질되는 병폐를 낳을 수 있다고 보았다.[45] 대통령의 본질을 선출직 군주로 본 것이다. 국회의원과 대통령의 임기가 만료되면 이들에 대한 수권과 이들의 통치권이 사라진다.

의회 민주주의, 대통령 정부제

의회주의parliamentarism는 대의기구인 의회가 정치적·국가적 의사결정 기능을 부여받는 국가 질서를 의미한다.[46] 민주주의는 원래 인민의 이익을 '직접' 대표하는 형태로만 이해되었으므로 처음에는 민주주의와 의회주의를 서로 연결될 수 없는 별개의 정치체제로 보았다. 따라서 의회주의는 군주제 국가에서 군주의 통치권과 그 신민의 참여권을 이원론적으로 설명하기 위한 용어로 이해되었다. 군주의 권한을 제한하기 위해 의회를 도입했는데, 초기에는 자문 기능, 나중에는 통치 행위에 대한 의회적 통제를 통해 그 역할을 수행했다. 절대주의Absolutismus가 대두된 후 의회의 고전적 권리는 주로 예산법에 국한되었는데, 이는 국가 재정을 의회의 동의와 입법 기능에 의존하게 만들었다.[47] 계몽주의Aufklärung 이후 의회주의와 민주주의가 결합하여 의회는 국민의 일반적 대표자가 되었다. 시민혁명 이후 의회는 정부(국왕)에 대한 통제권과 정보권을 가지게 되었다. 의회는 정부에 민주적 정당성을 제공하고, 절대주의 시대에는 군주만의 권능이었던 입법에 참여하거나 입법권을 행사하기도 했다.[48]

대한민국은 의회주의와 민주주의가 결합된 의회 민주주의국가다. 국회는 국민을 대표하는 기관(대의기관)으로서, 대한'민국'이라는 공화국의 정치체제에 민주적 정당성을 부여한다. 국회는 예산심의권을 가지며 입법의 중심 기관이다.

의회 민주주의가 구현된 정부 제도는 크게 의회 정부제와 대통령 정부제로 나누어진다. 의회 정부제의 특징은 의회가 정부 수반을 선출하고 정부가 의회의 신임에 의존한다는 점이다.[49] 영국, 네덜란드, 스페인, 벨기에 등 대부분의 유럽 국가, 특히 군주제를 유지하는 국가가 의회 정부제를 채택하고 있다. 이와 대비되는 제도로는 대통령 정부제가 있다. 대통령 정부제에서는 국민이 직접 대통령을 선출하고, 대통령은 의회의 관여 없이 자기 책임하에 정부를 구성한다. 국왕이 없는 미국, 대한민국, 남미 지역 국가가 주로 대통령 정부제를 채택하고 있다.

우리 헌법상 대통령 정부제에 대한 결단은 헌법 제66조[50]와 제67조[51]에 근거한다. 정부 수반인 대통령은 국민이 직접 선출한다. 따라서 국회는 정부 수반을 해임할 수 없다.[52] 정부 수반의 지위는 국민의 신임(신뢰)에 의지할 뿐 의회의 신임과 무관하기 때문이다. 다만 법치국가 원리에 따라 모든 국가권력은 헌법과 법률에 구속되므로, 대통령이 직무를 집행하면서 헌법이나 법률을 위반한 경우 국회의 탄핵소추와 헌법재판소의 탄핵심판을 통해 공직에서 파면될 수 있다. 대통령은 국가원수로서 외국에 대해 국가를 대표하고, 행정부의 수반으로서 독자적으로 행정권을 행사한다. 국회는 주로 입법, 정책·인사 통제, 예산심의 및 국제조약에 대한 동의 등 헌법이 정한 방법에 따라 국가적 지도指導[53]에 참여한다.

정당 민주주의

정당Partei은 대의민주주의에서 꼭 필요한 제도 중 하나다. 국민의 의지 형성이 국민대표(의회)에게 집중되면서, 다양한 이해관계가 통합되고 의견이 조정되는 과정에서 점점 더 견고한 집단이 형성된다. 무엇보다 의회 내에 다수가 조직되는데 의회에서는 모든 결정이 다수결 원칙에 따라 정해지기 때문이다. 이제 조직화되지 않은 개인은 자신의 목소리를 낼 가능성이 거의 없다. 끊임없이 대화하며 '합의'를 위해 소통하는 공동체에 대한 상상은 '지배 세력이 없는 평등한 담론'을 바탕으로 한다. 하지만 이것은 현대의 분자화된 개인으로 구성된 대중민주주의Massendemokratie의 경험적 현실에서는 더 이상 존재할 수 없는 공허한 이상에 불과하다.

대중민주주의에서는 정부 조직 밖에서 분자화된 개인을 중개하며 실질적인 합의를 구축하는 절차가 필요한데, 바로 정당이 그 역할을 수행한다. 현대사회에서 정당 없는 대중민주주의는 더 이상 상상할 수 없다. 정당은 거의 모든 정치적·사회적 결정에 광범위한 영향력을 행사하며, 이 과정에서 많은 문제를 야기하기도 한다. 오늘날 국가와 정당의 엄격한 분리는 사실상 불가능하다.

우리 헌법은 '국민의 정치적 의사 형성'[54]을 정당의 역할로 보고 있으며, 정당의 목적, 활동이 민주적 기본질서에 위배되지 않는다는 조건하에 정당의 존속을 보장하고 있다.[55] 대부분의 민주주의 헌법과 마찬가지로 정당의 목적, 조직, 활동이 민주주의 원리에 부합하고 국민의 정치적 의지 형성에 기여할 수 있는 조직적 역량을 갖추는 조건으로 '어느 정도 국가에 접근'[56]하는 것을 허용하고 있다.[57]

02

자유주의의 근본 원칙은
무엇인가

우리 헌법은 〈독일 기본법(헌법)〉과 마찬가지로 자유주의 원리를 명시하지 않고, 자유민주적 기본질서(헌법 전문, 제4조)에 대해서만 언급하고 있다. 자유민주적 기본질서라는 개념은 헌법에 구체화되어 있는 인권, 특히 생명권 및 인격의 자유로운 발현권의 존중, 국민주권, 권력분립, 정부의 책임성, 행정의 합법률성, 법원의 독립, 복수정당제 원리 및 정당의 기회균등(합헌적으로 야당을 설립하고 활동할 권리)을 의미한다.[1] 이러한 정의에 대해서는 논쟁의 여지가 있다. 그렇다면 왜 우리 헌법

과 〈독일 기본법〉은 헌법질서의 근간을 보호하기 위한 규범질
서로서 자유주의를 규정하지 않았을까?

개념 정의의 문제점

자유주의Liberalismus는 광범위한 스펙트럼을 가진 정치적 이
념이다. 시민권 자유주의자, 사회적 자유주의자, 경제적 자유
주의자, 우익 자유주의자, 좌익 자유주의자 등 온갖 자유주의
자들이 자유주의를 지지한다. 그중 일부는 국가권력의 제한을
강조하지만, 또 다른 일부는 국가 개입의 확대를 요구한다. 많
은 사람이 자유주의를 민주적 과정과 연계시킨다. 하지만 일
부는 민주주의가 다수의 독재로 기울 수 있다고 우려한다. 많
은 사람이 사회주의를 비판하지만, 한편에서는 공동선을 강
조하면서 사회복지를 주장한다. 많은 자유주의자가 무신론자
이지만, 기독교 자유주의자도 있다. 외국의 지배를 받는 사람
들은 자유주의를 정치적 자결과 연결한다. 좌파는 자유주의를
자본주의와 부르주아 사회의 이념으로 보고, 우파는 자유주의
가 민족, 종교, 문화적 전통을 파괴한다고 비판한다.

자유주의의 이론과 흐름은 너무나 다양하여 앨런 라이언
Alan Ryan은 '하나의 자유주의'가 아니라 '여러 개의 자유주의'

를 논하는 편이 더 낫다고 했고,[2] 제러미 월드론Jeremy Waldron
은 복수의 자유주의 사이에는 "사돈의 팔촌까지 모인 대가족
구성원보다 공통점이 더 적다"고 말했다.[3] 특히 월드론은 자
유주의의 핵심 또는 본질로 간주할 수 있는 공통 교리 및 원
칙 또는 이론적·실천적 명제의 집합을 식별할 수 없다고 말
한다. "자유주의의 공통된 핵심적 특성, 다른 정치 운동과 구
별되는 고유한 특성을 찾을 수 있다는 생각은 무의미하다."[4]

자유주의가 '다양한' 의미를 지니고 있다는 사실은 분명하
다. 자세히 들여다보면 여러 다양한 의미는 관련 있어 보이지
만, 서로 경쟁하는 다양한 세계관으로 분열되어 있다. 이러한
이유로 철학자 모리스 크랜스턴Maurice Cranston은 자유주의
대신 자유주의자라는 말을 선호한다. 하지만 그는 자유주의
자liberal를 '자유를 믿는 사람'[5]이라고 정의해 동어반복의 오
류에 빠진다.

그렇다면 자유란 무엇일까. 자유에 대한 사전적 의미는 "강
압 혹은 부담으로 느껴지는 구속이나 의무가 없는 상태, 결정
을 내릴 때 제약이 없는 상태"[6]를 말한다. 따라서 자유는 강
압이 없는 상태에서 인간이 스스로 선택하고 결정할 수 있는
가능성으로 이해된다. 이 용어는 근대 철학과 정치는 물론 과
학, 신학 및 법학에서 주체의 자율적 상태를 설명하기 위해 널
리 사용되었다. 자유의 개념은 지금까지도 끊임없이 논의되

고 있고, 지속적인 변화를 겪고 있다. 자유는 모든 시대, 모든 개인만큼이나 다양한 의미를 담고 있다. 카를 슈미트는 "자유주의자는 갈등을 해결하기 위해 끝없는 토론에 열정을 퍼붓는 반면", 보수주의자와 사회주의자는 갈등을 해결하기 위해 권력을 사용한다고 말했다.[7]

자유주의의 기본 전제

자유주의자는 두 가지 측면에서 자유를 최고의 '정치적 가치'로 내세운다. 하나는 선험적·관념적 가정에, 다른 하나는 경험적·역사적 사실에 근거한다. 이는 모두 서구의 특수한 정치적 여건을 반영하고 있다.

타고난 권리로서의 자유

자유주의는 '인간은 태어나면서부터 자유롭다'는 선험적·관념적 가정에 근거한다. 자유주의자는 "원래 인간은 자신의 행동을 스스로 통제할 수 있는 완벽한 자유의 상태이며, 타인의 허락을 구하거나 타인의 의지에 의존하지 않고 본인이 적절하다고 생각하는 대로 행동할 수 있다"는 존 로크John Locke의 가정[8]에 따른다. 존 스튜어트 밀John Stuart Mill은 "자유를 반대하는 사람, 즉 금지와 제한을 주장하는 사람은 입증할 책임이 있다. 우리의 선험적 가정a priori assumption이 자유를 지지하기 때문이다"라고 말한 바 있다.[9] 이처럼 자유주의는 '권위와 법은 정당해야 한다'는 전제에서 시작하는 철학이다. 시민에게 자제 의무, 특히 타인의 권위에 복종할 의무가 있다면, 왜 그래야 하는지에 대한 이유가 있어야 한다(정당화)는 것이다. 존 롤스John Rawls,[10] 조엘 파인버그Joel Feinberg,[11] 스탠리 벤Stanley Benn[12] 등 많은 현대 자유주의 사상가가 이에 동의한다.

자유 보장 체계로서의 국가

인류의 역사는 자유 확장의 역사다. 프랑스 위그노전쟁(1562~1598), 독일 30년전쟁(1618~1648), 잉글랜드 내전(1642~1651)은 지배계급의 종교적 신념이 그들의 정치·경제적 이해관계와 뒤섞여 벌어진 엄청난 학살이었다. 참혹한 내전을 경험한 유럽인은 국가의 세속화를 통한 새로운 질서를 모색하기 시작했다.

토머스 홉스와 존 로크가 대표적이다. 많은 사람이 홉스를 자유주의의 적대자처럼 말하지만, 알고 보면 그는 자유주의의 선구자다. '신민이 주권자(왕)에게 충성해야 하는 근거가 무엇인지' 최초로 물은 사람이 바로 홉스이기 때문이다. 홉스는 이러한 질문을 통해 신민을 '왕의 재산'으로 인식하던 중세적 고정관념을 거부했다. 홉스의 논리에 따르면, 왕은 시민으로부터 권한을 부여받는다. 따라서 왕은 대리인이고 시민이 주권자라는 혁명적 결론에 이를 수 있다.[13]

시민과 왕의 관계에 대한 이러한 관점은 13세기 이후 오랜 세월에 걸쳐 형성된 것이었다. 1215년 대헌장은 잉글랜드의 존 왕과 귀족 사이의 경제적 분쟁에서 비롯되었다. 대헌장은 왕도 법의 지배rule of law를 받는다는 사실을 명확히 한 문서였으며 논쟁의 끝이 아니라 시작이었다. 1300년대 배심제도jury, 적법절차due process of law, 법 앞의 평등equality before the law이라는 관념이 출현했고, 이를 바탕으로 '재판을 받을 권리'라는 개념이 형성되었다. 이후 대헌장의 내용은 귀족뿐만 아니라 인민people에게도 권리를 부여하는 것으로 여겨지게 되었다. 물론 여기서 인민은 국왕에게 기여할 수 있는 재산을 지닌 유산계급을 의미했다. 1400년대 영국 대법원장 존 포티스큐John Fortescue는 〈절대군주제와 제한군주제의 차이점The Difference Between an Absolute and Limited Monarchy〉이라는 글을 통해 제한군주제를 옹호했다. 존 롤스는 이 글을 자유주의 정치사상의 시초로 여겼다.[14]

홉스는 최초이자 가장 위대한 사회계약 사상가 중 한 명이었다. 하지만 절대주권의 옹호자였던 홉스는 리바이어던leviathan(국가)에게 절대적인 권위를 부여한다. 리바이어던은 평화를 유지하기 위해 모든 수단을 행사할 수 있다. 여기서 평화라는 목적이 수단을 정당화한다는 점이 중요하다. 리바이어던의 임무는 평화를 유지하는 것이지 권력을 행사하는 것이 아니다. 홉스는 사회계약과 권한 위임을 통해 '절대국가'를 만들어낸 후, 목적이 수단을 통제하는 '제한정부'를 만들어냈다.

로크와 같은 패러다임적 자유주의자, 즉 자유를 모든 윤리의 기반으로 여기는 사람조차 자유에 대한 '정당한 제한'에는 온건한 태도를 보인다. 로크에게 정부의 기본 임무는 시민의 평등한 자유를 보호하는 것이기 때문이다. 우리 시대의 위대한 철학자 롤스는 정의의 기본 원칙에 대해 다음과 같이 말하고 있다. "각 개인이 동등한 권리를 누리기 위해서는 '평등한 기본적 자유equal basic liberty를 최대한 보장할 수 있는 체계'를 갖추어야 하고, 이러한 체계는 '모든 사람에게 적용'되어야 한다."[15]

자유주의 논쟁

적극성 논쟁

소극적 자유negative liberty: 자유주의자 사이에서도 자유의 개념에 대한 이견이 있다. 그 결과 개인의 자유를 보호하려는 자유주의의 이상은 정부의 역할에 대한 다양한 개념으로 이어진다. 이사야 벌린Isaiah Berlin은 자유에 대한 소극적 개념을 옹호한 것으로 유명하다. 그는 "일반적으로 어떤 개인이나 집단이 향유할 수 있는 자유는 타인의 활동을 방해하지 않는 정도까지만이라고 생각한다. 이러한 의미에서 정치적 자유는 단순히 어떤 사람이 다른 사람의 방해를 받지 않고 행동할 수 있는 영역을 의미한다. 만약 다른 사람들에 의해 원래 할 수 있었던 일을 하지 못하게 된다면, 그만큼 자유롭지 않게 된다. 만약 이 영역이 최소 수준 이하로 축소된다면, 나는 강제 상태 또는 노예 상태에 이르게 된다. 그러나 강제 상태가 모든 형태의 무능력을 포함하지는 않는다. 만약 육상 선수처럼 빨리 달릴 수 없거나 시각장애로 글을 읽기 힘들다고 해도, 이를 두고 내가 그만큼 노예가 되었거나 강제된 상태라고 말할 수 없다. 강제란 나의 행동 영역에 타인이 고의적으로 개입하는 것을 의미한다. 타인에 의해 목표를 달성하지 못할 때만 자유가 없다"고 말했다.[16]

이사야 벌린과 그를 따르는 사람들에게 자유의 핵심은 타인의 강압이 없는 것이다. 따라서 자유주의 국가는 시민이 정당한 이유 없이 서로를 강제하지 않도록 보장할 책무를 지닌다. 이들에게 자유는 소극적 의미를 갖는다. 이때 자유는 우리의 선택권이 타인에 의해 배제되는지, 또 어떤 근거로 배제되는지에 대한 문제일 뿐, 우리가 그러한 선택권을 실제로 행사하는지 여부와 무관하다.[17] 이러한 의미에서 소극적 자유는 소유 개념possession concept이다. 즉 자유가 있는지 없는지의 문제다.

적극적 자유positive liberty: 하지만 많은 자유주의자가 자유에 대한 적극적 개념에 더 큰 매력을 느낀다. 루소[18]는 "인간이 자신의 진정한 의지(일반의지)에 따라 행동할 때 비로소 자유롭다"고 말하며 적극적 자유positive liberty 개념을 옹호했다. 적극적 자유 개념은 토머스 힐 그린Thomas Hill Green, 버나드 보즌켓Bernard Bosanquet 등 19~20세기 영국의 신헤겔주의자의 지지를 받았다. 그린은 "사람이 통제할 수 없는 충동이나 갈망에 복종한다면 정치적 방식이 아니라 심리적 방식으로 자유롭지 못하다. 그런 사람은 자신의 의지가 아닌 타인의 의지를 수행하는 노예 상태에 있다"고 말했다.[19] 사람은 자기 주도적이거나 자율적일 때만 자유롭다는 것이다. 그린은 자유인이란 자신의 의지에 따라 행동하는 사람이라고 보았다. 이러한 의미에서 적극적 자유는 행사 개념exercise concept이다.

사람은 자신의 삶을 효과적으로 결정할 수 있는 '정도'에 따라 자유롭다.[20] 자유로운 사람은 강박관념에 얽매이지 않고 자신의 이상을 비판적으로 성찰하므로, 기존 관습을 무분별하게 따르지 않고, 단기적인 쾌락을 위해 장기적 이익을 무시하지 않는다. 이러한 자율성으로서의 자유에 대한 이상은 루소와 칸트에게서 유래되었고, 밀의《자유론On Liberty》에 의해 정리되었다. 오늘날 자유주의의 지배적 흐름을 이끌고 있는 제럴드 드워킨Gerald Dworkin,[21] 조셉 라즈Joseph Raz,[22] 스탠리 벤[23]의 저술에서도 충분히 드러난다.

　그린의 자율성에 기반한 자유, 즉 자신의 행동을 결정하거나 목적을 추구할 수 있는 효과적인 힘으로서의 자유라는 개념은 '적극적' 자유라는 명칭과 잘 어우러진다. 리처드 H. 토니Richard H. Tawney에 따르면, 이렇게 이해된 자유는 '행동할 수 있는 능력'을 의미한다.[24] 누구나 골프 클럽 회원이 될 자격이 있지만 가난해서 회비를 감당할 수 없는 사람은 골프 클럽 회원이 될 자유가 없다. 그는 행동할 수 있는 효과적인 힘이 없기 때문이다. 행동할 수 있는 효과적인 힘으로서 적극적 자유는 자유를 물질적 자원과 긴밀하게 묶어버린다. 따라서 교육 같은 지식 인프라는 모든 사람이 자신의 능력을 발휘할 수 있도록 쉽게 접근할 수 있어야 한다.[25] 하지만 프리드리히 하이에크Friedrich Hayek는 "자유와 부는 좋은 것이지만 서로 다르다"고 말하고 있다.[26] 그는 적극적 자유를 주장했지만, 부는 자유와 구별되는 능력이라고 보았다.

사유재산과 시장질서 논쟁

자유주의 정치 이론은 자유를 어떻게 상상하는가에 따라 구분되는데, 또 다른 중요한 기준은 사유재산과 시장질서의 도덕적 지위와 관련되어 있다.

고전적 자유주의classical liberalism: 고전적 자유주의자는 자유와 사유재산이 밀접하게 관련되어 있다고 생각하는 사람을 말한다. 18세기부터 오늘날까지 고전적 자유주의자는 사유재산에 기반한 경제 시스템이 개인의 자유와 일치한다고 주장한다. 이들에 따르면 인간은 자신의 노동, 자본, 인생을 자신이 적합하다고 생각하는 대로 사용할 수 있어야 한다.

고전적 자유주의자는 자유와 재산이 사실상 동일하다고 주장한다. 일부는 자유권을 포함한 모든 권리가 재산의 다양한 형태라고 주장하고, 또 다른 일부는 재산 자체가 자유의 한 형태라고 주장한다.[27] 결국 이들은 사유재산에 기반한 시장질서를 자유가 구체화된 것이라고 간주한다.[28] 사람이 계약을 맺고, 자신의 노동을 판매하고, 적절하다고 생각하는 방식으로 소득을 저축하고, 투자하고, 자본을 조달하여 기업을 시작할 수 있는 자유가 없다면 진정으로 자유롭지 않다.

고전적 자유주의자는 사유재산을 자유의 한 측면으로 보기보다 그 자체를 자유라고 생각한다. 따라서 사유재산을 기반으로 한 자유시장경제에서 권력의 분산이라는 개념을 도출해내고, 이를 통해 국가의 침해로부터 개인의 자유를 보호하려고 한다. 하이에크는 "인쇄 도구가 정부의 통제하에 있다면 언론의 자유가 없고, 필요 공간이 정부의 통제하에 있다면 집회의 자유가 없으며, 정부가 교통수단을 독점하고 있다면 이동의 자유가 없다"고 말했다.[29]

고전적 자유주의자는 기본적으로 사유재산의 근본적인 중요성에 동의하지만, 국가의 역할에 대해서는 매우 다양한 견해를 취한다.[30] 국가는 자유와 재산을 보호(치안, 국방)하기 위해 필요한 최소한의 기능만 수행해야 한다는 견해, 공교육을 제공해야 한다는 견해, 더 나아가 공공재와 사회 기반 시설을 제공해야 한다는 견해, 최소한의 사회안전망(사회보장)을 제공해야 한다는 견해 등이 그렇다.[31] 19세기의 고전적 자유주의 경제학자 대부분은 형벌·계약의 집행뿐만 아니라 직업 면허(자격증) 제도, 보건·안전·소방, 은행 규제, 상업 인프라 구축 등을 포함한 다양한 국가정책을 지지했으며, 종종 노동조합 결성을 장려하기도 했다.[32]

오늘날에는 고전적 자유주의를 주로 자유 지상주의와 연관지어 논의하지만, 실제로 고전적 자유주의 전통은 노동계급, 여성, 흑인, 이민자 등 사회적 약자의 생활을 개선하는 데 관심을 가졌다. 제러미 벤담Jeremy Bentham이 말했듯, "그 목표는 부자를 더 가난하게 만드는 것이 아니라 가난한 사람들을 더 부유하게 만드는 것"이기 때문이다.[33] 다만 이들은 부자의 재산을 강제로 빼앗아 가난한 사람들에게 나눠주는 형태의 부의 평준화를 거부했던 것이다.

수정 자유주의revised liberalism: 수정revised, 복지국가welfare state라는 수식어가 붙은 자유주의는 고전적 자유주의, 즉 시장 질서에 기초한 사유재산과 개인의 자유를 밀접하게 연관시키는 사고체계에 도전한다.[34]

이러한 수정 자유주의 이론이 등장하게 된 데는 세 가지 역사적 요인이 존재한다. 첫째, 20세기 초 자유 시장은 윌리엄 베버리지 경Sir William Beveridge이 말한 '번영 속의 균형prosperous equilibrium'을 유지할 능력을 상실한다. 수정 자유주의자는 경험적 데이터를 토대로 고전적 자유주의가 안정적이고 자유로운 사회에 적합한 기초가 될 수 있는지 의심하기 시작했고, 사유재산에 기반한 시장은 태생적으로 불안정하거나, 케인스[35]가 주장한 대로 높은 실업률을 동반한 만성적 경기침체에 빠질 수 있다고 생각했다. 둘째, 사람들이 시장에 대한 신뢰를 잃어가던 때, 경제생활을 감독하는 정부에 대한 신뢰가 높아졌다. 이는 정부의 경제계획이 일부 성공한 듯 보였던 제1차 세계대전 시기의 경험에 기인했다.[36] 더 중요한 것은 서방 국가의 민주화와 관련 있다. 우리가 쉽게 망각하고 있는 사실은 1920년대까지 유럽의 주류적 통치 형태는 군주제와 귀족제였다는 사실이다. 존 앳킨슨 홉슨John Atkinson Hobson의 표현대로 선출된 공직자들이 공동체의 진정한 대표자라는 확신이 점점 더 커졌다.[37] D. G. 리치D. G. Ritchie가 말했듯이 "이제는 정부(민주제)가 점점 더 진정한 의미에서 국민에 의한, 국민의 정부가 되어, 과거에는 지배계급이나 카스트가 장악한 정부(군주제)가 조상의 권위를 빌려 행사하던 권력이 점차 그 빛을 잃게 되었다."[38] 셋째, 재산권이 '다른 모든 권리의 수호자'가 되기는커녕, 불공정하고 불평등한 착취의 수단이 되었다는 확신이 점점 더 커졌다.[39] 재산권은 단지 경제적 불평등을 고착화할 뿐, 일반 시민에게 중요한 적극적 자유의 평등한 보장을 체계적으로 확보하지 못했다.

아이러니하게도 수정 자유주의의 씨앗은 고전적 자유주의의 아버지인 밀의 《자유론》에서 찾을 수 있다. 밀은 소위 '자유무역'의 교리가 '개인적 자유'의 원칙과 마찬가지로 '확고한 근거(공리)'에 기초한다고 주장했지만,[40] 자신의 《정치경제학 원리》에서 개인의 자유가 사적 소유 없이 번성할 수 있는지에 대해서는 여전히 열린 문제라고 답했다.[41] 이러한 논의는 100년이 넘은 후 롤스에 의해 재개되었다.[42]

사회정의 자유주의social justice liberalism: 1971년 롤스의 위대한 저서 《정의론A Theory of Justice》이 세상에 나온 뒤, 수정 자유주의는 사회정의 이론을 발전시키는 데 초점을 맞추었다.

롤스가 그의 이론을 발표하기 시작한 1960년대 이래로, 자유주의 정치철학자들은 롤스의 유명한 '차등 원칙difference principle'을 분석하며 논쟁을 전개했다. 이 원칙에 따르면, "사회의 공정한 기본 구조just basic structure of society는 가장 불우한 대표 집단the least well off representative group에게 최대의 이익the greatest advantage이 돌아가도록 사회경제적 불평등social and economic inequalities이 배열되어야 한다."[43] 쉽게 말해 사회의 가장 열악한 계층에게 가장 많은 이익과 기회를 분배해야 한다는 것이다. 롤스의 문장은 이처럼 난해한 완곡어법으로 가득 차 있다.

롤스에게 기본값은 자유가 아니라 소득과 부의 평등한 분배다. 가장 불우한 계층의 장기적인 전망을 최대한으로 향상시키는 불평등만이 정의롭다. 롤스의 관점에서 차등 원칙은 상호주의 원칙principle of reciprocity[44]을 공적으로 인정하는 것을 의미한다. 따라서 사회적 기본 구조는 어떤 사회집단도 다른 집단의 비용을 대가로 해 발전하지 않도록 세심하게 배열되어야 한다.[45]

롤스는 후기 작업에서 복지국가적 자본주의welfare-state capitalism, 즉 소유의 불평등을 인정하고 국가가 개입해 사회안전망을 제공하는 자본주의가 정의로운 사회의 기본 구조를 보장하지는 않는다고 주장한다.[46] 롤스에게 정의로운 자본주의는 소유권이 널리 분산된 소유 민주주의property owning democracy다. 롤스의 관점에서는, 시장 사회주의 체제market socialist regime, 즉 시장의 자율성을 인정하되 참가자들의 재산적 평등을 보장하는 체제가 복지국가적 자본주의보다 더 정의롭다.[47]

하이에크[48] 같은 고전적 자유주의자는 롤스 같은 사회정의 자유주의자가 사회정의라는 신기루에 집착한다고 비판한다. 역사적으로 관찰해보면 자유는 사유재산에 기반한 탈중앙화된 시장에 의존하는데, 사회정의 자유주의자가 이러한 사실을 무시한다는 것이다. 하이에크의 노선에 충실한 로버트 노직Robert Nozick[49]은 롤스가 '누가 재화를 생산했는지'에 대해 도덕적 가중치를 두지 않고 분배를 규정하고 있다고 비난했다. '롤스적 자유주의'의 정의론은 '파이를 어떻게 분배해야 하는가'에 대한 이론인 반면, '고전적 자유주의'의 정의론은 '제빵사를 어떻게 대해야 하는가'에 대한 이론이라는 것이다.[50]

롤스에 따르면, 하나의 사건을 검토한 것만으로 상황의 정당성을 판단할 수 없다.[51] 우리는 기본 구조의 배열에 주의를 기울여야 하며, 그것은 일반적인 관점에서 판단되어야 한다.[52] 롤스에게 사회적 기본 구조의 역할은 모든 거래를 최하위 계층의 이익을 위해 작동시키는 것이 아니었다. 롤스는 그보다 더 현실적이었다. 시간에 따른 사회 전체의 추세가 최하위 계층 전체에 이익을 주도록 하는 것이 목표였다. 물론 롤스는 일종의 평등주의자였지만, 그가 지지하려 했던 패턴은 '분배'보다는 지속적인 관계에 적용되는 '평등한 지위'였다.

신자유주의neoliberalismus: 현대 경제학에서 파생된 신자유주의는 자유주의가 아니라, 단지 독자적으로 발전된 경제학의 파생물일 뿐이다. 신자유주의의 가장 중요한 창시자 중 한 명인 루트비히 에들러 폰 미제스Ludwig Edler von Mises는 고전적 자유주의와 명확히 거리를 두었다. 따라서 그의 접근 방식을 자유주의와 혼동하거나 동일시해서는 안 된다. 고전적 자유주의의 관점에서 볼 때, 신자유주의는 단지 하나의 특화된 분야에 불과하다. 신자유주의는 자유를 경제적 자유로 축소하고, 그 외의 다른 많은 문제를 무시하기 때문이다. 고전적 자유주의자에게도 경제 시스템은 매우 중요하다. 모든 사람에게 삶의 기반과 번영의 기회를 제공하기 때문이다. 그러나 주관적인 입장에서 느끼는 훨씬 더 자연스럽고 넓은 의미의 자유와 독립이 고전적 자유주의자에게 중요하다. 신자유주의자는 경제활동이 삶의 물질적 기반을 재생산하는 단순한 필요에 불과하다는 사실을 무시한다. 비록 경제활동을 통해 기업을 설립하고, 계약을 체결하며, 이익을 창출하고, 사유재산을 취득할 자유가 제공된다 하더라도 말이다. 시장경제의 기능적 자유를 개인이 체험하는 실존적 자유와 혼동해서는 안 된다. 고전적 자유주의에서는 바로 후자가 중요하며, 전자는 단지 후자를 위한 수단에 불과하다.

신자유주의자들은 1980년대 영국의 대처주의Thatcherism, 미국의 레이거노믹스Reaganomics를 통해 영국과 미국의 국영기업을 민영화하고, 시장을 개방하고 경쟁을 도입해 수많은 민간 기업을 도산시켰으며, 이를 통해 실업자를 양산하고 노동조합을 약화했고, 정부의 공공서비스를 아웃소싱하여 사회안전망을 크게 위축시켰다. 이들은 1990년대 이후 전 세계적 규제완화, 특히 금융 자유화를 이끌어냈다. 하지만 과도한 금융 자유화의 여파로 자산 버블이 형성되고 2007년 미국의 서브프라임 모기지 사태, 2008년 글로벌 금융위기, 2009년 유로존 재정위기가 연이어 발생했으며, 전 세계는 그 여파로 최근까지 심각한 경기침체를 겪고 있다. 이러한 일련의 사태로 인해 극단적 경제 자유화를 모토로 내건 신자유주의의 입지는 현저하게 위축되고 있다.

범위 논쟁

자유주의는 모든 정치공동체에 적합한가: 밀은《자유론》에서 "자유는 인류가 자유롭고 평등한 토론을 통해 개성을 향상시킬 수 있는 능력을 갖추기 전에는 허용되지 않는다. 따라서 야만인의 개선을 목적으로 한다면 전제정치도 정당한 통치 형태가 될 수 있다"고 말했다.[53] 이 구절은 19세기의 제국주의 정신과 잠재적 인종주의로 가득 차 있다. 따라서 밀의 추종자들은 이러한 주장을 부끄럽고 당혹스럽게 여기며 애써 무시하려 한다.[54] 그러나 이러한 밀의 주장에 대한 옹호자가 없는 것은 아니다.[55] 그럼에도 이 구절은 여전히 자유주의자를 분열시키는 질문을 제기한다. 자유주의 정치 원칙은 모든 정치 공동체에 적합한가?

롤스는 《국제법(만민법)The Law of Peoples》에서 그렇지 않다고 주장한다. 자유주의는 '모든 사람이 자유롭고 평등하다'는 개념에 기초한다. 하지만 이러한 개념에 기초하지 않은 품위 있는 위계사회도 존재할 수 있다. 이러한 사회는 인민을 '각각의 집단에 소속된 책임감 있고 협력하는 구성원'으로 보지만, 이들이 본질적으로 평등하다고 보지는 않는다.[56] 이러한 공동체의 사회적 협력구조 내에서 기본적 인권은 모든 인민에게 적용되지만, 이러한 인민이 공유하는 관념이 완전한 자유주의적 정의 개념을 구성할 수는 없다. 국왕이 존재하는 사우디아라비아나 영국을 떠올려보자.

하지만 마사 누스바움Martha Nussbaum[57]과 토마스 W. 포기Thomas W. Pogge[58] 같은 사람들은 롤스의 입장을 거부하고 도덕적 보편주의를 옹호한다. 그들은 자유주의적 도덕 원칙이 모든 국가에 적용된다고 주장한다.

자유주의는 세계주의적 이론인가 국가 중심적 이론인가: 이마누엘 칸트Immanuel Kant는 모든 국가가 '시민', 즉 '자유롭고 평등한 사람'의 존엄성을 존중해야 한다고 주장했지만, 인류가 하나의 정치 공동체를 형성해야 한다고 생각하지는 않았다. 따라서 그는 보편적인 세계시민적 자유주의 정치 공동체, 즉 '세계국가'라는 이상을 거부하고, 대신 모든 국가가 내부적으로는 정의로운 헌법을 가지며 외부적으로는 평화를 보장하기 위해 다른 국가와 결속하는 '국가연합'을 지지했다.[59]

고전적 자유주의 이론에 따르면, 다수의 자유주의 공동체로 구성된 세계와 하나의 세계적 자유주의 공동체의 차이는 근본적으로 중요하지 않다. 공동체 내에서 정부의 목표가 시민의 기본적 자유와 재산권을 보장하는 것이라면, 국경은 도덕적 중요성을 가지지 않는다.[60] 반면 사회정의를 달성하기 위한 재분배 프로그램을 강조하는 수정 자유주의에서는 정치적·도덕적 공동체에 누가 포함되는지가 매우 중요하다. 만약 자유주의 원칙이 재분배를 요구한다면, 이러한 원칙이 특정 공동체 내, 아니면 전 세계적으로 적용되는지 여부가 매우 중요하다. 따라서 롤스와 그의 수많은 추종자 사이의 근본적인 논쟁은 차등 원칙이 미국 같은 특정한 자유국가에서만 적용되어야 하는지, 혹은 전 세계적으로 적용되어야 하는지가 문제 된다. 전자의 경우 미국에서 가장 가난한 사람이, 후자의 경우 전 세계에서 가장 가난한 사람이 기준이 되어야 하기 때문이다.[61]

개입 논쟁

국제적 개입: 자유주의 정치 이론은 비자유주의적 정책과 가치를 지지하는 집단에 대해 어떻게 적절히 대응할지와 관련해서도 입장이 분열된다. 이러한 집단은 구성원에 대한 교육을 거부하고, 종교적 자유를 제한하고, 불평등한 카스트제도를 유지하는 행동을 할 수 있다. 자유주의 집단이 비자유주의 집단의 내부 통치에 간섭해야 하는 경우는 언제일까? 자유주의자가 비자유주의 국가의 국내 문제에 개입할 수 있을까?

밀은 《불간섭에 대한 소고A Few Words on Non-Intervention》를 통해 복잡하게 답변하고 있다. 그는 《자유론》에서 말한 문명화된 국가와 비문명화된 국가를 다르게 취급해야 한다는 주장을 되풀이하면서 "야만인은 국가로서의 권리를 가지지 않는다. 그들은 가능한 한 빨리 문명화하는 데 적합한 대우를 받을 권리만 있다. 문명 정부와 야만 정부의 관계에 적용되는 유일한 도덕 규칙은 인간과 인간 사이의 보편적 도덕 규칙이다"라고 말했다.[62]

오늘날에는 단순히 가부장적 제국주의의 사례로 보일 수

있지만, 밀의 주장은 생각보다 더 복잡하다. 그는 국제적 도덕성이 호혜성(상호성reciprocity)에 의존하기 때문에, 호혜적 행동을 기대할 수 없는 야만적 정부는 정부로서의 권리를 가지지 않는다고 생각했다.

하지만 밀은 '문명화된 사람들 사이의 개입'을 논할 때는 훨씬 더 정교하게 설명한다. 이 경우 밀은 원칙적으로 개입에 반대한다. 그 이유는 "개입이 성공하더라도 그 나라 국민에게 좋은 결과를 가져다준다는 확실한 보장이 없기 때문이다. '한 나라 국민이 대중적 제도(민주주의)에 적합한지' 평가할 수 있는 유일한 방법은 경쟁(선거)에서 이길 수 있는 충분한 비율의 국민, 즉 과반수의 국민이 해방을 위해 노고와 위험을 감내할 의지가 있는지 여부다."[63]

자유주의자는 인민이나 집단이 그들의 집단적 문제를 처리하는 데 있어 실수를 저지를 자유가 있다고 말한다. 자유를 부정당한 사람도 자유주의에 반대할 자유가 있기 때문에 강요된 자유로 인해 오히려 피해를 입을 수 있다는 것이다.[64] 따라서 많은 자유주의자가 '개입 원칙'을 제안하기보다 비자유주의적 인민과 문화를 어느 정도까지 수용해야 하는지 규정하는 다양한 '관용 원칙'을 제안한다. 이에 관한 롤스의 논의는 미묘하고 계몽적이다. 롤스는 자유주의적 인민의 대외관계(외교)에 대해 설명하면서, 자유주의적 인민은 '괜찮은 비자유주의 사회decent non-liberal societies'와 '무법적인 기타 사회outlaw other societies'를 구별해야 한다고 주장한다. 괜찮은 사회는 인권을 무시하는 무법적 사회를 내버려두지 않기 때문에, 전자는 자유주의 사회에 관용을 요구할 수 있지만 후자는 그렇지 않다고 말한다.[65] 따라서 무법적 사회는 제재와 개입의 대상이 될 수 있다.[66] 반면 자유주의적 인민은 (비자유주의적인) 괜찮은 인민을 격려하려고 노력해야 하며, 모든 사회가 자유주의적이어야 한다고 강압적으로 주장해 그들의 활력을 좌절시켜서는 안 된다.

　　국내적 개입: 자유주의 사회 내에서도 비자유주의 집단이 존재할 수 있다. 특히 특수한 신념 체계를 가진 사람이 자신의 자녀를 공교육제도에 편입시키기를 거부하는 경우 문제가 발생한다.[67] 이와 관련해 밀은 다음과 같이 말한 바 있다. "교육의 경우를 생각해보자. 국가가 자신의 시민으로 태어난 모든 인간에게 특정한 수준의 교육을 요구하고 강요하는 것은 자명한 공리가 아닐까? 부모가 인간(자식)을 세상에 불러낸 후, 그 인간에게 다른 사람과 자신에 대한 삶의 역할을 잘 수행할 수 있도록 교육하는 것이 (부모의) 가장 신성한 의무 중 하나라는 사실을 부인하는 사람은 없다. '신체'에 필요한 음식과 '정신'에 필요한 교육과 훈련을 제공하려는 올바른 전망 없이 아이를 낳는 것은 불행해질 자식과 사회에 대한 도덕적 범죄다."[68]

지난 30년 동안 미국 내에서 이 논쟁의 핵심이 되는 사건
이 존재하는데, 바로 위스콘신 대 요더Wisconsin vs. Yoder 사건
이다. 미국 대법원은 이 사건의 판결에서 아미시Amish 공동체
의[69] 부모에게 〈의무교육법〉상 취학연령(14세)을 넘긴 자녀를
학교에서 데려갈 권리(자퇴시킬 권리)를 인정했다.[70] 폐쇄적인
아미시는 자신들의 전통적인 생활 방식을 고수하며 세속적
영향력이 아미시 공동체에 미치기를 원하지 않는다. 하지만
아미시의 선택을 개인의 순수한 자발적 선택으로만 볼 수 없
다. 아미시의 부모는 자녀에게 강제력을 행사하는 것이기 때
문에, 무고한 사람을 부당한 강압으로부터 보호해야 한다는
자유주의 기본 원칙이 적용될 수 있기 때문이다.

　어떤 이들은 국가가 자유주의 원칙에 따라 아미시 공동체
에 개입해야 한다고 주장한다. 그 이유는 아미시의 교육 수준
이 열악할 경우 국가는 아이들에게 효과적인 이탈권을 제공
해야 한다거나[71] 아이들의 자율적이고 열린 미래를 보장해야
한다거나[72] 아이들이 미래 시민으로서의 역할을 준비할 수 있
는 인지적 도구를 제공해야 한다는 점[73] 등을 들고 있다. 반
면에 국가가 개입해서는 안 된다고 주장하는 자유주의 이론
가들도 있다. 국가가 개입하면 특별한 공동체의 포괄적 신
념체계를 유지할 수 없기 때문이다.[74] 해리 브릭하우스Harry
Brighouse 같은 사람은 국가가 의무교육을 통해 자유주의적 가

치를 주입하는 것이 자유주의 국가의 정당성을 약화할 수 있다고 주장한다. 국가적 세뇌로 인해 아이들의 자율성이 침해당할 수 있기 때문이다.[75]

자유주의의 기원

역사적·의미론적 기원

여기서 다루는 자유주의가 얼마나 이상한 것인지 이해하기 위해 충분한 거리를 둘 필요가 있다. 그 거리는 멀수록 좋다. 우리는 '현상학적 환원', 즉 '단순화'를 통해 거리를 확보할 수 있다. 그러나 더 간단하고 효과적인 방법은 '진화론적 관점'을 채택하는 것이다. 이는 니클라스 루만Niklas Luhmann이 때때로 사용하던 방식이다. 자연과학자에 따르면 우주는 수소라는 하나의 원소에서 시작되었다고 한다. 하지만 수소 원자 하나가 200개 이상의 화학적 원소, 심지어 지적 생명체로 발전했을 가능성은 지극히 낮아 보인다. 직립보행을 배운 원숭이에서 시작되는 인류의 역사를 살펴보면, 개인의 자유와 자유주의라는 개념은 매우 늦은 시기에 서구 사회에서만 출현했다. 따라서 이것을 두고 '불가능을 극복한 인류의 진화적 성취'라고 말할 수 없을 것이다.[76]

원숭이 무리 속에서 자유라는 관념을 어떻게 떠올릴 수 있었을까? 울고 있는 갓난아기를 보면서, 1762년 루소가 말한 "인간은 자유롭게 태어났다"는 주장을 어떻게 정당화할 수 있을까? 하지만 루소의 이러한 진술은 프랑스대혁명의 이념적 토대인 1789년 〈인간과 시민의 권리선언〉에 영감을 주었다. 따라서 자유주의는 우리를 당혹스럽게 만든다. 자유주의의 기원을 어떻게 설명할 수 있을까?

이를 설명하는 데 자유주의에 대한 기존 논의는 거의 도움이 되지 않는다. 첫째, 논의가 종종 서로 모순되기 때문이다. 예를 들어 어떤 이는 자유주의가 기독교에서 유래했다고 주장하지만, 다른 이는 자유주의가 기독교에 대한 투쟁에서 생겨났다고 말한다. 둘째, 자유주의를 창시한 인물이 자주 바뀐다. 어떤 사람은 로크를 자유주의의 창시자로 간주하지만, 어떤 사람은 홉스나 마키아벨리라고 말하고, 또 어떤 사람은 플라톤, 심지어 예수를 이야기하기도 한다. 일부는 애덤 스미스와 여러 경제학자를 포함시키기도 하지만, 다른 사람들은 그렇지 않다. 하지만 이 초기 사상가 중 누구도 자신을 자유주의자라고 생각하지 않았고, 자유주의 비슷한 것을 주장하지도 않았다. 그들에게는 자유주의라는 단어나 개념이 없었기 때문이다.[77]

미국의 정치학자 헬레나 로젠블랫Helena Rosenblatt은 자유주

의와 관련된 이러한 혼란스러운 문제를 해결하기 위해 자유
주의라는 용어의 역사를 탐구했다.[78] 로젠블랫은 자유주의자
Liberalis/liberal 와 자유성Liberitas/liberality 이라는 용어가 18세기
동안 커다란 의미 변화를 겪었다는 사실을 발견했다. 이 용어
는 원래 혈통과 재산으로 인해 자유로운 사람, 즉 지배계급의
사회적 지위를 의미하는 말로, 신민(신하)이나 노예에게 적용
되는 단어가 아니었다. 오랫동안 소수의 사람만이 자신의 삶
을 비교적 자유롭게 결정할 수 있는 특권을 누렸다. 근대에 이
르기까지 이러한 특권은 주로 귀족 계층에게만 허용되었다.
따라서 '자유로운liberal'이라는 단어는 원래 '고귀한', '귀족적
인', '관대한', '이기심 없는', '아낌없이 베푸는' 등과 같은 의
미를 담고 있었다.[79]

중세의 통치자에게 자유성은 미덕의 전형이었다.[80] 이들은
좋은 통치를 통해 공동의 선(공익)을 증진하려고 노력하고, 신
중하게 선택된 고결한 행동 방식을 추구해야 했다. 적어도 이
상적으로는 그러했다. 따라서 신하의 사고와 행동을 지배했
던 이기적인 사익 추구와는 달랐다. 최초의 대학에서 가르쳤
던 고전적인 '자유 예술artes liberales'은 지도자를 훈련하는 데
사용되었다.[81] 하지만 교육이 더 넓은 인구층으로 확대되면서
자유로운 미덕이 부유한 시민의 기준이 되었다. 그들도 서로
에게 고상하고 관대한 행동을 기대하게 된 것이다. 하지만 이

는 지도자로서의 책임에서 기인했다기보다, 이웃 사랑의 계명을 따라야 하는 기독교인의 의무에서 비롯되었다.[82]

그들 사이에서 관대함liberal은 덕을 행하는 것을 의미했으며, 이는 명예로운 사람이 되기 위한 조건이었다. 이러한 의미는 프랑스대혁명기에 일반적인 시민권이나 민족자결권 같은 구체적인 정치적 요구가 들끓어 오름에 따라 뒷전으로 밀려났다. 민족자결권은 자유주의라는 단어가 처음으로 사용된 상황과 맥락이 닿아 있다. 1812년 스페인 독립운동 당시 자유주의Liberalismo라는 단어가 공식적으로 등장했고, 이 시기의 정치투쟁은 자유주의 헌법 및 자유주의 정부에 대한 다양한 열망을 불러일으켰다.

구글의 통계 데이터를 기반으로 수행된 최근의 연구 결과에 따르면, 1760년대 이전까지 '자유로운liberal'이라는 형용사는 정치 이외의 의미로만 사용되었다고 한다.[83] 1760년대 이후부터 자유주의 정책, 자유주의 계획, 자유주의 체제, 자유주의 견해, 자유주의 사상, 자유주의 원칙 등의 정치 용어가 급속히 퍼지기 시작했다. 이러한 어휘 사용의 기원은 스코틀랜드 계몽주의로 분류되는 저자, 특히 역사가 윌리엄 로버트슨William Robertson, 근대 경제학의 창시자 애덤 스미스 등의 저작에서 발견된다. 1820년대부터 영국에서는 자유주의liberalism 라는 명사가 널리 퍼졌고, 이후 윌리엄 글래드스

턴William Gladstone이 이끌던 휘그당Whigs은 자유당Liberal Party
이라는 명칭을 사용했다.[84]

　시간이 지나면서 자유주의자의 정치는 변했고, 그와 함께
자유주의에 대한 일반적인 개념도 변했다. 1870년대까지 시
민권의 확립, 노예제도의 폐지, 검열 철폐, 의복 규정 및 계급
특권의 폐지, 교회와 국가의 분리, 정치체제와 형벌제도의 개
혁, 자유무역 여건의 조성 등 일련의 커다란 성과를 이루어냈
던 진보적 자유주의는 점차 수세에 몰렸다. 그리고 제국주의
이념이 주도권을 잡았다. 빅토리아시대에 영국 자유당은 아
프리카, 아메리카, 아시아를 핍박하고 수탈하는 제국주의의
주도 세력이 되었으며, 20세기로 넘어가면서 허버트 헨리 애
스퀴스Herbert Henry Asquith와 로이드 조지Lloyd George의 지도
하에 사회적 자유주의 정당으로 변화했다. 미국의 민주당도
이와 비슷한 변화 과정을 거쳤다. 이러한 좌경화의 결과, 자유
주의적이라는 형용사는 이 정당들에게 사회민주주의 정책을
의미하게 된 반면, 오늘날 고전적 자유주의의 입장은 이제 자
유 지상주의라고 불리게 되었다. 오늘날 독일에서는 자유 지
상주의자가 종종 포퓰리스트나 극우주의자와 동일시되는 경
향이 있다.[85] 하지만 독일의 이러한 상황은 부당한 측면이 있
다. 원래 자유 지상주의자는 자유를 제한하고 인민을 억압하
는 모든 권력, 특히 정치적 극단주의와 전체주의에 반대하기

때문이다.

20세기의 의미 변화

제국주의 열강의 이해가 충돌해 발생한 제1차 세계대전 이후 자유주의는 정치적 영향력을 크게 상실했고, 1920년대 이후 경제학자는 더 이상 철학이나 형이상학의 전통이 아닌 현대 경제학을 바탕으로 자유주의를 완전히 새롭게 정립하려고 시도했다. 그들은 자유 시장경제를 지지했고 국가의 계획경제에 반대했다. 그들 중 일부는 자신의 접근 방식을 신자유주의라고 불렀다. 이 용어는 그들에게 자유주의의 새로운 단계와 정립 방식을 의미했으므로, 반대자가 사용하는 논쟁적 용어와는 구별되어야 한다. 오늘날 신자유주의라는 용어가 주로 사회적 문제 및 위기와 연관되어 있다는 사실은 그에 대한 비판자가 해석의 주도권을 잡고 공적 담론을 지배하고 있다는 것을 의미한다. 20세기 중반이 되자 자유주의의 의미가 확장되었다. 자유주의는 점차 유럽과 북미 문화 전체를 이해하는 개념으로 자리 잡게 되었다.[86] 냉전 시대에 미국과 서유럽 국가가 대서양 동맹을 강조한 결과였다. 이러한 연대 속에서 서방의 자유민주주의국가는 스스로를 '자유세계'의 수호자로 내세우면서, 사회주의국가에 맞섰다.

케임브리지대학의 역사가 던컨 벨Duncan Bell의 역사적-의미론적 연구 결과에 따르면, 오늘날 널리 퍼진 자유주의에 대한 견해는 1930년경에야 나타났고 1950년경에 통합되었다고 한다. 그는 이러한 사실에 근거해 존 로크를 자유주의의 아버지로 평가하는 기존 통념을 비판했다.[87] 던컨 벨에 따르면 자유주의가 극우 및 극좌 전체주의 이념과의 투쟁 속에서 개념적 변화를 겪었고, 이 과정에서 자유주의의 필요에 따라 로크 신화 또는 로크 서사가 만들어졌다고 한다. 그러나 로크를 자유주의의 창시자로 평가하는 일은 역사적 증거에 근거하고 있다. 예를 들어 자유주의의 중요한 문서인 〈미국 독립선언서〉(1776)는 로크의 〈정부에 대한 두 개의 논문(시민정부 이론)〉(1690)에서 중요한 영감을 얻었다. 미국 혁명에 관한 논문을 읽다 보면 '위대한 로크 선생'이라는 말이 반복해서 등장한다. 존 로크의 자연권 이론은 북미 식민지인이 모국인 영국에 대해 반란을 일으킬 수 있는 명분을 제공했다.[88] 벨은 개념사를 연구해 정치적 신념을 반영한 다양한 저술을 비교 분석했다. 그 결과, 자유주의자와 자유주의라는 용어가 고정적이지 않고 끊임없는 변화를 겪은 유동적 의미를 지녔다는 사실을 밝혀냈다. 자유주의의 역사는 끊임없는 재발명의 역사다.[89]

부인할 수 없는 사실

자유주의라는 이데올로기가 18세기 서구의 정치적 필요에 따라 만들어졌다 하더라도, 자유Freiheit라는 개념은 플라톤에서 롤스에 이르기까지 인류의 역사와 함께 존재해왔다. '자유로운'을 뜻하는 독일어 프라이Frei의 어원에 대해 여러 가지 견해가 존재한다. 그중 하나는 이 말이 원시 게르만어 프리할사frī-halsa에서 나온 말인데, 프리할사는 '자신의 목Hals을 소유한 사람', 즉 자기 자신을 자유롭게 처분할 수 있는 사람을 의미했다고 한다.[90] 또 다른 견해는 독일어 자유로운frei, 결혼하다freien, 평화Frieden의 어근이 모두 동일하고, 이 말은 모두 '친구'를 의미하는 베다어 프리야priyá에서 기원했다고 한다. 따라서 자유로운 사람은 서로 가까운 관계에 있고 동등한 권리를 가진 공동체에 속하며, 그들 사이에는 평화로운 상태가 존재하고, 이 내적 평화를 제3자의 침해로부터 함께 방어한다는 의미를 지닌다. 따라서 법적 지위로서의 자유는 집단과 연관되어 있고, 특정 집단이 규범적 지배력을 행사하는 영역과도 관련이 있다.[91]

오늘날의 자유 개념은 계몽주의의 유산이다. 계몽주의는 종교, 주술, 편견으로부터의 해방이라는 지적 측면을 포함하고 있다. 칸트에 따르면, 계몽이란 "인간이 자기 자신이 초래한 미성숙 상태에서 탈출하는 것"을 의미한다.[92] 이러한 칸트의 자유 개념에 따르면 자유는 이성을 통해서만 접근이 가능하다. 이성이 없으면 인간은 동물처럼 본능에 따라 움직이게 된다. 인간은 이성의 힘으로 선을 인식하고 자신의 행동을 그에 맞게 의무적으로 조정할 수 있다. 칸트에 따르면 의무를 자각하고 도덕적으로 행동하는 사람만이 자유롭기 때문에 '자유로운 행동', '도덕적인 행동'은 자유의지, 선한 의지와 동의어다.

이러한 칸트의 자유 개념은 자유와 의무를 동의어로 만든다. 오직 의무에 따른 결정만이 자유로운 결정이며, 그 반대도 마찬가지다. 따라서 칸트의 자유 개념은 순수한 '쾌락에 기반한 결정'을 자유 개념에서 배제한다. 자신이 원하는 대로 행동할 자유는 자신이 느끼는 쾌락에 따라 행동하는 것과 정반대다. 쾌락은 오히려 인간을 자신의 자유로운 발현에서 멀어지게 하기 때문이다. 또 칸트의 자유 개념은 선택의 자유를 필요로 하지 않는다. 여러 가지를 선택할 가능성이 존재하는 것이 중요하지 않기 때문이다. 행동에 대해 선택할 가능성이 하나뿐이더라도, 인간 이성이 이 선택을 옳다고 인식하는 한 자유롭다.

동시대인이 이해하기 힘들었던 개념적 급진성에도 칸트의 자유에 대한 정의는 역사상 가장 영향력 있는 개념이며, 이념사적으로 가장 성공적인 정의로 자리 잡았다. 그것은 19세기의 모든 주요 법전에 영향을 미쳤다. 칸트의 자유 개념에서 결정적인 요소는 우리에게 의무에 따라 행동할 책임이 있지만, 타인이 그 의무를 설정할 수 없다는 것이다. 오직 개인만이 자기 이성의 힘으로 무엇이 옳은지 인식하고 받아들여야 하기 때문이다. "누구도 나에게 타인이 생각하는 방식으로 행복을 강요할 수 없다. 모든 인간은 각자 자신이 좋아하는 방식으로 자신의 행복을 추구할 수 있다. 타인의 자유를 침해하지 않는 한, 우리는 타인의 권리라는 일반법칙을 통해 다른 사람의 자유와 공존할 수 있다."[93]

헌법과 자유주의

많은 국가에서 다양한 형태의 자유가 기본권으로서 법적 지위를 누리고 있으며, 특히 자유권의 형태로 존재한다. 칸트적 의미에서 법질서와 국가 질서는 자유가 실현되기 위한 합리적 질서체계여야 하기 때문이다.[94]

우리 헌법에는 '자유'에 대한 명시적 정의가 없다. 우리 헌법은 시민을 특정한 자유 이론에 구속시키지 않는다. 자유 이론은 철학의 영역에 남겨두는 것으로 족하다. 우리 헌법은 자유를 정의하기보다 다양한 자유의 현상을 기본권이라는 하나의 다발로 묶어놓았다. 따라서 우리에게는 권리가 곧 자유다. 기본권은 모든 시민이 인간의 존엄성을 유지하고 행복을 추구하며, 인격의 자유로운 발전을 위해 존재한다.[95] 헌법 제10조 전문은 "모든 국민은 인간으로서의 존엄과 가치를 가지며, 행복을 추구할 권리를 가진다"고 규정함으로써 행복추구권을 보장하고 있는데, 이러한 행복추구권은 일반적인 행동자유권과 개성의 자유로운 발현권을 포함한다.[96]

우리 헌법은 자유가 곧 제도라는 '자유의 이중 개념' 없이는 이해될 수 없다. 기본권으로서의 자유는 입법에 의한 제한을 필요로 한다. 칸트의 견해에 기대어보면, 이러한 제한은 다시 자유로 환원된다.[97] 따라서 기본권을 행사하는 개인의 '자유'는 자유의 행사를 보장하는 국가적 '제도'에 의해 형성된다. 즉 사적 자율성이 공적 자율성에 의해 제한된다.[98]

민주적으로 조직된 국가의 시민은 기본권의 형태로 헌법에 의해 규범적으로 보장된 자유를 누린다. 기본권은 국가가 침해할 수 없는 핵심 영역을 보장하며, 이는 사인私人 간에도 한결같이 질서 정연하게 존중되고 지켜져야 한다. 기본권은 평등권과 자유권을 함께 보장한다.

우리 헌법이 보장하는 기본권적 자유에는 일반적 행동의 자유(제10조), 일반적 계약의 자유(제10조), 신체적 완전성에 대한 권리(제12조), 종교의 자유(제20조), 세계관과 양심의 자유(제19조), 혼인과 가족생활의 보호(제36조), 모성의 보호(제36조), 언론과 출판의 자유(제21조), 집회와 결사의 자유(제21조), 학문과 예술의 자유(제22조), 이동의 자유(제14조), 직업의 자유(제15조), 주거의 불가침(제16조), 사생활의 비밀과 자유(제17조), 통신의 비밀(제18조), 재산권의 보장(제23조), 개인정보의 자기결정권(제10조) 등이 포함된다.

이러한 기본적 권리 외에도 제10조는 제1조와 결합해 적극적 시민의 권리, 즉 정치 참여에 대한 자유를 도출해낸다. 정치적 참여권의 중점은 선거로 입법자와 대통령을 선출하고 이를 통해 입법과 행정에 참여할 권리에 맞춰져 있다. 역사적으로 정치 참여에 대한 권리는 생명, 자유, 재산과 함께 네 번째 인권으로 간주된다.[99]

개인은 기본권에 의해 국가 공동체에 대해 독립적인 지위를 부여받으며, 법치주의에 따라 이를 실현할 수 있다. 또 원칙적으로 자신의 삶을 스스로 결정하고, 자신의 표상에 따라 삶을 형성하며, 다른 사람과 연대해 사회 전체의 발전에 중요한 영향을 미칠 수 있는 능력을 갖추게 된다.

법치주의 원칙은 무엇인가

    법치주의는 헌법을 관통하는 이성과 진보의 원리다. 모든 개인과 국가기관이 '법의 지배', 즉 법에 따라 행동해야 한다는 원칙을 말한다. 민주주의는 목적의 성격을 지니고 있지만, 법치주의는 수단의 성격을 지니고 있다. 민주주의가 '체体(실질)'라면 법치주의는 '용用(형식)'에 해당한다. 따라서 법치주의에 대한 논의는 일견 따분하고 지루하게 느껴질 수 있다. 하지만 수단 없이 목적을 이룰 수 없다. 여기서는 법치주의에 대한 중요한 문제 제기, 특히 최근 20년간 독일연방헌법재판소

와 독일 헌법학계의 논의를 가능한 한 충실하게 살펴보려고
한다. 일반적으로 법치주의와 법치국가 원칙은 혼용되고 있
다. 엄밀히 말하면, 법치주의는 '법의 지배' 원칙 자체를 말하
는 데 비해, 법치국가는 법치주의를 바탕으로 운영되는 국가
체제를 말한다.

법치국가

법치국가Rechtsstaat는 '국가권력의 행사가 제한되는 국가'라
고 설명할 수 있다.[1] 법치국가에는 시민을 위한 여러 보호 장
치가 존재한다. 첫째, 국가권력의 지배를 받는 시민에게 권리
주체성[2]이 인정된다. 둘째, 국가권력이 기능적으로 분할[3]된
다. 셋째, 국가권력이 만들어낸 법에 국가권력이 구속[4]된다.

헌법은 국가 질서를 형성하고 국가권력을 구속하는 기초가
된다. 헌법은 구속력 있는 방식으로 국가의 기본질서를 정립
하고, 국가권력 보유자에게 완전한 재량을 부여하지 않는 기
속적 규범 구조를 확립한다. 국가의 최고법인 헌법의 변경은
강화된 조건하에 대의기관이 제안(재적의원 과반수의 동의)하고
국회 가중다수결(재적의원 3분의 2 이상의 동의)의 찬성을 얻은
뒤 최종적으로 주권자인 국민이 결정한다.[5] 우리와 달리 독일

의 경우 헌법의 내용은 강화된 조건하에서 '입법부에 의해서만' 변경될 수 있다.[6] 따라서 〈독일 기본법〉은 헌법의 핵심 영역은 변경할 수 없도록 헌법 개정의 한계를 규정하고 있다.[7] 하지만 우리는 헌법 제정권자인 국민이 헌법의 개정 여부를 최종적으로 결정하기 때문에 그 한계를 설정할 필요가 없다. 헌법 제정 권력을 보유한 우리 국민은 현행 헌법을 완전히 폐지하고 새로운 헌법을 만들 수도 있다.

헌법국가Verfassungsstaat에서는 통치권자가 국가권력을 완전히 자유롭게 행사할 수 없고 오직 헌법에 명시된 형식과 조건에 따라서만 행사할 수 있지만, 권력국가Machtstaat는 국가권력이 자의적으로 행사될 수 있고 사실상 헌법의 구속을 받지 않는다.[8] 법치주의는 국가권력을 헌법에 구속시켜 헌법국가가 권력국가로 전락하지 않도록 방지하는 것을 목표로 한다. 일반적으로 법치국가의 개념은 형식적 개념과 실질적 개념으로 나누어볼 수 있다. 형식적 법치국가는 국가권력 행사에 대한 절차적 구속을, 실질적 법치국가는 국가권력 행사에 대한 내용적(실질적) 제한을 의미한다.

형식적 법치국가

형식적 법치국가formeller Rechtsstaat의 특징은 국가권력의 자의적 행사를 방지하기 위해 국가권력을 조직적·절차적으로 규범에 묶어둔다는 점이다. 이는 국가권력의 남용을 방지하기 위한 것이다. 이 경우 국가 행위의 내용과 목적이 무엇인지는 중요하지 않다.

이러한 형식적 법치국가의 핵심은 다음과 같다.[9] 첫째, 국가는 헌법에 의해 허용된 범위 내에서만 행동한다. 헌법은 어떤 국가기관이 어떤 권한을 갖고 있으며 목적을 달성하기 위해 어떤 수단을 동원할 수 있는지 구속력 있게 규정한다. 헌법적 기준은 다른 어떤 국내법 조항보다 우선한다(국가권력의 헌법적 구속).[10] 둘째, 국가권력은 입법권, 집행권(행정권), 재판권(사법권)의 세 가지 영역으로 나누어진다(권력분립).[11] 셋째, 국가행위의 중심 도구이자 출발점은 법률이다. 행정부가 조치(행위)를 취하려면 먼저 입법부가 내린 법적 승인(법적 권한 부여)이 필요하다(법률유보). 행정부는 시행 중인 법률을 위반해서는 안 된다(법률우위). 시민은 이러한 방식으로 유효한 법률의 테두리 내에서 국가로부터 법적 확실성과 자유로운 영역을 보장받는다(국가행위의 합법률성).[12] 넷째, 행정부가 법률을 준수하는지 여부는 사법부가 감시한다. 사법부의 독립성은 행정부에 대한 효과적인 통제를 보장한다. 하지만 사법부 역시 국가권력의 일부이기 때문에 법률에 구속된다(독립적인 사법부의 보호).[13]

형식적 법치국가의 원칙은 19세기 독일연방der Deutsche Bund[14]의 국가 헌법을 형성하는 데 중요한 역할을 했다. 행정권은 군주가 행사했지만, 행정권이 시민의 자유와 재산을 침해(개입)하기 위해서는 법률의 위임이 필요했고, 이러한 법률을 제정하기 위해 의회의 동의가 있어야 했다. 행정부(국왕)에 종속된 위원회와 왕실청, 나중에는 행정법원이 행정조치의 적법성 여부를 검토할 수 있었다. 이러한 방식으로라도 절대군주의 권력 남용과 자의적 통치를 극복해야 했다.

실질적 법치국가

법치국가의 범위를 형식적 법치국가로 한정할 경우 장기적으로는 법치국가의 목표를 달성할 수 없다. 국가행위의 '내용'을 고려하지 않기 때문이다. 행정부를 법률에 구속시켜야만 시민은 자유의 영역과 법적 안정성을 얻을 수 있다. 그러나 형식적 법치국가 체계하에서는 형식적으로 제정된 법률이면 충분하기 때문에 시민은 법률의 내용적 자의성으로부터 충분한 보호를 받을 수 없다.

이러한 이유로 실질적 법치국가 개념, 즉 법치국가의 내용적 구속력이 필요하게 되었다. 실질적 법치국가는 주로 헌법이 사전에 정해둔 실질적(내용적) 기준에 따라 형성된다. 여기에는 다음과 같은 것들이 포함된다. 첫째, 국가권력은 인간의 존엄성과 기본권에 구속된다.[15] 둘째, 민주주의[16]와 사회국가[17]에 대한 헌법적 결단은 침해할 수 없다. 셋째, 독립적 사

법 당국(헌법재판소)이 사전에 정해놓은 헌법의 기준에 따라 입법을 검토한다.[18]

역사적으로 실질적 법치국가의 출현은 산업혁명으로 인한 사회 변화와 밀접한 관련이 있다. 국가는 더 이상 내부적 질서와 외부적 안보를 제공(경찰국가, 야경국가)하는 것에만 국한될 수 없었고, 고전적인 시민사회가 산업사회로 변화하는 과정에서 사회적, 정치적 격변을 흡수해야 했다. 이러한 상황 전개로 인해 19세기의 자유주의적 법치국가에서 20세기 실질적 법치국가(사회적 법치국가)로 이행하게 되었다.

대부분의 헌법이 형식적 법치국가와 실질적 법치국가를 결합하고 있다. 의미 있는 국가권력의 구속을 위해 절차적 요건과 실체적 요건의 결합이 반드시 필요하기 때문이다. 법적 규제에도 국가권력이 남용될 수 있다면 형식적 법치국가는 무용지물이 되고 만다. 또 권력분립, 국가행위의 적법성, 독립된 법원 등과 같은 형식적 요소가 수반되지 않으면 민주주의, 기본권과 같은 내용적 요건(실질적 법치주의)이 효과적으로 보장될 수 없다.

법치국가 원리의 헌법적 설계

우리 헌법은 민주주의에 대해 명시적으로 언급하고 있지만[19] 법치국가, 사회국가 등 헌법의 다른 구조적 원리에 대해서는 명시적으로 언급하고 있지 않다. 하지만 헌법에 흩어져 있는 여러 조문을 종합해볼 때 대한민국은 국가적 질서에 대한 기준으로 법치국가 원리를 당연한 전제로 한다.

형식적 법치국가의 원리는 다음과 같다.

- 권력분립: 국가권력은 입법권, 집행권(행정권), 재판권(사법권)의 세 가지 영역으로 나뉜다.[20]
- 국가행위의 합법률성: 국가행위의 중심 수단이자 출발점은 법률이다. 행정부가 조치(행위)를 취하려면 먼저 입법부가 내린 법적 승인(법적 권한 부여)이 필요하다(법률유보). 행정부는 시행 중인 법률을 위반해서는 안 된다(법률우위). 시민은 유효한 법률의 테두리 내에서 국가로부터 법적 확실성과 자유로운 영역을 얻는다.[21]
- 독립적인 사법부: 행정부가 법률을 준수하는지 여부는 사법부가 감시한다. 사법부의 독립성은 행정부에 대한 효과적인 통제를 보장한다. 하지만 사법부 역시 국가권력의 일부이기 때문에 법률에 구속된다.[22]

실질적 법치국가의 원리는 다음과 같다.

- 국가권력은 인간의 존엄성과 기본권에 구속된다.[23]

- 민주주의[24]와 사회국가[25]에 대한 헌법적 결단은 침해할 수 없다.
- 독립적 사법 당국(헌법재판소)이 사전에 정해놓은 헌법의 기준에 따라 입법을 검토한다.[26]

헌법상 법치국가 원리는 민주주의, 사회국가 원리에 대해 우월적 지위가 아니라 동등한 지위를 갖는 헌법의 구조적 원리다. 즉 법치주의 원리는 모든 국가권력에 직접 영향을 미치는 지도 이념 중 하나에 해당한다. 일반적으로 법치국가 원리가 모든 사안에 대해 헌법적 차원에서 세세하고 명확하게 정의된 명령이나 금지를 포함하고 있지는 않다. 따라서 국회와 정부는 법치국가 원리를 상황에 맞게 구체화함으로써 법치국가의 기본 요소를 지켜야 한다.[27] 우리 헌법은 다른 나라들과 달리 형식적 법치국가 및 실질적 법치국가 원리를 아우르는 풍부한 개별 규정을 헌법 곳곳에 다양하게 배치하고 있다. 나중에 살펴보겠지만 우리 헌법은 법치국가 원리를 개별 사안에 직접 적용 가능한 비교적 상세하고 명확한 규정을 두고 있다.

국가권력의 분리: 권력분립

권력분립의 개념

권력분립의 원칙은 국가권력을 여러 개의 국가 기능으로 분할하는 국가조직 원리다. 이렇게 분할된 부분권력이 상호 통제, 억제, 절제(견제와 균형checks and balances)를 통해 국가적 권력행사를 제한하며, 예측 및 통제 가능성을 높이는 것을 목적으로 한다. 이러한 권력분립은 권력의 분할 자체가 아니라 분할된 국가권력을 가장 잘 행사할 수 있는 국가기관에 국가 기능이 할당되도록 보장하는 것을 목표로 한다.

권력분립은 권력의 '수직적 분리'와 '수평적 분리'로 구분된다. 권력의 수직적 분리는 '단일국가' 내의 다층적 권한 배분, '연방국가' 내의 연방과 주 간의 권한 배분으로 인해 발생한다. 권력의 수평적 분리는 국가의 통치 기능을 동일한 위계 수준에서 동등한 기관에 배분하는 것을 말한다.[28]

수평적 권력분립은 기능적·조직적·인적 권력분립으로 구별된다. 기능적 권력분립은 국가권력이 입법, 행정, 사법이라는 세 개의 기능별 영역으로 나뉘는 것을 의미한다.[29, 30] 조직적 권력분립이란 기능적으로 분할된 세 가지 국가권력이 각각 다른 중개자Träger에 할당되어 특정한 기관에 분배되는 것을 뜻한다. 인적 권력분립이란 국가기관이 인력을 충원하는 과정에서 업무를 수행하는 주체의 동일성 때문에 조직적 권력분립이 훼손되는 것을 방지하는 기능을 말한다. 예를 들어 대통령이 국회의원이나 법관은 물론이고 국무총리, 국무위원 또는 행정 각부의 장을 겸하는 것도 인적 권력분립의 원리에 위배된다.[31]

법치국가 원리로서의 권력분립

법치국가의 최고 원리인 권력분립은 한 사람의 손에 국가권력이 집중되면 권력 남용, 자의적 지배, 국민에 대한 억압으로 이어진다는 역사적 경험에서 비롯되었다.

고전적 의미의 권력분립은 주로 몽테스키외(1689~1755)의 가르침[32]으로 거슬러 올라간다. 그는 프랑스 절대군주의 통치에 대응해 국가권력의 삼분할三分割을 요구했다. 현존하는 군주제와 새롭게 부상하는 시민계급 사이의 균형을 맞추기 위한 것이었다.[33] 몽테스키외에 따르면 모든 국가에는 입법권, 행정권, 사법권이 있다. 각각의 국가 기능은 근본적으로 다르며, 서로 독립적으로 행동하는 다양한 기관에 의해 수행되어야 한다. 입법권은 귀족과 인민대표로 구성된 양원제 의회에 의해, 행정권은 군주와 그에게 종속된 행정기구에 의해, 재판권은 법관에 의해 행사되어야 한다.

입법부가 법률을 제정하면 합법률성 원칙에 따라 행정권의 내용과 범위가 제한된다. 사법부는 행정행위의 적법성을 확인하고 특정 상황에서 이를 취소한다. 사법부 자체도 입법부가 제정하는 법률의 구속성에 의해 통제된다. 여기서 철저한 양립 불가능성(겸임 불가능성)을 통해 달성되는 권력의 인적 분리가 중요하다. 어느 누구도 동시에 둘 이상의 권력기관에서 공직을 맡을 수 없다. 세 개로 나누어진 권력이 서로를 견제하고 억제하기 때문에 국가의 권력 행사가 통제되고 남용이 더욱 어려워진다.[34]

민주주의국가에서는 국민이 국가권력의 유일한 소유자다. 국가권력은 입법권, 행정권, 사법권으로 나뉘고, 나뉜 권력은 입법부(국회), 행정부(정부), 사법부(법원)에 배분된다.[35] 입법부는 시민과 국가기관에 대한 구속력 있는 명령과 금지를 내용으로 하는 추상적이고 일반적인 규범(법률Gesetz)을 정립한다. 이러한 규범은 불특정 다수의 사람을 대상으로 하며(일반성), 적용 범위가 시기적, 장소적으로 고정되어 있지 않다(추상성). 행정부는 통치 부문(국왕·수상·대통령)과 집행 부문(각부 장관·행정 관료)으로 구성된다. 행정부의 전형적인 임무는 법률을 집행하는 것이며, 입법부와 달리 사례별로 구체적인 결정을 내린다. 행정이라는 용어는 광범위하게 해석되어야 하는데, 입법이나 사법을 제외한 모든 국가행위를 포함한다.[36] 사법은 분쟁과 관련이 없는 제3자(법관)가 법에 근거한 공식적

절차에 따라 법적 결정(판결)을 하는 것을 말한다.[37]

물론 권력분립이 기능적 영역의 완전한 분리를 의미하지는
않는다. 그런 접근 방식은 사실상 불가능하며 법치국가적으
로도 바람직하지 않다. 오히려 분리된 권력 상호 간에 영향력
과 통제권을 행사하도록 하는 것이 개별 권력의 권한 위반을
방지하는 데 도움이 된다.

오직 '견제와 균형' 시스템만이 장기적으로 국가 구조의 균
형을 유지하고 권력 남용을 방지할 수 있다. 하지만 완전한 권
력분립은 민주적 정부 형태에 어긋난다. 민주주의 원리에 따
르면 모든 국가권력은 단 하나의 보유자인 국민으로부터 파
생되기 때문이다. 국민이 자신의 대표를 선출하면, 국민대표
는 다른 모든 파생적 국가권력에 국민이 부여한 민주적 정당
성을 전달한다. 사법권과 행정권의 행사는 이러한 방식으로
간접적으로나마 국민의 의지에 귀속되어야 한다. 이를 위해
의회에 영향력, 통제권, 참여권을 부여하여 권력분립에 대한
민주주의적 타개책을 열어줄 필요가 있다.[38]

우리 헌법상 권력분립

우리 헌법에서 권력의 수평적 분립은 국가 기능의 상호 교
차, 억제 및 협력 시스템의 형태를 이루고 있다. 그 기반은 고
전적인 국가권력의 삼분할, 즉 삼권분립(입법, 행정, 사법)을 넘

어 사권분립(입법, 행정, 사법, 헌법재판)에 이르고 있다. 우리 헌법이 결정한 대통령제 정부 시스템은 행정부와 의회 사이에 대립과 견제 관계를 가져온다. 하지만 정당민주주의가 발전하면서 행정부와 의회 사이에 밀착 관계가 형성된다. 정당민주주의하에서는 동일한 정당 구성원들이 의회와 정부에서 활동할 수 있기 때문에 특정한 국가 기능과 공직 사이의 경계 구분이 모호해진다. 상황에 따라 권력이 엄격하게 분리되지 않고, 조직적, 기능적, 인적 측면에서 서로 얽히게 된다(권력적 교차).[39]

분리된 국가권력이 다른 국가권력의 기능 영역에 간섭하는 것이 항상 금지되지는 않는다. 다만 다른 국가권력의 핵심 영역에 개입하는 것은 권력분립의 원칙에 위반된다. 하나의 권력이 다른 권력보다 우월한 지위를 차지하는 것을 의미하기 때문이다.[40] 이것이 정확히 무엇을 의미하는지는 개별 사례에 대한 평가를 바탕으로 결정되어야 한다.[41]

권력의 수평적 분리: 우리 헌법상 수평적 권력분립의 출발점은 "대한민국의 주권은 국민에게 있고, 모든 권력은 국민으로부터 나온다"는 헌법 제1조다. 제1조에 따라 국민으로부터 도출되는 국가권력은 입법권, 행정권, 사법권, 헌법재판권 등 네 가지 기능으로 나뉜다.

분리된 국가 기능은 국회, 정부, 법원, 헌법재판소라는 특별한 기관에 부여되는데, 각 기관은 서로 분리되어 하나의 기능만을 개별적으로 수행한다. 헌법은 국가기관에 명칭을 부여하고(국회, 대통령, 법원, 헌법재판소), 그 설립 및 구성을 규율하며 각각의 기능을 부여한다. 입법권은 국회에, 행정권은 정부에, 사법권은 법원에, 헌법재판권은 헌법재판소에 부여된다. 그러나 우리 헌법상 권한의 귀속은 완전하지도, 배타적이지도 않다. 특히 입법권과 행정권 사이에는 일정한 연관성[42]이 있다.

헌법에 규정된 추가적 상호연결(교차관계)은 행정부의 행정입법권[43] 그리고 정부의 전통적인 외교 분야에 대한 국회의 참여로 인해 발생한다.[44] 자유민주주의국가에서 규범을 정립하는 헌법적 임무는 주로 의회에 맡겨진다. 반면 행정부는 주로 통치와 행정을 담당한다. 통치Regierung는 정책을 형성하고 의회에 대한 책임을 맡으며, 행정Verwaltung은 개별 사례에 따라 법을 집행하는 임무를 맡는다. 이는 물론 의회가 사안별로 행정부의 행동에 영향을 미치는 것을 배제하지는 않는다. 모든 기관의 행동은 국민의 의지에 따라 이루어져야 하며 국민에 대해 책임져야 한다.[45] 우리 헌법상 행정권을 행사하는 기준은 의회에서 의결(결정)한 법률로 정해진다.[46]

권력분립은 사법(재판)을 통해 가장 명확하게 구현된다. 법관은 헌법에 따라 업무를 수행하는 데 있어 엄격한 인적 비호

환성(겸직 금지)과 완전히 독립적인 지위를 명시적으로 보장 받는다.[47] 외부의 압력이나 지시 없이 독립적으로 결정을 내리는 것이 사법(재판)의 중요한 특징이기 때문에 다른 국가기관과의 (기능적) 통합은 용납될 수 없다. 한편 입법부와 행정부는 공동으로 대법원과 헌법재판소의 구성에 참여할 수 있는 기회를 가진다.[48] 반면에 사법은 시행 중인 법률을 기초로 결정(판단)을 내리는 국가작용이므로, 법률이 발효되기 전 단계인 입법정책과 입법과정에 적극적으로 참여하지 못한다. 국가권력의 개별 기능을 뚜렷하게 분리하되, 입법부, 행정부, 사법부의 기관이 서로를 통제하고 제한하면서, 국가권력을 조절하고 개인의 자유를 보호하도록 한다.[49]

한편 헌법재판소는 입법, 행정, 사법의 권력 행사가 헌법적 한계를 넘지 않도록 견제하고 권력 간 균형을 유지하며 국민의 기본권을 보호하는 역할을 한다. 이러한 역할과 함께 헌법을 해석하고 적용하는 데 최종적 판단을 내리는 권한을 통해 권력분립의 원칙을 실현하고, 민주적 헌정질서를 수호하는 핵심적 기능을 수행한다.

권력의 분리는 헌법의 기본적인 조직적, 기능적 원칙으로 국가기관 간 상호 통제를 보장해 국가 통치의 강도를 완화하는 역할을 한다. 권력분립 원칙은 모든 곳에서 완벽하게 구현될 수는 없다. 수많은 권력의 상호 교차와 힘의 균형이 있을 뿐이다. 헌법은 권력의 절대적 분리가 아니라, 상호 통제, 억제, 절제를 요구한다. 그러나 헌법이 명시한 삼권 간의 가중치는 유지되어야 한다. 어떤 권력도 헌법의 규정에 반해 다른 권력에 대한 우위를 점할 수 없으며 헌법상의 임무를 수행하는데 필요한 책임을 박탈당하지 않는다.[50]

권력분립의 원칙은 세 가지 측면을 갖는다. 우선 국가권력의 다양한 기능을 분리하고, 기능을 수행하는 기관을 분리하며, 해당 기관에서 일하는 사람을 분리해 국가권력을 통제한다(권력의 분리). 둘째, 모든 국가권력은 가능한 한 폭넓게 국민으로부터 민주적 정당성을 부여받아야 한다(권력의 정당성). 셋째, 권능의 적절한 배분을 통해 국가 기능을 적절하게 귀속시켜야 한다(권능의 귀속).

권력분립은 국가적 결단(결정)이 가능한 한 정확하게 이루어지도록 보장하는 것을 목표로 한다. 따라서 조직, 구성, 기능 및 절차 측면에서 최상의 전제 조건을 갖춘 기관이 이를 수행해야 한다.[51] 다양한 권력의 핵심 영역은 불변이다. 이는 국가권력 중 하나가 헌법에 의해 할당된 임무를 월권적으로 수행하는 것을 방지한다.[52]

권력의 수직적 분리: 미국, 독일 같은 연방국가의 경우 수직적 권력분립은 주로 연방주의 원리에 따라 연방과 주 사이에서 국가권력을 분할하는 것을 의미한다. 연방국가에서는 연

방이라는 다단계 시스템 때문에 연방상원 또는 연방참사원의 지위와 관련해 입법과정에서 특별한 형태의 권력적 상호 교차가 발생한다. 특히 독일의 경우 연방참사원을 통해 각 주가 연방법 제정에 참여[53]하고, 주정부의 구성원이 입법 기능을 수행[54]함으로써 수직적 권력분립이 더욱 구체화된다.

이와 달리 한국, 일본 같은 단일국가의 경우 주로 지방자치의 보장을 통해 수직적 권력분립이 이루어진다. 단일국가의 지방자치는 지역과 자치단체 차원의 분권화된 자치권력, 시민 중심의 자치행정을 보장하기 위한 것이다.[55] 우리 헌법은 자치단체의 고유 사무(주민의 복리)를 명시적으로 보장하면서 자치단체의 조직과 자치 입법권의 구체적인 범위에 대해서는 국회가 제정한 법률에 위임하고 있다.[56]

국가권력의 통제: 권력 통제

형식적 법치국가는 권력의 분할로 일단락된다. 하지만 실질적 법치국가, 즉 국가의 통치권에 대해 '실질적 한계'를 설정하는 일은 포괄적이고 실체적(내용적)인 구속성을 부여함으로써 달성된다. 우리 헌법은 국가권력을 구속하기 위한 세 가지 규범을 마련하고 있다.

헌법 제1조는 대한민국의 통치 형태가 민주공화국임을 천명한다. 따라서 대한민국은 국민의 공익이 아닌 개인의 사익을 위한 통치를 배격하며, 주권이 국민에게 있고 모든 국가권력이 국민으로부터 나온다는 점을 분명히 하여 국가권력의 민주적 정당성에 대한 기속을 명백히 하고 있다. 헌법 제10조는 인간의 존엄성을 지고의 가치로 선언하면서, 모든 국가권력에 기본적 인권의 불가침을 확인하고 이를 보호할 의무를 부과하고 있다. 우리 헌법은 전 세계에서 유례 없이 포괄적으로 기본권 목록을 보장하는 것 이외에도 제37조[57]를 통해 국가에 헌법에 열거되지 않는 자유와 권리까지 존중할 의무를 부과하고 있다. 고도의 공익 목적을 위해 필요한 경우에 한해 불가피하게 국민의 자유와 권리를 제한하는 경우에도 법률로써만 제한하되 자유와 권리의 본질적 내용을 침해할 수 없도록 엄격하게 규정하고 있다.

'국민주권'의 원리와 '인간의 존엄성'에서 유래하는 '기본권'은 헌법적 가치 질서의 중핵으로서 모든 권력을 구속한다. 또 입법은 '헌법'에, 행정과 사법은 '헌법과 법률'에 구속된다.

기본권의 국가권력에 대한 구속력

헌법 제10조에 따르면 모든 국민은 인간의 존엄성과 행복을 추구할 권리를 가지며, 국가는 개인이 가지는 불가침의 인권을 확인하고 이를 보장할 의무를 진다. 모든 국가권력은 헌법이 보장하는 기본권에 직접적으로 구속된다.

이와 관련해 독일연방헌법재판소는 주목할 만한 논리를 제공한다. 〈독일 기본법〉상 기본권의 국가권력에 대한 포괄적 구속성은 근본적으로 영토적 관련 사안이나 고권적 권능(주권적 권한)의 행사에 국한되지 않고, 국가권력을 대외적으로 행사할 때(외교 활동)에도 적용된다.[58] 과거에는 통치행위 이론 등을 통해 외교행위를 법적 판단의 대상에서 제외했으나 최근에는 국민의 기본권과 관련된 경우 법률 문제로 보아야 한다는 것이다.

기본권은 시민에게 국가에 대한 주관적 권리를 부여해 국가와 시민 사이에 법적 관계를 형성한다. 국가권력이 기본권에 개입(침해)하려면 항상 법적 근거가 필요하다(형식적 법치국가 요소).[59] 기본권의 핵심 영역은 항상 국가행위에 대해 닫혀 있다(침해될 수 없다)(실질적 법치국가 요소).[60] 기본권은 객관적이고 법적인 가치 결단이므로 법질서의 전반적 기획(설계)에 있어 국가를 구속하고, 모든 법적 영역에 파급효과(방사효과Ausstrahlungswirkung)를 갖는다.

독일연방헌법재판소에 따르면, 모든 인간의 행동은 기본적으로 일반적 행동의 자유라는 기본권에 의해 보호된다.[61] 일반적 행동의 자유는 특정한 자유권(기본권)의 보조 수단으로서 최소한도의 자유의 전개를 보장한다. 헌법재판소는 기본권 목록이 풍부한 우리 헌법의 특성을 고려해 일반적 행동의 자유권이 제10조의 행복추구권에서 파생된다고 보고 있다.[62]

우리 헌법에서는 의사소통권[63]의 형태로 정치 과정의 참여를 보호하며, 법 앞의 평등[64]을 보장하고 있다. 또한 국가에 대한 주관적 권리의 절차적 관철과[65] 시민의 자유권 보호를 위한 특별한 절차적 권리를 보장하고 있다.[66]

헌법 질서의 국가권력에 대한 구속력

우리 헌법에 따르면 모든 국가권력은 헌법에 직접 구속된다.[67] 헌법의 입법에 대한 구속성은 국민주권의 원리와 헌법재판제도(위헌법률심사＝규범통제)에서 비롯된다. 우리 헌법에서는 행정부와 사법부 소속 공무원이 직무상 불법행위를 저지른 경우 국가에 정당한 배상을 청구할 수 있도록 규정하며, 대통령, 국무총리, 국무위원, 행정 각부의 장, 헌법재판소 재판관, 법관, 중앙선거관리위원회 위원, 감사원장, 감사위원, 기타 법률이 정한 공무원이 직무를 집행하면서 헌법이나 법률을 위배한 때에는 탄핵이 가능하도록 한다. 또 헌법재판소에 탄핵심판권과 헌법소원심판권을 부여해 모든 국가기관의 행위가 헌법이라는 최고규범에 구속되도록 규정하고 있다. 따라서 헌법 규범은 정치적이고 프로그램적인 수사에 불과한 것이 아니라 모든 국가행위를 형식적, 실질적으로 규제하고 직접 적용되는 법이다. 즉 헌법은 국가기관에 직접적으로 의무를 부과하고 시민을 보호한다.[68]

헌법 구속성의 원칙은 입법부에 형식적, 실질적으로 헌법과 양립할 수 있는 법률만 제정하도록 요구한다. 독일처럼 입법부가 법률로 헌법 자체를 변경할 수 있는 경우에는 특별한 헌법적 요건(절대적 가중다수결)[69]을 부여하여 의회에 대한 헌법의 구속성을 유지할 수 있다. 이외에도 독일은 의회에 대한 헌법의 구속성을 유지하기 위해 헌법의 특정 부분을 변경할 수 없도록 규정하고 있다. 따라서 그 부분은 절대적인 구속력이 발생한다.[70]

헌법과 양립할 수 없는 법률은 헌법재판소에 의해 무효로 선언된다. 헌법재판소만이 이 임무를 수행할 수 있다.[71] 사법부와 행정부가 입법부가 만든 법률을 해석하고 적용하는 경우, 기본권과 기타 헌법의 요구 사항을 준수해야 한다. 따라서 법원은 법률이 위헌이라고 판단되는 경우 헌법재판소에 위헌법률심판을 제청할 의무가 있다.[72]

법률의 행정에 대한 구속력(행정의 합법성)

법률의 구속성은 모든 국가권력의 행사를 유효한 실정법, 즉 성문법률에 묶어두는 것을 의미한다. 여기서 '법률'은 실질적인 의미의 모든 법률을 의미한다. 즉 의회가 형식적인 입법 절차를 거쳐 만들었는지, 행정부가 법규명령이나 행정규칙의 형태로 발령했는지 여부에 관계없이 국민의 권리와 의무에 영향을 미치는 모든 추상적이고 일반적인 규정이 포함된다.

법률이 행정에 구속력을 미치는 근거는 행정(법률의 집행)의 본질에서 비롯된다. 우리 헌법은 이에 더해 대통령과 정부의 각종 행위에 대해 "법률이 정하는 바에 따라" 또는 "법률로 정한다"고 규정해, 사안별로 구체적으로 법률의 구속성을 명시한다.

행정에 대한 법률의 구속성(행정의 합법성)과 관련해서는 법률우위와 법률의 유보를 구별해야 한다. 법률의 우위는 행정부가 항상 기존 규범을 준수해야 한다는 의미다. 법률의 유보는 법적 근거가 없더라도 행정부가 조치를 취할 수 있는지 또는 법적 근거가 있어야만 조치를 취할 수 있는지에 관한 문제다.

법률의 우위 Vorrang des Gesetzes: '법률의 우위'는 입법부가 법률을 제정하고 행정부는 집행하는 '권력분립 원칙'의 당연한 귀결이다. 우리 헌법에서는 이를 직접 규정하기보다 공무원의 불법행위에 대한 국가의 배상 책임을 인정한다거나(제29조), 대통령, 국무총리, 국무위원, 행정 각부의 장이 법률을 위반한 때 탄핵할 수 있도록(제65조) 하는 방식으로 이를 규정하고 있다.

'법률의 우위'는 행정부가 민주적 입법부가 제정한 상위 규범인 법률을 위헌이라고 생각하더라도 적용해야 한다는 지점까지 확장된다. 그렇지 않으면 입법부의 입법권이 사실상 평가절하되고, 헌법에서 명시하고 있는 헌법재판소의 독점적 규범통제권이 약화되기 때문이다. 독일에서는 행정부가 법률의 합헌성에 대해 의심이 드는 경우 이를 확인하기 위해 정부 차원에서 연방헌법재판소에 추상적 규범통제[73]절차를 개시하도록 요청할 수 있다.[74] 그러나 우리 헌법의 경우 위헌법률심판 제청권자를 법원으로 한정하는 '구체적 규범통제'를 채택해 독일에 비해 법률의 우위가 훨씬 더 강화되고 있다.

행정이 법률우위의 원칙을 위반하면 다양한 법적 결과가 뒤따른다. 행정 행위의 취소 등을 구할 법률상 이익이 있는 사람은 법률이 정한 기한 내에 이의나 취소소송 등을 제기할 수 있다.[75] 행정행위의 위법성은 당사자 소송을 통해 행정계약의 무효로 이어질 수 있다.[76] 행정부가 불법적으로 발령한 법규명령 및 조례는 법원에 행정소송을 제기하거나, 헌법재판소에 헌법소원과 권한쟁의심판을 청구해 취소되거나 무효가 될수 있다.

법률의 유보 Vorbehalt des Gesetzes**와 본질성 이론:** 법률유보의 원칙이란 행정부의 조치(행정행위)는 법률의 수권(일정한 권한을 부여하는 것)에 근거한 경우에만 가능하다는 것을 의미한다. 부정적으로 말하면 법률적 근거 없이 행정부가 조치(행정행위)를 취하는 것을 금지한다.[77] 여기서 법률적 근거는 의회가 제정한 형식적 법률을 의미한다.

우리 헌법은 법규명령 형태의 행정입법을 인정하면서 법규명령을 발령하려면 법률적 근거가 필요하다는 점을 분명히 하고 있다. 헌법 제75조는 "대통령은 법률에서 구체적으로 범위를 정하여 위임받은 사항과 법률을 집행하기 위하여 필요한 사항에 관하여 대통령령을 발할 수 있다"고, 제95조는 "국무총리 또는 행정 각부의 장은 소관 사무에 관하여 법률이나 대통령령의 위임 또는 직권으로 총리령 또는 부령을 발할 수 있다"고 규정하고 있다. 헌법 제75조와 제95조의 대통령령, 총리령, 부령(행정입법) 중에서 "법률에서 구체적으로 범위를 정하여 위임받은 사항"에 대한 행정입법만을 법규명령으로 보아야 한다. 법률유보의 원칙상 법규명령의 내용, 목적 및 범위는 의회가 제정한 법률로 정해야 한다.[78]

법률유보는 권력분립의 원리로부터 직접 파생된다.[79] 법률이 존재하지 않을 경우 행정부가 법률로부터 독립해 구속받지 않는 결정을 내릴 수 있다고 한다면, 헌법이 예정한 입법부와 행정부 사이의 책임 분배에 모순이 발생하기 때문이다. 더욱이 법치국가 원리는 시민이 행정부의 행동을 예측할 수 있어야 함을 요구하는데, 이러한 예측 가능성은 행정부가 국민이 인식 가능한 법적 근거에 기초해 행동할 때에만 그 보장이 가능하다.

헌법 질서에 따른 근본적 결단은 국민이 선출한 국회가 내린다. 입법부의 입법 의무(결단 의무)는 한편으로는 법률유보의 원리에서, 또 다른 한편에서는 민주주의 원리에서 도출된다. 입법부는 모든 기본적 규범 영역에서 스스로 중요한 결정을 내려야 한다. 특히 본질적인 문제에 대한 결정권은 입법부에 유보되어 있다. 의회의 특별히 중요한 결정은 엄격한 의사 절차를 통해 내려야 하는데 이러한 절차는 의회가 국민에게 자신의 견해를 표명하고, 국민대표가 공개적 토론을 통해 기본권 침해의 필요성과 범위를 명확히 하기 위한 것이다. 따라서 투명성을 보장하는 절차, 특히 의회 내 야당의 참여가 필수적이다.[80]

독일연방헌법재판소는 법률유보의 범위를 결정하기 위해 소위 '본질성 이론Wesentlichkeitslehre'을 개발했다. 이는 국가적 조치에 '법률적 근거'가 필요한지 여부와 법률요건의 필수적 '세부 수준'에 대한 기준을 제시한다. 입법부의 규제가 필요한 시기와 정도는 규제 분야와 대상의 특성을 고려해 결정하되, 그 헌법적 준거(기준)는 헌법의 기본 원리와 기본권이다. 본질성 원칙이 말하는 '본질적'이라는 것은 '기본권 실현에 필수적'이라는 의미다. 문제가 된 생활 영역에 필요한 지침을 제공하는 것은 입법부의 의무다. 특히 경쟁하는 여러 개 자유권이 충돌해 그 경계가 유동적이고 결정하기 어려울 때 그렇다. 또 해당 기본권이 헌법의 문구에 따라 무조건적으로 보장되어야 하고, 이러한 생활 영역에 대한 규제(규율)가 반드시 헌법에 내재하는 한계를 지켜야 하는 경우에 더욱 그렇다. 이 경우 입법부는 적어도 이러한 자유권을 행사하는 데 필요한 정도까지, 상충하는 다른 자유권의 한계를 결정할 의무가 있다.

나아가 입법부는 국가와 사회에 중요한 문제를 규제할 의무가 있다. 다만 정치적 논란이 있다는 사실만으로 이에 대한 규제가 '필수적(본질적)'이라는 의미로 이해되어서는 안 된다. 또 본질성 원칙은 어느 정도까지 입법부가 구체적 조치를 취해야 하는지를 정하는 기준이 된다. 규범이 구체적이면 정부가 법률에서 조정과 통제의 행위 기준을 손쉽게 찾아내고, 법원이 이에 대한 법적 통제를 효과적으로 수행하는 데 도움이 된다. 규범이 특정성과 명확성을 유지하면, 규범을 시행해 피해를 입는 시민이 장차 부담이 예상되는 행정 조치에 손쉽게 대비할 수 있다. 헌법이 요구하는 구체성의 정도는 해당 분야의 특수성과 법률적 규제를 초래하는 상황에 따라 달라진다. 이 경우 규제 대상의 중요성과 규제로 발생하는 기본권 침해의 강도, 규범의 적용이나 영향을 받는 사람들도 고려해야 한

다. 규범을 적용하는 데 필요한 구체적 요구 사항도 생각해야한다.[81]

법규명령Rechtsverordnung의 경우 행정부에 위임하는 권한의 내용, 목적 및 범위가 의회가 제정하는 법률에 따라 결정되어야 한다.[82] 특히 〈독일 기본법〉은 법규명령의 요건을 엄격하게 규정함으로써,[83] 의회가 입법기관으로서의 책임을 회피했던 바이마르 시대의 국가적 관행을 의식적으로 방지하고자한다. 의회가 행정부에 명령 제정 권한을 부여할 때는 이전되는 권한의 한계를 고려해야 하고, 계획과 효과에 대해 정확하게 설명해, 수권(권한 위임) 법률을 통해 시민에게 허용되는 것이 무엇인지 명확하고 예측 가능하도록 만들어야 한다. 의회는 입법부로서의 책임을 포기하고 행정부에게 포괄적으로 권한을 부여(백지위임)해 자신의 권한을 스스로 박탈해서는 안된다. 의회는 권력분립의 원칙에 따라 항상 입법의 주인이 되어야 한다.[84]

독일연방헌법재판소는 이를 본질성 이론을 구체화한 것으로 간주하므로 〈기본법〉 제80조 제1항 제2문에서 개발된 이 원칙은 다른 맥락에서도 사용될 수 있다. 제80조는 행정입법 제정이 입법부와 재연계되도록 함으로써 법치국가, 권력분립 및 민주주의 원리를 각 영역의 특성에 맞도록 구체화하고 있다. 제80조 제1항 제2문에서 규정하고 있는 본질성 원칙의 요구에 부합하려면, 중요한 결정에 대해 충분한 규제밀도와 충분히 구체적인 수권(권한 위임)이 필요하다.[85]

연방헌법재판소는 본질성 이론을 제대로 운용하기 위해 세 가지 공식, 즉 자기결정 공식Selbstentscheidungsformel, 프로그램 공식Programmformel, 예측 가능성 공식Vorhersehbarkeitsformel을 개발했다.[86] 자기결정 공식에 따르면, 입법부는 규제의 한계를 '스스로' 정의하고 그것이 어떤 목표를 달성하고자 하는지를 명시해야 한다(소위 자기결정 유보). 프로그램 공식에 의하면, 의회는 자신의 승인(위임)을 받아 시행될 프로그램을 권한 있는 기관에 제공해야 한다(소위 프로그램 설정 의무). 마지막으로 예측 가능성 공식에 따르면, 행정부에 위임된 권한이 어떤 경우에 어떤 목적으로 사용되는지, 그리고 법률의 수권에 근거해 만든 행정부의 명령이 어떤 내용을 가지는지에 대해 예측이 가능해야 한다. 그래야만 규범에 복종하는 사람이 자신의 행동을 규범에 적응시킬 수 있다(소위 예측 가능성의 요구).[87] 이러한 공식은 일반화된 방식으로 적용되어서는 안 되며, 구체적인 사정에 따라 사안을 정확하게 포섭해야 한다.[88]

구체적 사례에 요구되는 확실성의 정도는 규제되는 사안의 성격, 특히 보다 정확한 개념적 설명이 실제로 어느 정도까지 가능한지에 따라 달라진다. 그렇지 않은 경우, 규제할 사안의 세부적 형태를 입법부보다 더 빠르고 쉽게 최신 상태로 유지할 수 있는 행정부에 맡겨야 할 수도 있다. 다양하고 복잡한 생활 관계는 단순하고 명확한 생활 관계보다 확실성을 요구하는 수준이 더 낮아진다.[89] 그러므로 국가행위에 형식적 법적 근거가 필요한지, 만약 그렇다면 어느 정도의 규제밀도가 필요한지는 규제 대상에 따라 달라진다. 이를 확인하는 과정에서 기본권 관련성, 즉 특정한 국가적 조치에 의해 위협받는 기본권의 침해받는 강도가 특히 중요하다.[90] 정부의 사무용품 조달 등 소위 재정 지원 행정을 위한 일상적인 업무에는 엄격한 법률적 근거가 필요 없다. 그 대신 이러한 행정행위는 일반적 법률 거래에 적용되는 민법을 준수하는 것으로 족하다(행정의 사법적 구속의 원칙). 행정 활동 영역에서 법률유보의 사정거리를 설정하는 데는 침해행정(개입행정)과 급부행정(지급행정)을 구분하는 것이 일반적이다.

침해행정Eingriffsverwaltung: 침해행정, 즉 기본권으로 보호되는 시민의 자유공간(자유와 재산)을 직접적으로 침해하는 행정 활동은 본질성 이론에 따라 항상 법적 근거가 필요하다. 시민이 자신의 자유 공간에 대한 제한을 예견하고, 침해 정도를 예측할 수 있도록, 행정기관의 침해 권한은 내용, 목적 및 범위의 측면에서 충분히 구체적으로 정의되고 제한되어야 한다.

기본권 이론이 발전하면서 침해행정에 대한 규제가 폭넓게 확대되었다. 침해에 대한 현대적 이해에 따르면, 기본권 보유자의 의사에 반해 기본권이 보장하는 내용을 사실상 제한(축소)하는 것은 침해로 간주된다. 또한, 헌법 제10조의 인간의 존엄과 가치, 행복추구권에서 파생되는 일반적 행동의 자유는 모든 자발적 인간 행위를 근본적으로 포괄하는 기본권의 토대로 이해된다. 이러한 일반적 행동의 자유를 보호하는 영역에 개입하는 국가적 조치는 모두 침해행정으로 분류된다.

급부행정Leistungsverwaltung: 급부행정, 즉 시민에게 국가적 혜택을 제공하는 영역은 법률유보의 범위가 보다 덜 명확하다. 이러한 영역에서 행정부는 시민의 자유 공간을 축소하지 않고 국가적 서비스를 제공해 오히려 확장한다. 국가적 급부의 부재(또는 중단)는 오히려 현존하는 기본권에 대한 사실적 침해보다 당사자에게 훨씬 더 광범위한 제한을 초래할 수 있다. 따라서 국가적 급부도 법률로 규제해야 하는지에 대해 의문이 제기된다.[91]

특히 급부의 수취인들이 경쟁 관계에 있거나, 정부가 수취인에게 특정 행동을 요구하는 경우(소위 조건부 급부), 국가적 급부는 상당한 조정 효과를 가진다. 분야에 따라 급부 판정 기준을 유연하게 설정해야 하는데, 형식적 법률로 이러한 목적을 달성하기는 어렵다. 따라서 의회가 예산 고권의 범위 내에서 필수적 재원을 예산안에 포함시키고 행정부에 보조금을 지급할 권한을 위임하는 것으로 충분하다.[92] 모든 기본권은 국가권력에 대해 고유한 구속성을 가진다. 따라서 행정부는 헌법상 평등 원칙에 따라 급부를 제공하는 기준을 마련하고 이를 평등하게 시행할 의무가 있다.

특별히 민감한 분야에서는 의회가 예산을 제공하는 것만으로는 보조금을 정당화하기에 충분하지 않다. 특히 언론과 종교 분야는 특별한 기본권 관련성이 있고 국가적 중립성을 요구하므로 급부 제공의 기초를 반드시 형식적 법률로 정할 필요가 있다. 일방에 대한 국가적 서비스의 제공이 사실상 제3자의 기본권 침해로 이어지는 경우 법률유보의 원칙이 엄격하게 적용되어야 한다. 예를 들어 국민의 세금으로 조달된 국가의 재정자금을 특정 종교 단체나 언론사에만 지원한다면 다른 종교 단체, 언론사를 차별하는 행위가 될 수 있기 때문이다.

법률의 사법에 대한 구속력

법률의 구속성은 모든 국가권력의 행사를 유효한 실정법, 즉 성문법률에 묶어두는 것을 의미한다. 여기서 '법률'은 실질적인 의미의 모든 법률을 의미한다. 즉 의회가 형식적인 입법절차를 거쳐 만들었는지, 행정부가 법규명령이나 행정규칙의 형태로 발령했는지 여부와 관계없이 국민의 권리와 의무에 영향을 미치는 모든 추상적이고 일반적인 규정이 포함된다. 사법에 대해 법률이 구속력을 미치는 근거는 사법(법률의 해석)의 본질에서 비롯된다. 사법에 대한 법률의 우선권은 우리 헌법 제103조[93]에서 확인하고 있다.

법원은 형식적 법률을 기준으로 행정부 행위의 합법성을 검토해야 한다.[94] 법원은 행정부가 만든 실질적 법률, 즉 법규명령에 구속되지만, 보다 상위 법규인 헌법, 법률과 양립할 수 없는 경우 독자적으로 이를 거부할 수 있다.[95] 반면 법원은 의회가 제정한 형식적 법률의 유효성에 대해서는 최종 결정을 내릴 수 없다. 법원은 형식적 법률의 내용을 구체화하기 위해 이를 해석할 수 있을 뿐, 입법부가 선택한 법률의 원문에 구속되기 때문이다. 법원은 재판 과정에서 형식적 법률이 위헌이라고 판단되는 경우 헌법재판소에 제청해 심판을 구한 뒤 헌법재판소의 결정에 따라야 한다(구체적 규범통제).[96]

법치국가 원리에서 파생되는 법률의 구속성은 행정부와 사법부에 적용되는 것이지, 입법부에 적용되지는 않는다. 의회는 헌법이 정한 권한질서(관할과 절차)에 따라 법률을 개정할 수 있다. 또 내용 면에서 이전 법률과 모순되는 새로운 법률을 제정할 수도 있다. 이 경우 새로운 법률은 종전의 법률에 대해 우월적 효력을 갖는다. 신법은 구법을 기각한다lex Posterior derogat legi Priori.

그러나 법치국가 원칙과 기본권에서 파생되는 신뢰보호의

일반원칙은 입법부의 형성 범위를 제한할 수 있으며 입법부에 대해 사실상의 자기구속을 초래할 수 있다.

법(정의)의 국가권력에 대한 구속력

법(정의)의 구속력

우리 헌법과 달리 〈독일 기본법〉에서는 '법률Gesetz'의 구속 외에 '법(정의Recht)'의 구속을 명시하고 있다.[97] 이러한 표현상의 구별을 통해 법률이라는 실정법이 법이라는 실체적 정의의 기준에 의해 검토되어야 한다고 선언하고 있다. 이러한 점에서 〈독일 기본법〉은 자연법 또는 이성법의 표상으로 회귀하고 있다. 〈독일 기본법〉이 우리에게 전해주는 근본적인 통찰력은 규범의 합법성Legalität이 그 내용의 정당성Legitimität에 대해 아무것도 말하지 못한다는 것이다. 이렇듯 〈독일 기본법〉이 형식적 법치국가를 넘어 실질적 법치국가를 요구하는 이유는 법률의 내용적 정당성을 보장하기 위한 것이다.

그러나 사안에 따라서는 양자가 분리되는 현상이 발생한다. 국가권력이 명백히 부당한 결정을 내린 경우, 국가권력은 자신이 법에 따라 행동했다고 주장할 수 없다. 〈독일 기본법〉 제20조 제3항은 법률과 법(정의)이 일반적으로는 일치하지만 항

상 필연적으로 일치하지는 않는다는 통찰력을 제공한다.[98]

구스타프 라드브루흐Gustav Radbruch는 나치의 실정법에 대해 논의하면서 법과 법률의 괴리(분리) 문제를 다루었다. 법률 형태로 구현된 실정법 질서와 실질적 정의의 관계에 대해 라드브루흐가 한 말을 두고 일반적으로 '라드브루흐 공식Radbruchsche Formel'이라고 부른다. 그는 법 또는 정의가 법률 또는 법적 확실성보다 우선할 수 있는 상황을 설명한다.

정의와 법적 확실성 사이의 갈등은 다음과 같이 해결되어야 한다. 실정법이 명백하게 정의에 배치되지 않는 한 그 내용이 부당하고 불편하더라도 실정법이 우선되어야 하지만, 정의에 모순되는 정도가 '참을 수 없는 수준'에 이른 경우에는 법률이 정의에 그 자리를 양보해야 한다. 정의롭지 않은 내용과 법적 불의에도 불구하고 여전히 적용되는 다양한 법률 중에 옳은 법률과 그른 법률 사이에 명확한 경계선을 긋는 것은 매우 어렵지만, 최대한 선명하게 법률과 비법률의 한계 영역을 설정해볼 수는 있다. 정의가 추구되지 않는 곳, 실정법이 제정될 때 정의의 핵심인 평등이 의식적으로 거부되는 곳에서 만들어진 법률은 단순히 잘못된 법이 아니라 법적 본질Rechtsnatur을 완전히 결여한 것이다."[99]

라드브루흐 공식은 나치 시대와 동독 정부의 불법적 행위를 청산하는 과정에서 독일연방공화국 헌법판례에 자주 인용되었다. 나치 정권하에서 탈영병을 살해하고[100] 유대인을 박해하며,[101] 동독 정부가 국경을 탈주한 자에게 총격을 가한 행위[102]는 나치와 구동독GDR 법률에 근거한 합법적 행위였지만, 〈독일 기본법〉이 추구하는 법(정의) 앞에서는 정당화될 수 없었다. 법률(법적 확실성)이 더 높은 수준의 법(정의)을 위반하고 위반 정도가 '참을 수 없는 수준'에 이른 경우, 그 법률은 더 이상 법의 본질을 보유하지 못하기 때문이다.

법적 보호 청구권

시민이 법정에서 자신의 권리를 행사할 기회(가능성)가 없다면, 국가권력에 대한 법률 구속성과 이에 상응하는 시민의 권리는 아무런 가치도 없게 된다. 따라서 우리 헌법 제27조 제1항은 일반적으로 모든 국민의 재판청구권을 보장하고, 제29조 제1항은 행정부(공무원)의 불법행위에 대한 국가 배상청구권을, 제111조는 입법부, 행정부, 사법부를 포함한 모든 국가권력의 위헌적 행위에 대해 포괄적인 헌법재판청구권, 특히 헌법소원청구권을 보장하고 있다.

법치국가의 운용 원칙

법치국가의 표상은 권력분립과 모든 국가권력에 대한 헌법, 법률, 법(정의)의 구속을 통해 비례 원칙 등과 같은 구체적 원칙과 연결되는데, 이러한 원칙은 모든 형태의 국가기관이 국가권력을 행사할 때 반드시 지켜야 하는 기준이 된다.

비례 원칙

과잉금지Übermaßverbot 원칙이라고도 알려진 비례 원칙Verhältnismäßigkeitsprinzip은 모든 국가행위의 목적, 선택한 수단, 그리고 침해(제한)되는 개인의 권리가 적절한 비례관계를 유지해야 한다는 원칙을 말한다. 개인의 자유는 공동선을 위해 꼭 필요한(필수 불가결한) 경우에만 제한될 수 있다. 원래 비례 원칙은 헌법상 자유권(자유와 재산)에 대한 행정적 개입의 적법성을 유지하기 위한 법치국가적 요청에서 개발되었는데, 오늘날에는 '행정행위'뿐만 아니라 '모든 국가행위'에 대한 포괄적인 지도규범으로 간주되고 있다.[103]

비례 원칙은 '국가'와 '시민'의 관계에 주로 적용된다. 일반적으로 비례성은 기본권 침해가 합법성을 획득하기 위한 전제 조건으로 간주된다. 헌법적 수준에서 마련된 이러한 원칙(비례성)에 따르면, 자유 영역에 대한 개입은 공공의 이익을 보호하기 위해 꼭 필요한 경우 필요한 한도 내에서만 허용된다. 이 경우에도 선택한 수단과 얻고자 하는 결과 사이에는 합리적 관계, 즉 비례적 관계가 유지되어야 한다.[104]

비례 원칙은 법치국가 원리에서 파생되는 일반원칙으로서 모든 국가행위, 특히 수직적 관계에 직접 적용된다. 비례 원칙을 통과하기 위해서는 국가행위가 의도한 목적과 이를 위해 사용한 수단이 비례관계에 있어야 한다. 이러한 비례성 테스트는 일반적으로 다음 네 단계로 진행된다. 즉 국가행위가 실제로 정당한 목적legitimer Zweck을 추구하는지 검토한 후에, 선택한 수단gewähltes Mittel이 이러한 목적을 달성하는 데 적합하고geeignet, 필요하며erforderlich, 적절한지angemessen 검토한다.

목적의 정당성: 입법행위의 목적은 법률 자체, 입법 근거 또는 의회의 심의 내용을 통해 결정될 수 있다. 행정행위의 목적은 일반적으로 행정행위 당시 제시된 사유가 된다. 이러한 목적이 헌법에 위배되지 않는다면 기본적으로 그 목적은 정당하다. 통치고권 보유자(의회, 정부)는 헌법의 틀 내에서 자신이 행동하는 목적을 자유롭게 선택할 수 있기 때문이다.[105]

우리 헌법상 기본권은 보다 높은 차원의 헌법상의 이익을 위해서만 침해될 수 있고(제37조 제2항), 특정한 조치는 특별히 중요한 목적이 있는 경우에만 행사하도록 제한하기도 한다(제23조 제3항). 물론 목적을 불문하고 특정한 국가행위가 절대적으로 금지되는 경우도 있다. 행정부가 주체가 되어 행하는 언론·출판에 대한 허가 또는 검열과 집회·결사에 대한 허가가 그렇다(헌법 제21조 제2항).

수단의 적합성: 국가권력이 선택한 수단이 의도한 목적을 실현하는 데 기본적으로 기여할 수 있는 경우에 적합성이 인정된다. 이러한 과정은 비례성 시험을 통해 정확하게 설명되어야 한다. 특정한 목적을 달성하는 데는 다양한 조치가 적합할 수 있다. 특정 수단이 의도한 목적을 달성하는 데 실제로 적합한지 여부는 예측을 바탕으로 결정된다.

입법 조치의 적합성을 평가할 때는 입법부에 결정고권이 있다는 사실에 유의해야 한다. 따라서 법률의 위헌성은 사전적 관찰로 예측할 수 없다. 법률은 어떤 식으로든 이해할 수 없는 경우, 즉 명백하고 현저하게 합리성을 결여한 경우에만 적합성이 결여되었다고 판단할 수 있다.

침해의 최소성(수단의 필요성): 수단의 적합성이 인정되더라도 '보다 온건한 수단'이 존재한다면, 해당 조치는 필요성을 상실한다. 보다 온건한 수단이란 질적, 양적으로 시민의 자유 영역을 보다 덜 방해하는(침해를 최소화하는) 수단을 의미한다. 입법 조치의 경우, 적정성을 보유한 여러 가지 수단 중 보다 온건한 수단이 존재하는지 어느 정도 예견할 재량이 입법부에 부여된다.

법익의 균형성(협의의 비례성, 적절성): 국가권력이 '필요한 조치'를 선택했더라도 그것이 추구하는 '목적'에 비해 불균형하다면 '부적절'할 수 있다. 이를 적절성 또는 좁은 의미의 비례성이라고 한다. 이러한 적정성 테스트에서 수단이 보호하고자 하는 법적 이익(공익)과 수단으로 인해 영향받는 법적 이익(사익) 사이를 저울질(심사숙고)해야 한다. 이 경우 먼저 공익과 사익을 일반적이고 추상적인 방식으로 비교한 다음, 다시 구체적으로 각각에 미치는 영향을 검토해야 한다.[106]

국가와 국민의 관계는 원칙적으로 비례성 원칙이 무제한 적용된다. 하지만 국가기관 간 또는 국가기관 내부의 관계는 국가와 국민 사이에 적용되는 자유 침해 공식이 적용되지 않기 때문에 비례성 원칙을 기준으로 측정할 수 없다.[107] 따라서 〈국가조직법〉상의 법률관계에서는 성급하게 이 원칙을 논증 수단으로 사용해서는 안 된다. 그러나 일반적인 법적 고려 수단으로서 비례성은 〈국가조직법〉상의 법률관계를 규율하는 다양한 원칙, 규정 및 절차의 기초를 이룬다.[108]

소급적용금지 원칙

법률이 발효되기 전에 이미 시작된 사태(상황)에 대해 나중에 만들어진 법률이 적용되어 일정한 법적 결과를 초래하는 경우 그 법률은 소급적 효력Rückwirkung을 갖는다. 이미 완료된 사태에 대해 법률이 새로운 법적 결과를 만들어내는 경우를 진정(진짜)소급, 이미 시작되었지만 아직 완료되지 않은 사태에 법률이 개입하는 것을 부진정(가짜)소급이라고 말한다. 법률의 소급효는 법적 명확성 및 신뢰보호와 관련되어 있다. 일반적으로 법률의 수신자는 자신의 행위 당시 존재하는 법적 상황과 처분이 앞으로도 지속되리라고 가정하고 행위하기 때문이다.

법적 명확성의 원칙과 신뢰보호의 원칙은 법치국가 질서의 기본적 구성 요소다. 하지만 법질서는 필연적으로 변화할 수밖에 없기 때문에 계속적 사안, 즉 법률관계 형성과 발생에 시간적 계속성이 필요한 사안에 대해서는 변화된 법적 평가(판단)가 가능해야 한다. 따라서 소급효의 허용 여부는 현재의 법적 상황이 지속되리라는 개인적 신뢰의 보호와 현재의 법적 상황을 변화시켜야 하는 공동체적 필요성 사이의 균형점에서 결정되어야 한다.[109] 과거 진행 중인 사실에 호의적이거나 중립적인 법적 재평가에 대해서는 처음부터 소급효 금지 Rückwirkungsverbot의 문제가 발생하지 않는다. 신뢰보호는 기존 법적 입장의 악화를 방지하기 위한 것이기 때문이다. 미래 상황에 대한 법적 재평가 역시 소급효의 문제가 아니다. 헌법적 수준의 신뢰보호는 국민을 모든 실망으로부터 보호하는 데까지 미치지 않는다. 보호받을 만한 특별한 사정이 없는 한,

해당 법률이 변함 없이 존재하리라는 일반적인 기대는 특별한 헌법적 보호를 받을 수 없다.[110] 법치국가의 측면에서 소급효 허용 가능성 여부는 다양한 법 영역별로 구분해 판단해야 한다.[111]

우리 헌법이 보장하는 '인격의 자유로운 발현권(제10조)'은 기본권에 대한 '본질적 내용의 침해 금지' 원칙(제37조 제2항)과 결합해 보다 강력한 신뢰보호의 원칙을 형성한다. 원칙적으로 이러한 신뢰는 소급적 법률에 의해 침해될 수 없다. 공권력이 개인의 행동이나 이와 관련된 상황에 대해 행위 당시 적용 가능했던 것보다 법적으로 더 중요하고 부담스러운 결과를 사후적으로 쉽게 부과할 수 있다면, 개인의 자유는 크게 위태로워질 수 있기 때문이다.[112]

우리 헌법은 근본적으로 형법의 소급효를 금지하고 있다.[113] 계몽주의 형법의 기본 원리인 "법률 없이는 형벌도 없다nulla poena sine lege"[114]는 원칙을 재천명하고 있다. 처벌의 위협은 범죄행위 당시 시민이 예견(예상)하고 예측(계산)할 수 있어야 한다. 따라서 입법자는 해당 법률이 공포되기 이전에 발생한 행위를 사후적 처벌로 위협하는 것이 금지되어 있다. 이에 더해 국가는 〈형법〉이 발효(시행)된 이후 처벌의 위협을 소급적으로 가중시킬 수도 없다. 실체법인 〈형법〉과 〈질서위반법〉만 소급금지의 대상이며, 절차법인 〈형사소송법〉과 〈형집행법〉

등은 대상이 아니다. 따라서 공소시효 연장,[115] 범죄로 인한 재산의 몰수 등은 소급금지의 대상이 아니다.[116]

우리 헌법 제13조 제1항[117]의 적용 범위는 '위법하고 유책한 행위를 부정否定하는 고권적 반작용'으로 '범죄행위에 대한 책임을 청산하는 데 도움이 되는 해악을 부과'하는 국가적 조치로 제한된다. 제13조 제1항은 국가가 사후적으로 특정 행위를 고권적으로 부인하고, 이에 형벌을 부과하면서, 위법하고 유책한 행위라고 비난하는 것을 방지하기 위한 것이다. 이 조항의 의미는 형벌로부터 자유로운 영역의 경계를 명확하게 함으로써, 시민이 그에 따라 행동의 방향을 정할 수 있도록 한다.[118]

진정(진짜)소급효echte Rückwirkung: 진정소급효란 규범에 영향받은 사태(사실)가 규범이 발효될 당시 '이미' 완전히 해결(해소)된 상태인데도 법적 결과를 소급적으로 실현하는 것을 말한다.[119] 진정소급효는 우리 헌법상 '원칙적으로' 허용되지 않는다.[120] 사실상 종결된 사안이 법적으로도 종결되었다는 국민의 신뢰는 보호받을 가치가 있기 때문이다.

독일연방헌법재판소는 다음과 같은 다섯 가지 사례 군群에 대해 '예외적으로' 신뢰보호의 원칙을 후순위로 두는(배제하는) 것을 허용한다. 첫째, 소급효가 적용되는 시점에 규범의 수신자가 이미 새로운 규범의 적용을 고려(예상)하고 있었던 경우,[121] 둘째, 규범의 수신자가 새롭고 명확한 규범을 기대해야 할 정도로 혼란스럽고 불분명한 법적 상황에 놓여 있어, 새로운 규범이 도입되어야만 이러한 상황이 소급적으로 제거될 수 있는 경우, 셋째, 기존 무효인 규범을 법적으로 하자가 없는 새로운 규범으로 소급해 대체하는 경우, 넷째, 새로운 규범이 수신자의 법적 지위를 악화시키는 정도가 경미한 경우(소위 '사소한 유보'의 문제),[122] 마지막으로 법적 명확성의 요청보다 우선하는 강력한 공익적 사유가 존재하는 경우가 그렇다. 이러한 경우에는 예외적으로 법규의 소급적용을 정당화할 수 있다.[123] 그러나 기본적으로 신뢰보호의 원칙이 우선적으로 인정되어야 하기 때문에 예외를 인정하는 데는 특히 엄격한 기준이 적용되어야 한다.

부진정(가짜)소급효: 한편 독일연방헌법재판소는 아직 완료되지 않은 사태에 법률적 규제가 영향을 미치는 소위 부진정 소급효와 관련해, 종전에는 '기본적으로 허용된다grundsätzlich zulässig'는 입장이었으나 최근에는 '기본적으로 허용될 수 없는 것은 아니다nicht grundsätzlich unzulässig'라고 판단해 미묘한 패러다임의 변화를 보이고 있다.[124]

현재의 법적 상황을 지속시켜 완전한 보호(법적 안정성)를 제공하는 것도 의미가 있겠지만, 이것은 국가의 중요 분야에서 공동선을 증진시킬 의무가 있는 입법부를 무력화할 가능성이 있다.[125] 따라서 부진정소급 입법이 허용되려면 그것이 법의 목적을 강화하는 데 적합하고 필요한 경우, 법 개정으로 신뢰가 실추되더라도 이를 정당화하는 이유와 사안의 긴급성 등을 총체적으로 심사숙고한 끝에 신뢰를 보호해주리라는 기대가능성의 한계를 유지하는 경우, 법치국가적인 신뢰보호의 원칙에 부합할 수 있다.[126]

신뢰보호 원칙

일반적 법치국가 원리는 법률의 소급효 문제를 넘어서, 정당한 기대의 보호라는 형태로도 나타난다. 보호할 가치가 있는 신뢰에 대한 배려는 다양한 행정법 규범 속에 존재한다. 특히 유리한 행정행위를 폐지하는 경우가 그렇다.[127]

명확성 원칙

명확성 요건Bestimmtheitsgebot은 법적 명확성의 원칙에서 파생된다. 명확성 요건이란 법률의 규제는 매우 명확하고 정확하게 규정하여, 수신자가 해당 규범을 충분히 명확하게 인식하고 이에 따라 자신의 행동을 정돈할 수 있어야 한다는 의미다.

〈형법〉의 경우 헌법에 따라 명확성과 소급금지 요건이 특히 엄격하게 적용된다. 〈형법〉 규정의 문언은 규범의 수신자가 통상적으로 법률조항의 문언을 기반으로 어떤 행위가 처벌 가능한지 여부를 예측할 수 있는 방식으로 만들어져야 한다.[128] 이러한 명확성의 요구는 일반적 법치주의 원리의 일부다. 일반조항, 모호한 법률 용어, 재량기준 및 참조 조문의 사용은 언뜻 보면 '명확성 요건을 위배하지 않는가' 하는 의문을 불러일으킨다. 법률이 명령이나 조례에 위임할 때는 명확성을 유지하기 위해 개별위임 형식을 취해야 한다(포괄위임 금지). 명확성 요건은 독일연방헌법재판소가 위임명령 분야에서 일반적 법치국가의 요청을 구체화하기 위해 개발한 공식이다.[129] 하지만 〈형법〉 이외의 다른 법률 영역에도 명확성 원칙을 적용할 수 있다.

일반조항(모호한 법적 용어)과 재량 규정(임의적 기준): 범죄 구성요건에 일반조항, 즉 불확실한 법률 용어를 사용한다면 법적 결과(효과) 측면에서 재량권을 부여하는 것과 마찬가지다. 하지만 이러한 '일반조항'이 명확성의 요건과 바로 충돌하지는 않는다. 일반조항의 법률요건은 법률의 목적, 전체 맥락 및 연혁을 참조하고 법률해석의 일반원리에 비추어 그 내용을 이해할 수 있으면 충분하기 때문이다.[130] 규범에 요구되는 구체성의 정도는 추상적으로 결정될 수 없으며, 법률적 규제를 초래한 여건을 포함해 각각의 구성요건 사실의 특수성에 따라 달라진다.[131] 다만 법률이 부여한 재량에는 한계가 있으며, 법원이 재판을 통해 그 한계를 준수했는지 여부를 확인한다.[132]

위임입법: 법규명령Rechtsverordnung은 법률의 위임을 바탕으로 행정기관이 발령하는 실질적인 의미의 법률이다. 행정기관은 종종 보다 세부적인 규정, 즉 집행명령을 통해 형식적 법률을 구체화하는 임무를 맡는다. 권력분립 원칙으로 인해, 행정부가 입법권을 행사하려면 형식적 법률을 통한 명시적인 수권(위임)이 필요하다.[133, 134] 따라서 행정부가 제정한 명령(대통령령, 총리령, 부령) 중 법률의 위임을 받은 것(위임명령)은 모두 법규명령에 해당하지만, 법률의 위임을 받지 않은 것(집행명령)은 법규명령이 아니라고 보는 것이 타당하다. 위임입법은 헌법이 규정하는 특별한 명확성 요건을 준수해야 한다. 우리 헌법 제75조는 "대통령은 법률에서 구체적으로 범위를 정하여 위임받은 사항과 법률을 집행하기 위하여 필요한 사항에 관하여 대통령령을 발할 수 있다"고 규정하고, 제95조는 "국무총리 또는 행정 각부의 장은 소관 사무에 관하여 법률이나 대통령령의 위임 또는 직권으로 총리령 또는 부령을 발할 수 있다"고 규정하고 있다. 제75조와 제95조에 근거한 명령 중 법규명령의 성격을 띠는 위임명령의 경우, 입법부는 위임의 내용, 목적, 범위를 법률에서 명확히 정해야 한다.

독일연방헌법재판소는 '법규명령(위임명령)을 의회가 만든 법률로 규제해야 하는지'뿐만 아니라 '법규명령이 명확성 요건을 갖추었는지' 판단하는 데도 본질성 이론을 적용하고 있고, 이를 위해 자신들이 특별히 개발한 공식을 사용한다.[135] 앞에서 언급한 자기결정 공식, 프로그램 공식 및 예측 가능성 공식으로 구분되는데, 그 적용은 구체적이고 개별적인 사례의 관점에서 수행된다.[136]

형법에 대한 법치국가적 요구사항

법치국가 원리는 형법에 특별한 요구를 하고 있다.[137] 여기서는 그 개요만 설명하고자 한다. 우리 헌법은 근대 계몽주의 형법의 "nulla poena sine lege stricta, scripta, certa, praevia" 원칙을 따르고 있다. 즉 법률 lege 이 없으면 처벌 poena도 없다(죄형법정주의). 이러한 법률은 엄격하게stricta 적용되어야 하고(유추해석금지 원칙), 서면scripta으로 작성되어야 하며(관습형법금지 원칙), 구체적이고 명확해야certa 하고(명확성 원칙), 행위 이전에praevia 만들어져야 한다(소급효금지 원칙).

이에 더해 우리 헌법은 '이중처벌금지 원칙ne bis in idem'을 규정하고 있다.[138] 또 '형벌은 죄책에 상응해야 한다'는 책임 원칙과 '의심스러운 경우 피고인에게 유리하게 (결정되어야 한다)in dubio pro reo'라는 원칙[139]을 당연히 전제하고 있다. 우리 헌법은 과거 식민지 정권과 군사정권하의 고문을 근절하기 위해 자기부죄금지 원칙[140] 및 무죄추정의 원칙[141]을 특별히 강조하고 있다.

04

국가 공동체가 지향하는
핵심 가치는 무엇인가

자유와 공화

우리 모두는 자유를 원한다. 자유를 사랑하고, 자유를 믿으며, 자유를 꿈꾼다. 우리가 상상하는 이미지가 우리의 관념을 형성하듯, 자유의 이미지가 자유의 개념을 형성한다. 우리에게 이식된 서구식 자유의 개념은 두 가지 방법론에 기초한다. 하나는 고대의 소크라테스적 사유 방식이고 또 하나는 근대의 국가철학적 개념 체계가 그것이다. 우리가 소크라테스 방식으로 사유하기 위해서는 경직적인 자유의 개념을 포기하고, 추상적으로 정의된 자유의 특징 속에 무수히 많은 구체적인 자유의 현상을 포섭할 수 있어야 한다. 기하학에서는 '내각의 합이 180도면 삼각형이다'라는 공준이 유지된다. 하지만 자유의 모든 현상은 이러한 방식으로 정확하게 분류할 수 없다. 자유는 분류개념Klassifikationsbegriff이 아니다. 자유는 전형적인 경험을 토대로 일반화가 가능한 항목을 추출해내는 추론개념Inferenzbegriff이다. '추론'를 의미하는 라틴어 인페로infero는 내가 '안으로in 들어가는 것fero'을 의미한다.

플라톤의 초기 저술에는 그의 스승인 소크라테스가 주인공으로 자주 등장한다. 플라톤이 회고하는 소크라테스는 항상 자신의 대화 상대방에게 정의(《정체Politeia》), 용기(《라케스Laches》), 신중함(《카르미데스Charmides》), 우정(《리시스Lysis》), 경건함(《에우티프론Eutyphro》) 등과 같은 추상적 개념과 관련된 일상적 경험에 대해 묻고 있다. 소크라테스의 아포리아적이고 개방적인 대화의 결말에는 논쟁적 개념에 대한 최종적 정의가 배제되어 있다. 후대의 철학자들은 소크라테스의 그 길고 장황한 대화를 변증철학 또는 대화철학이라고 부른다. 플라톤이 기술한 변증철학은 항상 '소크라테스의 무지'로 끝난다. 명성에는 대가가 따르는 법, 유명한 인물은 자신도 모르는 사이에 남의 입에 자주 오르내린다. 그 결과, 소크라테스는 자신이 아무것도 모른다는 사실을 "알고 있다고 주장한다"고 잘못 인용되기도 한다. 하지만 플라톤의 저술에 남아 있는 소크라테스는 존재etwas(알지 못하는 어떤 것)와 무nichts(아무것도 알지 못하는 것) 사이의 명백한 모순을 허용하지 않는다.

프리드리히 슐라이어마허Friedrich Schleiermacher는 플라톤의 《변론Apologie》을 번역하면서, 소크라테스의 법정 변론 중에서 가장 결정적인 구절을 "내가 알고 있는 것은 아무것도 없기 때문에, 내가 하는 말은 아무 의미도 없다wie ich eben nicht weiß, so meine ich es auch nicht"고 읽어내고 있다.¹ 소크라테스의 무지에 대한 지식은 정의, 용기, 자유와 같은 추론적 대화 주제를 다루고 있으며, 이러한 주제에 대한 단순한 상상과 오만함을 배격함으로써 지식의 실체를 벗겨내는 것을 특징으로 한다. 지식에 대한 갈증을 유아론적이고 자기 확증적인 독백으로 해소하는 사람은 타인과의 대화에 이를 수 없다. 하지만 소크라테스적인 방식으로 진정한 철학적 겸손을 갖추고 주제넘은 독백적 지식을 포기한다면, 자유의 문제에 대해 누구와도 대화가 가능할 것이다. 이 경우 우리는 대화 상대방에게 "나 자신은 아무것도 모른다. 우리가 빠뜨린 것이 무엇인지 알아보기 위해 함께 둘러보자"²고 말할 수 있을 것이다.

'자유'라는 제목 아래 논의될 '현상'의 로고스에 대한 '대화적 탐색', 즉 우리가 경험한 자유에 대한 추론적 개념을 대화에 사용할 경우 합리적이고 일반화 가능한 의미에 대한 논의가 가능할 것이다. 루트비히 비트겐슈타인Ludwig Wittgenstein은 이것을 '대화 놀이Sprachspiel'라고 불렀고, 빌헬름 샤프Wilhelm Schapp는 이것을 자유롭게 태어난 '인간이 경험한 사건에 대한 설명'이라고 말했다.[3] 진지한 대화 놀이는 자유와 관련된 현상 사이에 존재하는 종적種的 유사성을 찾는 것이지만, 인간의 자유가 연관된 사건에 대한 서사는 그 이야기에 얽힌 사람들의 비슷한 경험을 주고받는 것이다. 이러한 이야기, 즉 3·1운동으로 건립된 대한민국의 법통, 불의에 항거한 4·19 민주이념, 독재 타도와 직선제 개헌을 쟁취한 6·29 민주개혁[4]에 대해 아무것도 알고 싶지 않은 사람은 소크라테스가 말하는 대화철학을 통해 추론되는 자유에 대한 개념에 대해 아무것도 얻을 수 없을 것이다.

자유의 개념을 얻어낼 수 있는 두 번째 기본적 방법론은 유럽의 전통적 국가철학 체계를 이용하는 것이다. '세계화 시대'가 도래하면서 국가가 소멸하고 있다는 주장[5]을 생각해보면, 국가철학을 통해 '자유'의 개념을 추출해내려는 시도는 시대정신에 어긋나 보인다. 국가철학에서는 '국가가 법률로 정하고, 국가가 보장하는 권리가 없다면 누구도 자유를 가질 수 없다'고 보기 때문이다. 독일의 바이마르헌법이 대표적이다.[6]

국가철학은 자유주의적 공동체 질서에 대한 고대의 선례

에 기초하고 있다. 따라서 국가철학은 '구유럽적'이다. 이것은 아직 근대국가가 아닌 전근대적 정치 구조에 머물러 있기 때문에, 이것의 중심 주제는 '정치질서' 또는 '공화질서'라고 표현하는 것이 적절해 보인다. 독일어와 영어의 '정치적politisch, politic' 또는 '공화적republikanisch, republic'이라는 말은 그리스어를 받아들인 라틴어에서 차용한 말이다. '정치'를 의미하는 독일어의 폴리틱Politik은 고대 그리스의 정치공동체인 폴리스Polis에서 유래했다. 따라서 폴리틱은 원래 '폴리스(도시)에 관한 것'이라는 의미를 지녔다. 또 이것은 유럽연합과 같은 비국가적, 초국가적 자유질서를 '공화국'이라고 부르는 것을 허용한다. 바이마르헌법[7] 이후 '자유국가적freistaatlich'이라는 헌법 용어는 '공화적republikanisch'이라는 뜻을 지닌 단어가 되었다. 따라서 독일연방공화국Bundesrepublik Deutschland이라는 국가 명칭에서 '공화국'이라는 용어는 '자유국가'라는 것 외에 아무것도 의미하지 않는다. 이러한 전통에 따라 발전된 체계적 개념은 다음과 같이 요약될 수 있다. 즉 구유럽의 공화국 원리는 모든 사람(공동체)을 위한 정치적 자유를 보호하는 데 비해, 현대의 법치국가 원리는 모든 개인(구성원)을 위한 개인적 자유를 보호한다.[8]

인간의 자유를 논함에 있어 모든 '개인(구성원)'의 자유를 강조하고자 하는 경우에도 모든 '사람(공동체)'의 자유가 체계적으로 우선한다는 사실을 경시해서는 안 된다.[9] 체계적인 우선 순위는 공화적 자유(모두의 자유)에 있다. 왜냐하면 주관적 자유권(개인의 자유)을 효과적으로 보호하기 위해서는 자유국가 질서(모두의 자유)를 제도화하는 것이 전제되기 때문이다. 과거 독재 정부에서는 자유에 적대적인 정권 이데올로기(제도화된 질서)가 지배하고 있었기 때문에, 기본권(주관적 자유권)을 헌법에서 선언하고 있더라도 실효성을 발휘할 수 없었다. 국가 철학의 관점에서 볼 때, 우리 헌법 전문[10]에서 강조하고 있는 1945년 8·15 해방과 1960년 4·19 민주혁명은 물론, 1987년 6월 시민항쟁은 혁명적 행위로 인식되어야 한다. 공화국 헌법의 역사는 불법적인 통치에 반대하는 해방행위에서 시작되기 때문이다.

공동체를 위한 정치적 자유

로마 공화국은 기원전 509년 왕정이 무너지면서 시작되었다. 이러한 고대 유럽의 첫 번째 공화주의 혁명의 세부적 내용은 역사의 회색 지대에 남아 있다. 폭군 타르퀴니우스 수페르부스Tarquinius Superbus와 그 아들들의 악행은 인민의 분노를 일으켰고, 결국 왕실에 대한 반란으로 이어졌다.[11] 국가철학적 관점에서 볼 때 이는 철저한 자료 수집을 통한 역사적 논증의 문제가 아니라, 공화국이라는 특정 단어의 인식론적 의미에서 유래된 국가적 원리의 문제다. 이 사건에 대한 논증은 정당한 근거를 증명하는 데서 시작하되, 공화주의적 자유(모두의 자유, 공동체의 자유)라는 개념의 확립에서 종결되어야 한다. 공동선 (공공복리)과 공직(공공의 직무)이라는 개념은 공화주의적 전통에 따라야만 설득력 있게 다룰 수 있다. 왜냐하면 이것(공동선과 공직)이야말로 민주주의의 선결 조건이고, 입헌주의의 기초이기 때문이다.[12]

로마 공화정이 출현하게 된 근거는 '군주적 통치'의 개념을 '전제적 통치' 개념으로 퇴락시킨 것에 대한 키케로의 항의에 간결하게 표현되어 있다.[13] 로마인들은 독단적이고 전제적인 통치자를 '인민의 지배자dominus populi'라고 불렀다. 전제적 체제를 전복시키는 명분은 독단적이고 전제적인 통치 방식에 있었지 통치자가 단 한 명이라는 사실에 있었던 것은 아니었다. 키케로 역시 독단적이고 전제적인 통치자를 '인민의 지배자'라고 부르면서, 체제 전복의 정당성을 1인이라는 '통치자의 수'가 아니라, '권력이 행사되는 방법'에서 찾고 있다. 그리스어와 그리스어를 차용한 라틴어에서는 1인 지배를 군주제monarchia라는 중립적 용어로 표현하고 있다.

로마인은 폭군Tyrann이라는 그리스 단어를 차용하면서 폭군 지배에 대한 표상을 타르퀴니우스 수페르부스[14]의 이미지로 상징화했다.[15] 수페르부스 전설은 상징적 내용을 통해 공화국 건국 세대와 그 후손들의 공화주의적 자아상에 큰 영향을 미쳤고, 다른 어떤 역사적 서사보다도 건국신화의 필요성을 더 잘 충족시켜주었다.[16] 로마인의 집단적 기억 속에서 수페르부스의 전설은 누구나 대중적 영향력이 커지면 인민의 주인(폭군)으로 도약하고자 하는 격렬한 열정에 휩싸인다는 사실로 각인되었다. 대중적 영향력을 키우면서 왕권에 대한 욕심을 드러내는 것은 공화국에 대한 반역 행위로 취급되었고, 잠재적 폭군을 살해하는 행위는 정당한 것으로 취급되었다.[17] 이러한 근거하에 동시대의 증인인 키케로가 주장했듯이, 시저의 죽음Caesars Tod은 폭군 살해로 간주된다.[18] 따라서 로마 공화국의 종말은 그 시작인 폭군 방벌로 이어진다.

로마 공화국의 건국신화는 아리스토텔레스의 정치철학을 토대로 만들어졌다. 아리스토텔레스가 생각한 최고의 헌법(정치체제)은 정치적으로 활동적인 시민(폴리타이politai)과 정치적으로 올바른 질서(폴리테이아politeia) 사이의 상호작용에 기초하며, 이러한 상호작용이 원활하게 이루어질 때 시민의 훌륭하고 성공적인 삶(유다이모니아eudaimonia)이 가능해진다. 그러한 질서의 기본조건은 '자유롭고 평등한 사람'들이 서로 교대로 통치하고 교대로 통치받는 것이다. 여기서 '자유롭고 평등

한 사람'은 독재적 통치를 받는 종속적 노예가 아니라 민주적
통치에 참여하는 적극적 시민을 말한다. 이것이 바로 아리스
토텔레스가 생각한 정치의 원리다.[19]

아리스토텔레스는 올바른 통치와 전제적 지배 사이의 모순
적인 대조를 통해 자유로운 질서로서의 공화국의 지적·헌법
적 역사에 국가철학적 깊이를 부여했다. 공화국은 자유국가
적 질서를 갖춘 자유로운 공동체를 의미하며, 이러한 공화국
의 전통은 근대 민족국가의 설립 정신과 연결된다.

아리스토텔레스에게 좋은 질서(정치체제)의 반대개념은 전
제주의, 더 정확하게는 개인의 전제정치(폭군정치), 집단의 전
제정치(과두정치) 또는 대중의 전제정치(민주정치, 소위 중우정
치)였다.[20] 아리스토텔레스의 바실레이아 basileia(군주정), 키
케로의 공화적 군주제 regalis res publica, 현대 자유국가의 입헌
군주제처럼 공동선(공동체의 이익, 공공복리)을 지향하는 경우
1인 통치 형태인 왕정은 정당하다. 고대 그리스와 로마의 정
치적 자유에 여성, 외국인, 노예가 참여하지 않았다는 것은 역
사적 사실이다. 그러나 이것이 객관적 자유의 원리인 공화주
의가 고대의 발명품이라는 사실에 영향을 미치지 않으며, 주
관적 자유의 원리인 기본권이 계몽주의의 발명품이라는 이념
사적 사실에도 영향을 미치지 않는다. 아리스토텔레스가 오
늘날에도 유효한 정치철학의 원리로 확립한 것은 '자유로운

인간의 공동체' 내에서 성공적인 삶이 되려면 공동체의 전체와 부분에 대한 구성적 참조점이 필요한데,[21] 그것은 바로 시민과 시민권이라는 사고방식이다.

"시민이 도시를 만든다Les Citoyens Font la Cité." 이 말은 루소가 아리스토텔레스가 말한 공동체 내부의 구성적 참조점을 자신의 공화주의적 자유철학의 형식으로 번역한 모토다. 이들의 자유 개념은 다른 어떤 국가철학적 자유 개념보다 더 까다롭기 때문에, 소크라테스적 전통에 따라 근본적 질문의 관점에서 이해되어야 한다.[22] 즉, 자유란 "다른 사람들과 결합한 모든 사람이 오직 자신에게만 복종하고 이전과 마찬가지로 자유롭게 지낼 수 있는 결합 형태를 찾는 것"을 말한다.[23]

루소가 언급한 시민citoyen은 개인적 자유에 집착하는 사적인 부르주아private Bourgeois가 아니라, 일반이익(공동선)으로서의 자유를 지향하는 정치적 시민politische Bürger을 말한다. 정치적 시민은 모든 사람에게 적용되는 일반적인 자유 질서를 확립하기 위해 '공동의 노력'을 기울이는 사람을 말한다. 또 가상의 계약(사회계약)을 통해 타인과 결합하고, 정통성을 지닌 인민의 통합을 가져오며, 타인과 함께 도시cité를 만든다. 루소가 사용한 '도시'라는 용어는 그리스의 폴리스polis(공동체), 로마의 레스 푸블리카res publica(공화정), 프랑스의 레퓌블리크république(공화국)를 아우르는 상위개념에 해당한다.

루소는 앞에서 언급한 공동의 노력을 '일반의지volonté géné-rale'라고 불렀다. 루소가 사용한 '일반의지'라는 용어가 '공동의 노력(공공선)'이라는 의미를 담아낼 수는 있었지만, 특수한 (개별적인) 공화주의적 자유의지를 담아내지 못해 국가철학적 구성에 이르지는 못했다. 왜냐하면 일반의지는 개인적 자유의 총합이 아니라 단 하나의 단체적 생존의지를 의미하기 때문이다. 일반의지는 자발적으로 정치제도에 가입한 사람의 실존도덕으로서 모든 단체 구성원의 자유를 보존하고자 하는 의지다.[24]

공화국의 제도화된 자유의지를 구성원에게 전달하기 위해서는, 도시와 시민, 공화국과 공화주의자 사이에 특별한 참조 관계가 존재해야 한다. 이러한 참조 관계는 '전체와 부분들' 사이의 아리스토텔레스적인 관계를 의미한다. 따라서 이러한 참조 관계는 자유로운 시민과 그들이 자유의지로 지탱하는 공동체 사이에 원활한 상호작용이 이루어지도록 한다.

"자유시민은 인내할 수 있는 한도 내에서만 자신의 국가를 지지한다."[25] 1960년 4·19 민주혁명과 1987년 6월 시민항쟁을 되돌아보면, 이 말은 말장난 이상의 것을 내포하고 있다. 여기서 '인내'는 넓은 의미로 이해되어야 한다. 이것은 정치에 관심 있는 시민의 기본 태도를 의미한다. 시민과 국가의 관계는 단순히 이론적 이해와 실천적 이성의 문제가 아니라 정서

(마음)의 문제이기 때문이다. 오성悟性적인 공화주의자 칸트, 이성적인 공화주의자 헤겔과 대조적으로, 루소는 마음의 공화주의자다. 루소는 공화주의적 자유 문제의 선구자로서, 칸트와 헤겔 두 사람 모두의 존경을 받았다. 어떤 사람들은 루소가 강조한 공화주의를 무시한 채, 루소를 전체주의 국가사상의 선동가처럼 말하고 있지만, 루소는 그러한 사상을 전파하지 않았다.[26] 루소는 진정한 헌법la véritable Constitution이 담겨 있는 공화국의 가장 중요한 법률(헌법)에 관해 논하면서, "이러한 진정한 헌법은 시민의 마음속에 기록되고, 건국 정신에 따라 유지되며, 국가권력의 자리를 차지하고 있는 관습(구체제)의 힘을 대신한다"고 말했다.[27]

독일 공화국의 전통에서는 특히 헤르만 헬러Hermann Heller가 루소의 자리를 이어갔다. 헤르만 헬러는 주체로서의 국가와 주권 보유자로서의 인민을 엄격하게 구별한다. (인민의) '의지 공동체'가 바로 국가적 결단의 단위이자 효력의 단위이다. 국가는 바로 이러한 (국민의) 의지 공동체에 의해 지탱된다. 이러한 의지 공동체가 작동하면서 사회적으로 재구성된 일반의지가 발현된다. 이것은 여러 세대에 걸쳐 형성된 "다소 명확하고 견고한 우리 의식의 습관적 상태"에 기반을 두고 있다.[28]

"우리는 인민이다Wir sind das Volk"[29]는 오랜 세월 억압되어 있던 자유 의식이 발현된 혁명적 슬로건이었다. 루소는 혼자 힘으로 자기 자신을 교정했다[30]는 전설적인 고백을 했고, 이를 전해 들은 칸트는 인간이 "자기 스스로 만든 법에 스스로 복종하는 것"을 자유의 기본개념으로 받아들였다.

시민Citoyen은 모든 사람의 자유와 공화주의적 이익을 위해 가상의 국가계약을 체결한다. 시민은 도덕적 인격을 갖춘 사람을 의미한다. 감각적 욕망과 충동에 의해 추동되는 인간, 즉 현상적 인간homo phaenomenon이 경험하는 것은 '도덕적'이지 않다. 이러한 모든 경험에 선행하는 도덕성의 선험적 주체로서의 인간, 즉 실제적 인간homo noumenon이 경험하는 것만이 도덕적이다. 실제적 인간만이 자유라는 규제적 이념하에서 도덕적 자기입법과 자율성을 누릴 수 있다.[31]

인간 실존의 경험적 차원과 비경험적 차원, 순수철학적 차원과 초월철학적 차원의 구별은 칸트의 범주적인 철학 체계 외에 다른 철학 체계에서는 발견할 수 없다. 따라서 자유의 두 가지 차원은 엄격하게 분리되어야 한다. 즉, 단수 형태의 권리는 '내적 자유', 즉 인간이 타고난 유일한 권리로서 실제적 인간이 갖춘 인간성 때문에 그에게 주어진 권리인 반면, 복수 형태의 여러 권리는 '외적 자유', 즉 사회가 인간에게 부여한 부수적 권리로서 현상적 인간에게 주어진 여러 가지 권리를 의미한다.[32]

헤겔은 칸트가 제시한 내부적 도덕성과 외부적 합법성의 이원론에 맞서, 인간의 사회성이 국가 내에서 "구체적 자유의 현실성"을 구현하는 변증법Dialektik을 제시한다.[33] 칸트가 말한 합법성Legalität과 도덕성Moralität이라는 독자적 요소가 결합되어 자유의 개념이 되는 순간, 자유는 비로소 '구체적'이 된다. 즉, 변증법적 전체Ganz, 全로서 분리될 수 없는 특성을 갖추게 된다. 그것은 외부적인 '추상적 법'과 내부적인 '주관적 도덕'을 모두 포괄하지만, 두 요소를 '도덕적 국가'의 제도 내에서 실현하고, 일반성(공익)을 추구하는 객관적 자유의 원칙 안에서 이들을 종합한다. 이러한 변증법적 고양을 통해 대립Gegensätze, 反을 해결하기 위해서는 '정치적 태도'와 '습관화된 의지', 즉 국가의 제도를 통해 자유를 실현하려는 의지가 필요하다.[34] 헤겔은 자신의 자유철학을 루소의 공화국 이론과 연장선상에 놓으면서, 자신이 말하는 '온당한 국가'를 '의지적 자유와 지적 자유의 통일체'로 묘사하고 있다.[35]

지금까지 대표적인 정치철학자들과 함께 공화주의적 자유에 대해 간단히 살펴보았다. 하지만 우리가 소크라테스적 사유 방식을 추구한다면, 우리는 결코 최종적 결론에 도달할 수 없을 것이다. 하지만 '공화주의의 속성'은 보다 분명해져야 한다. 공화주의의 대표적 속성은 '정치적 자유'를 향한 체계적 지향, 즉 사적 자유가 아닌 공적 자유, 개인적 자유가 아닌 제도적 자유, 근대의 개인적 자유가 아닌 낡은 유럽의 모두를 위한 자유를 추구하는 것이다.

공화주의Republikanismus의 세 가지 기본형태는 오성적 공화주의, 이성적 공화주의, 마음의 공화주의다. 이러한 세 가지 양식의 '공화주의적 자유' 개념은 칸트, 헤겔, 루소의 견해와 일치한다. 이들은 각기 생각하는 자유, 실천하는 자유, 사랑하는 자유를 주장했다. 역사적으로 볼 때 모든 공화주의 혁명은 자유에 대한 뿌리 깊은 사랑에 기인한다. 전 세계적으로 널리 인용되는 일반의지Volonté générale라는 프랑스어와 함께라면 우리는 철학적으로 고상해질 수 있다.

구성원을 위한 개인적 자유

1776년과 1789년은 세계사적으로 매우 중요한 해다. 미국과 프랑스에서 자유주의 혁명이 발생했고, 최초의 인권선언인 미국의 〈버지니아 권리장전〉(1776)과 프랑스의 〈인간과 시민의 권리선언〉(1789)이 발표되었다. 이 사건들은 양도할 수 없는 인간과 시민의 권리에 대한 헌신, 영국과 프랑스 구체제로부터의 해방을 가져왔고, 오늘날까지도 인간과 자유의 연관성에 대한 역사적 증거로 사용되고 있다. 주관적 자유권의 실효성을 유지하려면 제도화된 자유의 질서 내에서 그것(자유)을 객관적으로 보장해야 한다.[36] EU, UN 등과 같은 초국가적 단체와 국제기구가 출현하고 있지만, 국민국가Nationalstaat는 여전히 자신의 자리를 굳건히 지키고 있다. 따라서 국민국가는 자유에 대한 보증인 지위를 갖는 전형적 제도로 남게 될 것이다. 오늘날까지 자유가 공화국이라는 국가철학의 패러다임, 즉 자유국가 모델과 함께 다루어진 이유는 바로 이것 때문이다.

우리 헌법은 제1조 제1항에서 "대한민국은 민주공화국이다"라고 선언하고 있다. 이는 대한민국이 민주주의와 공화주의라는 두 개의 정치적 이념에 바탕을 두고 있음을 밝히고 있다. 헌법 제2장에서는 '국민의 권리와 의무'라는 표제하에 제10조에서부터 제37조까지 민주주의와 공화주의 실현을 위한 개별적 기본권을 규정하고, 제38조에서부터 제39조까지는 공화국을 유지하기 위한 국민의 기본적 의무를 규정하고 있다. 이처럼 우리 헌법은 전 세계에서 그 유례를 찾아볼 수 없을 정도로 풍부한 기본권 조항을 제공하면서, 주관적 자유와 객관적 질서가 균형 잡힌 형태로 자리 잡은 공화주의적 권리와 의무를 함께 제시하고 있다.

대한민국은 1948년 7월 12일 헌법 제정을 통해 탄생한 입헌공화국이다. 대한민국 헌법은 근대 법치국가적 전통에 따

라 자유로움(자유로운 개인)을 보장함과 아울러 구유럽의 공화
주의적 전통에 따라 자유국가(자유주의 국가)를 보장하고 있다.
특히 1987년 민주혁명의 결과로 개정된 우리 헌법은 인간의
존엄성 보호와 기본권 보장 강화를 위한 헌법적 기초를 제공
하고 있다. 즉 대한민국의 모든 국민은 인간으로서의 존엄과
가치, 행복을 추구할 권리를 가진다. 대한민국은 국민 개개인
이 가지는 불가침의 기본적 인권을 확인하고 이를 보장할 의
무를 진다.[37]

대한민국은 '자유민주적 기본질서'[38]에 입각한 '민주공화
국'[39]이다. 우리 헌법상 자유국가(공화국)가 자유주의적 복지
국가가 아니라면, 헌법이 보장하는 자유는 구체적 현실과 무
관한 추상적인 약속으로 남게 될 것이다. 모든 국가(공화국)는
공동체 구성원이 자유권적 기본권을 누릴 수 있는 실질적 조
건인 사회적 입법을 통해 진정한 자유reale Freiheit를 제공해야
한다. 우리 국민이 헌법 제16조(주거의 불가침)를 근거로 국가
에 주택을 제공해달라고 요청할 수는 없지만, 헌법 전문, 제34
조~제37조(인간다운 생활을 할 권리 등), 제119조(경제민주화)에
따라 국가는 모든 국민에게 저렴하고 쾌적한 생활공간을 제
공할 사회정책적 의무를 진다. 따라서 노숙자의 경우 사회적
장애를 제거하는 경찰법의 문제가 아니라 사회적 법치국가를
실현하기 위한 헌법적 과제로 인식되어야 한다.

공화주의 원리는 정치적 자유를 보장하고, 법치국가 원리는 개인적 자유를 보장하며, 사회국가 원리는 실질적 자유를 보장한다. 현대 민주주의국가에서는 공화주의 원리, 법치국가 원리, 사회국가 원리가 동시에 입체적, 역동적으로 작용할 때 비로소 모두가 함께 공존할 수 있는 평화의 기초로서 자유가 보장되며, 이는 공동체적 질서(자유민주적 기본질서)의 토대가 된다.

공화국 Republik이라는 용어는 라틴어 레스 푸블리카 res publica에서 유래했다. 처음에 이 말은 '공적인 것', 즉 '모든 사람과 관련된 문제'를 의미했지만, 시간이 지나면서 공동체, 국가 등으로 그 의미가 확장, 변형되었다. 공화국의 근대적 개념은 국가원수(국가의 우두머리)의 결정 방법과 연결되어 있다. 군주제와 달리 공화국에서는 왕조의 원칙인 승계(상속)의 원칙이 적용되지 않는다. 공화국의 국가원수는 국민이 선거를 통해 선출하고, 제한된 기간 동안만 권력을 행사한다.

공화국과 공화주의

고대에는 국가형태를 군주제, 귀족제, 민주제로 3분했지만, 근대 초기에 이르면 공화제와 군주제의 이원론으로 대체된다. 이 같은 분류는 마키아벨리Niccolo Machiavelli(1469~1527)의 저작 《군주론Il Principe》으로 거슬러 올라간다.

　마키아벨리는 국가를 '공화국', 즉 일반 공익res publica을 지향하고 그 의지가 시민의 이익과 일치하는 국가와 '군주국', 즉 절대적 통치자가 국가적 의지를 행사하고, 그 행사가 공익을 지향하지 않는 국가로 나누었다. 마키아벨리 사망 후 200년이 지나서 절대주의가 극복된 뒤에야 민주주의의 개념이 고대의 정치 이론에서 부여했던 원래적 의미를 회복할 수 있었다.[40] 마키아벨리의 이원론에 따르면 공화제는 군주제를 거부하는 것을 특징으로 한다. 군주제는 단 한 사람의 개인적 통치를 뜻하지만, 공화제는 모든 사람의 공동의 통치를 의미한다. 따라서 공화제는 모든 형태의 개인적 통치를 배격한다.

　절대주의가 끝난 후 군주제는 더 이상 효과적인 독재정치의 수단이 되지 못했다. 여전히 군주제가 유지되는 나라에서는 국가원수가 한 명이지만 군주는 더 이상 국가권력 행사 자격을 가지지 못했다. 이제 군주제는 상징적 임무, 대표의 임무만 수행하는 국가원수로서 존재하는 국가형태로 바뀌게 되었다. 이에 따라 공화국의 개념도 바뀌었다. 공화국은 더 이상 국가원수의 국가권력 행사 자격에 초점을 맞추지 않고, 오히려 국가원수의 정당성에 초점을 맞추게 되었다.[41]

　군주제에서 국가원수는 종신직이었고, 그 지위는 국민적 정당성에 좌우되지 않고 왕조적 위엄에 기초했다. 독일 신성로마제국의 역사는 선출직 군주제의 사례를 제공한다. 여러 명의 왕König 중에 제후들이 선출한 왕이 황제Kaiser가 되었는데, 황제 선거 절차는 1356년 황금칙서에 규정되어 있었다. 선출된 왕은 종신직 황제가 되지만, 부친으로부터 물려받은 왕의 지위도 함께 유지했다.

근대적 의미의 공화국에서는 국민이 직접적으로 또는 간접적으로 국가원수의 정당성을 인정해야 한다. 따라서 순수하게 이론적으로만 보면, 모든 국민이 국가원수가 될 수 있다. 민주적 정당성의 특징은 제한된 임기와 해임 가능성에 있다. 영국의 사례는 민주주의와 공화제가 반드시 일치할 필요는 없음을 보여준다. 영국의 경우, 국가원수가 왕조적 위엄에 따라 결정되지만(세습군주제), 입법부와 행정부가 행사하는 실질적 국가권력은 국민으로부터 나온다.

우리 국민의 공화국에 대한 정치적 결단은 헌법 제1조에 잘 나타나 있다. 우리 헌법 제1조는 "대한민국은 민주공화국이다(제1항). 대한민국의 주권은 국민에게 있고, 모든 국가권력은 국민으로부터 나온다(제2항)"고 규정함으로써, 정부 형태로서 공화제를 채택하고, 군주제를 거부하고 있다.

공화주의 원칙의 구체적 설계는 우리 헌법상 통치구조 중에서 제4장(대통령)에 잘 나타나 있다. 대통령은 우리 헌법에서 명시한 바와 같이 대한민국의 국가원수다. 대통령은 국가 원수로서 외국에 대해 대한민국을 대표하며, 국가의 독립·영토의 보전·국가의 계속성과 헌법을 수호할 책무를 진다.[42] 대통령은 국가의 중요 정책에 대한 국민투표 부의권, 조약체결 비준권, 국군통수권, 공무원 임명권, 사면권, 영전수여권, 국회 출석 발언권 등을 갖는데 이 같은 권한은 중세와 근대를 거쳐 오늘날까지 서구 지역의 국가원수에게 부여된 기능에서 비롯되었다. 대통령은 국민의 보통·평등·직접·비밀선거에 의해[43] 5년 단임의 임기[44]로 선출되며, 헌법재판소의 탄핵심판 절차를 거쳐 파면될 수 있다.[45] 우리 헌법의 기본 원리에 따르면 원칙적으로 40세 이상의 대한민국 국민이면 누구나 국가원수가 될 수 있다.[46]

4부

피날레: 민주주의를 위한 제언

민주주의는
과연 인류 보편의 가치인가

민주주의에 대한 현대적 캐치프레이즈는 미국의 제16대 대통령 에이브러햄 링컨이 1863년 게티즈버그연설에서 천명한 "국민의, 국민에 의한, 국민을 위한 정부"라는 유명한 구절로 압축된다. 이 말과 민주주의의 원래 의미인 '국민의 통치'를 결합하면, 민주주의는 '국민에 대한 국민의 지배'라고 정의 내릴 수 있다. 하지만 국민으로부터 위로 발산되는 권력은 권력의 하향 행사도 결정해야 한다는 점에 유의해야 한다. 그렇지 않으면 '국민에 대한 통치'가 '국민의 통치'와 무관해질 위험을 초래하기 때문이다. 이 경우 권력을 위임하는 사람(국민)이 권력을 잃고, 선거가 자유롭지 않으며, 선출된 대표가 진정한 대표가 아닐 수 있다.[1]

역사적으로 항상 '누가 인민에 속하는가?', '인민은 어떻게 자신의 의지를 표현하는가?'에 대한 논란이 있었다. 오늘날도 마찬가지다. 민주주의에 대한 최소한의 공통분모를 모아 민주주의를 정의한다면, 일정한 연령 이상의 모든 시민이 모든 관련 법률에 최소한 간접적으로 참여하고 법적 차별이나 억압 없이 자신의 의지를 형성하고 표현할 수 있는 동일한 권리를 보장하는 제도라고 할 수 있다.[2]

기원전 5세기 아테네에서 발전한 민주주의 개념은 현재 우리가 사용하는 용어와 많이 달랐다.[3] 오늘날에는 민주정치와 가장 대조되는 정치체제로 독재정치를 말하지만, 과거에는 그렇지 않았다. 민주주의에 대한 아테네식 정의에 따르면, 민주주의는 '누구도 자신을 통치자라고 선언할 수 없고, 누구도 자신의 이름으로 권력을 보유할 수 없다'는 원칙에 기반한 제도였다.[4]

민주주의를 정적, 규범적 측면에서 정의한다면 "정치적 지배를 정당화하고, 통제하고, 비판하는 과정"이라고 할 수 있으나, 동적·기능적 측면에서 정의한다면, "정치적 지배에 정당성과 통제를 요구하며, 정치적 통치에 대한 비판을 목표로

하는 영구적이고 미완의 과정"이라고 말할 수 있다.[5]

오늘날 민주주의는 수많은 정치체제를 포괄하는 용어가 되었다. 대부분은 고대 그리스의 고전적 민주주의와 크게 다르다. 현대사회에서 전 세계적으로 민주주의로 표현되고 민주적이라고 여겨지는 것은 모호하고 모순적이다. 이러한 혼란은 부분적으로 다른 시대, 다른 사회질서에서 탄생한 다양한 민주주의에 대한 정의가 민주주의 사상의 '근본적인 핵심'과 그에 해당하는 현대적 형태를 구별하지 않고 무분별하게 함께 사용되기 때문이다.[6] 현대 민주주의 사상의 근본적 핵심으로는 주체로서의 개인의 자유, 국가와 인민주권의 연결, 인민의 기본권을 보장할 국가의 의무 등과 같은 가치를 들 수 있다.[7]

대부분의 학자가 현대 민주주의는 미국의 독립과 프랑스혁명의 정치적 영향으로 18세기에 출현했다고 보지만, 만프레드 G. 슈미트Manfred G. Schmidt는 카를 마르크스의 이론을 포함하여 20세기 이전에 작성된 모든 가르침을 현대 민주주의 이론의 선구자로 본다. 18세기 시민혁명 당시에는 남녀의 보편적 참정권과 정당 경쟁을 갖춘 발전된 민주 헌법에 대한 경험이 없었다는 사실을 논거로 들고 있다.[8]

현대 민주주의는 '제한된' 다수결 통치, 선거 절차, 대표에 대한 권력의 이양에 기초하고 있다. 이는 민주적 과정에 참여할 자격이 있는 사람 중 일부가 다른 사람에 비해 더 큰 정치적 영향력을 행사하고 있고, 대다수의 유권자가 '실제로는 권력을 행사하지 않으며', 국민의 의지라고 하는 것의 많은 부분이 국민의 박수와 비슷하다는 의미다. 우리가 소규모 직접민주주의를 회복하는 데 성공하더라도, 개인적 접촉에 기반한 민주주의는 더 큰 구조의 일부일 수밖에 없다. 따라서 현대 민주주의는 궁극적으로 항상 간접민주주의이며, 직접민주주의는 수직적 과정에 기반을 둔 전체 구조의 미시적 구성 요소로 남아 있을 뿐이다.[9]

국가의 권력 독점은 민주적 자유를 확립하는 데 없어서는 안 될 전제 조건이다. 자유를 원하는 모든 사람이 개인적 자유를 무제한적으로 행사할 수는 없다. 국가가 폭력을 독점하고 비상사태를 통제할 수 있는 힘이 없다면, 자유는 내·외부적 불안에 상시 노출될 수밖에 없다.[10]

이와 같은 최소한의 개념적 요소를 전제로 할 때, 오늘날 민주주의는 가장 널리 수용되고 있는 정치체제이며, 전 세계 많은 국가가 채택하고 있다.[11] 그러나 민주주의가 과연 인류 보편의 가치인지에 대한 질문은 결코 단순하지 않다. 단순히 정치적 이념이나 역사적 발전의 문제를 넘어, 인간의 생존과 진화, 그리고 사회적 약자 및 소수자 보호, 공동체의 조화롭고 지속적인 발전 같은 근본적인 문제에 대한 심도 깊은 성찰이 요구되는 문제이기 때문이다. 또 현실 정치에서는 민주적 절차를 거치거나 또는 이를 가장해 전체주의 체제로 전환한 나라가 적지 않고, 겉으로는 민주주의를 표방하면서 실제로는 이를 파괴하는 독재자가 끊임없이 등장하고 있다.[12]

민주주의의 장점과 문제점[13]

허버트 마르쿠제Herbert Marcuse는 1970년대 중반 이렇게 말했다. "부르주아 민주주의가 퇴보적으로 발전하여 경찰국가와 전쟁국가로 전환한 이유는 미국의 세계정책적 맥락에서 논의되어야 한다.[14] 오늘날 미국 민주주의의 기반을 형성하는 형태 없는 대중은 신파시스트적 경향은 아니더라도 보수적이고 반동적인 경향의 선구자다. 보통선거권이 있는 자유선거에서, 미국 국민은 수년간 전쟁을 벌여온 전쟁정부를 선출했는데, 이는 인류에 대한 전례 없는 연쇄 범죄에 해당한다. 미국 정부는 대기업 대표로 구성된 정부, 부패가 만연한 정부다.[15] 닉슨이 재선에 성공하는 광경은 부르주아 민주주의가 신파시즘으로 변모하고 있는 시대의 악몽이다.[16] 미국의 정치 시스템은 정치 지도자가 감각적으로 인지되는 이미지, 섹스어필을 강조해, 자기 복종을 만족시키는 심오한 차원을 무섭도록 효율적으로 통제한다. 이미지의 성격은 시스템의 추악함, 잔혹함, 위선이 노골적인 거짓말과 속임수로 대체됨에 따라 변화하는 듯하다. 거대한 기업의 사장인 대통령은 이제 극도로 추악해질 수 있고, 더 이상 성적 매력을 포함한 매력을 가질 필요가 없지만, 무엇보다도 효율성과 사업적 통찰력을 가지고 있어야 한다."[17]

율리안 니다-뤼멜린Julian Nida-Rümelin은 민주주의가 공공의 이성을 사용하는 문화를 바탕으로 하는데, 오늘날 이 문화가 위험에 처해 있다고 본다.[18] 오트프리드 회페Otfried Höffe는 두 가지 제한된 시간 범위 때문에 민주주의가 현재 지향성, 고정성을 지닌다며 문제를 제기한다. 즉 일상적인 정치는 여론조사, 국내 및 외교 정책 타협, 계속 다가오는 선거 날짜에 의존한다. 또 선출된 대표와 정치 책임자가 영향력 있는 위치에 머무르는 기간이 상대적으로 짧고, 미래 문제에 우선순위를 부여하는 데 어려움이 있는 경우가 많다. 하지만 시민사회에 개방된 민주주의는 시민이 자유롭게 참여할 여지를 남겨두며, 그 결과 많은 민주주의국가에서 환경보호와 세대 간정의에 대한 민감성이 상당히 커졌다. 민주주의는 다른 정치체제가 보유하지 못한 많은 자원, 즉 정당성의 우위, 지식의 우위, 경제의 우위, 비판적 학습의 우위Legitimitätsvorsprung, Wissensvorsprung, Wirtschaftsvorsprung und kritische Lernvorsprung를 보유하고 있다. 따라서 민주주의는 오늘날 존재하는 지속 가능성의 결핍 문제를 가까운 장래에 충분히 해결할 수 있을 것이다.[19]

제도로서 민주주의의 장점은 대체로 다음의 여섯 가지가 거론된다. 첫째, 민주주의의 가장 큰 장점은 무엇보다 민주주의 체제에서는 모든 시민이 정치적 의사 결정 과정에 참여할 수 있다는 것이다. 이는 민주주의의 본질적 요소로서 개인의 자유와 평등을 보장하며, 사회의 다양한 목소리를 정치적 의사 결정에 반영할 수 있는 기회를 제공한다(시민의 정치 참여). 둘째, 민주주의는 국민에게 국가 공동체의 구성원으로서의 자부심을 키워주고 국가 위기 상황에서 국가를 위해 헌신하고 투쟁할 수 있는 공동체 의식을 고양해 공동체의 안정과 국가의 지속성을 보장하는 원동력으로 작용할 수 있다(공동체 의식의 증진). 셋째, 민주주의는 정보를 공유하고 지식을 축적하는 데 매우 유리한 환경을 제공한다. 표현의 자유와 언론의 자유, 학문의 자유를 기반으로 정보와 지식이 자유롭게 유통되고 다양한 사람들이 참여해 창의적인 아이디어와 혁신을 도모하고 지식이 축적되는 과정을 촉진한다. 이는 결국 집단지성의 발현으로 이어지며 사회가 직면한 복잡한 문제에 보다 효율적이고 효과적으로 대응이 가능하게 하고 사회 전체의 지속 가능한 발전을 도모할 수 있다(지식·정보 공유와 지속 가능한 발전 도모).[20] 넷째, 민주주의는 다양한 의견을 수용하고 정기적으로 권력을 교체하고 제도적 유연성을 활용해 변화에 능동적으로 대응할 수 있다. 특히 정보의 개방과 투명화, 공론화 과정과 자발적 시민 참여는 변화하는 정치·경제·사회·환경적 조건에 신속하게 적응할 수 있는 능력을 강화한다(환경적응과 유연성). 다섯째, 공동체 내부적으로는 정치·경제·사회 등 각 분야의 다양한 갈등에 대해 자유롭게 의견을 교환하고 여론을 수렴해 평화적으로 갈등을 해결할 수 있다(평화적 갈등 해결). 여섯째, 민주주의는 권력의 집중과 남용을 방지하는 시스템을 갖추고 있어, 권력자의 독재와 전횡을 견제할 수 있다(권력 남용 방지). 결론적으로 민주주의의 이러한 특성은 복잡하고 변화무쌍한 현대사회에서 민주주의가 지속적으로 유연하면서도 강력한 정치체제로 기능하게 만든다.

한편 민주주의에는 여러 가지 문제점도 존재한다. 첫째, 의사 결정 과정이 느리고 비효율적이라는 점이다. 모든 의견을 수렴하고 조율하는 과정에서 시간이 오래 걸릴 수 있으며, 이는 긴급한 상황에서 신속한 대응이 어려울 수 있다(의사결정 지연과 비효율성).[21] 둘째, 특히 정치가 경직되어 있을 때는 다수결의 폐해로 인해 특정 계층이나 집단에 대한 지속적인 불이익을 초래할 위험성이 있고, 또 소수 의견을 무시할 가능성이 있어 사회 갈등을 심각하게 초래할 수 있다. 이는 포퓰리스트 독재자의 등장으로 이어져 극단주의로 흐를 수 있으며, 결국 소수자의 권리를 과도하게 침해할 위험이 있다(극단주의의 위험).[22] 셋째, 선거를 의식한 포퓰리즘populism과 단기적 인기 영합 정책, 정치적 소수 엘리트에 의한 이기적 정책 결정, 관료주의와 비효율적인 정치제도, 불법적 정치자금과 로비, 다양한 이익집단이나 정치 홀리거니즘hooliganism[23]의 과도한 정치적 영향력 행사에 따라 부패와 불평등, 갈등의 위험을 심각하게 초래할 수 있다(부패와 불평등, 갈등의 위험)는 지적이 있다.[24] 이러한 문제는 많은 나라의 민주주의 체제에서 끊임없이 제기되고 있는 도전이기도 하다. 민주주의가 지향하는 가치와 실제 운영 간의 간극을 줄이기 위해서는 지속적인 제도 개혁과 개선이 필요하다. 아울러 투명한 정치, 공정한 선거, 법치주의를 강화하는 동시에 시스템이 건강하게 작동될 수 있도록 깨어 있는 시민의 적극적인 참여와 감시가 반드시 필요하다.

생존과 진화, 사회적 약자 보호에 적합한 민주주의

앞에서 본 여러 문제점에도 불구하고, 민주주의는 인간이 생존하고 진화하며, 사회적 약자를 보호하는 데 가장 적합한 정치제도로 평가할 수 있다. 인간은 본질적으로 사회적 동물로서, 협력과 상호작용을 통해 생존하고 발전해왔다. 즉, 민주주의는 개인 혼자로는 생존하기 힘든 생태 및 환경조건에서 공동체 또는 집단의 모아진 힘을 통해 생존 가능성을 최대로 끌어올리기 위한, 인류의 지혜로운 사유와 경험으로 완성된 정치체제다. 민주주의는 바로 이러한 인간 본성을 토대로 한 공동의 집단지성을 반영한 정치체제로서, 개인의 자유와 권리를 보호하면서도 사회 전체의 이익을 추구한다. 특히 사회적 약자 및 소수자를 보호할 때 민주주의는 중요한 역할을 한다. 또 민주주의 체제에서는 모든 시민이 평등한 권리를 가지며, 약자의 목소리가 정치적 의사 결정 과정에서 비교적 수월하게 반영될 수 있다. 이는 경제적 불평등, 성차별, 교육 차별, 인종차별, 종교·문화·세대 갈등 등 다양한 사회적 문제에 대한 해결책을 모색하는 데에도 민주주의가 중요한 역할을 할 수 있다는 의미다.[25]

완성된 체제가 아닌 역사 발전의 산물

민주주의는 그 자체로 완성된 정치체제가 아니라, 역사적 발전 과정에서 함께 변화해온 산물이다. 각 시대와 사회가 변화하면서 민주주의도 끊임없이 변하고 발전해왔다는 의미다. 고대 그리스의 직접민주주의에서부터 19세기 근대의 입헌민주주의, 20세기의 사회복지국가 민주주의, 21세기 현대의 대중민주주의에 이르기까지, 민주주의는 다양한 형태로 발전해왔으며, 앞으로도 시대 흐름과 함께 변화할 가능성이 크다. 그러나 중요한 점은 민주주의가 변화하는 과정에서도 불변하는 본질적 가치는 지켜져야 한다는 것이다. 그 가치는 바로 '인간의 존엄'이다. 민주주의의 궁극적인 목표는 모든 인간이 어떤 차별이나 편견 없이 동일하게 존엄성을 가지고 대우받을 수 있는 사회를 만드는 것이다. 이는 민주주의가 단순히 다수결의 원칙에 기반한 형식논리로서의 정치체제가 아니라, 호모 사피엔스homo sapiens 그 자체로서 인간의 존엄성을 최우선으로 존중하고 보장하는 보편적 가치 체계임을 의미한다. 인간의 존엄성은 우리 헌법을 구성하는 최고 원리로서 필수적인 일련의 기본적 자유와 평등권, 사회적 기본권 등의 개념을 당연히 내포한다. 하이에크도 민주주의는 그 자체가 목적이 아니라 본질적으로 수단, 즉 내적 평화와 개인의 자유를 보호하기 위한 실용적 도구임을 지적하고 있다.[26] 따라서 민주주의가 지향하는 궁극적 가치는 자유민주주의라는 점을 강조하고 있다.

결론적으로 민주주의는 인류 보편의 가치로 자리매김할 수 있는 강력한 정치체제다. 민주주의는 비록 여러 가지 장점과 단점이 공존하지만, 현재의 시대적 가치관에 비추어 볼 때 인간이 생존하고 진화하며 사회적으로 약자를 보호하고, 나아가 공동체가 조화롭고 지속적으로 발전하기 위해 가장 적합한 정치제도라고 할 수 있다. 이러한 관점에서 민주주의는 인류 보편의 가치로서 존중받아야 하며, 지속적으로 발전시켜 나가지 않으면 안 되는 인류 문화의 공동 유산이다.

02

자유민주주의와
회색코뿔소 위기

회색코뿔소 위기란

'회색코뿔소Gray Rhino'라는 용어는 미셸 부커Michele Wucker
가 2013년 세계경제포럼WEF: World Economic Forum(다보스 포럼)
에서 사용했다. 회색코뿔소는 덩치가 아주 크고 위협적인 동
물이지만, 그 존재가 너무 명백해 오히려 경고를 무시하다가
결국 큰 피해를 입게 된다는 것을 비유적으로 표현했다. 미
셸 부커는 사람들이 그 위험을 충분히 인식하고 있는데도 제

대로 대응하지 않아 결국 엄청난 위기를 맞는다는 점을 부각하기 위해 사용했다.[1] 이 용어는 불확실하고 예측하기 어려운 '블랙스완Black Swan'[2]과는 달리, 이미 충분히 예상 가능하고 명확하게 인식할 수 있는 위험이지만, 그 심각성 때문에 오히려 사람들이 간과하거나 무시하는 상황을 설명한다. 회색코뿔소는 거대하고 육중하며, 쉽게 눈에 띄는 동물이다. 이 동물이 돌진해올 때 그 위협을 무시하기는 어렵다. 그러나 그 덩치와 속도 때문에 사람들은 오히려 공포에 질려 제때 피하지 못하거나, '설마 나를 해치러 오겠어?' 혹은 '확실한 위협이니 언제든 피할 수 있지' 하고 방심하는 경우도 많다. 부커는 이 비유를 통해 사람들에게 '이건 명백히 위험한 상황이니 반드시 대응해야 한다'는 메시지를 전달하고자 했다. 단순한 경고가 아니라, 이미 존재하는 위험 요소에 어떻게 대응할지, 왜 사람들이 이러한 위험을 간과하는지에 대한 질문을 던지며, 책임 있는 행동을 촉구했다. 부커가 메시지를 전달한 세계경제포럼이 열린 2013년은 글로벌 금융 위기(2007~2008)가 발생한 지 몇 년이 지난 시점으로 세계경제가 서서히 회복되고 있었지만, 여전히 다양한 경제적·정치적 불안 요소가 존재하던 시기였다. 당시 국제사회는 금융 위기와 유럽 재정 위기, 미국의 정치적 불안정성 등 여러 도전 과제에 직면해 있었는데, 이러한 문제는 그 당시 충분히 예측이 가능했는데도 적절히 대응하지 않아 위기가 커진 대표적 사례로 여겨졌다. 미셸 부커는 정책 결정자는 물론, 많은 전문가가 이러한 상황을 분명히 인식하고 있었는데도, 복잡하거나 큰 문제를 제대로 다루지 않는 경향에 주목했던 것이다.

회색코뿔소는 현재 우리가 직면한 자유민주주의의 위기를 이해하고 대응하는 데도 중요한 시사점을 제공한다. 많은 나라에서 민주주의가 후퇴하고, 권위주의적 경향이 강화되는 현상은 이미 오래전부터 경고되어온 문제다. 그러나 국제사회와 많은 국가는 이러한 상황과 경고를 충분히 심각하게 받아들이지 않고 있다. 이는 자유민주주의의 근본적 가치가 위협받는데도, 정치적, 사회적 무관심이나 안일함으로 인해 제대로 대응이 이루어지지 않는 상황을 초래한다. 예컨대 정치적 포퓰리즘의 확산은 자유민주주의를 위협하는 가장 큰 위험 요인 중 하나로, 회색코뿔소 위기의 전형적인 사례라고 할 수 있다. 포퓰리즘은 단기적인 대중의 인기와 지지를 얻기 위해 민주주의의 기본 원칙을 훼손하는 정치적 행태를 말한다. 이는 대중의 인기에 영합하는 극단적인 정책을 통해 표피적인 만족을 제공하는 대신, 장기적으로 사회의 분열을 초래하고 민주적 제도의 붕괴를 가져온다. 포퓰리즘의 위험은 조금만 주의를 기울여도 명확히 인식할 수 있는데도, 많은 국가에서 충분한 대응 없이 방치되거나 선전, 선동에 이용당하면서 결국 민주주의 체제가 흔들리고 국가적 위기를 맞는다.

또 다른 예로 언론의 자유와 공정성의 침해를 들 수 있다. 언론은 민주주의 사회에서 중요한 감시자 역할을 하지만, 권위주의적 정부는 언론을 통제하고 여론을 조작해 권력을 유지하려 한다. 또 언론의 진영 논리에 따른 과도한 정치적, 이념적 편향성도 공정성을 해친다. 이러한 상황 역시 오랫동안 지적되어왔지만, 많은 나라에서 심각하게 받아들여지지 않거나 적절한 대응이 늦어지면서 자유민주주의의 위기를 심화시키고 있다. 결론적으로 오늘날 자유민주주의가 직면한 위기 상황은 마치 회색코뿔소처럼 이미 명확하게 인식된 위협이며, 제대로 대응하지 않으면 그 결과는 치명적일 수밖에 없다. 따라서 이러한 위기를 더 이상 간과하지 말고, 적극적이고 신속하게 대응해 자유민주주의의 가치를 지켜나가지 않으면 안 된다.

도처에 산재한 회색코뿔소

현재 우리 사회에서 자유민주주의의 위기를 초래하고 있는 회색코뿔소는 다음과 같다. 계층 양극화 등 사회 분열 및 갈등의 고착화, 의회의 패권적이고 파당적인 행태, 정치권의 포퓰리즘 경쟁, 대중민주주의 시대와 정치 불신, SNS로 실현된 초연결사회와 불만 세력 형성, 사회 전반의 이념 대립과 편향성이다.

계층 양극화 등 사회 분열, 갈등의 고착화

오늘날 자유민주주의는 다양한 도전에 직면해 있다. 그중에서도 특히 두드러지는 위기 중 하나는 계층이 양극화되면서 나타난 사회 분열과 갈등이 고착화되는 현상이다. 계층 양극화는 사회경제적 불평등이 심화되면서 상위 계층과 하위 계층 간의 격차가 점점 더 벌어지는 현상을 말한다. 이는 자유민주주의의 근간을 이루는 평등과 공정의 원칙을 위협하며, 사회 전반에 걸쳐 깊은 분열을 초래한다.[3] 자본주의 시장경제 질서는 사유재산 제도와 경제활동에 대한 사적 자치의 원칙을 기초로 한다. 이는 국민 개개인에게 자유로운 경제활동을 통해 생활의 기본적 수요를 스스로 충족시킬 수 있도록 하고 사유재산의 소유와 처분 및 상속을 보장해주는 것이 인간의 자유와 창의를 보장하는 지름길이고 궁극에는 인간의 존엄과 가치를 증대시키는 최선의 방법이라는 이상을 배경으로 하고 있다.[4] 따라서 사유재산제도에 바탕을 둔 시장경제는 그 자체로 지식과 기술을 발전시키고 확산해 양적·질적 경제성장을 이루게 되고 그 결과 소득 격차를 좁혀나가는 강력한 수렴의 힘을 지니고 있다. 그러나 시장경제는 민주 사회와 그 기반이 되는 사회정의의 가치에 잠재적 위협이 될 양극화의 문제 역시 지니고 있다. 토마 피케티Thomas Piketty는 현대 사회의 경제적 불평등 문제를 심층적으로 분석하며, 자본주의가 본질적으로 불평등을 심화시킬 수 있는 구조를 가지고 있다고 주장한다. 양극화(불안정)를 초래하는 주된 힘은 민간 자본의 수익률(r)이 장기간에 걸쳐 소득과 생산의 성장률(g)을 크게 웃돈다는 사실과 관련 있다. 기업가는 필연적으로 자본소득가가 되는 경향이 있으며, 자신의 노동력밖에 가진 게 없는 노동자에 대해 갈수록 더 지배적인 위치를 차지한다. 이것이 부의 분배의 장기적인 역학에 미치는 영향은 매우 끔찍할 수 있다. 자본 수익률이 초기의 투자 규모에 따라 달라지며 부의 분배가 양극화되는 현상이 전 세계적으로 일어나고 있다는 점을 생각하면 특히 그렇다고 지적하고 있다.[5]

이 불평등의 기본적 메커니즘은 자산을 소유한 사람들이 노동을 통해 얻는 소득보다 더 빠르게 부를 축적할 수 있다는 점에 있다. 이로 인해 부유층은 점점 더 많은 자산을 소유하게 되고, 그에 따라 자본소득이 재투자되며 부의 집중이 심화된다. 반면 노동에 의존하는 다수의 사람들은 상대적으로 더 낮은 소득 증가율을 경험한다. 이러한 불평등 구조는 사회적 이동성을 제한하고, 세대 간 불평등을 고착화시킨다. 피케티는 이러한 현상을 '세습 자본주의'로 설명하며, 자본이 일부 계층에만 계속해서 집중되는 결과를 초래한다고 말한다. 이러한 상황에서는 경제적 불평등이 단순한 소득 격차를 넘어서 정치적·사회적 권력의 집중으로 이어지며, 이는 민주주의의 근간을 위협한다. 특히 고소득층은 더 많은 자원과 기회를 독점하고, 저소득층은 상대적으로 더 큰 빈곤과 불안정에 노출되면서 경제적·사회적 격차가 더욱 고착화된다. 이러한 격차는 단순히 경제적 문제를 넘어 사회적 갈등을 촉발시키고, 정치적 양극화를 심화시키게 된다. 계층 간의 불평등은 서로 다른 이해관계의 충돌과 가치관의 대립을 낳아 사회 구성원 간의 신뢰를 약화시키며, 민주적 절차와 대화의 장이 무너지는 결과를 초래한다. 이 과정에서 포퓰리스트 정치인이 등장해 대중의 불만을 악용하고, 사회적 분열을 더욱 심화시키는 경우가 흔히 발생한다.

한스 포어랜더Hans Vorländer에 따르면, 2008년 금융 위기 이후 전 세계적으로 활동하는 투자자(은행과 기업, 세계은행이나 세계무역기구와 같은 초국적 기관)가 세계를 지배하고, 민주주의는 규제가 완화된 자유시장으로 대체되었다. 세계화는 사회적·경제적 격변을 초래하고, 빈부 격차를 심화시키며, 정치 시스템에서 더 이상 목소리를 내지 못하는 패배자를 만들어 냈다.[6]

마이클 샌델은 미국의 사례를 인용해 교육 및 경제 엘리트 사이에서 만연한 '부정적 관념'에 대해 비판한다. 미국 내 엘리트들의 관념에 따르면 자신이 현재 누리는 부와 사회적 지위는 오로지 자신의 능력과 공로에 근거한다. 하지만 실질적으로 부와 사회적 지위는 불평등한 출발선과 기회, 개인적 우연, 시장의 우연, 노동의 가치에 대한 지배적인 해석 패턴에 의해 결정된다. 샌델에 따르면, 학업적 성취가 부족한 사람에 대한 사회적 경멸과 그들의 체념적인 분노를 극복하려면 그들의 사회적 참여와 공동선을 위한 노력을 높이 평가해 자존감을 높이고, 지역사회를 위한 모든 노력을 적절하게 평가할 수 있는 정치적 예방 조치가 필요하다.[7] 사회의 중산층과 하류 계층에 널리 퍼진 정서는 저 위에 있는 평행 사회의 엘리트들이 특권을 누리지 못하는 사람들을 희생시키면서 온갖 준합법적이고 불법적인 책략을 즐기고 있다는 것이다. 이는 과거에도 계속해서 문제가 되었다. 국제적 차원에서 파나마 페이퍼스, 파라다이스 페이퍼스[8]가 폭로되면서 문제 된 바 있다.[9]

사회학자 미하엘 하르트만Michael Hartmann은 룩셈부르크와 아일랜드 같은 국가에서 페이스북, 이케아, 구글 등과 같은 초대형 국제기업에 대한 과도한 재정 지원(세금 감면)에 비판적이다. 지난 수십 년 동안의 신자유주의 정책에 대응하는 현실적이고 시행 가능한 대안을 보여주는 데 성공해야만 포퓰리

즘의 기세를 꺾을 수 있고, 정치에 실망하고 등 돌린 사람들을 다시 참여시킬 수 있다고 강조한다.[10]

따라서 사회 분열과 갈등을 해결하기 위해서는 강력한 정치적 의지와 제도 개선이 필요하다. 그렇지 않으면 계층 양극화는 점점 더 심화되어 민주주의의 근본 가치인 자유와 평등을 위협하는 심각한 위기로 발전할 수 있기 때문이다.

의회의 패권적, 파당적 행태

자유민주주의가 직면한 또 다른 위기는 의회의 패권적, 파당적 행태에서 비롯된다. 의회는 현대 의회 민주주의의 핵심 기구로서 입법권을 행사하며, 사회 각 분야의 다양한 의견과 여론을 수렴하고 조율하는 역할을 맡고 있다. 그러나 최근 많은 민주주의국가에서 의회가 치열한 이념 대립과 정당 간 이해관계 충돌로 이러한 본래의 기능을 상실하고, 특정 정당이나 이익집단의 패권적 이익을 추구하는 도구로 전락하는 현상이 관찰되고 있다.[11] 이는 의회 내 다수당이 일방적으로 극단적인 입장을 고수하며 편향적 입법을 밀어붙이거나 소수당이 대화와 타협을 의도적으로 거부하면서 절차 진행을 방해해 아무런 정책 결정을 내리지 못하게 되는 파당적 행태로 나타난다. 여당이든 야당이든 특정 세력이 의회를 장악하면, 이들은 자신의 권력을 유지하거나 탈환하기 위해 규칙을 변경하거나, 반대 세력의 목소리를 차단하려는 시도를 할 수 있다. 즉, 특정 세력은 의회 내에서 다른 정당이나 반대하는 견해를 억압하거나 무시하며, 법과 절차를 무력화한다. 이러한 상황에서 의회는 더 이상 다양한 정치적·사회적 의견과 요구를 반영하는 공론장의 공간이 아니라, 특정 집단의 이익을 대변하고 극대화하는 장치로 변질된다. 그 결과 의회정치는 의회주의를 단순한 통과의례 절차로 전락시켰고 그 실상은 당리당략과 패권주의에 좌우되고 있으며, 법적 절차는 단순한 포장에 불과하게 되어버린 것이 최근 우리의 정치 현실이기도 하다.[12] 다시 말하면, 의회 민주주의가 가지는 고유한 문화, 즉 공공성과 토론, 설득의 이념은 사라지고 이해관계를 둘러싼 집단 간의 다툼과 야합만이 횡행하고 있으며, 의회주의가 가지는 공론장으로서의 성격은 허황된 장식품이 되어버렸다고 할 수 있다.[13] 이 같은 현상에 대해 일찍이 카를 슈미트는 "의회주의적 공론장을 되살리려는 노력은 타오르는 불꽃의 환상을 만들기 위해서 고장 난 난로 표면에 붉은 불꽃을 그려 넣는 것과 같다"[14]라고까지 혹평했다. 이러한 의회의 패권적, 파당적 행태는 결국 정치적 양극화를 심화시키고, 의회가 적정하고 효과적인 입법 기능을 제대로 수행하지 못하도록 만든다. 예컨대 의회가 시급한 주요 법안의 통과를 지연시키거나 정치적 논쟁이 치열한 정치적·사회적 이슈의 해결을 무시하면서, 의도적으로 정치적 혼란을 조장하거나 방치하는 상황이 자주 발생한다. 이는 민주주의의 근본 원칙인 다원주의와 권력분립을 위협한다. 국민은 의회가 더 이상 그들의 이익을 대변하지 못한다고 느끼게 되고, 이는 정치적 냉소주의와 무관심을 초래할 수 있다. 더 나아가 극단적인 정치 세력이나 포퓰리스트들은 국민의 불만을 악용해 선전과 선동으로 권력을 잡을 기회를 노리게 된다. 이 경우 민주주의는 퇴보하며, 독재적 경향이나 정치적 불안정이 강화될 위험에 처한다.

결국 의회의 패권적, 파당적 행태는 민주주의의 핵심 가치인 대화와 타협, 그리고 권력의 균형을 훼손하며, 자유민주주의의 안정성과 지속 가능성을 심각하게 위협하는 요소로 작용한다. 이를 해결하려면 국민의 의사가 제대로 반영될 수 있는 선거제도를 도입하고 선거 과정의 투명성을 강화하며, 책임정치를 구현할 수 있는 정치제도와 규범을 강화하고, 의회 내에서의 협력과 상호 존중 문화를 회복하는 것이 중요하다.

정치권의 포퓰리즘 경쟁

자유민주주의가 직면한 세 번째 위기는 정치권의 포퓰리즘 경쟁이다. 포퓰리즘은 대중의 불만과 정서를 자극하고 이에 영합해 인기를 얻으려는 정치 행태 또는 전략을 말한다. 이러한 경쟁이 심화되면 정치권은 책임 있는 정책보다는 인기 영합적인 공약에만 집중하게 되면서, 민주주의의 질적 저하와 체제 불안정을 초래할 수 있다. 포퓰리즘은 복잡한 사회문제를 지나치게 단순화하는 한편, 대중의 감정에 호소하고 선전, 선동을 통해 지지를 얻으려 한다. 즉, 포퓰리스트 정치인은 '민중의 대변자'를 자처하면서, 기존의 제도와 정치를 비판하면서도 구체적인 해결책을 제시하기보다는 감정적이고 선동적인 언어로 대중의 분노와 불안을 자극한다. 이러한 행태는 단기적으로는 정치적 지지를 얻을 수 있지만, 장기적으로는 국가의 정치적, 경제적 안정을 심각하게 해칠 수 있다. 야스차 뭉크Yascha Mounk는 자신의 책《위험한 민주주의》에서 포퓰리즘은 전 세계적 현상이라면서, "시민이 정치에 환멸을 느낀 지는 꽤 되었지만 이제 그들은 불안과 분노에 차 있을뿐더러, 정치를 아예 경멸한다. 이제는 권위주의적 포퓰리스트가 미국에서 유럽까지, 아시아에서 호주까지 전 세계적으로 고개를 들고 있다"[15]고 지적하고 있다. 포퓰리즘 경쟁은 정치권 전반에 걸쳐 악영향을 미친다. 정당은 서로 경쟁적으로 대중의 환심을 사기 위해 비현실적이거나 과도한 공약을 내세우는 경우가 많아진다. 예컨대 국민의 경제적 어려움을 해소하기 위해 무책임하고 과도한 선심성 재정 지출을 약속하거나, 사회적 갈등을 해결한다면서 재벌 등 특정 집단을 희생양으로 삼는 정책을 제안하는 것이 흔한 사례다. 이러한 공약은 장단기적인 재정 건전성을 해치거나 사회적 불평등을 오히려 심화시키고 미래 세대에 빚을 떠넘기는 결과를 초래한다. 또한 민주적 제도와 법치주의를 무시하거나 약화시킬 수 있다. 대중의 지지를 확대하거나 권력을 유지하기 위해 헌법을 개정하려 하거나, 사법부나 언론을 공격하기도 한다. 이는 권력분립과 견제와 균형이라는 민주주의의 기본 원칙을 훼손하며, 민주주의가 독재적 경향으로 변질될 위험을 낳는다.

최근에는 오래된 민주주의 체제에서도 포퓰리즘이 크게 성장하고 있다. 특히 유럽에서는 우익 포퓰리즘 정당의 영향력이 점점 더 커지고 있다. 이들은 지난 10년 동안 공직 선거에서 득표율을 거의 세 배나 끌어올렸다. 공격적으로 공식화된 반이민, 외국인 및 이슬람 혐오 입장을 표방하면서 자유민주주의에 상당한 압력을 가하는 동시에 사회적 양극화의 부정적 측면을 수면 위로 올리고 있다. 대의민주주의는 다양한 문화적, 사회적, 경제적, 정치적 이해관계의 충돌에 직면해 토론과 협상으로 실행 가능한 타협안을 도출하기 위한 정치체제지만, 포퓰리즘의 관점에서 보면, 민주주의가 추구하는 다양성과 갈등의 관리는 그들의 숨겨진 의도를 실행하는 데 장애물일 뿐이다. 궁극적으로 포퓰리즘은 건전한 제도를 훼손하고 대의민주주의에 대한 신뢰를 약화시킨다.[16]

베른하르트 프레벨Bernhard Frevel과 닐스 뵐츠케Nils Voelzke에 따르면, 현대화의 추세를 따라가지 못한 패배자들이 포퓰리즘의 공명체를 형성한다.[17] 포퓰리즘의 기능적 역할은 민주주의의 핵심 요소인 정치적 다원주의, 사회적 이질성, 이해 상충 구조를 폐지하는 대안적 정치 모델을 제시하는 것이다. 포퓰리스트 정당은 인민의 가정적 의지(또는 조작적 의지), 궁극적으로 사이비 이념을 인민의 실제 의지라고 거짓 선전하는 데만 관심이 있다.[18]

결국, 정치권의 포퓰리즘 정책은 사회 갈등을 심화시키고, 정치적 양극화를 부추긴다. 포퓰리스트는 사회 내 갈등을 조장하고, 이를 통해 지지 기반을 강화하려는 경향이 있다. 이는 사회통합을 저해하고, 민주적 대화와 타협의 문화를 파괴한다. 따라서 정치권의 포퓰리즘 경쟁은 자유민주주의의 근본 가치를 위협한다. 이를 극복하려면 정치 지도자들이 책임감을 가지고 장기적인 정책을 추진하고, 대중의 단기적 욕구를 충족시키기보다 사회문제를 근본적으로 해결하려는 노력이 필요하다. 동시에 국민 역시 냉철하고 비판적인 시각과 사고를 바탕으로 올바른 정치적 선택을 해야 하며, 민주적 가치와 제도를 확고히 지켜나가려는 문제의식이 중요하다.

대중민주주의 시대와 정치 불신

자유민주주의가 직면한 네 번째 위기는 현대 대중민주주의의 확산에 따른 국민의 정치 불신이다.[19] 대중민주주의는 민주주의의 대중화, 즉 모든 국민이 정치 과정에 참여하는 민주주의다. 시민혁명 이후 근대국가의 민주주의는 실질적으로 부르주아지bourgeoisie에게만 참정권을 인정하고 일반 노동자나 여성에게는 허용하지 않았다. 20세기에 들어와 대부분의 민주국가에서 보통선거제도가 확립되었다. 이에 따라 일반 대중이 자유롭게 정치에 참여하고 주체가 되는 대중민주주의가 형성되었다. 대중민주주의는 시민의 정치 참여의 확대를 의미하지만, 동시에 정치적 불신과 냉소주의를 불러일으킬 위험을 내포하고 있다.

대중민주주의가 확산되면서 시민이 정치에 더 많이 참여할 수 있는 기회를 제공한다는 긍정적 측면이 존재한다. 특히 소셜 미디어 같은 디지털 플랫폼이 발달되어 누구나 정치적 의견을 쉽게 표현하고, 정치 과정에 직접적으로 영향을 미칠 수 있는 시대가 되었다. 이러한 변화는 민주주의를 더 포용적으로 만들 수 있는 잠재력을 지니고 있다. 이와 동시에 정치적 불신을 강화하는 역설적인 결과를 낳기도 한다. 정보의 과잉과 왜곡, 대중매체와 대중문화의 여론 조작, 계층 간 갈등과 정치적 논쟁의 과열이 일상화되면서, 국민은 정치에 피로감을 느끼고, 정치 과정에 냉소적인 태도를 가지게 된다. 또한 대중민주주의는 종종 포퓰리즘과 결합해 피상적인 정치 메시지나 선동적 구호가 공론장을 지배하게 만든다. 이 과정에서 복잡한 정책 논의는 사라지고, 단순하고 극단적인 주장이 대중의 지지를 얻는 경우가 많다. 이러한 환경은 국민의 정치 불신을 심화시킨다. 정치는 점점 더 감정적이고 파편화된 대립의 장으로 변모하며, 정치 지도자에 대한 신뢰가 급격히 감소한다. 국민은 자신이 선출한 대표가 제대로 역할을 하지 못하거나, 오히려 자신의 이익을 위해 권력을 남용한다고 느끼게 된다. 정치적 약속이 지켜지지 않거나 부정부패와 비리 사건이 빈번하게 발생할 때 불신은 더욱 깊어진다. 정치 불신은 민주주의의 작동을 저해하는 중요한 요인이 된다. 국민이 정치에 냉소적이고 불신을 가지면, 선거 참여율이 낮아지고 극단적인 정치 세력이나 포퓰리스트가 득세할 가능성이 커진다. 더 나아가, 민주적 절차에 대한 불신은 법치주의와 헌정 질서에 대한 존중을 약화시켜 민주주의의 안정성을 위협하는 요인으로 작용할 수 있다.

결국, 현대 대중민주주의의 확산은 양날의 칼과 같다. 민주주의를 강화하는 동시에, 정치 불신을 심화시키는 역설적 상황을 초래한다. 이를 해결하려면 정치인이 더 책임감 있게 행동하고 대중과의 신뢰를 회복하기 위한 노력이 필요하다. 또한 시민사회가 보다 성숙한 정치 문화를 형성하고 비판적 사고와 참여로 민주주의의 질을 높이려는 노력이 중요하다.

SNS에 의한 초연결사회 실현과 불만 세력 형성

자유민주주의가 직면한 다섯 번째 위기는 SNS로 초연결사회가 실현됨에 따른 개인의 파편화와 불만 세력화를 들 수 있다. 인터넷과 디지털 기술이 발달되고 SNS가 확산되면서 우리는 전에 없던 방식으로 서로 연결될 수 있게 되었지만, 이로 인해 새로운 형태의 사회 분열과 정치적 위기가 발생하고 있다.

인터넷은 실시간 소통으로 정치를 가속화하고 있다. 인터넷 상에서는 집중적 토론과 숙고의 과정은 생략된 채 빠른 결정만이 중요시된다. 이성은 감정의 뒷전으로 밀려나고 분노가 정치 과정을 지배하면서, 정치적 토론을 감정적 고백으로 격하시키고 있다. 인터넷이 정치 과정에 심대한 변화를 일으키면서, 공동체의 신념, 기분, 정치적 별자리의 반감기가 매시간 단축되고 있다. 한편에서는 가짜 정보로 잘못된 판단과 결정을 내리고, 다른 한편에서는 끊임없이 가속화되는 감정의 과잉 속에서 타인과의 대화가 더 이상 가능하지 않게 되었다. 민주적 정치가 정서적 의견 형성으로 대체되고 있다는 의미다.[20] 가짜 뉴스의 표적화된 대량 유포는 민주적이고 공정한 선거 운동과 결과에 대한 새로운 형태의 위협으로 작용하고 있다. 소셜 미디어에서는 타인에 대한 경멸적인 언동이 익명으로 여과 없이 표현된다. 타자에 대한 증오와 선동이 일상화된 그룹이 네트워크에 상존하기 때문이다. 이러한 그룹은 편협한 의견과 이념에 갇혀 이것을 유일한 진실로 간주하는 내부적 필터 버블filter bubble[21]을 형성한다. 상대방과 대화하지 않고, 정치적 의견과 의사 결정 과정에 함께 참여할 수 없는 수많은 '파편적 대중'이 형성된다. 디지털 소셜 네트워크는 시민을 신속하고 효과적으로 동원할 수 있는 기회를 제공하는 반면, 민주주의와 공동체를 위협하는 선동적 결과를 가져온다. 소셜 봇social bot[22]은 여론을 형성하는 과정을 위험에 빠뜨리고 민주적 선거 과정의 정당성을 왜곡시킬 수 있다.[23]

스트리밍 서비스도 민주주의에 대한 잠재적 위협으로 작용한다. 이미 1980년대 닐 포스트먼Neil Postman은 "우리는 우리 자신을 죽도록 즐겁게 하고 있다"고 말했다. 이 말은 1980년대 시청자를 즐겁게 하는 것만을 목표로 하는 미국의 미디어에 대한 조롱 섞인 비판으로 유명하다. 매스미디어의 시대에 접어들면서, 책 읽기, 대화에 기반한 토론의 시대는 쇼 비즈니스의 시대로 대체되었다.[24]

마르쿠스 S. 클라이너Marcus S. Kleiner에 따르면, 오늘날 스트리밍 이용자는 무능력으로 가는 자기결정 경로에 놓여 있다. 스트리밍 서비스가 개인의 활동을 매끄럽게 모니터링하면서 우리가 좋아하는 것을 대신 결정하는 추천을 통한 관리가 이루어진다. 이러한 감시의 결과, 이용자는 자신에게만 집중하고 세상을 보는 시야가 좁아지는 개인화된 스트리밍 서비스의 노예가 된다. 방해받지 않고 규제되지 않은 스트리밍 자본주의는 바보 소비자를 만들어낸다. 지금까지는 주로 구글, 페이스북을 향해 제기된 디지털 감시 자본주의에 대한 비판이 이제는 주문형 스트리밍 서비스에 쏟아지고 있다. 이제 시민은 디지털 안락 지대에서 자유를 소비하는 소비자로 전락하고 있다. '소비자-시청자-시민Konsument-Zuschauer-Bürger'이라는 삼위일체가 완성된 것이다.[25]

사람들은 인터넷과 SNS를 통해 물리적 거리를 초월해 실시간으로 의견을 나누고 정보를 교환할 수 있게 되었다. 이러한 연결은 다양한 의견이 표현되고 정치 참여가 활성화될 수 있는 플랫폼으로 작용할 수 있으므로 민주주의의 장점으로 보일 수 있다. 그러나 이 초연결사회는 의도하지 않은 결과를 낳기도 한다.[26] 앞서 살펴본 바와 같이 사람들은 자신과 유사한 생각을 가진 사람과만 교류하면서 필터 버블 속에 갇히게 된다. 이는 상반된 견해를 받아들이기보다는 자신의 기존 신념을 강화하는 정보만을 선택적으로 수용하게 만들고 사회적 대화와 타협을 어렵게 한다. 개인의 파편화는 바로 이러한 정보의 거품에서 비롯된다. SNS상에서 개인은 수많은 정보와 의견에 노출되지만, 동시에 이 정보를 필터링해 자신에게 맞는 정보만을 선택한다. 이 과정에서 개인은 점점 더 분리된 소그룹으로 나뉘게 되고 자신이 속한 집단의 신념과 정체성을 더욱 강화한다. 결과적으로 사회는 건전하게 논의할 수 있는 공론장을 잃고, 여러 개의 파편화된 집단이 각자의 진영 논리를 강화하며 상호 불신을 키우는 방향으로 나아가게 된다. 불만 세력화는 파편화된 집단이 정치적·사회적 불만을 공유하면서 나타나는 현상이다. SNS는 특정 집단의 불만이나 불안감을 증폭시키고, 이를 바탕으로 새로운 정치적 운동이나 행동주의를 촉발하는 데 중요한 역할을 한다. 이 과정에서 공론장의 질서는 무너지고 근거 없는 음모론이나 혐오 표현이 확산될 수 있다. 특히 SNS의 알고리즘은 사용자가 더 자극적인 콘텐츠에 지속적으로 노출되도록 설계되어 있기 때문에 불만 세력화 현상은 더욱 가속화된다. 이러한 상황은 자유민주주의에 큰 위협이 된다. 초연결사회의 특성상, 불만 세력은 빠르게 서로 결집할 수 있고 종종 전통적인 정치 과정이나 제도를 무시하거나 부정하는 경향을 보인다. 정치적 불만이 극단적으로 표출될 때, 사회적 혼란을 초래하고 민주주의의 제도적 안정성을 위협할 수 있다. 또한 정부나 공공기관에 대한 불신이 확산되면서, 합리적인 정치적 논의나 정책 집행이 어려워지며 결과적으로 민주적 체제의 기능이 약화될 수 있다.

결국 SNS로 인한 초연결사회는 정치적 참여와 소통을 촉진하는 긍정적인 역할을 하지만, 다른 한편으로는 개인의 파편화와 불만의 세력화를 초래해 자유민주주의의 안정성과 지속 가능성에 심각한 도전을 제기한다. 이를 극복하려면 공론장의 질을 회복하고 사회통합을 강화하는 노력이 필요하다. 또 SNS의 부작용을 완화하기 위한 규제나 시민 교육이 필수적이다.

사회 전반의 이념 대립과 편향성

자유민주주의가 직면한 여섯 번째 위기는 이념 대립과 정치적 편향성이다. 한국 사회는 오랜 역사적 경험과 정치적 변화 속에서 이념적 대립이 깊어졌으며, 현재의 정치적·사회적 갈등을 부추기고 민주주의의 발전을 저해하는 주요한 요인으로 작용하고 있다. 이념 대립은 한국 사회의 역사적 맥락에서 이해할 필요가 있다. 20세기 중반, 한국은 해방과 분단, 한국전쟁을 거치면서 이념적 갈등이 극도로 첨예해졌다. 냉전 시기에는 반공주의와 이념적 순혈주의가 강조되면서 좌우 대립의 근본적 바탕을 이루었다. 이념 대립은 정치와 사회 전반에 깊숙이 뿌리내려 세대와 지역, 계층 간 갈등으로까지 확대되었다. 현대에 들어와서도 이념 대립은 여전히 한국 사회에서 주요한 갈등 축으로 남아 있다.

특히 정치권은 이념 대립을 이용해 지지층을 결집시키려는 경향을 보이며, 이는 정치적 양극화를 더욱 심화시킨다. 보수와 진보로 대별되는 이념적 스펙트럼에서, 상대방에 대한 비판은 종종 과격해지고 대화와 타협의 가능성은 줄어들고 있다. 이러한 상황에서는 정책 논의가 이성적이고 실질적인 방향으로 이루어지기보다 이념적 프레임에 갇혀 소모적인 논쟁과 갈등으로 치닫기 쉽다. 정치적 편향성 역시 이념 대립과 밀접하게 연결되어 있다. 언론과 미디어, 교육 시스템까지 이념적 색채를 띠는 경우가 많아지면서, 국민은 자신이 선호하는 이념에 따라 정보를 선택적으로 수용한다.[27] 이러한 편향성은 정치적 견해의 대립과 사회 갈등을 더 강화시키는 요인으로 작용하며 공론장의 분열을 초래한다. 서로 다른 이념적 배경을 가진 집단이 각자의 진영 논리에 따라 대립하면서 사회는 극단적으로 양극화된다.[28] 이념 대립과 편향성은 한국 사회의 통합을 저해하고 정치적 불안정을 심화시키는 주요 원인이다. 이러한 상황에서 민주주의의 기본 원칙인 대화와 타협은 어려워지며 사회적 합의를 도출하는 과정이 경색된다. 정책의 연속성이 떨어지고 국가적 과제를 해결하는 데 효율성이 저하될 수 있다. 특히, 세대 갈등이 이념 대립의 새로운 양상으로 나타나고 있다. 젊은 세대는 새로운 가치관과 사회 변화를 요구하는 반면, 고령 세대는 전통적 가치와 질서를 중시하는 경향이 강하다. 이로 인해 세대 간 정치적 선호가 크게 달라 선거 결과와 정책 방향에 큰 영향을 미친다. 세대 갈등은 이념 대립을 더욱 복잡하게 만들며 한국 사회의 장기적 통합과 발전을 저해하는 요소로 작용할 수 있다.

정치권에서 벌어지는 편 가르기, 가짜 뉴스를 이용한 선동, 위선적 정치 공세는 한국 사회의 이념 대립과 정치 갈등을 더욱 심화시키는 중대한 요인이다. 정치권의 편 가르기는 이념적, 지역적, 혹은 세대 간의 차이를 강조해 지지층을 결집시키고 반대 진영을 적으로 규정하는 전략이다. 이 전략은 정치적 목적을 달성하기 위해 사회를 인위적으로 분열시키는 데 사용된다.

가짜 뉴스를 이용한 선동은 의도적으로 잘못된 정보를 유포해 여론을 왜곡하고 정치적 이익을 얻으려는 행위다. 가짜 뉴스는 사회적 혼란을 야기하고 민주주의의 근간인 신뢰를 무너뜨릴 수 있다. 정치권에서는 종종 상대방을 비난하거나 공격하기 위해 근거 없는 정보나 허위 사실을 유포한다. 가짜 뉴스는 SNS 같은 플랫폼을 통해 빠르게 확산되며, 사실이 아닌 정보가 대중에게 진실처럼 받아들여질 위험이 있다.[29] 가짜 뉴스는 공론장을 오염시켜 중요한 정치적 논의가 사실이 아닌 정보를 기반으로 이루어지게 만든다. 이는 정책을 결정하는 과정에 혼란을 초래하며 올바른 정치적 판단을 내리기 어렵게 만든다. 가짜 뉴스가 만연하면 대중은 언론뿐만 아니라 정치권 전체에 대한 신뢰를 잃게 된다. 이는 정치적 냉소주의와 무관심을 초래하며 민주주의의 기능을 약화시킨다.

위선적 정치 공세는 정치인이 자신의 이익을 위해 표면적으로는 도덕적이고 원칙적인 입장을 내세우면서도, 실제로는 그 원칙에 위배되거나 반대되는 행동을 하는 것을 말한다. 정치권에서 위선적 행태는 흔히 상대방을 공격하기 위해 스스로는 '도덕적 우위'에 있는 듯 가장하며 상대방을 공격하면서, 동일한 잣대를 자신에게는 적용하지 않는 모습으로 나타난다. 예컨대 특정 정치인이 상대방의 도덕적 결함을 비판하면서도, 비슷한 상황에서 자신의 문제는 덮으려는 태도를 보일 수 있다. 이러한 위선적 태도는 대중에게 큰 실망감을 안겨주며 정치에 대한 신뢰를 떨어뜨린다. 국민은 정치인이 도덕적 원칙을 정치적 도구로만 사용하고 있다고 느끼며 정치 전반에 대한 불신이 확산된다. 위선적인 정치 공세는 중요하고 필요한 정책 논의는 외면하고 주로 인신공격이나 사적인 문제에만 초점을 맞추게 만든다. 이로 인해 사회가 직면한 실제 문제를 해결하기 위한 건설적인 논의가 어려워지고 정치적 갈등만 심화된다. 정치권의 편 가르기, 가짜 뉴스를 이용한 선동, 위선적 정치 공세는 모두 사회통합을 저해하고 공론장을 왜곡하며 정치적 불신을 확산시킨다. 이러한 행태가 지속되면 민주주의의 근본 원칙인 대화와 타협, 신뢰가 무너지고 사회는 더욱 극단적으로 분열될 위험에 처한다.

결론적으로, 한국 사회의 이념 대립과 편향성은 자유민주주의의 건강한 발전을 가로막는 주요 장애물로 작용하고 있다. 이념 대립이 과도하게 심화되면 민주주의의 근간인 다양성과 포용성을 해칠 위험이 있다. 이를 극복하기 위해서는 이념적 편향성을 완화하고 대화와 타협을 촉진하는 정치 문화를 조성하는 것이 중요하다. 더 나아가, 국민이 이념을 초월해 공동의 목표를 추구할 수 있는 사회적 기반을 마련하는 것이 한국 민주주의의 안정적 발전에 필요하다. 아울러 정치인의 책임 있는 행동과 국민의 비판적 사고, 언론의 객관적 보도와 비판 등이 필수적이다. 또한 정치권과 언론, 시민사회가 상호 협력해 건전한 민주주의를 지켜나가려는 의지를 가지고 노력하는 것이 무엇보다 중요하다.

민주주의의 실패와 '노예의 길'

민주주의는 국가의 주권과 정치권력이 국민에게 있고 정치적 의사를 결정할 때 다수의 의견이 존중된다는 이상을 바탕으로 하는 정치체제다. 그러나 민주주의국가에서도 종종 사악한 독재자가 권력을 잡는 경우가 드물지 않게 발생해왔다. 이러한 현상은 과거 인류 역사상 엄청난 비극을 초래했을 뿐만 아니라 오늘날에도 해당 국가는 물론, 주변국에 결코 간과할 수 없는 위협을 초래하고 있다. 그렇다면 민주주의라는 시스템 자체가 완벽하지 않다는 의미인가? 아니면 제도적 요인이 아닌, 다른 특별한 요인이 작용한다고 볼 수 있는가?

먼저 민주주의 시스템, 즉 제도적 요인으로 나타날 수 있는 문제를 살펴보자.

민주주의는 제도의 본질상 다수결의 원칙을 기반으로 한다.[30] 하지만 다수의 의견이 항상 옳다거나 정의롭다고 할 수는 없다. 다수결의 제도적 약점을 파고든 선동가나 포퓰리즘 정치인은 대중의 불만과 감정을 자극하고 선동하며 다수의 지지를 확보해 권력을 장악할 수 있다(다수결의 한계).[31] 또 국가 비상상황이 벌어지거나 정치권력이 비대화되거나 권력기관 간의 균형추가 파괴되는 경우 이를 적절히 제어할 수 있는 제도적 장치가 작동하지 못하는 허점이 발생할 수 있으며, 허점을 악용해 권력자가 권력을 남용하거나 독점하려고 시도할 수 있다(제도적 한계).[32] 그 밖에도 선출된 대표자가 유권자의 의사를 충실히 대변하지 못하거나 무시할 경우 개인이나 특정 집단의 이익이 국민 전체의 이익보다 우선시되는 한계가 나타날 수 있다(대표성의 한계).

다음으로 정치적·경제적·사회적·개인적 요인으로 인한 문제를 살펴보자.

정치적·사회적 가치관이나 신념의 차이로 인한 갈등과 대립이 커지면서 사회가 양극화될 경우, 서로 다른 집단 간의 갈등과 증오가 심화될 수 있다. 이러한 상황에서는 갈등에 편승해 극단적인 주장을 하는 정치인이 쉽게 지지를 얻을 수 있다(정치적·사회적 양극화). 심각한 경제적 불평등은 사회적 갈등을 심화시키고, 사람들로 하여금 극단적인 선택을 하도록 이끌 수 있다. 경제적 어려움에 처한 사람은 극단적인 이념이나 인물에게 매력을 느낄 가능성이 높다(경제적 불평등). 미디어는 대중의 의식을 형성하는 데 중요한 역할을 한다. 미디어가 정치적 편향성을 띨 경우 특정 정치인 및 이념을 지지하거나 비난하면서 대중의 여론을 조작할 수 있다(미디어의 여론 조작).[33] 또 권력을 탐하는 개인은 자신의 이익을 위해서라면 어떤 일이든 서슴지 않을 수 있고, 이러한 사람이 권력을 잡은 경우 권력욕이나 부패에 빠져 도덕적 해이를 일으키기 쉽다. 특히, 위기상황에서 대중은 민주적 지도자보다는 카리스마가 강한 지도자에게 매력을 느껴 열광하고, 무비판적으로 따르는 경우도 많다(독재자의 성향). 여러 요인을 고려해볼 때, 민주주의 국가에서 사악한 독재자가 권력을 장악하는 것은 단순히 시스템의 문제라기보다는 다양한 요인이 복합적으로 작용한 결과라고 할 수 있다. 따라서 민주주의를 지키기 위해서는 시민의 적극적인 참여와 비판적인 시각이 필요하다. 또한 제도 개선과 사회 통합을 위한 노력이 지속적으로 이루어져야 한다.

　프리드리히 하이에크는 자신의 저서《노예의 길The Road to Serfdom》에서 1930년대 대공황 이후 나치 독일과 소련의 사회주의적 계획경제[34]로 인해 시민의 자유가 어떻게 잠식되고, 궁극적으로 독재와 억압을 초래하는지 경고하고 있다. 그는 이 책(제10장)에서, "왜 가장 사악한 자가 최고의 권력을 잡는가?"라는 질문을 제기했다. "현존하는 전체주의 체제의 최악의 측면이 우연한 부산물이 아니라 전체주의가 조만간 만들어낼 분명한 현상이라고 믿을 강력한 이유가 있다. 경제활동을 계획하려는 민주적 정치인은 얼마 지나지 않아서 독재 권력을 행사하든지 아니면 경제계획을 포기하든지 선택에 직면한다. 마찬가지로 전체주의 독재자는 곧 통상적 도덕 가치를 무시하든지 계획에 실패하든지 선택해야 하는 상황에 놓일 것이다. 노골적으로 나쁜 짓을 일삼는 부도덕한 사람들이 전체주의로 향하는 사회에서 성공할 가능성이 높은 것은 바로 이 때문이다"라고 지적하고 있다.[35] 질문에 대한 답을 보다 구체적으로 구하려면 독재자가 사용하는 전략 및 전술과 그에 따른 경험적 결과를 면밀히 살펴봐야 한다. 사악한 독재자는 권력을 장악하기 위해 대중을 분열시키고, 선동하는 전략(편 가르기와 대중 선동, 적 만들기)을 사용한다. 이 전략은 대개 세 가지 주요 단계로 이루어진다.[36] 첫째, 불만 계층을 지지 세력으로 확보하고 둘째, 선전과 선동을 통해 지지 기반을 확대하며 셋째, 적에 대한 질투와 증오심을 조장한다.

첫 번째로, 독재자는 먼저 자신의 생각을 강제할 수 있고 무조건적으로 지지하는 낮은 도덕 및 지적 수준을 가진 자들을 강력한 지지 세력으로 확보한다. 이들은 경멸적 의미로서의 대중, 즉 독창성과 독립성이 가장 낮고 자기 이상을 사람 수로 밀어붙이는 집단이다.[37] 사회 불만계층과 저소득층으로, 대체로 경제적 어려움과 불평등에 시달리는 사람들이며, 체제의 변화를 통해 나아질 수 있다는 희망을 품고 있다. 독재자는 이들의 불만과 분노를 이용해 자신을 구원자로 포장하며, 유토피아적 미래를 약속한다. 이 약속은 허울뿐이며 실제로는 이들의 자유와 권리를 빼앗는 길로 이끈다.

두 번째로, 독재자는 강력한 선전과 선동을 통해 지지 기반을 확대한다. 그는 언론과 미디어를 장악해 자신의 메시지를 일관되게 전달하고 비판적 사고를 억압한다. 이를 통해 대중의 사고를 통제하고 독립적인 판단을 막는다. 대중은 자신만의 강한 확신이 전혀 없기 때문에, 독재자는 단지 이미 만들어진 가치 체계를 귀에 대고 충분히 자주 틀어주면 이를 쉽게 수용하는 순종적이고 잘 속는 사람들의 지지를 받을 수 있다.[38] 선전은 독재자를 이상적인 지도자로 만들고, 그가 지향하는 정책을 필연적이고 불가피한 선택으로 둔갑시킨다.

마지막으로, 독재자는 적에 대한 질투와 증오심을 조장하는 네거티브 전략을 사용한다. 역사적 사례를 살펴보면, 유대인이나 쿨라크kulak(제정러시아의 부농) 등 사회의 특정 집단이나 외부의 대상을 '적'으로 규정하고, 이들에 대한 증오심을 부추겼다. 이는 대중의 불만을 외부로 돌리기 위한 전형적인 전략이다. 이 전략에는 지지자 집단을 일관되고 동질적으로 밀착시키는 선동가의 능숙한 능력이 중요하다.[39] 이 과정에서 사회는 점점 더 양극화되고 개인의 자유는 사라지며 억압적인 체제가 강화된다.

우리가 잊지 말아야 할 점은 궁극적 가치로서 민주주의보다는 자유가 더 중요하다는 사실이다. 하이에크는 자유가 인간 존엄성과 개인의 발전에 필수적이라고 강조한다. 자유는 경제적 번영과 창의적 성취를 가능하게 하는 기초이며, 이를 지키기 위해 반드시 대가를 지불해야 한다.

사회주의적 계획경제나 전체주의와 극단적 포퓰리즘은 표면적으로 평등과 번영을 약속하지만, 실제로는 개인의 자유를 박탈하고 필연적으로 독재로 이어진다. 이러한 체제에서는 소수의 엘리트가 무한한 권력을 가지며 그 결과로 대중은 점차 노예화된다. 하이에크는 이러한 과정을 '노예의 길'로 묘사하며 자유를 잃는 사회는 결국 억압과 빈곤의 악순환에 빠질 것이라고 경고한다. 따라서 자유를 지키기 위해 항상 경계해야 하며 독재자의 선전·선동과 편 가르기 전략에 휘둘리지 않는 것이 중요하다. 자유는 대가를 지불해야만 얻을 수 있는 소중한 가치이며, 이를 파괴하려는 유혹에 빠지지 않는 것이 독재와 억압을 막는 길임을 자각하지 않으면 안 된다.

자유민주주의의 위기를
어떻게 극복해야 하는가

21세기의 시대정신은 무엇인가

21세기 세계는 빅 데이터와 AI(인공지능), 나노 기술, 바이오 생명공학, 양자 컴퓨터 등 4차 산업혁명으로 기존 질서가 붕괴되고 사회구조가 급격히 바뀌는 대전환기에 접어들었다. 기술 발전과 디지털 혁명으로 인한 글로벌 정치·사회의 급격한 변화, 코로나19 같은 세계적 감염병 확산, 기후변화와 환경문제의 심각성 등 우리가 직면하고 있는 여러 긍정적·부정적 상황은 변화의 방향과 속도를 전혀 예측하기 어렵다. 언론은 이를 '글로벌 빅뱅 시대'라 지칭하기도 한다. 한편 오늘날 전 세계는 경제 위기, 고용 불안, 교육 차별, 소득 격차, 인종·문화·종교 갈등 그리고 이로 인한 사회적 양극화로 몸살을 앓고 있다. 승자 독식의 자본주의는 경제적 불평등을 심화하고, 정치적 무관심과 배타적 민족주의, 자국 우선주의와 정치적 포퓰리즘을 초래했다. 특히 포퓰리즘은 앞서 살펴본 바와 같이, 정치의 저급화, 저속화와 민주주의의 후퇴를 가져왔다. 많은 나라에서 의회 민주주의의 핵심 기구인 의회가 패권적, 파당적 행태로 제 기능을 다하지 못하고 권위주의적 통치 방식이 다시 부상하는 등 자유민주주의 질서에 대한 도전이 다양하게 나타나고 있다. 특히 한국 사회 전반의 이념 대립과 편향성은 정치·사회·경제·문화 등 각 분야에서 자유민주주의의 건전한 발전을 가로막는 주요 장애물로 작용하고 있다.

그렇다면 광범위하며 위험하고도 급격한 시대 변화에 직면해 어떻게 하면 능동적으로 잘 대처할 수 있을까?

이에 대한 답은 결코 쉽지 않다. 미래를 예측하는 것 자체가 원래 어려운 문제이기도 하지만, 엄청난 속도의 변화와 함께 복합적인 난제와 변수가 한꺼번에 작동하고 있기 때문이다. 예를 들면, 4차 산업혁명의 핵심인 AI만 하더라도 그 발전의 속도와 방향은 이미 예측 가능한 범위를 넘어서고 있다.[1]

AI가 자유민주주의의 위기 상황과 연결된 문제와 결합할 경우 유익한 방향으로 활용될 수 있지만, 여러 가지 불안 요소를 가져올 수 있다. 첫째, AI는 국가의 정책 결정과 법 집행, 행정에 활용될 경우 효율성을 높이는 유용한 도구가 될 수 있지만, 권위주의적 통치자가 자신의 권력을 강화하고 시민의 자유와 권리를 억압하는 데 악용될 수 있다. 또 AI는 빠른 의사 결정과 효과적인 통제를 가능하게 하지만, 오히려 민주주의의 중요한 법적 절차인 민주적 토론과 합의 과정을 무시하게 만들 수 있다. 둘째, AI가 자동화를 통해 일자리를 대체하면, 많은 산업 분야에서 대규모 실업이 발생한다. 이는 기존의 경제적 불평등을 악화시키고 사회 불안과 정치적 혼란으로 연결된다. 셋째, AI 기술, 특히 안면 인식 및 데이터 분석 기술은 범죄 방지나 시민의 안전에 도움이 되지만, 국가가 시민을 효과적으로 감시할 수 있게 만든다. 권위주의 정부는 이 기술을 이용해 시민의 행동을 감시하고 정치적 반대자를 억압하거나 자유를 제한하는 데 악용할 수 있다. 넷째, AI를 이용한 딥 페이크deepfake[2] 기술이나 자동화된 봇internet bot(자동화 응용 소프트웨어)은 가짜 뉴스와 허위 정보를 단시간에 대량으로 전파할 수 있어 선거나 정치적 의사 결정 과정에서 여론을 조작하는 데 악용될 수 있다. 그 밖에 AI가 잘못된 의사 결정을 했을 때 책임 소재나 윤리적 문제가 발생할 수 있다. 또 AI 기술이 발전하면서 인간의 통제를 벗어날 경우 초래될 대규모 사회 혼란이나 인류 문명이 파괴되는 상황은 상상하기조차 끔찍한 문제다.

거의 예측이 불가능한 미래 상황에서 현재 당면한 자유민주주의의 위기 상황은 과연 어떻게 극복해야 할까? 우리 정치, 사회 곳곳에 도사리고 있는 회색코뿔소의 위험과 결과를 충분히 인식하면서도 '설마' 하는 마음으로 보고만 있을 것인가? 지금부터라도 중지를 모아 하나하나 바로잡아 미래 사회를 대비함으로써 인간 존엄과 공동 번영, 사회통합의 토대를 확고히 마련할 것인가?

해답은 다름 아닌 우리 사회의 지식인과 지성인, 깨어 있는 민주 시민에게 달려 있다. 그 구체적인 방법은 정답 한 가지로 닫혀 있지 않고, 우리 각자에게 열려 있다.

21세기 사회통합국가 헌법 개념의 정립과 실천

자유민주주의의 위기를 극복하려면 무엇보다 '21세기 사회통합국가 헌법' 개념의 정립과 실천이 매우 중요하다. 이는 21세기의 변화 상황과 시대정신에 비추어 국가의 목표와 헌법가치의 무게중심을 확고하게 재정립하는 일이다. 21세기 사회통합국가 헌법의 기본 의미는 19세기 근대 입헌주의 헌법(자유와 인권) 및 20세기 사회복지국가 헌법(복지와 평등)을 바탕으로 하되, 이를 한 단계 더 뛰어넘어 '인간 존엄과 공동 번영'을 담보하는 기본질서를 확립하고 유지시키며 발전시키는 것을 국가 미래의 큰 방향으로 설정하는 동시에, 보다 구체화하기 위해 헌법의 개별 조항에 대해 인간 존엄과 공동 번영의 큰 틀에서 적극적이고 조화롭게 해석하지 않으면 안 된다는 의미다.[3] 그렇게 해야만 비로소 온갖 위험과 갈등이 일상화된 21세기 현대 정보화사회에서 모든 국가 작용이 변화와 갈등 상황에 능동적으로 대처하고 사회통합의 헌법가치를 적극적으로 실현해나갈 수 있기 때문이다. 아울러 국가의 뚜렷한 자유민주적 정체성을 대내외적으로 확고하게 유지하며 희망적인 비전과 미래를 기약할 수 있다. 따라서 21세기 헌법은 먼저 인간 존엄성과 공동 번영을 핵심 가치로 삼아야 한다. 우리 헌법 전문에서 "자율과 조화를 바탕으로 자유민주적 기본질서를 더욱 확고히 하여 정치·경제·사회·문화의 모든 영역에 있어서 각인의 기회를 균등히 하고, 능력을 최고도로 발휘하게 하며", "안으로는 국민생활의 균등한 향상을 기하고 밖으로는 항구적인 세계평화와 인류공영에 이바지함으로써 우리들과 우리들의 자손의 안전과 자유와 행복을 영원히 확보할 것을 다짐"한다고 명시한 것은, 헌법이 바로 이러한 핵심 가치를 실현하는 최고규범이자 지침이 되어야 한다는 의미다. 이와 같은 헌법 정신을 토대로 구체적으로는 헌법상 인간 존엄과 행복추구권, 사회적 기본권, 경제 조항 등을 입체적이고 조화롭게 해석해 인간 존엄성과 공동 번영의 핵심 가치를 적극적으로 실현해나가야 한다.[4] 특히 우리 헌법 제10조는 행복추구권을 제2장(국민의 권리와 의무)의 가장 첫머리에 두며, 인간의 존엄과 대등한 권리 형식으로 규정한다. 이는 행복추구권이 단순히 포괄적 의미의 자유권 성격을 가지는 데 그치지 않고,[5] 자유권과 평등권, 사회적 기본권을 비롯한 모든 기본권과 사회통합국가를 뒷받침하는 헌법의 근본 이념 수준의 기본권으로 보아야 한다는 뜻이다. 이처럼 적극적으로 해석할 때, 비로소 헌법 전문의 정신을 제대로 반영하면서 우리 국가 및 사회 이념과 가치를 통합하고, 미래의 올바른 방향을 제시하는 기본 틀로서 헌법의 역할을 재조명할 수 있다. 이렇게 함으로써 우리는 두 가지 중요한 목표를 달성할 수 있다. 첫째, 다양한 갈등과 이념 논쟁으로 분열된 사회현상을 극복하고 통합을 이룰 수 있다. 현대사회에서의 갈등과 분열은 앞에서 살펴본 대로 자유민주주의의 위기를 초래하는 주요 요인 중 하나다. 헌법을 적극적으로 해석해 가치 통합을 제대로 수행할 때 다양한 의견과 이해관계를 제대로 수렴, 포용할 수 있고 갈등과 분열을 극복할 수 있다. 나아가 사회통합도 당연히 가능하다. 둘째, 소외된 계층과 사회적 약자를 적극적으로 포용하고 제도적으로 지원하며 사회통합의 바탕을 마련해, 국가 및 사회로부터 이탈하려는 원심력을 최소화할 수 있다. 즉 계층 간 양극화를 최소화하고 사회통합적 구심력을 키워나갈 수 있다. 모든 국가기관과 공적 기관은 20세기 사회복지국가 헌법이 지향하는 예산의 한계와 재정 능력의 범위 내에서 사회적 약자를 최소한으로 배려하는 차원의 지원을 과감하게 넘어서서, 21세기에는 미래의 생산 주체 또는 건전한 사회 구성원으로서의 진정한 복귀를 도모할 수 있는 다각적인 정책을 고려해야 한다. 이는 헌법이 지향하는 인간 존엄성과 평등의 가치를 실현하는 길이며, 사회통합을 이루는 데 필수적 요소다. 헌법을 적극적으로 해석하고 적용해, 사회적 약자가 실질적으로 기본권을 보장받으며 사회안전망을 확보해 사회적 기본권이 더욱 강화되도록 해야 한다.

헌법재판소는 헌법가치를 실현하는 기관으로서 인간 존엄과 공동 번영이라는 헌법 정신을 적극적으로 실천함으로써 사회통합의 나침반으로서 역할을 수행해야 한다. 특히 규범통제에 있어 사회적 약자와 소외 계층을 보호하고 국가의 방향성을 제시하는 역할을 충실히 수행할 필요가 있다. 아울러 헌법의 실질적인 가치와 목표를 실현하기 위해 정치의 중심

기관인 의회와 정부가 사회통합의 중심적 역할을 다할 수 있도록 도와주는 유도적, 조정적 역할에 최선의 노력을 다하지 않으면 안 된다.

21세기 사회통합국가 헌법을 실천하는 대의기관 정립

자유민주주의의 위기를 극복하기 위한 두 번째 방안은 21세기 사회통합국가 헌법을 실천하는 대의기관을 정립하는 것이다. 이는 민주주의의 근간을 이루는 대의기관이 헌법 정신에 입각해 국민의 의사를 제대로 반영하고, 국가의 이익을 지키는 역할을 충실히 수행할 수 있도록 재정립하는 과정이다. 구체적 방안은 다음과 같다. 첫째, 정치적 대의기관으로 하여금 국민을 두려워하고 국민 의사, 국익을 존중하도록 올바른 대의민주주의를 정립하는 일이 중요하다. 즉 의회와 정부 기관은 인간 존엄과 공동 번영, 사회통합의 헌법가치를 적극 실현하며, 국민이 부여한 권한을 남용하지 않고 국민의 목소리를 제대로 반영해야 한다. 이를 위해 정책을 결정하는 과정에서 투명성을 확립하고 국민의 참여를 강화해야 한다. 또 정책을 실행하는 과정에서 국민의 의견을 지속적으로 반영하는 시스템을 구축해야 한다. 이는 국민이 실질적으로 정치 과정에 참여할 수 있는 통로를 열어주어, 분열과 갈등을 극복하고 대의민주주의의 근본 취지를 실현하는 데 크게 기여할 수 있다.

둘째, 정치권력의 이기심과 폭주를 통제하는 사법기관의 역할을 강화할 필요가 있다. 무엇보다 중요한 사법기관의 역할은 정치권력이 당리당략과 이기심에 의해 스스로 권력을 남용하거나 폭주할 때, 이를 견제하고 통제하는 것이 되어야 한다. 사법기관은 법치주의를 수호하고 헌법 정신을 충실히 반영해 정치권력의 부당한 행위를 효과적으로 제어하지 않으면 안 된다. 특히 헌법재판소는 정치적 중립과 독립성을 유지하면서, 국민의 기본권을 보호하고 사회통합의 헌법가치 및 질서를 지키는 역할을 충실히 수행해야 한다. 이를 위해 사법기관의 독립성을 강화하고 정치권력의 부당한 간섭을 막기 위한 제도적 보완책을 마련할 필요가 있다.

셋째, 올바른 대의민주주의를 회복하기 위해 무엇보다 건전한 비판과 권력을 견제하는 언론의 역할 정립이 반드시 요구된다. 언론은 민주주의의 중요한 한 축으로서 권력을 감시하고 견제하는 역할을 충실히 수행해야 한다. 건전한 비판 기능을 수행하는 언론은 국민의 알 권리를 충족시키고 정치권력과 정부 기관의 불법행위나 부조리를 드러내는 데 필수적이다. 이를 위해 언론의 자유를 더욱 철저히 보장하는 한편, 공정하고 객관적인 보도를 위한 윤리적 기준을 강화해야 한다. 또한 언론이 특정 이념 집단이나 이익 단체의 도구로 전락하지 않도록 특정 세력이나 내부 기관으로부터도 독립성을 보장하고 자율적으로 내부 통제를 강화할 수 있는 환경을 조성해야 한다. 언론이 본연의 역할을 제대로 감당해 대의기관이 헌법 정신에 충실한 역할을 수행하도록 비판하고 견제할 때, 비로소 국민의 의사가 올바르게 반영되며 권력이 민주적으로 통제되는 사회를 구현할 수 있다.

민주 시민 교육과 양성

자유민주주의의 위기를 극복하기 위한 세 번째 방안은 민주 시민을 교육하고 양성하는 일이다. 민주주의는 깨어 있는 시민 의식을 바탕으로 유지되고 발전할 수 있다. 시민 의식을 길러내기 위한 구체적인 방안은 다음과 같다.

첫째, 깨어 있고 모순과 불의에 맞서는 민주 시민 의식이 중요하다. 민주 시민 의식은 단순한 정치적 관심에 그치지 않고 불의에 대한 감수성을 높이고 정의를 실현하려는 적극적 의지로 연결되어야 한다. 시민을 지속적으로 교육하고 양성해 자유민주주의와 정의로운 사회를 위해 자신이 어떤 역할을 해야 하는지 스스로 자각하고 고민할 수 있도록 도와줘야 한다.

둘째, 정치권의 포퓰리즘과 선동에 빠져들지 않고 비판적, 미래 지향적으로 바라볼 수 있는 안목과 능력의 양성이 필요하다. 정치권의 포퓰리즘과 선동은 자유민주주의를 위협하는 주요한 요소다. 시민이라면 눈앞의 작은 이익이나 감정적인 선동에 휘둘리지 않고, 비판적이고 미래 지향적인 관점에서 정치 상황을 바라볼 수 있는 능력을 갖추어야 한다. 이를 위해 비판적 사고와 미디어 리터러시media literacy(미디어를 이해하고 활용할 수 있는 능력)를 기르는 교육이 중요하다.[6] 특히 학생과 청년에게는 다양한 관점을 접하게 하고, 스스로 생각하고 판단할 수 있는 능력을 길러주어야 한다. 다양한 정보와 의견을 수용하면서 합리적인 결정을 내릴 수 있는 훈련이 필요하다.

셋째, 주인의식을 가지고 설득하고 관용하는 자세로 문제를 해결하는 공동체 의식과 함께 민주적 절차 준수가 중요하다. 민주 시민은 주인의식을 가지고 공동체의 문제를 해결하는 데 적극적으로 참여해야 한다. 이러한 과정에서 설득하고 관용하는 태도는 필수적이다. 이는 갈등 상황에서 상대방의 의견을 존중하고, 대화로 해결책을 모색하는 자세를 요구한다. 또한 민주적 절차를 준수하며 합의를 도출하는 과정은 시민이 민주주의의 가치를 스스로 체험하고 실현하는 중요한 경험이 될 것이다. 이를 위해 학교와 사회에서 민주적 절차와 대화의 중요성을 교육하고, 공동체 의식을 강화하는 프로그램을 개발해야 한다.

넷째, 지식인과 지성인, 나아가 민주 시민이라면 자유민주주의를 위협하는 요소에 맞서 싸울 의무와 역할이 요구된다. 막스 베버는 정치의 본질은 투쟁이며, 동지와 자발적 추종자를 모집하는 활동이라고 말했다.[7] 카를 슈미트[8]도 '정치적인 것das Politische'의 기준은 적과 동지를 구별하는 것으로 보았다.[9] 즉, 정치적 행위는 '적과 동지Feind und Freund'라는 구분에서 출발하며, 이 구분이 사라지면 정치 자체가 소멸한다고 보았다. 모든 정치적 행위가 본질적으로 갈등과 대립을 포함하고, 이를 통해 정체성과 이념을 형성한다는 의미다. 만약 어떤 정치적 세력이 더 이상 적을 인정하지 않고 적과의 대립을 포기하게 되면, 그 세력은 자발적으로 자신의 정체성을 상실하거나 무장해제되어 정치적 소멸로 이어질 수 있다는 경고를 담고 있다.[10] 지식인과 지성인, 민주 시민은 적과 동지를 구분해 자유민주주의를 위협하는 요소에 맞서 싸울 수 있어야 하며 민주 시민으로서의 의무를 다해야 한다. 특히 지식인과 지성인은 사회의 이성적 토론을 이끌고 민주주의 가치를 수호하며, 비판적 관점을 제공하는 역할을 수행해야 한다. 이들은 사회에서 중요한 책임을 지고 있으며 자신의 지식과 통찰력으로 공공의 이익을 위해 행동할 의무가 있다. 슈미트의 견해에 비추어 보면, 지식인과 지성인은 적과 동지를 구분하면서 자신이 속한 사회의 정체성과 가치를 명확히 인식해야 한다. 즉 자유민주주의 가치관을 바탕으로 자신의 정치적·철학적·사회적 정체성을 명확히 하고, 이를 방어하는 역할을 다해야 한다. 적의 반대 이념을 무조건 배척하거나 수용하기보다는, 국가와 사회에 기여할 수 있도록 자신의 정체성을 유지하고 헌법가치를 지켜야 한다. 또 정치적 대립과 갈등의 본질을 이해하고 분석하는 능력을 가져야 한다. 비판적 사고로 정치적 갈등의 원인과 결과를 분석하고 민주 시민과 대중이 현명한 판단을 내릴 수 있도록 돕는 것이 의무다. 이들은 분열과 갈등을 단순히 부정적으로 보기보다는, 건강한 정치적 담론으로 전환할 수 있는 중재자 역할을 다해야 한다.

　나아가 민주 시민은 자유민주주의 사회의 중요한 구성원으로서, 마찬가지로 적과 동지의 구분을 명확히 인식하고 자신의 역할을 수행해야 한다. 민주 시민은 정치적 의사 결정에 참여해야 하며, 정치적 대립 속에서 비판적으로 사고해 무엇이 국민과 사회의 이익에 부합하는지 판단해야 한다. 포퓰리즘에 쉽게 빠져들지 않고 냉철한 시각을 유지하는 것이 중요하다. 민주 시민은 자신을 공동체의 일부로 인식하고 공동체의 이익을 지키기 위해 연대할 필요가 있다. 적과의 대립에서 개인의 이익을 넘어 사회 전체의 가치를 위해 행동할 수 있어야 한다. 이를 통해 적과의 대립 상황에서도 사회는 흔들리지 않고 통합될 수 있다. 시민은 정치적 토론과 공적 담론에 적극적으로 참여해야 하며, 단순히 의견을 제시하는 데 그치지 않고 행동으로 변화를 이끌어내야 한다. 적의 프레임에 무기력하게 휘둘리지 않도록, 시민은 항상 깨어 있고 능동적으로 사회 변화에 기여해야 할 필요가 있다. 슈미트의 견해에 따르면, 정치적 대립은 필수적이며 때로는 전투적인 방식으로 나타난다. 전사로서의 시민soldier-citizen[11]은 대립 속에서 자신의 신념과 정체성을 지키고 수호할 책임을 가진다. 이는 폭력적 대립을 의미하는 것이 아니라, 정치적 투쟁에 적극적으로 나서 자신의 가치를 수호한다는 의미다. 전사로서의 시민은 자신의 정치 이념을 단순히 지지하는 것을 넘어, 수호하고 발전시키기 위해 적극적으로 행동해야 한다. 이러한 행동에는 자유민주적 기본질서에 대한 확고한 공감대 형성, 정치 집회·시위, 시민운동, 언론 및 다양한 방식을 통한 정책 변화 요구, 선거권·투표권의 올바른 행사 등 구체적 실천이 포함된다. 전사로서의 민주 시민은 자유민주주의의 가치를 위협하는 적을 명확히 인식하고 그에 맞서 싸워야 한다. 이는 권위주의적 통치나 독재, 포퓰리즘적 선동, 언론 탄압 등 다양한 위협에 적극적으로 대항한다는 의미다.

04

자유민주주의의 미래: 홍익인간의 실천

21세기 현대사회에서 자유민주주의는 앞서 살펴본 대로 다양한 위기에 직면해 있다. 자유민주주의의 미래는 결국 위기를 어떻게 극복하느냐에 따라 결정될 것이다.

자유민주주의의 위기를 극복하기 위한 목표이자 방안으로 앞에서 제시한 21세기 사회통합국가 헌법 개념은 인간 존엄과 공동 번영을 핵심 가치로 삼는다. 이는 우리 헌법의 기본 정신이며, 나아가 한국의 전통 사상인 '홍익인간弘益人間' 정신과 깊은 연관성을 맺고 있다.

먼저, 21세기 사회통합국가 헌법의 핵심 가치인 인간 존엄성과 공동 번영은 인간 개개인의 가치를 존중하면서도 사회 전체의 발전을 추구하는 이념이다. 이는 우리 헌법이 지향하는 정신이자 핵심적인 가치이며, 개인과 공동체가 조화를 이루어 상호 발전을 도모하는 기본질서를 의미한다. 이러한 헌법 정신은 전통적 한국 사상에서 강조되는 홍익인간의 정신과 사상의 본질 및 질료質料, hyle(본바탕)를 공유하고 있다. 홍익인간은 '널리 인간을 이롭게 한다'는 뜻으로 단순히 개인의 이익을 추구하는 것을 넘어, 모든 사람의 행복과 번영을 함께 이루고자 하는 보편적 가치를 담고 있다. 이는 모든 국민이 함께 성장하고 서로를 존중하며 살아가는 사회, 즉 인간 상호간의 조화와 번영을 바탕으로 모두를 존중하는 이상적 사회를 추구하는 이념이다. 원래 홍익인간은 국가와 권력의 존재 이유와 방향을 제시하는 단군조선의 건국이념이었지만, 적용 범위는 인류 사회를 규제하는 문명 장치 전반에까지 확대된다. 인간 사회를 정화하고 결속시키는 공동체 윤리를 천명한 것이기도 하다. 홍익인간은 국가와 권력, 그리고 인간 세상을 규제하는 각종 문명 장치에 대해 인간을 위해 봉사하는지 묻는다. 개개인에게는 이웃과 공동체를 위해 헌신하는 이타적 삶을 살 것을 촉구한다.[1]

자칫 상반될 수 있는 개인의 성장과 공동체의 번영, 이 두

가지 이념을 입체적, 역동적으로 연결할 때 우리는 개인과 공동체의 조화, 상생相生에 무게중심을 둘 수 있다. 자유민주주의는 개인의 자유와 권리를 중시하지만, 지나치게 개인주의로 치닫게 될 경우 사회 분열을 초래할 위험이 있다. 또 자유를 즐기려는 사람은 많아도 자유를 위해 몸 바쳐 싸우려는 사람은 드물다. 특히 대중민주주의 시대에는 누리고 싶은 것은 모두 누리려 해도 책임과 의무는 회피하는 것이 인지상정人之常情이다. 반면 홍익인간 정신은 본질적으로 개인의 발전을 공동체의 번영과 일치시키며 공동의 이익을 동시에 추구할 수 있는 사회통합의 길을 제시한다. 그렇다면 현대사회의 다양한 갈등과 분열을 극복하려면 각 개인의 존엄성을 존중하는 동시에 모두가 함께 성장하는 방향으로 나아가야 한다는 당위성은 홍익인간의 정신이 자유민주주의의 기본 원칙 및 21세기 사회통합국가 헌법과 실질(실체)과 형식(형태)을 공유하면서 상호 보완적 관계에 있다는 것을 보여준다. 따라서 21세기 사회통합국가 헌법은 홍익인간 정신을 현대적으로 계승하는 실존적 형상eidos에 해당한다고 설명할 수 있다.

이러한 관점에서 볼 때, 민주 시민 개개인의 정신적·영적 성장의 중요성을 강조하지 않을 수 없다. 자유민주주의의 위기는 시민 개개인의 내면 성장과 성찰 없이는 결코 근본적으로 해결될 수 없기 때문이다. 개개인이 내면의 변화를 이룰 때 비로소 자유민주주의의 회복과 지속적인 발전을 가능하게 만들 수 있다. 자율적이고 책임감 있는 시민 의식을 가지며 정신적으로 성장한다는 것은 개개인이 자신의 비판적 사고 능력과 자율성을 강화해 사회적 책임을 다할 수 있는 성숙한 시민이 된다는 의미다. 이는 자유민주주의의 핵심인 개인의 자유와 책임을 모두 존중하는 기초가 된다. 시민의 영적 성장은 단순히 종교적인 차원을 넘어 공동체 속에서 자신을 발견하고, 더 큰 사회적 목표를 위해 자신의 역할을 이해하는 것을 의미한다. 인간 내면의 고귀함과 도덕성을 깨닫는 것은 자신과 타인을 존중하는 태도로 연결된다. 이는 책임 있는 행동과 공동체 의식을 고취하며 사회의 갈등을 해소하는 힘으로 작용한다. 영적 성장은 개인주의적 사고에서 벗어나 사회 전체의 발전을 위해 연대하는 힘을 제공한다. 각 개인이 자신의 도덕적 책임을 인식하고 공동체 내에서 함께 번영할 수 있는 방향으로 행동하고 연대할 때, 민주주의는 더욱 단단해지고 지속 가능해진다.

즉 '인간 존엄과 공동 번영'이라는 가치의 진정한 구현은 외부가 아닌 각자의 마음속에서 시작되는 것이다. 민주 시민 한 사람 한 사람의 자각과 헌신이 모여 필연적으로 공동 번영의 세상을 만드는 큰 물결을 이루게 된다.

결국 민주 시민 개개인의 정신적·영적 성장은 홍익인간 사

상과 철학을 뼛속 깊이 내면화하는 것이며, 자유민주주의의
위기를 극복하기 위해 무엇보다 중요한 과제다.

주

저자의 말

1 "Qu'est-ce que le Peuple? — TOUT.

   Qu'a-t-il été jusqu'à présent dans l'ordre politique? — RIEN.

   Que demande-t-il? — À ÊTRE QUELQUE CHOSE."

   E. J. Sieyès, Qu'est-ce que le Tiers état?, 1789, préface. (http://piketty.
   pse.ens.fr/files/ Sieyes1789.pdf) [retrieve. 2024. 10. 3. 20:47] 토마 피케
   티Thomas Piketty 교수의 홈페이지에 수록된 pdf 파일(Source: gallica.bnf.fr/
   Bibliothèque nationale de France)을 참조했다. 원문에는 국민이 아닌 제3신
   분le Tiers état으로 표기되어 있다. 제3신분이란 제1계급인 성직자 계급, 제
   2계급인 귀족 계급에 대비되는 평민 계급을 의미한다. 민주국가에서는 모
   든 국민이 평민이다.

1부 프렐류드

2. 시대정신은 민주주의 발전에 어떤 영향을 미쳤는가

1 시대정신은 '특정한 시대를 관통하는 이념', '시대의 특성을 지배하는
   보이지 않는 힘'을 의미한다. [Theo Jung, "Zeitgeist im langen 18.
   Jahrhundert. Dimensionen eines umstrittenen Begriffs", in: Achim

Landwehr(Hg.), *Frühe Neue Zeiten: Zeitwissen zwischen Reformation und Revolution*, Transcript Verlag, 2012, SS. 319-355.] 이 용어는 일반적으로 게오르크 W. F. 헤겔Georg W. F. Hegel과 연관되어 있다. 다만, 헤겔은 'Zeitgeist'라는 합성어보다는 'Geist der Zeiten'이라는 문구를 선호한다. "누구도 자신의 시대를 뛰어넘을 수는 없다. 그 **시대의 정신**이 바로 그의 정신이기 때문이다. 중요한 것은 그 내용을 인식하는 것이다Es kann niemand seine Zeit überspringen, **der Geist seiner Zeit** ist auch sein Geist; aber es handelt sich darum, ihn nach seinem Inhalte zu erkennen." [Hegel, Georg Wilhelm Friedrich, *Vorlesungen über die Geschichte der Philosophie* (1805-1819) 1.1.3.A.3. Philosophie des Geistes. (http://www.zeno.org/)].

2   Chris Wickham, *Medieval Europe*, Yale University Press, 2016, p. 1.; Johannes Fried (trans. Peter Lewis), *The Middle Ages*, The Belknap Press of Harvard University Press, 2015, p. viii.

3   James Hannam, *The Genesis of Science*, Regnery, 2011, p. 342.; Edward Grant, *The Foundations of Modern Science in the Middle Ages: Their Religious, Institutional, and Intellectual Contexts*, Cambridge Univ. Press, 1996, pp. 42-47.

4   경험주의empiricism는 인간의 경험, 특히 감각 경험을 통해 얻은 지식을 강조하는 데 비해, 합리주의rationalism는 인간의 경험 이전에 타고난 이성을 통해 얻은 지식을 강조하는 입장으로 양자의 철학적 관점에 차이가 있으나, 현대 철학에서는 절대적 대립이 아니라, 상호 보완적인 관계로 이해하고 있다. 따라서 과학적 방법론이나 인식론 등 다양한 분야에서 두 관점을 통합하려는 노력이 이루어지고 있다.

5   Rosalie L. Colie, *Light and Enlightenment*, Cambridge University Press, 1957, p. 58.

6   Dorinda Outram, *Panorama of the Enlightenment*, Getty Publications, 2006, p. 29.

7 John M. Murrin, Paul E. Johnson, James M. McPherson, Alice Fahs & Gary Gerstle, *Liberty, Equality, Power: A History of the American People* (6th ed.), Cengage Learning, 2012, p. 296.

8 Ferenc Fehér, *The French Revolution and the Birth of Modernity* (1992 ed.), University of California Press, 1990, pp. 117-130.

9 Isaiah Berlin, *The Crooked Timber of Humanity*, John Murray, 1990, pp. 57-58.; Max Blechman, *Revolutionary Romanticism*, City Lights Books, 1999, pp. 84-85.

10 Eric Hobsbawm, *Nations and nationalism since 1780* (2nd ed.), Cambridge University Press, 1992 , p. 60.

11 Eric Hobsbawm, *The Age of Revolution: Europe 1789-1848*, Vintage Books, 1996, p. 27.; Pat Hudson, *The Industrial Revolution*, Edward Arnold, 1992, p. 11.

12 Karl Marx, 'Preface' in: *A Contribution to the Critique of Political Economy* (1859).: "인간은 필연적으로 자신의 의지와 무관한 명확한 관계, 즉 물질적 생산력의 발전단계에 적합한 생산관계에 편입된다. 이러한 생산관계의 총체는 사회의 경제적 구조, 즉 법적 · 정치적 상부구조가 생겨나고 사회적 의식의 명확한 형태가 대응하는 실제적 토대를 구성한다. 물질적 삶의 생산양식은 사회적 · 정치적 · 지적 삶의 일반적인 과정을 결정한다. 인간 의식이 인간존재를 결정하는 것이 아니라 경제적 지배관계가 인간 의식을 결정한다. 사회의 물질적 생산력은 특정 발전단계에서 기존의 생산관계 또는 지금까지 작동해온 틀 안에서 소유관계와 갈등을 빚는다. 생산력의 발전과정에 따라 이러한 관계는 족쇄로 바뀐다. 그다음 사회혁명의 시대가 도래한다. 경제적 토대의 변화는 거대한 상부구조 전체의 변혁으로 이어진다."[https://www.marxists.org/archive/ marx/works/1859/ critique-pol-economy/] [retrieve. 2024. 10. 29. 21:13]

13 Edward Acton, *Critical Companion to the Russian Revolution: 1914-*

1921, Indiana University Press, 1997, p. 8.; John Barber, *Soviet Historians in Crisis: 1928-1932*, Palgrave Macmillan, 1981, p. 16.

14 David Shambaugh, *The Modern Chinese State*, Cambridge University Press, 2000, p. 184.

15 Thomas R. Flynn, *Existentialism: A Very Short Introduction*, Oxford, 2006, p. viii.; Robert C. Solomon, *Existentialism*, McGraw-Hill, 1974, pp. 1-2.

16 프랑스 실존주의 철학의 대표자인 장폴 사르트르Jean-Paul Sartre는 자본주의 체제하의 인간소외를 비판하며 공산주의적 이상에 동조했다. 그러나 그는 개인의 선택과 책임을 강조하며 인간의 자유가 궁극적인 가치를 가진다고 보았으며, 공산주의의 전체주의적 경향과 개인의 자유 억압에는 비판적 입장이었다.

17 Martin Heidegger, *Sein und Zeit* [1927], Max Niemeyer, 1967, §39.: "그러나 피투성(내던져짐)Geworfenheit은 자신의 가능성Möglichkeiten selbst으로서의 존재자의 존재양식Seinsart eines Seienden이며, 그 가능성 안에서 그리고 그 가능성으로부터 자신을 이해하는 방식(자신을 그 가능성에 투사하는 방식)이다. (…) 그러나 대부분의 경우 자아Selbst는 진정하지 않은 자아, 즉 타인의 자아Man-selbst일 뿐이다. '세계-내-존재In-der-Welt-sein'는 이미 퇴락했다. 따라서 존재의 평균적인 일상성Alltäglichkeit des Daseins은 퇴락하고 벗겨지고verfallend-erschlossene, 내던져지고 투사되는geworfen-entwerfende 세계-내-존재라고 정의될 수 있다."

18 실존주의는 사회민주주의자들이 마르크스주의자들의 폭력혁명을 반대하면서, 개인의 자유와 책임, 사회적 소외 문제의 해결과 사회정의, 사회 변화에 대한 열정, 정치적 참여와 연대, 공동체 의식 등을 강조하고 옹호하는 데 영향을 미쳤다. 이러한 관점에서 결국 실존주의 철학은 사회민주주의의 이념적 기반을 강화하고, 사회민주주의 운동이 발전하는 데 기여했다고 평가할 수 있다.

19 Manfred Steger, *The Quest for Evolutionary Socialism*, Cambridge University Press, 1997, pp. 236-237.; Leszek Kolakowski, *Main Currents of Marxism*. W. W. Norton & Company, 2008, pp. 433-435.

20 Reinhard Mußgnug, '90 Jahre Weimarer Reichsverfassung—Zum 11. August 2009', In: ZJS Zeitschrift für das Juristische Studium, 2009, SS. 346-358.; Richard J Evans, *The Coming of the Third Reich*, Penguin, 2004, p. 88.

21 J. M. Roberts, *The Penguin History of Europe*, Penguin Books, 1997, p. 589.; John Darwin, *After Tamerlane: The Rise & Fall of Global Empires 1400- 2000*, Penguin Books, 2007, pp. 441-443.

22 Steven Connor(ed.), *The Cambridge Companion to Postmodernism*, Cambridge University Press, 2004, p. 17.; Johannes Willem Bertens, *The Idea of the Postmodern: A History*, Psychology Press, 1995, pp. 10-14.

23 Michael H. Hunt, *The World Transformed 1945 to present*, Oxford University Press, 2004, p. 399.; 'Signs of life,' The Economist (2014.11. 13.) [https://web.archive.org/web/20170902092234/https:// www. economist.com/news/finance-and-economics/21632514-despite -some-recent-reversals-there-evidence-globalisation-march] [retrieve. 2024. 10. 29. 21:31].

3. 근대국가 성립과 헌법의 탄생

1 *Cambridge Dictionary*. [https://dictionary.cambridge.org/ko/] [retrieve. 2024. 4. 16. 19:11].

2 M. Weber, 'Politik als Beruf', in: Rudolf Weber-Fas, *Staatsdenker der Moderne: Klassikertexte von Machiavelli bis Max Weber*, Mohr-Siebeck, 2003, S. 355.

3 Dietmar Willoweit/Steffen Schlinker, *Deutsche Verfassungsgeschichte: Vom Frankenreich bis zur Wiedervereinigung Deutschlands* (8. Aufl.), C.H. Beck, 2019, §25 II. 2.; Michael Stolleis, *Geschichte des öffentlichen Rechts in Deutschland Bd. 1: Reichspublizistik und Policeywissenschaft 1600-1800* (2. Aufl.), C.H.Beck, 1988, S. 126 ff.

4 Michael Stolleis, ibid., S. 170ff.

5 물화物化, Verdinglichung는 사람과 사람 사이의 관계가 물건과 물건 사이의 관계로 바뀌는 것을 말한다. 물화는 대상화(객체화Versachlichung)라고도 말하며 반대되는 용어로 인격화Personifizierung가 있다.

6 Georg Jellinek, *Staatslehre* (3. Aufl.), 1914, O. Häring, S. 174 ff., S. 394 ff. [https://archive.org/ details/allgemeinestaats00jelliala] [retrieve. 2024. 4. 15. 19:05]. 옐리네크의 국가에 대한 정의는 오늘날까지 국제법에서도 널리 사용되고 있다. 예를 들어 〈국가의 권리와 의무에 관한 몬테비데오 협약〉 제1조는 다음과 같다. "국제법 주체로서 국가는 다음과 같은 자격을 보유해야 한다. a) 영구적인 인구permanent population; b) 특정한 지역a defined territory; c) 정부government; d) 다른 국가와 관계를 맺을 수 있는 능력capacity to enter into relations with the other states."

7 Volker Epping, in: Knut Ipsen, *Völkerrecht* (7. Aufl.), C. H. Beck, 2018, §7 Rn. 3, 76, 137.

8 제2차 세계대전 이후 유럽화(EEC, EU) 및 국제화(UN)가 진전되면서 주권(고권Hoheitsgewalt)이 비국가 행위자nichtstaatliche Akteure에게 이전되는 현상이 발생했고, 이로 인해 국가 개념을 수정해야 한다는 논의가 점점 더 활발하게 진행되고 있다. (R. Wahl, 'Der offene Staat und seine Rechtsgrundlagen', JuS, 2003, S. 1145 ff.; A. von Bogdandy/P. Cruz Villalón/P. M. Huber (Hrsg.), *Handbuch Ius Publicum Europaeum, Band II: Offene Staatlichkeit - Wissenschaft vom Verfassungsrecht*, C. F. Müller, 2008.)

9 이러한 '자결권Selbstbestimmung'을 '헌법적 자율성Verfassungsautonomie'이라

고도 말한다. Volker Epping, ibid., § 7 Rn. 137ff.

10   Norbert Horn, *Einführung in die Rechtswissenschaft und Rechts-philosophie* (6. neu bearbeitete Aufl.). C.F. Müller, 2016, § 1 Rn. 33.

11   Wolfgang Kersting, *Die politische Philosophie des Gesellschaftsvertrags*, Wissenschaftliche Buchgesellschaft, 1994, S. 127.

12   Rudolf Weber-Fas, *Staatsdenker der Moderne: Klassikertexte von Machiavelli bis Max Weber*, Mohr-Siebeck, 2003, S. 87 ff.

13   Wolfgang Kersting, *Die politische Philosophie des Gesellschaftsvertrags*, Wissenschaftliche Buchgesellschaft, 1994, S. 85.; Rudolf Weber-Fas, ibid., S. 51 ff.

14   Wolfgang Kersting, ibid., S. 85.

15   Wolfgang Kersting, ibid., S. 127 ff.

16   Wolfgang Kersting, ibid., S. 132.

17   M. Weber, 'Politik als Beruf', in: Rudolf Weber-Fas, *Staatsdenker der Moderne: Klassikertexte von Machiavelli bis Max Weber*, Mohr-Siebeck, 2003, S. 355.

18   Christoph Herrmann, 'Die Rechtsverhältnisse des Verfassungsrechts', *Jura*, 2006, S. 576.

2부 헌법판례의 이해
1장 민주정치의 확립과 발전
1. 계엄 선포의 요건 위배와 민주주의 원리

1   헌재 2025. 4. 4. 2024헌나8, 결정문.

2   헌재 2015. 3. 26. 2014헌가5 참조.

3   헌법 제77조 ① 대통령은 전시·사변 또는 이에 준하는 국가비상사태에 있어서 병력으로써 군사상의 필요에 응하거나 공공의 안녕질서를 유지할 필

요가 있을 때에는 법률이 정하는 바에 의하여 계엄을 선포할 수 있다.

② 계엄은 비상계엄과 경비계엄으로 한다.

③ 비상계엄이 선포된 때에는 법률이 정하는 바에 의하여 영장제도, 언론·출판·집회·결사의 자유, 정부나 법원의 권한에 관하여 특별한 조치를 할 수 있다.

④ 계엄을 선포한 때에는 대통령은 지체 없이 국회에 통고하여야 한다.

⑤ 국회가 재적 의원 과반수의 찬성으로 계엄의 해제를 요구한 때에는 대통령은 이를 해제하여야 한다.

4 헌재 2017. 3. 10. 2016헌나1 참조.

5 헌재 2017. 3. 10. 2016헌나1; 헌재 2025. 1. 23. 2024헌나1 참조.

6 헌재 2004. 5. 14. 2004헌나1; 헌재 2017. 3. 10. 2016헌나1 참조.

7 〈국회법〉 제92조는 부결된 안건을 같은 회기 중에 다시 발의할 수 없도록 규정하고 있다(일사부재의). 피청구인에 대한 1차 탄핵소추안이 제418회 정기회 회기에 투표가 불성립되었지만, 이 사건(2차) 탄핵소추안은 제419회 임시회 회기 중에 발의되었으므로, 일사부재의 원칙에 위반되지 않는다. 한편 이에 대해서는 다른 회기에도 탄핵소추안의 발의 횟수를 제한하는 입법이 필요하다는 재판관 1인의 보충의견이 있다.

8 전문법칙hearsay rule이란 수사기관이 다른 사람에게서 듣고hear 판사에게 제시하는say 진술 내용은 증거로 삼지 않겠다는 법 원칙을 말한다. [https://www.law.cornell.edu/wex/hearsay_rule]. 현행 〈형사소송법〉은 전문법칙을 채택해 전문 증거의 증거능력을 원칙적으로 부정하면서 일정한 요건을 충족한 경우에 예외적으로 증거능력을 인정하고 있다(〈형사소송법〉 제310조의2, 제311조 내지 제316조). 특히 수사기관이 작성한 피의자 신문조서에 대해서는 그 피의자였던 피고인이 그 내용을 인정해야 증거능력을 인정하고, 수사기관이 피고인이 아닌 자의 진술을 기재한 조서나 수사 과정에서 피고인 아닌 자가 작성한 진술서에 대해서는 피고인의 반대신문이 보장되는 경우에 한해 증거능력을 인정하고 있다(〈형사소송법〉 제312조 제

1항, 제3항, 제4항, 제5항).

9 헌법 제65조는 대통령이 "그 직무 집행에 있어서 헌법이나 법률을 위배한 때"를 탄핵 사유로 규정하고 있다. 여기서 '직무'란 법제상 소관 직무에 속하는 고유 업무와 사회 통념상 이와 관련된 업무를 말하고, 법령에 근거한 행위뿐만 아니라 대통령의 지위에서 국정 수행과 관련해 행하는 모든 행위를 포괄하는 개념이다. 또 '헌법'에는 명문의 헌법 규정뿐만 아니라 헌법재판소의 결정에 따라 형성되어 확립된 불문헌법도 포함되고, '법률'에는 형식적 의미의 법률과 이와 동등한 효력을 가지는 국제조약 및 일반적으로 승인된 국제법규 등이 포함된다(헌재 2004. 5. 14. 2004헌나1; 헌재 2017. 3. 10. 2016헌나1 참조).

10 〈헌법재판소법〉 제53조(결정의 내용) ① 탄핵심판 청구가 이유 있는 경우에는 헌법재판소는 피청구인을 해당 공직에서 파면하는 결정을 선고한다.

11 헌법 제77조 ① 대통령은 전시·사변 또는 이에 준하는 국가비상사태에 있어서 병력으로써 군사상의 필요에 응하거나 공공의 안녕질서를 유지할 필요가 있을 때에는 법률이 정하는 바에 의하여 계엄을 선포할 수 있다.

12 〈계엄법〉 제2조(계엄의 종류와 선포 등) ① 계엄은 비상계엄과 경비계엄으로 구분한다.

② 비상계엄은 대통령이 전시·사변 또는 이에 준하는 국가비상사태 시 적과 교전交戰 상태에 있거나 사회질서가 극도로 교란撹亂되어 행정 및 사법司法 기능의 수행이 현저히 곤란한 경우에 군사상 필요에 따르거나 공공의 안녕 질서를 유지하기 위하여 선포한다.

13 헌법 제89조 다음 사항은 국무회의의 심의를 거쳐야 한다.
5. 대통령의 긴급명령·긴급재정경제처분 및 명령 또는 계엄과 그 해제
제82조 대통령의 국법상 행위는 문서로써 하며, 이 문서에는 국무총리와 관계 국무위원이 부서한다. 군사에 관한 것도 또한 같다.
〈계엄법〉 제2조 ⑤ 대통령이 계엄을 선포하거나 변경하고자 할 때에는 국무회의의 심의를 거쳐야 한다.

14 피청구인(대통령 윤석열)은 2024년 12월 3일 20시 55분경 대통령실에서 국무총리 한덕수에게 계엄을 선포하겠다고 말했다. 한덕수는 피청구인에게 다른 국무위원들의 말도 들어보시라고 했고 피청구인은 국무위원들을 모으라고 했다. 이에 부속실에서 이미 대통령실에 있었던 국방부 장관 김용현, 통일부 장관 김영호, 외교부 장관 조태열, 법무부 장관 박성재, 행정안전부 장관 이상민 외의 국무위원에게 연락을 취했다. 다만 대통령실로 들어오라고 했을 뿐, 국무회의를 개최한다고 연락하지는 않았고, 문화체육관광부 장관 유인촌, 환경부 장관 김완섭, 고용노동부 장관 김문수, 국가보훈부 장관 강정애는 연락을 받지 못했다. 연락을 받은 국무위원들이 한 명씩 대접견실로 도착하여 피청구인이 비상계엄을 선포하려고 한다는 사실을 듣고 서로 의견을 나누었고 그중 일부는 집무실로 들어가 피청구인에게 반대 의사를 밝히기도 했다. 중소벤처기업부 장관 오영주가 마지막으로 도착해 같은 날 22시 17분경 국무총리 및 국무위원 아홉 명이 모였다. 그 무렵 피청구인이 집무실에서 대접견실로 나와 계엄을 선포하는 취지를 간략히 설명한 후 같은 날 22시 22분경 이 사건 계엄을 선포하기 위해 대접견실을 나갔다. 오영주가 마지막으로 도착하고 피청구인이 이 사건 계엄을 선포하러 대접견실에서 나가기까지 걸린 시간은 5분 정도에 불과했고, 개의 선포, 의안 상정, 제안 설명, 토의, 산회 선포, 회의록 작성이 없었다. 피청구인은 계엄의 필요성, 시행 일시, 계엄사령관 등 이 사건 계엄의 구체적인 내용을 설명하지 않았고, 참석한 국무총리 및 국무위원에게 이 사건 계엄 선포에 관해 의견을 진술할 기회를 부여하지 않았으며, 회의에서 비상계엄 선포의 실체적 요건 구비 여부 등에 관해 실질적인 검토와 논의가 이루어지지 않았다. 국무총리와 관계 국무위원이 이 사건 계엄 선포와 관련된 문서에 부서하지도 않았다. 피청구인은 12월 3일 22시 23분경 대통령실에서 제1차 대국민담화를 시작해 22시 27분경 이 사건 계엄을 선포했다. 피청구인은 이 사건 계엄을 선포한 후 국회에 통고하지 않았다. 피청구인은 12월 3일 22시 30분경 국방부 장관 김용현을 통해 육군 참모총장 박안수를 계엄사령관으로 임명했

다. 12월 4일 1시 2분경 국회에서 비상계엄해제요구 결의안이 가결되었다. 피청구인은 12월 4일 4시 20분경 대통령실에서 이 사건 계엄을 해제하겠다는 내용의 대국민담화를 발표했고, 같은 날 4시 29분경 국무회의에서 이 사건 계엄 해제안이 의결되었다.

15 〈계엄사령부 포고령 제1호〉 자유 대한민국 내부에 암약하고 있는 반국가 세력의 대한민국 체제 전복 위협으로부터 자유민주주의를 수호하고, 국민의 안전을 지키기 위해 2024년 12월 3일 23:00부로 대한민국 전역에 다음 사항을 포고합니다.

1. 국회와 지방의회, 정당의 활동과 정치적 결사, 집회, 시위 등 일체의 정치 활동을 금한다.

2. 자유민주주의 체제를 부정하거나, 전복을 기도하는 일체의 행위를 금하고, 가짜 뉴스, 여론 조작, 허위 선동을 금한다.

3. 모든 언론과 출판은 계엄사의 통제를 받는다.

4. 사회 혼란을 조장하는 파업, 태업, 집회 행위를 금한다.

5. 전공의를 비롯하여 파업 중이거나 의료 현장을 이탈한 모든 의료인은 48시간 내 본업에 복귀하여 충실히 근무하고 위반 시는 〈계엄법〉에 의해 처단한다.

6. 반국가 세력 등 체제 전복 세력을 제외한 선량한 일반 국민들은 일상생활에 불편을 최소화할 수 있도록 조치한다.

이상의 포고령 위반자에 대해서는 대한민국 〈계엄법〉 제9조(계엄사령관 특별조치권)에 의하여 영장 없이 체포, 구금, 압수수색을 할 수 있으며, 〈계엄법〉 제14조(벌칙)에 의하여 처단한다.

2024. 12. 3.(화) 계엄사령관 육군대장 박안수.

16 탄핵제도의 연원, 헌법적 의미, 미국과 독일의 탄핵제도, 대통령 노무현 탄핵심판(헌재 2004. 5. 14. 2004헌나1) 및 대통령 박근혜 탄핵심판 결정(헌재 2017. 3. 10. 2016헌나1)에 대한 자세한 설명은 박한철, 《헌법의 자리》, 김영사, 2022, 167~187쪽 참조.

17 Brian Tierney & Sidney Painter, *Western Europe in the Middle Ages*: 300-1475(4th ed.), Alfred A. Knopf, 1983, pp. 399-400.; Jason J. Vicente, "Impeachment: A Constitutional Primer", *CATO Institute Policy Analysis* (No. 318), 1998. 9, pp. 7-8.

18 Alan Brinkley, *The Unfinished Nation*(2nd ed.), McGraw-Hill Companies, 1993, pp.139-161.; *The Federalist Papers*: No. 65 (Friday, March 7, 1788. HAMILTON).

19 독일에서도 〈기본법〉이 발효되기 이전 시대부터 이른바 특별 권력관계 besondere Gewaltverhältnis 및 사법적 통제의 대상이 되지 않는 통치행위 justizfrei Regierungsakte 등의 이론을 통해 국민의 권리 보호Rechtsschutz를 제한하려는 시도가 있었다. 그러나 이러한 시도는 〈독일 기본법〉, 특히 제 19조 제4항(우리 헌법 제111조 및 제27조)의 시행으로 인해 타당성을 가질 수 없게 되었다. Michael Kloepfer, *Verfassungsrecht Band II*, C. H. Beck, 2010, §74 Rn8.; Wolf-Rüdiger Schenke, *Kommentar zum Bonner Grundgesetz*(Bonner Kommentar), 25 Bände (Loseblatt), Stand: 2022. 12., Art. 19 Abs. 4 Rn394 ff, 414ff.

〈독일 기본법〉 제19조 제4항 1문. 권리가 공권력에 의해 침해된 때에는 소송을 제기할 수 있다.

20 강일원 변호사(전 헌법재판관), [매경시평] "절차적 정의", 〈매일경제신문〉, 2025. 3. 2.

21 하이데거 철학의 핵심개념 중 하나로, 인간 존재가 자신의 본래적 실존가능성으로부터 이탈해 일상성 속으로 빠져드는 상태, 즉 타인의 시선 속으로 자신을 잃는 실존적 퇴조를 의미한다.

22 Georg W. F. Hegel, *Vorlesungen über die Philosophie der Geschichte*, 1837, Einleitung II. a. "Die Weltgeschichte ist der Fortschritt im Bewußtsein der Freiheit, — ein Fortschritt, den wir in seiner Notwendigkeit zu erkennen haben." [https://www.projekt-gutenberg.org/

hegel/vorphilo/vorphilo.html] [retrieve. 2025. 3. 25. 11:23].

2. 공권력 개입에 의한 사기업 해체와 시장경제 원칙

1   헌재 1993. 7. 29. 89헌마31, 판례집 5-2, 87.

2   대법원 1994. 12. 13. 선고 93다49482 판결.

3   서울고법 1994. 5. 4. 선고 92나13501 판결.

4   대법원 1996. 4. 26. 선고 94다34432 판결.

3. 투표 가치의 불평등과 선거권, 평등권

1   헌재 2014. 10. 30. 2012헌마192등, 판례집 26-2상, 668.

2   헌재 1995. 12. 27. 95헌마224등, 판례집 7-2, 760.

3   헌재 2001. 10. 25. 2000헌마92등, 판례집 13-2, 502.

4   헌재 2007. 3. 29. 2005헌마985등, 판례집 19-1, 287.

5   헌재 2018. 6. 28. 2014헌마189, 판례집 30-1하, 627.

6   헌재 2019. 2. 28. 2018헌마415등, 판례집 31-1, 225(합헌 9인). 헌재는 이미 2014헌마189 결정에서 시·도의원 지역구 획정에 요구되는 인구편차의 헌법상 허용 한계를 인구편차 상하 50퍼센트(인구비례 3 대 1)로 변경했다. 2014헌마189 결정에서 제시한 인구편차의 헌법상 허용 한계를 변경할 만한 사정의 변경이나 필요성을 인정할 수 없다.

7   이재묵, '선거구 획정의 쟁점과 과제', 〈동서연구〉 (제28권 제1호), 2016. 1., 175~202쪽.

4. 정당 등록 취소와 정당 설립의 자유

1   헌재 2014. 1. 28. 2012헌마431등, 판례집 26-1상, 155.

2   〈정당법〉 제44조(등록의 취소) ① 정당이 다음 각 호의 어느 하나에 해당하는 때에는 당해 선거관리위원회는 그 등록을 취소한다.
3. 임기 만료에 의한 국회의원 선거에 참여하여 의석을 얻지 못하고 유효투

표 총수의 100분의 2 이상을 득표하지 못한 때

제41조(명칭사용금지) ④ 제44조 제1항의 규정에 의하여 등록 취소된 정당의 명칭과 같은 명칭은 등록 취소된 날부터 최초로 실시하는 임기 만료에 의한 국회의원 선거의 선거일까지 정당의 명칭으로 사용할 수 없다.

5. 선거운동과 정치적 표현의 자유

1 헌재 2011. 12. 29. 2007헌마1001등, 판례집 23-2하, 739.

2 구 〈공직선거법〉 제93조 ① 누구든지 선거일 전 180일부터 선거일까지 선거에 영향을 미치게 하기 위하여 이 법의 규정에 의하지 아니하고는 정당 또는 후보자를 지지·추천하거나 반대하는 내용이 포함되어 있거나 정당의 명칭 또는 후보자의 성명을 나타내는 광고, 인사장, 벽보, 사진, 문서·도화, 인쇄물이나 녹음·녹화 테이프 '기타 이와 유사한 것'을 배부·첨부·살포·상영 또는 게시할 수 없다.

3 헌법 제37조 ② 국민의 모든 자유와 권리는 국가 안전보장·질서유지 또는 공공복리를 위하여 필요한 경우에 한하여 법률로써 제한할 수 있으며, 제한하는 경우에도 자유와 권리의 본질적인 내용을 침해할 수 없다.

4 〈공직선거법〉 제59조.

5 헌재 2009. 7. 30. 2007헌마718, 판례집 21-2상, 311.

6 〈한겨레신문〉, "[단독] 국정원, 댓글 알바 30개 팀 3,500명 운영했다", 2017. 8. 3., (https://www.hani.co.kr/arti/society/society_general/805477.html), [retrieve 2024. 4. 8. 21:37]. [8월] 3일 국가정보원 개혁발전위원회 등의 설명을 종합하면, 국정원 적폐청산 티에프TF는 최근 국정원 댓글 여론 조작 사건을 조사하는 과정에서 국정원이 2009년 5월부터 2012년 12월까지 민간인으로 30개 팀을 운영하며 인건비로 한 달에 2억 5,000만~3억 원을 지급한 사실을 확인했다. 국정원 내부에서는 이를 '사이버 외곽팀'으로 불렀고, 국정원 심리전단에서 이를 관리했다. (…) 티에프 조사 결과 심리전단은 2009년 5월 다음 '아고라' 대응 외곽팀 9개를 신설했고, 원세훈 당시 국

정원장의 지시에 따라 2011년 1월에는 알파팀 등 외곽팀을 24개로 확대 운영했다. 그해 8월에는 24개 팀을 (i) 다음 '아고라' 담당 14개 팀 (ii) 4대 포털(네이버·다음·네이트·야후) 담당 10개 팀으로 재편했다. 심리전단은 트위터에 대응하기 위한 외곽팀 역시 2011년 3월 신설해 이듬해 4월 4개 팀에서 6개 팀으로 늘어난 것으로 드러났다. 개혁위는 '사이버 외곽팀 대부분은 별도 직업을 가진 예비역 군인, 회사원·주부·학생·자영업자 등 보수·친여 성향 지지자로 개인 시간에 활동했다'고 밝혔다.

7 〈연합뉴스〉, 사이버사 심리전단 요원 70~80여 명 '정치글' 작성, 2013. 12. 22., (https://www.yna.co.kr/view/AKR20131222038500043), [retrieve. 2024. 4. 8. 21:43]. [국방부] 조사본부는 지난 19일 사이버사 정치글 작성 의혹 사건의 중간 수사 결과를 발표하면서 심리전단 요원들이 SNS(소셜 네트워크), 블로그, 커뮤니티 등을 이용해 '정치 관련글' 1만 5,000여 건을 게시했고, 이 가운데 특정 정당 또는 정치인을 언급하면서 옹호하거나 비판한 글은 2,100여 건이었다고 밝혔다. 조사본부는 2,100여 건을 위법성 있는 '정치글'로 판단해 50건 이상을 게시한 심리전단 요원 10명을 우선 형사 입건했다. (…) 지난 10월 사이버사 정치글 작성 의혹이 불거진 이후 이 심리전단장의 지시로 삭제된 글도 있어 '빅데이터'를 활용한 복원이 이뤄지면 형사처벌 대상자가 대폭 늘어날 가능성이 있다. 군 검찰의 최종 수사 결과에 따라 전·현직 사이버사령관도 기소 대상에 포함될 가능성을 배제할 수 없는 것으로 알려졌다.

8 서울고등법원 2020. 11. 6. 선고, 2019노461 판결. [대법원 2021. 7. 21. 선고, 2020도16062(상고기각)]. 이 사건 범행은 피고인이 공소 외 1 등과 공모하여 ○○ 프로그램을 이용한 기계적 방법으로 인터넷 포털 사이트에 게재된 뉴스 기사의 댓글 순위를 조작함으로써 피해 회사들의 업무를 방해한 것이다. 한편, 현대사회에서는 정보통신 기술의 발달과 모바일 통신의 보편화 등으로 인해 일반 대중이 인터넷을 통하여 정치·경제 문제 등 다양한 사회적 이슈에 관한 각종 정보를 접하고 그에 관한 의견을 활발히 주고받게 됨

으로써, 온라인상에서 형성된 여론의 추이나 동향이 사회 전체의 여론 형성에 막대한 영향을 미치고 있다. 온라인상에서 건전한 여론이 형성되기 위해서는 투명한 정보의 교환과 그에 기초한 자유로운 토론 등이 필수적으로 전제되어야 한다. 그런데 이 사건 댓글 순위 조작 범행은 그 실질에 있어서는 단순히 피해 회사들의 업무를 방해하는 것에 그치지 않고, 기계적 방법에 의해 의도적으로 특정 여론을 조성하여 온라인상의 건전한 여론 형성을 방해하고 결국 사회 전체의 여론까지 왜곡하는 결과를 가져오므로 중대한 범죄행위라 아니할 수 없다. 특히 이 사건 범행은 2017년 대선과 2018년 지방선거 등 국민이 직접 그 대표를 선출하고자 정치적 의사를 표출하는 선거 국면에서 특정 정당이나 그 정당의 후보자에게 유리한 방향으로 여론을 유도할 목적하에 이루어진 것이라는 점에서 그 위법성의 정도가 더 무겁다.

당시 현직 국회의원의 위치에 있던 피고인이 이러한 댓글 순위 조작 범행에 가담했다는 점에서 비난 가능성이 클 뿐만 아니라 이 사건 범행의 기간이나 조작한 댓글의 양을 보더라도 그 죄책이 가볍지 않다. 이러한 사정들은 피고인에게 불리한 정상이다. 다만, 공소 외 1이 이 사건 범행 기간 동안 피고인과 공모했다고 인정할 수 없는 상당한 양의 역작업을 하기도 하는 등 개발 및 운용 과정을 전반적으로 기획, 주도했고, 피고인이 직접 실행 행위를 주관하며 세세한 부분까지 지시하지는 않은 것으로 보인다. 피고인은 이 사건 범행 이전에 집행유예를 초과하는 형사처벌을 받은 전력이 없다. 이러한 사정들은 피고인에게 유리한 정상이다. 이와 같이 피고인에게 유불리한 사정들과 그 밖에 피고인의 나이, 성행, 환경, 가족 관계, 범행의 수단과 결과, 범행 후의 정황, 이미 판결이 확정된 공범들과의 처벌의 형평성 등 이 사건 변론에 나타난 여러 양형 조건을 종합하여 주문과 같이 형을 정한다. 즉, 컴퓨터 등 장애 업무방해죄는 유죄, 공직선거법은 무죄로서 징역 2년에 처한다.

9 헌재 2022. 7. 21. 2017헌바100등, 판례집 34-2, 11(전원일치, 헌법불합치).

10 〈공직선거법〉에 '시설물(현수막, 광고물, 그 밖의 표시물) 설치등 금지', '인쇄물 배부등(벽보 게시, 인쇄물 배부·게시) 금지' 등과 같은 복잡하고 기괴한 표

현이 등장하는 이유는 우리의 현실세계에 교묘하고 기괴한 부정선거 사례
가 있었기 때문이다.

11　헌재 2015. 4. 30. 2011헌바163, 판례집 27-1상, 407. 등; 헌재 2018. 4. 26.
2017헌가2, 결정문. 등

6. 집회의 사전 허가와 집회·시위의 자유

1　헌재 2009. 9. 24. 2008헌가25, 판례집 21-2상, 427.

2　〈집회 및 시위에 관한 법률〉 제10조(옥외집회와 시위의 금지 시간) 누구든지
해가 뜨기 전이나 해가 진 후에는 옥외집회 또는 시위를 하여서는 아니 된
다. 다만, 집회의 성격상 부득이하여 주최자가 질서유지인을 두고 미리 신고
한 경우에는 관할경찰관서장은 질서유지를 위한 조건을 붙여 해가 뜨기 전
이나 해가 진 후에도 옥외집회를 허용할 수 있다.

3　헌법 제37조 ② 국민의 모든 자유와 권리는 국가안전보장·질서 유지 또는
공공복리를 위하여 필요한 경우에 한하여 법률로써 제한할 수 있으며, 제한
하는 경우에도 자유와 권리의 본질적인 내용을 침해할 수 없다.

4　헌법 제21조 ② 언론·출판에 대한 허가나 검열과 집회·결사에 대한 허가
는 인정되지 않는다.

5　〈집회 및 시위에 관한 법률〉 제10조(옥외집회와 시위의 금지 시간) 누구든지
해가 뜨기 전이나 해가 진 후에는 옥외집회 또는 시위를 하여서는 아니 된
다. 다만, 집회의 성격상 부득이하여 주최자가 질서유지인을 두고 미리 신고
한 경우에는 관할경찰관서장은 질서 유지를 위한 조건을 붙여 해가 뜨기 전
이나 해가 진 후에도 옥외집회를 허용할 수 있다.

6　대법원 2011. 6. 23. 선고, 2008도7562 전원합의체 판결. 헌법재판소의 헌
법불합치결정은 헌법과 헌법재판소법이 규정하고 있지 않은 변형된 형태
이지만 법률조항에 대한 위헌결정에 해당한다. 헌법재판소법 제47조 제2항
단서는 형벌에 관한 법률조항에 대해 위헌결정이 선고된 경우 그 조항이 소
급하여 효력을 상실한다고 규정하고 있으므로, 〈집시법〉상 당해 조항을 적

용하여 공소가 제기된 피고 사건은 범죄가 되지 않는 때에 해당하고, 법원은 이에 대해 형사소송법 제325조 전단에 따라 무죄를 선고해야 한다.

7 헌재 2014. 3. 27. 2010헌가2등, 판례집 26-1상, 324(한정위헌 6인, 위헌 3인). 이 사건(2014년)의 심판대상은 〈집시법〉 제10조 '본문(야간 옥외집회·시위의 금지)'에 한정되기 때문에 '야간(해 뜨기 전, 해 진 후)' 개념의 추상성, 포괄성이 주로 문제가 되었다. 이에 반해 종전 사건(2009년)은 〈집시법〉 제10조 '본문(야간 옥외집회·시위의 금지)'과 '단서(집회에 대한 경찰서장의 허가)' 모두를 심판대상으로 했기 때문에 (i) 〈집시법〉의 위헌 여부를 판단하면서 헌법 제21조 혹은 제37조 제2항 중 어느 조항을 기준으로 할 것인지, (ii) 〈집시법〉 관련 조항이 헌법이 금지하는 허가에 해당하는지, (iii) 그러한 허가에 해당하지 않더라도 비례 원칙에 위반하는지('야간' 개념의 포괄성 포함) 등을 쟁점으로 삼고 있다. 이 책에서는 종전 사건(2009년)을 중심으로 설명하고 있다.

8 헌재 2014. 4. 24. 2011헌가29, 판례집 26-1상, 574(한정위헌 6인, 위헌 3인).

7. 블랙리스트 작성·관리와 개인정보 자기결정권, 표현의 자유

1 헌재 2020. 12. 23. 2017헌마416, 판례집 32-2, 684.

2 서울중앙지방법원 2017. 7. 27. 선고, 2017고합77, 2017고합102 판결.

3 서울고등법원 2018. 1. 23. 선고, 2017노2425·2017노2424(병합) 판결.

4 대법원 2020. 1. 30. 선고, 2018도2236 전원합의체 판결. 대통령 비서실장을 비롯한 피고인 등이 문화체육관광부 공무원을 통하여 문화예술진흥기금 등 정부의 지원을 신청한 개인·단체의 이념적 성향이나 정치적 견해 등을 이유로 한국문화예술위원회·영화진흥위원회·한국출판문화산업진흥원이 수행한 각종 사업에서 이른바 좌파 등에 대한 지원 배제를 지시함으로써 한국문화예술위원회·영화진흥위원회·한국출판문화산업진흥원 직원들로 하여금 의무 없는 일을 하게 했다는 직권남용 권리행사방해의 공소사실로 기소된 사안에서, 피고인들의 이와 같은 지원 배제 지시는 '직권남용'에 해

당하고, 이 지원 배제 지시로써 문화체육관광부 공무원이 한국문화예술위원회·영화진흥위원회·한국출판문화산업진흥원 직원들로 하여금 지원 배제 방침이 관철될 때까지 사업 진행 절차를 중단하는 행위, 지원 배제 대상자에게 불리한 사정을 부각시켜 심의 위원에게 전달하는 행위 등을 하게 한 것은 '의무 없는 일을 하게 한 때'에 해당한다.

5   이장희(창원대학교 법학과 교수), "'허용될 수 없는 공권력 행사' 문화계 블랙리스트 위헌결정의 의미", 2021. 2. 10., 〈슬로우뉴스Slow News〉(참여연대 사법감시센터), (https://slownews.kr/79461), [retrieve. 2024. 4. 27. 22:18].

8. 그 밖의 중요한 판례

1   헌재 2014. 1. 28. 2012헌마409등, 판례집 26-1상, 136.

2   헌재 2004. 3. 25. 2002헌마411, 판례집 16-1, 468.; 헌재 2009. 10. 29. 2007헌마1462, 판례집 21-2하, 327.

3   헌재 2007. 6. 28. 2004헌마644등, 판례집 19-1, 859(헌법불합치 9인).

4   헌재 2014. 7. 24. 2009헌마256등, 판례집 26-2상, 173(헌법불합치 6인, 합헌 3인).

5   헌재 2022. 1. 27. 2020헌마895, 판례집 34-1, 105(헌법불합치 9인).

6   헌재 1999. 1. 28. 97헌마253등, 판례집 11-1, 54.

2장 국민의 자유와 권리 확대

1. 강제입원과 신체의 자유

1   헌재 2016. 9. 29. 2014헌가9, 판례집 28-2상, 276.

2   〈정신보건법〉 제24조(보호의무자에 의한 입원) ① 정신의료기관 등의 장은 정신질환자의 보호의무자 2인의 동의(보호의무자가 1인인 경우에는 1인의 동의로 한다)가 있고 정신건강의학과전문의가 입원 등이 필요하다고 판단한 경우에 한하여 당해 정신질환자를 입원 등을 시킬 수 있으며, 입원 등을 할 때 당해 보호의무자로부터 보건복지부령으로 정하는 입원 등의 동의서 및 보

호의무자임을 확인할 수 있는 서류를 받아야 한다.

② 정신건강의학과전문의는 정신질환자가 입원 등이 필요하다고 진단한 때에는 제1항에 따른 입원 등의 동의서에 당해 정신질환자가 다음 각 호의 어느 하나에 정한 경우에 해당된다고 판단한다는 의견을 기재한 입원 등의 권고서를 첨부하여야 한다.

1. 환자가 정신의료기관 등에서 입원 등 치료 또는 요양을 받을 만한 정도 또는 성질의 정신질환에 걸려 있는 경우

2. 환자 자신의 건강 또는 안전이나 타인의 안전을 위하여 입원 등을 할 필요가 있는 경우

2. 정보화 시대의 변화와 개인정보 자기결정권

1   헌재 2015. 12. 23. 2013헌바68등, 판례집 27-2하, 480.

2   〈주민등록법〉 제7조(주민등록표 등의 작성) ① 시장·군수 또는 구청장은 주민등록사항을 기록하기 위하여 전산정보처리조직(이하 '전산조직'이라 한다)으로 개인별 및 세대별 주민등록표(이하 '주민등록표'라 한다)와 세대별 주민등록표 색인부를 작성하고 기록·관리·보존하여야 한다.

② 개인별 주민등록표는 개인에 관한 기록을 종합적으로 기록·관리하며 세대별世帶別 주민등록표는 그 세대에 관한 기록을 통합하여 기록·관리한다.

③ 시장·군수 또는 구청장은 주민에게 개인별로 고유한 등록번호(이하 '주민등록번호'라 한다)를 부여하여야 한다.

④ 주민등록표와 세대별 주민등록표 색인부의 서식 및 기록·관리·보존 방법 등에 필요한 사항과 주민등록번호를 부여하는 방법은 대통령령으로 정한다.

3. 인터넷 실명제와 표현의 자유

1   헌재 2012. 8. 23. 2010헌마47등, 판례집 24-2상, 590.

2   〈정보통신망법〉 제44조의5(게시판 이용자의 본인 확인) ① 다음 각 호의 어느

하나에 해당하는 자가 게시판을 설치·운영하려면 그 게시판 이용자의 본인확인을 위한 방법 및 절차의 마련 등 대통령령으로 정하는 필요한 조치(이하 '본인확인조치'라 한다)를 하여야 한다.

1. 생략

2. 정보통신서비스 제공자로서 제공하는 정보통신서비스의 유형별 일일 평균 이용자 수가 10만 명 이상이면서 대통령령으로 정하는 기준에 해당되는 자 ②~④ 생략.

〈정보통신망법〉 시행령 제29조(본인확인조치) 법 제44조의5 제1항 각 호 외의 부분에서 '대통령령으로 정하는 필요한 조치'란 다음 각 호의 모두를 말한다.

1. 〈전자서명법〉제2조 제10호에 따른 공인인증기관, 그 밖에 본인확인 서비스를 제공하는 제3자 또는 행정기관에 의뢰하거나 모사전송·대면확인 등을 통하여 게시판 이용자가 본인임을 확인할 수 있는 수단을 마련할 것

2. 본인확인 절차 및 본인확인정보 보관 시 본인확인정보 유출을 방지할 수 있는 기술을 마련할 것

3. 게시판에 정보를 게시한 때부터 게시판에서 정보의 게시가 종료된 후 6개월이 경과하는 날까지 본인확인정보를 보관할 것

제30조(정보통신서비스 제공자 중 본인확인조치의무자의 범위) ① 법 제44조의5 제1항 제2호에서 '대통령령으로 정하는 기준에 해당되는 자'란 전년도 말 기준 직전 3개월간의 일일평균 이용자 수가 10만 명 이상인 정보통신서비스 제공자를 말한다.

3 헌재 2021. 1. 28. 2018헌마456등, 판례집 33-1, 32(위헌 6인, 합헌 3인).

4 종래의 헌재 2015. 7. 30. 2012헌마734등(합헌 5인, 위헌 4인) 등 합헌결정을 변경한 것이다.

4. 공익 목적의 개발 제한 법률과 재산권 제한의 한계

1 헌재 1998. 12. 24. 89헌마214등, 판례집 10-2, 927.

2 〈한겨레신문〉, "윤, 환경 1등급도 그린벨트 푼다··· 선심 공약에 휘청이는 국토", 2024. 2. 21., (https://www.hani.co.kr/arti/economy/economy_general/1129239.html), [retrieve. 2024. 5. 31. 22:01].

3 〈도시계획법〉 제21조(개발제한구역의 지정) ① 건설교통부장관은 도시의 무질서한 확산을 방지하고 도시주변의 자연환경을 보존하여 도시민의 건전한 생활환경을 확보하기 위하여 또는 국방부장관의 요청이 있어 보안상 도시의 개발을 제한할 필요가 있다고 인정되는 때에는 도시개발을 제한할 구역(이하 개발제한구역이라 한다)의 지정을 도시계획으로 결정할 수 있다.

② 제1항의 규정에 의하여 지정된 개발제한구역 안에서는 그 구역지정의 목적에 위배되는 건축물의 건축, 공작물의 설치, 토지의 형질변경, 토지 면적의 분할 또는 도시계획사업의 시행을 할 수 없다. 다만, 개발제한구역 지정당시 이미 관계법령의 규정에 의하여 건축물의 건축·공작물의 설치 또는 토지의 형질변경에 관하여 허가를 받아(관계법령에 의하여 허가를 받을 필요가 없는 경우를 포함한다) 공사 또는 사업에 착수한 자는 대통령령이 정하는 바에 의하여 이를 계속 시행할 수 있다.

③ 제2항의 규정에 의하여 제한될 행위의 범위 기타 개발제한에 관하여 필요한 사항은 대통령령으로 정하는 범위 안에서 건설교통부령으로 정한다.

5. 그 밖의 중요한 판례

1 헌재 2016. 12. 29. 2013헌마142, 판례집 28-2하, 652.

2 대법원 2022. 7. 14. 선고 2017다266771 판결. [공2022하, 1575.]; 대법원 2022. 7. 14. 선고 2020다253287 판결. [미간행.]

3 김하열, "교정 시설 내의 과밀 수용과 인간의 존엄성-헌재 2016. 12. 29. 2013헌마142", 〈법조〉(제66권 제3호), 2017. 1., 599~624쪽.

4 헌재 1996. 10. 4. 93헌가13등, 판례집 8-2, 212.

5 헌재 1998. 12. 24. 96헌가23, 판례집 10-2, 807.

6 헌재 1999. 9. 16. 99헌가1, 판례집 11-2, 245.

7 헌재 2005. 2. 3. 2004헌가8, 판례집 17-1, 51.

8 헌재 2008. 10. 30. 2004헌가18, 판례집 20-2상, 664.

9 헌재 2008. 7. 31. 2007헌가4, 판례집 20-2상, 20.

10 헌재 1997. 7. 16. 95헌가6등, 판례집 9-2, 1.

11 헌재 2002. 8. 29. 2001헌바82, 판례집 14-2, 170.

12 헌재 2008. 11. 13. 2006헌바112등, 판례집 20-2하, 1(위헌 1인, 헌법불합치 6인, 합헌 2인).

13 헌재 2011. 11. 24. 2009헌바146, 판례집 23-2하, 222(헌법불합치 8인, 합헌 1인).

14 헌재 2024. 4. 25. 2020헌가4등, 판례집 36-1상, 381.

15 〈연합뉴스〉, "구하라법 국회 본회의 통과", 2024. 8. 28.: 양육 의무를 저버린 부모는 상속권을 갖지 못하도록 하는 일명 '구하라법(〈민법〉 개정안)'이 28일 국회 본회의를 통과했다. 〈민법〉 개정안은 피상속인에게 부양 의무를 다하지 않았거나 학대 등 범죄를 저지른 경우와 같이 상속을 받을 만한 자격이 없는 법정상속인의 상속권을 제한하는 내용이 골자다. 2019년 사망한 가수 고故 구하라 씨의 오빠 호인 씨가 "어린 구 씨를 버리고 가출한 친모가 상속재산의 절반을 받아 가려 한다"며 입법을 청원하면서 〈구하라법〉으로 불리게 되었다. 〈구하라법〉은 20, 21대 국회에서도 발의되었지만 정쟁에 밀려 임기 만료로 폐기된 바 있다. 〈민법〉 개정안은 피상속인에 대한 부양 의무를 중대하게 위반하거나 중대한 범죄행위, 또는 그 밖에 심히 부당한 대우를 한 경우를 상속권 상실이 가능한 조건으로 적시했다. 실제 상속권 상실을 위해서는 피상속인의 유언 또는 공동상속인 등이 청구하고 가정법원이 이를 받아들여야 한다. 개정안은 2026년 1월부터 시행된다.

16 김상용, "변화하는 사회와 상속법-자녀의 유류분을 중심으로", 《민사판례연구 XXXVIII》, 박영사, 2016, 981~987쪽.

17 *La réserve héréditaire*(Rapport du Groupe de Travail: Philippe Potentier), 13 décembre 2019, Ministre de la Justice.

3장 인권 존중과 보호의 강화

1. 장애인 고용의무와 경제활동의 자유

1 헌재 2003. 7. 24. 2001헌바96, 판례집 15-2상, 58.

2 〈장애인고용촉진 및 직업재활법(장애인고용법)〉 제27조, 제32조의2.

3 헌재 2010. 7. 29. 2008헌마664등, 판례집 22-2상, 427(기각[합헌] 6인, 인용 [위헌] 3인).

반대의견(인용[위헌] 3인): 시각장애가 안마 업무에 필요한 조건이 아님에도 불구하고 시각장애를 안마사의 자격 조건으로 규정한 것은 합리적이라고 볼 수 없고, 이 사건 자격 조항이 시각장애인의 생계를 보장하기 위한 것이라고 하지만, 시각장애인 중 안마사로 등록하여 활동하는 비율이 1급·2급 시각장애인의 17.8퍼센트 정도, 경증 시각장애인의 0.3퍼센트 정도에 불과한 점에 비추어 보면, 시각장애인들의 생계를 보장하기 위하여 이 사건 자격 조항이 꼭 필요한 것인지 의문인 점, 시각장애인이 안마사의 자격을 쉽게 취득할 수 있게 하고 취업 기회의 제공이나 안마 업무 수행에 관한 재정 지원이나 조세 감면 등의 복지 정책 수단을 동원하면, 비시각장애인의 직업선택의 자유를 제한하지 않더라도 이와 같은 입법 목적을 달성할 수 있다고 생각되는 점 등에 비추어, 이 사건 자격 조항은 헌법 제37조 제2항이 정한 기본권 제한의 요건을 갖추지 못한 채 비시각장애인의 직업선택의 자유를 침해하여 헌법에 위반되며, 이를 전제로 한 이 사건 처벌조항 또한 헌법에 위반된다.

4 헌재 2013. 6. 27. 2011헌가39등; 헌재 2017.12.28. 2017헌가15; 헌재 2021. 12. 23. 2019헌마656 등.

5 헌재 2021. 12. 23. 2018헌바198, 공보 303, 60(기각[합헌] 9인). (내용 생략).

6 〈뉴스핌〉, "민간 기업 58퍼센트, 장애인 고용의무 외면··· 7,400억 원 부담", 2023. 10. 2., (https://www.newspim.com/news/view/20231002000057) [retrieve, 2024. 6. 23. 8:19].

2. 중대한 기본권 침해 위험과 국가의 인권 회복 의무

1　헌재 2011. 8. 30. 2006헌마788, 판례집 23-2상, 366.

2　참고 판례로는 원폭 피해자의 행정부작위 위헌소원 사건(헌재 2011. 8. 30. 2008헌마648, 판례집 23-2상, 417[인용[위헌] 6인, 기각[합헌] 3인])이 있다. 이 사건에서 다룬 쟁점은 일본군위안부 관련 사건과 유사하므로 구체적 설명은 생략한다.

3　〈대한민국과 일본국간의 재산 및 청구권에 관한 문제의 해결과 경제협력에 관한 협정Agreement on the Settlement of Problem concerning Property and Claims and the Economic Cooperation between the Republic of Korea and Japan〉(발효일: 1965. 12. 18.) [일본, 제172호, 1965. 12. 18.]

대한민국과 일본국은, 양국 및 양국 국민의 재산과 양국 및 양국 국민 간의 청구권에 관한 문제를 해결할 것을 희망하고, 양국 간의 경제협력을 증진할 것을 희망하여, 다음과 같이 합의하였다.

제1조 1. 일본국은 대한민국에 대하여

(a) 현재에 있어서 1,080억 일본 원(108,000,000,000원)으로 환산되는 3억 아메리카합중국 불($ 300,000,000)과 동등한 일본 원의 가치를 가지는 일본국의 생산물 및 일본인의 용역을 본 협정의 효력발생일로부터 10년 기간에 걸쳐 무상으로 제공한다. (…)

제2조 1. 양 체약국은 양 체약국 및 그 국민(법인을 포함함)의 재산, 권리 및 이익과 양 체약국 및 그 국민 간의 청구권에 관한 문제가 1951년 9월 8일에 샌프런시스코우시에서 서명된 일본국과의 평화조약 제4조 (a)에 규정된 것을 포함하여 완전히 그리고 최종적으로 해결된 것이 된다는 것을 확인한다. (…)

제3조 1. 본 협정의 해석 및 실시에 관한 양 체약국 간의 분쟁은 우선 외교상의 경로를 통하여 해결한다.

2. 1의 규정에 의하여 해결할 수 없었던 분쟁은 어느 일방 체약국의 정부가 타방 체약국의 정부로부터 분쟁의 중재를 요청하는 공한을 접수한 날로부

터 30일의 기간 내에 각 체약국 정부가 임명하는 1인의 중재위원과 이와 같이 선정된 2인의 중재위원이 당해 기간 후의 30일의 기간 내에 합의하는 제 3의 중재위원 또는 당해 기간 내에 이들 2인의 중재위원이 합의하는 제3국의 정부가 지명하는 제3의 중재위원과의 3인의 중재위원으로 구성되는 중재위원회에 결정을 위하여 회부한다.

단, 제3의 중재위원은 양 체약국 중의 어느 편의 국민이어서는 아니 된다.

(…)

제4조 (생략)

1965년 6월 22일 토오쿄오에서 동등히 정본인 한국어 및 일본어로 본서 2통을 작성하였다.

대한민국을 위하여   일본국을 위하여

(서명) 이동원, 김동조   (서명) 시이나 에쓰사부로오, 다까스기 싱이찌

4 헌재 2019. 12. 27. 2016헌마253, 판례집 31-2하, 212(각하 9인).

조약과 비구속적 합의를 구분함에 있어서는 합의의 명칭, 합의가 서면으로 이루어졌는지 여부, 국내법상 요구되는 절차를 거쳤는지 여부와 같은 형식적 측면 외에도 합의의 과정과 내용, 표현에 비추어 법적 구속력을 부여하려는 당사자의 의도가 인정되는지 여부, 법적 효과를 부여할 수 있는 구체적인 권리·의무를 창설하는지 여부 등 실체적 측면을 종합적으로 고려해야 한다. 비구속적 합의의 경우, 그로 인해 국민의 법적 지위가 영향을 받지 않는다고 할 것이므로, 이를 대상으로 한 헌법소원심판 청구는 허용되지 않는다. 이 사건 합의는 양국 외교 장관의 공동발표와 정상의 추인을 거친 공식적인 약속이지만, 서면으로 이루어지지 않았고, 통상적으로 조약에 부여되는 명칭이나 주로 쓰이는 조문 형식을 사용하지 않았으며, 헌법이 규정한 조약 체결 절차를 거치지 않았다. 또한 합의의 내용상 합의의 효력에 관한 양 당사자의 의사가 표시되어 있지 않을 뿐만 아니라, 구체적인 법적 권리·의무를 창설하는 내용을 포함하고 있지도 않다. 이 사건 합의를 통해 일본군위안부 피해자들의 권리가 처분되었거나 대한민국 정부의 외교적 보호

권한이 소멸했다고 볼 수 없는 이상 이 사건 합의가 일본군위안부 피해자들의 법적 지위에 영향을 미친다고 볼 수 없으므로 피해자들의 배상청구권 등 기본권을 침해할 가능성이 있다고 보기 어렵고, 따라서 이 사건 합의를 대상으로 한 헌법소원심판 청구는 허용되지 않는다.

3. 위치추적, 감청과 적법절차 원칙, 개인정보 자기결정권

1   헌재 2018. 6. 28. 2012헌마191등, 판례집 30-1하, 564.

2   헌재 2018. 6. 28. 2012헌마538, 판례집 30-1하, 596.

3   헌재 2018. 8. 30. 2016헌마263, 판례집 30-2, 481.

4   〈통신비밀보호법〉 제13조 ① 검사 또는 사법경찰관은 수사 또는 형의 집행을 위하여 필요한 경우 전기통신사업법에 의한 전기통신사업자에게 통신사실 확인자료의 열람이나 제출을 요청할 수 있다. (요청조항.)
     ② 제1항의 규정에 의한 통신사실 확인자료제공을 요청하는 경우에는 요청사유, 해당 가입자와의 연관성 및 필요한 자료의 범위를 기록한 서면으로 관할 지방법원(보통군사법원을 포함한다. 이하 같다) 또는 지원의 허가를 받아야 한다. 다만, 관할 지방법원 또는 지원의 허가를 받을 수 없는 긴급한 사유가 있는 때에는 통신사실 확인자료제공을 요청한 후 지체 없이 그 허가를 받아 전기통신사업자에게 송부하여야 한다.

5   〈통신비밀보호법〉 제13조의3 ① 제13조의 규정에 의하여 통신사실 확인자료제공을 받은 사건에 관하여 공소를 제기하거나, 공소의 제기 또는 입건을 하지 아니하는 처분(기소중지결정을 제외한다)을 한 때에는 그 처분을 한 날부터 30일 이내에 통신사실 확인자료제공을 받은 사실과 제공요청기관 및 그 기간 등을 서면으로 통지하여야 한다. (통지조항.)

6   〈통신비밀보호법〉 제5조 ① 통신제한조치는 다음 각 호의 범죄(내란죄~장물죄 등 매우 광범위)를 계획 또는 실행하고 있거나 실행하였다고 의심할 만한 충분한 이유가 있고 다른 방법으로는 그 범죄의 실행을 저지하거나 범인의 체포 또는 증거의 수집이 어려운 경우에 한하여 허가할 수 있다.

② 통신제한조치는 제1항의 요건에 해당하는 자가 발송·수취하거나 송·수신하는 특정한 우편물이나 전기통신 또는 그 해당자가 일정한 기간에 걸쳐 발송·수취하거나 송·수신하는 우편물이나 전기통신을 대상으로 허가될 수 있다.

7 수사기관 등에 의한 통신자료(신상정보) 제공요청 사건(헌재 2022. 7. 21. 2016헌마388등, 판례집 34-2, 122)(전원일치, 헌법불합치). 〈전기통신사업법〉에서는 수사기관 등(예를 들어 검사, 국세청장)이 수사 등의 목적으로 전기통신사업자(예를 들어 SK텔레콤)에게 이용자(예를 들어 휴대전화 가입자)의 통신자료(성명, 주민등록번호, 주소, 전화번호, 아이디, 가입일, 해지일)를 요청할 경우 전기통신 사업자가 이에 응할 수 있도록 규정하고 있다. 이러한 통신자료는 개인의 동일성 식별이 가능한 '개인정보'에 해당한다. 수사기관 등의 통신자료 취득 자체가 헌법에 위반되지는 않지만, 동법에서 이러한 사실을 이용자에게 사후적으로 통지해 개인정보의 불법, 부당한 이용을 통제할 수 있는 절차를 마련하지 않은 것은 헌법에 위반된다(개인정보 자기결정권 침해). 원래 법률 또는 법률조항 자체가 헌법소원의 대상이 되려면 구체적인 집행행위를 기다리지 않고 법령 그 자체에 의해 자유 제한, 의무 부과 등이 생겨야 한다(헌재 2019.12.17. 2017헌마1299). 다만 구체적인 집행행위가 존재하는 경우라도 그 집행행위를 대상으로 하는 구제 절차가 없거나, 구제 절차가 있더라도 권리를 구제할 가능성이 없는 경우 예외적으로 기본권 침해의 직접성(법이 직접 기본권을 침해하는 성질)을 인정할 수 있다(헌재 1977. 8. 21. 96헌마48). 이 사건의 경우 통신자료 취득행위에 대한 직접적 불복 수단이 존재하는지 불분명하고, 이용자가 수사기관 등의 통신자료 제공요청의 직접 상대방(통신 사업자)이 아니기 때문에 다른 절차를 통해 권리구제를 받지 못할 가능성이 크다. 따라서 이 사건 법률조항은 기본권 침해의 직접성이 인정된다. 기본권 침해의 직접성을 부정한 과거의 결정은 이 사건과 저촉되는 범위 내에서 변경하기로 한다.

4. 입법 흠결에 따른 과세와 조세법률주의

1   헌재 2012. 5. 31. 2009헌바123등, 판례집 24-1하, 281 (한정위헌 9인).

2   〈시사상식사전〉, (https://terms.naver.com/entry.naver?docId=71596&cid=4366 7&categoryId=43667) [retrieve. 2024. 5. 7. 21:13].

3   구 〈조세감면규제법〉 부칙 제23조 제2항.

4   〈헌법재판소법〉 제75조(인용결정) ⑦ 제68조 제2항에 따른 헌법소원이 인용된 경우에 해당 헌법소원과 관련된 소송사건이 이미 확정된 때에는 당사자는 재심을 청구할 수 있다.

제68조(청구 사유) ② 제41조 제1항에 따른 법률의 위헌 여부 심판의 제청 신청이 기각된 때에는 그 신청을 한 당사자는 헌법재판소에 헌법소원심판을 청구할 수 있다.

제41조(위헌 여부 심판의 제청) ① 법률이 헌법에 위반되는지 여부가 재판의 전제가 된 경우에는 당해 사건을 담당하는 법원(군사법원을 포함한다. 이하 같다)은 직권 또는 당사자의 신청에 의한 결정으로 헌법재판소에 위헌 여부 심판을 제청한다.

5   서울고등법원 2013. 5. 9. 선고 2012재누103 판결.

6   대법원 2013. 9. 12.자 2013두10601 판결.

7   헌재 2022. 7. 21. 2013헌마497, 공보 310, 1029. "이 사건 재심기각판결 및 이 사건 재심상고기각판결, 즉 서울고등법원 2013. 5. 9. 선고 2012재누103 판결 및 대법원 2013. 9. 12.자 2013두10601 판결은 청구인의 재판청구권을 침해한 것이므로 이를 모두 취소한다(재판 취소 7인, 재판 및 원행정처분 취소 2인)."

법정의견(재판취소 7인)의 주요 논거: 헌법재판소는 2022. 6. 30. 2014헌마760등 결정에서 〈헌법재판소법〉(2011년 4월 5일에 법률 제10546호로 개정된 것) 제68조 제1항 본문 중 "법원의 재판 가운데 법률에 대한 위헌결정의 기속력에 반하는 재판 부분은 헌법에 위반된다"라는 결정을 선고했다. 헌법재판소가 법률의 위헌성 심사를 하면서 합헌적 법률 해석을 하고 그 결과로서 이루어지는 한정위헌결정은 일부위헌결정으로서, 헌법재판소가 헌법으로 부여받은 위헌심사권을 행사한 결과인 법률에 대한 위헌결정에 해당한다. 따라서 이 사건 한정위헌결정으로 구 〈조세감면규제법〉(1990. 12. 31. 법률 제4285호) 부칙 제23조의 규범 영역 중 1993년 12월 31일에 법률 제4666호로 전부 개정된 구 〈조세감면규제법〉의 시행일인 1994년 1월 1일 이후 적용되는 부분은 그 효력을 상실했고, 이는 법원을 비롯한 모든 국가기관과 지방자치단체에 대해 기속력이 있다.

법원은 이 한정위헌결정의 기속력을 부인하며 청구인의 재심 청구를 기각했는바, 이는 법률에 대한 위헌결정의 기속력에 반하는 재판으로 헌법소원심판의 대상이 되고 청구인의 재판청구권을 침해했으므로 〈헌법재판소법〉 제75조 제3항에 따라 취소되어야 한다.

반대의견(재판 및 원행정처분 취소 2인)의 주요 논거: 원행정처분(과세 부과 처분)에 대한 헌법소원심판 청구는 절대적으로 허용되지 않는 것이 아니라, 법원이 헌법재판소의 위헌결정 효력을 인정하지 않음으로써, 국민의 기본권을 침해하는 경우같이 〈헌법재판소법〉 제68조 제1항에서 원칙적으로 재판소원을 금지하고 있는 취지를 더 이상 존중할 필요가 없는 경우에는 달리 판단될 수 있다.

이 사건 과세처분의 근거가 된 법률조항에 대해 헌법재판소의 위헌결정이 있었고 이 사건 과세처분을 심판대상으로 삼았던 법원의 재판이 취소될 수 있는 재심 절차가 법에 마련되어 있음에도 법원 스스로 이를 위반해 해당 재판이 취소될 수 없는 결과를 초래했다. 이러한 경우에는 법원의 확정 판결이 가지는 효력인 기판력에 의한 법적 안정성을 더 이상 유지시켜야 할 이유가 없으며, 헌법재판소는 위헌결정의 실효성을 확보함과 동시에 법원에 의해 훼손된 헌법 우위의 법질서를 바로잡고 국민의 기본권을 신속하고 효율적으로 구제하기 위해 예외적으로 원행정처분에 대한 헌법소원심판 청구를 허용할 필요가 있다.

따라서 이 사건에 대한 한정위헌결정의 기속력을 부인하여 청구인의 재심

청구를 기각한 법원의 재판과 함께 이 사건의 과세처분도 함께 취소해야
한다.

* 이 사건 각하결정의 구체적인 이유, 반대의견의 구체적인 논거는 절차법
(소송법)적으로 중요한 쟁점이 담겨 있으므로, 관심 있는 독자들은 이에 대
한 헌법재판소 결정 전문全文을 읽어보기 바란다(헌법재판소 지능형 통합 검색
(isearch.ccourt.go.kr/main.do)에 사건번호(2013헌마497)를 입력하면 전문을 찾
아볼 수 있다).

8 〈경향신문〉, "대법원 '헌재는 판결을 취소할 권한 없다' 헌재 결정 정면 반
박… 25년 만에 대법·헌재 정면 충돌", 2022. 7. 6., (https://www.khan.
co.kr/article/202207061650001), [retrieve. 2024. 6. 1. 22:10]. "두 기관이
25년 만에 다시 정면으로 충돌했지만 정리할 방법은 마땅치 않다. 권한쟁의
심판을 벌일 수도 없다. 심판을 맡아야 할 헌재가 다툼의 당사자이기 때문
이다. 유사 사건의 재판이 장기간 공전될 수 있다는 지적도 나온다. '헌재의
판결 취소 결정 → 법원의 재심 청구 기각 → 재심 지연에 대한 헌법소원 →
법원의 무시'라는 핑퐁식 과정이 무한 반복될 수 있다는 것이다."

9 〈중앙일보〉, "대법, '헌재, 재판 취소 못한다' 결정 거부… 최고법원 공개
갈등'", 2022. 7. 6., (https://www.joongang.co.kr/article/25084868#home),
[retrieve. 2024. 6. 1. 22:21]. 헌법재판소가 사상 두 번째로 법원의 재판을
취소하는 결정을 한 데 대해 대법원이 6일 만에 거부한다는 입장을 공개적
으로 밝혔다. (…) 대법원은 이날 입장문에서 '한정위헌결정에 대해 일반적
인 위헌결정의 효력을 부여하지 않는 것은 확립된 대법원 판례'라며 기존
입장을 유지했다. '법원의 (재판) 권한에 대해 다른 국가기관이 법률의 해석
기준을 제시하고 이를 구체적인 사건에 적용하도록 간섭하는 것은 헌법상
권력분립 원리와 사법권 독립 원칙상 허용될 수 없다'는 것이다. (…) 대법
원은 또 '재판 소원'이 허용된다면 (3심제인) 심급제도가 사실상 무력화된다
고 우려했다. (…) "우리 헌법 제27조가 법관에 의해 재판을 받을 권리를 보
장하고, 제101조가 사법권의 독립과 심급제도를 규정하고 있다"는 것이다.

한정위헌과 재판 취소 갈등은 이번이 2차전 격이다. 헌재는 1997년 '공시지가'가 아닌 '실거래가' 기준으로 부과한 양도소득세 취소 소송을 법원이 기각한 재판에 대한 헌법소원을 받아들여 한정위헌결정을 내린 데 이어 이 결정을 무시한 대법원의 재심 청구 기각 판결도 취소했다. 당시 두 최고법원의 갈등은 2001년 국세청이 실거래가 기준 양도세 부과 조치를 직권 취소하면서 임시 봉합되었다. (…) 대법원과 헌재는 한정위헌을 둘러싼 법률 해석권과 재판 소원 갈등 외에도 권한 갈등을 계속 벌이고 있다.

10 〈헌법재판소법〉 제68조(청구 사유) ① 공권력의 행사 또는 불행사不行使로 인하여 헌법상 보장된 기본권을 침해받은 자는 법원의 재판을 제외하고는 헌법재판소에 헌법소원심판을 청구할 수 있다. 다만, 다른 법률에 구제 절차가 있는 경우에는 그 절차를 모두 거친 후에 청구할 수 있다.

11 헌법 제40조(입법권), 제66조(행정권), 제101조(사법권), 제111조(헌법재판권).

12 헌법 제103조 법관은 헌법과 법률에 의하여 그 양심에 따라 독립하여 심판한다.

5. 그 밖의 중요한 판례

1 헌재 1989. 7. 14. 88헌가5등, 판례집 1, 69.

2 〈중앙일보〉, "전과만 많다고 보호감호 못한다", 1982. 2. 25., (https://www.joongang.co.kr/article/1619951#home) [retrieve. 2024. 4. 12. 19:33].; 〈중앙일보〉, "[형법 57년 만에 개정 추진] 보호감호", 2010. 7. 26., (https://www.joongang. co.kr/article/4337550#home) [retrieve. 2024. 4. 12. 19:03].; 〈한겨레신문〉, "징역 마치고도 추가 옥살이… '이중 처벌' 보호감호 처분에 헌법소원 제기", 2020. 10. 13., (https://www.hani.co.kr/arti/society/society_general/965559.html) [retrieve. 2024. 4. 12. 20:11].

3 헌재 1992. 12. 24. 92헌가8, 판례집 4, 853.

4 헌재 1993. 12. 23. 93헌가2, 판례집 5-2, 578(전원일치 위헌).

5 헌재 2012. 6. 27. 2011헌가36. 판례집 24-1하, 703(전원일치 위헌).

6 헌재 1992. 1. 28. 91헌마111, 판례집 4, 51.

7 헌재 1997. 11. 27. 94헌마60, 판례집 9-2, 675.

8 헌재 2004. 9. 23. 2000헌마138, 판례집 16-2상, 543.

9 헌재 2003. 3. 27. 2000헌마474, 판례집 15-1, 282(인용·[위헌] 6인, 기각[합헌] 1인, 각하 2인).

10 헌재 2010. 6. 24. 2009헌마257, 판례집 22-1하, 621(인용·[위헌] 8인, 각하 1인).

11 헌재 2017. 12. 28. 2015헌마632, 판례집 29-2하, 417(인용·[위헌] 9인).

12 헌재 2022. 6. 30. 2019헌마356, 판례집 34-1, 626(인용·[위헌] 9인).

13 헌재 2012. 12. 27. 2011헌바117, 판례집 24-2하, 387.

14 헌재 2022. 6. 30. 2014헌마760등, 판례집 34-1, 604(재판 취소 9인). "광주고등법원 2013. 11. 25.자 (제주)2013재노2 결정 및 대법원 2014. 8. 11.자 2013모2593 결정은 청구인 남○○의 재판청구권을 침해한 것이므로 이를 모두 취소한다. 대법원 2014. 8. 20.자 2013모2645 결정은 청구인 이○○의 재판청구권을 침해한 것이므로 이를 취소한다."

15 〈법률신문〉, "대법원·헌법재판소 25년 만의 충돌", 2022. 7. 4., https://www.lawtimes.co.kr/news/179898?serial=179898) [retrieve. 2024. 6. 1. 22:33].

4장 공동체의 안정과 번영 확보

1. 사형제도와 생명권

1 헌재 2010. 2. 25. 2008헌가23, 판례집 22-1상, 36.

2 〈형법〉 제250조(살인, 존속살해) ① 사람을 살해한 자는 사형, 무기 또는 5년 이상의 징역에 처한다.

3 〈형법〉 제41조(형의 종류) 형의 종류는 다음과 같다.
1. 사형

4 〈형법〉 제250조 ① 사람을 살해한 자는 사형, 무기 또는 5년 이상의 징역에

처한다.

5 구 〈성폭력 범죄의 처벌 및 피해자 보호 등에 관한 법률〉 제10조(강간 등 살인·치사) ① 제5조 내지 제8조, 제12조(제5조 내지 제8조의 미수범에 한한다)의 죄 또는 형법 제297조(강간) 내지 제300조(미수범)의 죄를 범한 자가 사람을 살해한 때에는 사형 또는 무기징역에 처한다.

6 절대적 종신형(절대적 무기형)은 가석방을 할 수 없는 무기형을 말하며, 가석방 없는 종신형이라고도 한다. 상대적 종신형(상대적 무기형)은 가석방할 수 있는 무기형을 말하며, 가석방 있는 종신형이라고도 한다.

7 헌법 제110조 ④ 비상계엄하의 군사재판은 군인·군무원의 범죄나 군사에 관한 간첩죄의 경우와 초병·초소·유독 음식물 공급·포로에 관한 죄 중 법률이 정한 경우에 한하여 단심으로 할 수 있다. 다만, 사형을 선고한 경우에는 그러하지 아니하다.

8 헌재 1996. 11. 28. 95헌바1, 판례집 8-2, 537.

9 〈한겨레신문〉, "인권위, 헌법재판소에 사형제도 폐지 의견 제출, '생명권의 본질적 내용 침해… 폐지해야'", 2021. 2. 3., (https://www.hani.co.kr/arti/society/society_general/981597.html) [retrieve. 2024. 4. 13. 09:02]. 인권위는 현재 진행 중인 사형제도에 대한 헌법소원(2019헌바59)에 대해 '사형제도는 생명권의 본질적 내용을 침해하므로 폐지해야 한다'는 의견을 헌법재판소에 제출했다고 밝혔다. 인권위는 (…) "유엔UN 자유권규약위원회 등 국제사회는 대한민국 정부에 사형제도 폐지를 지속적으로 권고해왔고 2007년 재심에서 무죄를 선고받은 "인혁당 재건위 사건"의 희생자들과 같이 오판에 의해 사형이 집행되었을 경우 그 생명은 회복할 수 없다"며 "무고하게 제거된 한 생명의 가치는 아무리 공공의 이익을 강조하더라도 정당화될 수 없다"고 말하면서, 수사의 과학화와 사법절차 개선을 통해 오판 가능성을 최소화할 수 있다는 사형제도 존치론 쪽의 주장을 반박했다.

2. 구성요건상 다의적 개념과 죄형법정주의, 표현의 자유

1 헌재 1990. 4. 2. 89헌가113, 판례집 2, 49.

2 여수·순천 10·19 사건麗水·順天 10·19 事件, 〈한국민족문화대백과〉, 한국학
중앙연구원, (https://terms.naver.com/entry.naver?docId=581186&cid=46626&
categoryId=46626), [retrieve. 2024. 10. 13. 06:03]: "'여수·순천 10·19 사
건(이하 여순 사건)'은 법적으로 '정부 수립의 초기 단계에 여수에서 주둔하
고 있던 국군 제14연대 일부 군인들이 국가의 '제주 4·3 사건' 진압 명령을
거부하고 일으킨 사건으로 인하여, 1948년 10월 19일부터 지리산 입산 금
지가 해제된 1955년 4월 1일까지 여수·순천 지역을 비롯하여 전라남도, 전
북 특별자치도, 경상남도 일부 지역에서 발생한 혼란과 무력 충돌 및 이의
진압 과정에서 다수의 민간인이 희생당한 사건'으로 규정되어 있다."

3 〈치안유지법〉(시행 1925. 5. 12.) [조선총독부 법률 제46호, 1925. 4. 21., 제정.]
제1조 ① 국체를 변혁하거나 사유재산 제도를 부인하는 것을 목적으로 결
사를 조직하거나 이에 가입한 자는 10년 이하의 징역 또는 금고에 처한다.
② 전 항의 미수죄는 벌한다.
제2조~제7조 (생략.)
부칙[조선총독부 법률 제46호, 1925. 4. 21.]
1923년 칙령 제403호는 폐지한다.

4 〈국가보안법〉 제7조(찬양·고무 등) ① 반국가단체나 그 구성원 또는 그 지령
을 받은 자의 활동을 찬양·고무 또는 이에 동조하거나 기타의 방법으로 반
국가단체를 이롭게 한 자는 7년 이하의 징역에 처한다. (이적행위 조항.)
② 국외공산계열의 활동을 찬양·고무 또는 이에 동조하거나 기타의 방법으
로 반국가단체를 이롭게 한 자도 제1항의 형과 같다.
③ 제1항 및 제2항의 행위를 목적으로 하는 단체를 구성하거나 이에 가입
한 자는 1년 이상의 유기징역에 처한다.
④ 제3항에 규정된 단체 구성원으로서 사회질서의 혼란을 조성할 우려가
있는 사항에 관하여 허위 사실을 날조·유포 또는 사실을 왜곡하여 전파한

자는 2년 이상의 유기징역에 처한다.

⑤ 제1항 내지 제4항의 행위를 할 목적으로 문서·도서 기타의 표현물을 제작·수입·복사·소지·운반·반포·판매 또는 취득한 자는 그 각 항에 정한 형에 처한다. (이적표현물 조항.)

⑥~⑦ 생략.

5 헌재 1996. 10. 4. 95헌가2; 헌재 1997. 1. 16. 92헌바6등; 헌재 1999. 4. 29. 98헌바66; 헌재 2002. 4. 25. 99헌바27등; 헌재 2004. 8. 26. 2003헌바85등; 헌재 2015. 4. 30. 2012헌바95등.

6 헌재 2015. 4. 30. 2012헌바95등, 판례집 27-1상, 453. 법정의견(합헌 8인)의 논거는 다음과 같다.

[이적행위 조항]: 남북한 간의 대치 상황, 〈국가보안법〉의 입법 목적 등에 비추어 볼 때 이적 행위의 의미가 국론의 분열, 체제의 전복 등을 야기하거나 국민주권주의, 법치주의 등 민주주의의 근간을 흔드는 행위를 의미한다는 점을 수범자 입장에서 충분히 예측 가능하고, 자의적인 판단이 허용된다고 보기 어려우며, 구성요건적 행위인 찬양, 고무, 선전, 동조 각각의 의미 역시 불분명하다고 볼 수 없다. 따라서 이적행위 조항은 죄형법정주의의 명확성 원칙에 위배되지 않는다. 이적행위 조항은 반국가단체 또는 그 동조 세력에 의한 사회적 혼란을 미리 방지하고 그들에 의한 국가 전복 등의 시도를 사전에 차단함으로써, 국가의 안전과 국민의 생존 및 자유를 확보하기 위한 것으로 그 목적의 정당성이 인정된다. 1991년 이적행위 조항이 개정되어 "국가의 존립·안전이나 자유민주적 기본질서를 위태롭게 한다는 정을 알면서"라는 초과주관적 구성요건이 추가됨으로써, 이 조항의 적용 범위가 국가의 존립·안전이나 자유민주적 기본질서에 실질적 해악을 미칠 위험성이 명백한 행위로 제한되었다. 따라서 이 조항이 단순히 정부의 정책에 반대한다는 이유만으로 행위자를 처벌하는 수단으로 악용될 가능성은 거의 없으므로 표현의 자유에 대한 지나친 제한이 아니다. 이적행위 조항을 통해 달성하고자 하는 국가의 존립과 안전, 국민의 생존과 자유라는 중대하고 긴

요한 공익에 비해, 개인이 이적행위를 할 수 없게 됨으로써 제한받는 사익이 결코 크다고 할 수 없으므로, 이적행위 조항은 표현의 자유를 침해하지 않는다.

[이적단체 가입 조항]: 조직력을 갖추고 있는 단체는 그 활동이 체계적이고 활동의 파장이나 영향력이 커 언제라도 사회 혼란을 야기하는 기폭제가 될 수 있으므로, 단체에 가입한 행위 자체를 처벌하는 것은 결코 표현의 자유나 결사의 자유에 대한 지나친 제한이 아니다. 이적단체가입 조항은 표현의 자유 및 결사의 자유를 침해하지 않는다.

[이적표현물 조항]: '문서·도화 기타의 표현물'은 개인적 사상, 의견, 신념이나 이념 등을 글, 그림 또는 언어 등의 형상으로 나타낸 일체의 물건을 뜻하고, 이적표현물을 소지한다는 것은 이적표현물을 자기의 사실상 지배하에 두는 것을 의미하므로 이적표현물 조항은 죄형법정주의의 명확성 원칙에 위배되지 않는다. 또한 이적표현물 조항은 표현물의 제작·유통·전파 등으로 인한 사회 혼란을 방지하고 이를 통해 국가의 안전과 존립, 국민의 생존과 자유를 확보하는 데 그 입법 목적이 있으므로 목적의 정당성이 인정된다. 이적표현물 조항은 표현물의 제작·소지·반포·취득 행위가 국가의 존립·안전이나 자유민주적 기본질서에 실질적 해악을 줄 명백한 위험성이 있는 경우에 한해 적용되므로 그로 인한 기본권의 제한이 결코 지나치다고 볼 수 없다. 이적표현물의 소지·취득 행위만으로도 그 표현물의 이적 내용이 전파될 가능성을 배제하기 어렵고, 특히 최근 늘어나고 있는 전자 매체 형식의 표현물은 실시간으로 다수에게 반포가 가능하고 소지·취득한 사람의 의사와 무관하게 전파, 유통될 가능성도 배제할 수 없으므로 이적표현물을 소지·취득하는 행위가 지니는 위험성이 이를 제작·반포하는 행위에 비해 결코 적다고 보기 어렵다. 따라서 이적표현물 조항은 표현의 자유 및 양심의 자유를 침해하지 않는다. 이적표현물의 소지·취득 행위의 위법성이 다른 유형의 행위에 비해 결코 경미하다고 단언할 수 없고 법정형으로 징역형만을 정한 입법자의 선택이 현저히 불합리하다고 볼 수도 없으므로, 이적표현물 조항이 소지·취득

행위를 제작·반포 등의 행위와 같은 법정형으로 처벌하는 것으로 규정했다고 하더라도 형벌과 책임 간의 비례 원칙에 위배되지 않는다.

7 헌재 2023. 9. 26. 2017헌바42등, 판례집 35-2, 269.

8 〈국가보안법〉 제2조 (정의) ① 이 법에서 '반국가단체'라 함은 정부를 참칭하거나 국가를 변란할 것을 목적으로 하는 국내외의 결사 또는 집단으로서 지휘통솔체제를 갖춘 단체를 말한다.

9 〈국가보안법〉 제7조 (찬양·고무 등) ③ 제1항의 행위를 목적으로 하는 단체를 구성하거나 이에 가입한 자는 1년 이상의 유기징역에 처한다.

10 헌재 2023. 9. 26. 2017헌바42등, 판례집 35-2, 269. [반국가단체 조항과 이적단체 가입 조항에 대한 각하의견(전원일치)]: 이적단체가입 조항의 위헌성을 문제 삼은 청구인들이 무죄판결을 받거나 면소판결을 받음에 따라, 헌법재판소가 이적단체가입 조항을 위헌으로 판단하더라도 당해 사건 재판의 주문(결론)이 달라지지 않으므로 재판의 전제성(헌법재판을 받을 전제 조건)이 인정되지 않는다. 또, 반국가단체 조항의 반국가단체에 북한이 포함된다고 해석하는 것이 헌법에 위반된다는 청구인들의 주장은 법원의 법률 해석이나 재판 결과를 다투는 것에 불과해 현행의 규범 통제제도에 어긋나는 것으로 허용될 수 없다.

11 〈국가보안법〉(1991. 5. 31. 법률 제4373호로 개정된 것) 제7조 (찬양·고무 등) ① 국가의 존립·안전이나 자유민주적 기본질서를 위태롭게 한다는 정을 알면서 반국가단체나 그 구성원 또는 그 지령을 받은 자의 활동을 찬양·고무·선전 또는 이에 동조하거나 국가변란을 선전·선동한 자는 7년 이하의 징역에 처한다.

12 〈국가보안법〉 제7조 (찬양·고무 등) ⑤ 제1항·제3항 또는 제4항의 행위를 할 목적으로 문서·도화 기타의 표현물을 제작·수입·복사·소지·운반·반포·판매 또는 취득한 자는 그 각 항에 정한 형에 처한다.

13 헌법재판소, 《헌법재판소 결정과 대한민국의 변화: 1988-2017》, 2017, 헌법재판소 사무처, 295쪽. "북핵 위기가 상시화되면서 최근 〈국가보안법〉 개

정 또는 폐지에 관한 여론은 더욱 잦아들고 있다. 2016년 7월 〈중앙일보〉와 한국정치학회가 성인 남녀 1,000명을 상대로 한 조사에서 〈국가보안법〉을 '전면 폐지'해야 한다는 의견은 11.5퍼센트, '개정'해야 한다는 의견은 30.2퍼센트에 그쳤다. 반면 '현행 유지'는 31.1퍼센트였고, 현행대로 유지하면서 '엄격 적용'해야 한다는 의견도 22.9퍼센트에 달했다."

3. 특별법에 의한 공소시효 정지와 형벌불소급 원칙, 법치주의

1   헌재 1996. 2. 16. 96헌가2등, 판례집 8-1, 51.

2   〈5·18 민주화운동등에관한 특별법〉 제2조(공소시효의 정지) ① 1979년 12월 12일과 1980년 5월 18일을 전후하여 발생한 〈헌정질서파괴범죄의 공소시효 등에관한특별법〉 제2조의 헌정질서파괴범죄행위에 대하여 국가의 소추권행사에 장애사유가 존재한 기간은 공소시효의 진행이 정지된 것으로 본다.
    ② 제1항에서 "국가의 소추권행사에 장애사유가 존재한 기간"이라 함은 당해 범죄행위의 종료일부터 1993년 2월 24일까지의 기간을 말한다.

3   소급입법은 '행위 이후' 만들어진 법률이 해당 행위에 적용되는 것을 말하는데, '이미 종료된 행위'에 신법이 적용되는 경우를 진정소급입법이라 하고, '현재 진행 중인 행위'에 신법이 적용되는 경우를 부진정소급입법이라고 한다.

4. 언론인·사립학교 관계자에 대한 청탁 금지와 부패 방지의 공익

1   헌재 2016. 7. 28. 2015헌마236등, 판례집 28-2상, 128.

2   〈부정청탁 및 금품등 수수의 금지에 관한 법률〉 제2조(정의) 이 법에서 사용하는 용어의 뜻은 다음과 같다.
    1. "공공기관"이란 다음 각 목의 어느 하나에 해당하는 기관·단체를 말한다.
    라. 〈초·중등교육법〉, 〈고등교육법〉, 〈유아교육법〉 및 그 밖의 다른 법령에 따라 설치된 각급 학교 및 「사립학교법」에 따른 학교법인.
    마. 〈언론 중재 및 피해 구제 등에 관한 법률〉 제2조 제12호에 따른 언론사.

2. "공직자등"이란 다음 각 목의 어느 하나에 해당하는 공직자 또는 공적 업무 종사자를 말한다.

다. 제1호 라목에 따른 각급 학교의 장과 교직원 및 학교법인의 임직원.

라. 제1호 마목에 따른 언론사의 대표자와 그 임직원.

3 〈부정청탁 및 금품등 수수의 금지에 관한 법률〉제5조(부정청탁의 금지) ① 누구든지 직접 또는 제3자를 통하여 직무를 수행하는 공직자등에게 다음 각 호의 어느 하나에 해당하는 부정청탁을 해서는 아니 된다.

1. 인가·허가·면허·특허·승인·검사·검정·시험·인증·확인 등 법령(조례·규칙을 포함한다. 이하 같다)에서 일정한 요건을 정하여놓고 직무 관련자로부터 신청을 받아 처리하는 직무에 대하여 법령을 위반하여 처리하도록 하는 행위

2. 인가 또는 허가의 취소, 조세, 부담금, 과태료, 과징금, 이행강제금, 범칙금, 징계 등 각종 행정처분 또는 형벌 부과에 관하여 법령을 위반하여 감경·면제하도록 하는 행위

3. 채용·승진·전보 등 공직자 등의 인사에 관하여 법령을 위반하여 개입하거나 영향을 미치도록 하는 행위

4. 법령을 위반하여 각종 심의·의결·조정위원회의 위원, 공공기관이 주관하는 시험·선발 위원 등 공공기관의 의사 결정에 관여하는 직위에 선정 또는 는 탈락되도록 하는 행위

5. 공공기관이 주관하는 각종 수상, 포상, 우수기관 선정 또는 우수자 선발에 관하여 법령을 위반하여 특정 개인·단체·법인이 선정 또는 탈락되도록 하는 행위

6. 입찰·경매·개발·시험·특허·군사·과세 등에 관한 직무상 비밀을 법령을 위반하여 누설하도록 하는 행위

7. 계약 관련 법령을 위반하여 특정 개인·단체·법인이 계약의 당사자로 선정 또는 탈락되도록 하는 행위

8. 보조금·장려금·출연금·출자금·교부금·기금 등의 업무에 관하여 법령

을 위반하여 특정 개인·단체·법인에 배정·지원하거나 투자·예치·대여·
출연·출자하도록 개입하거나 영향을 미치도록 하는 행위

9. 공공기관이 생산·공급·관리하는 재화 및 용역을 특정 개인·단체·법인
에게 법령에서 정하는 가격 또는 정상적인 거래 관행에서 벗어나 매각·교
환·사용·수익·점유하도록 하는 행위

10. 각급 학교의 입학·성적·수행평가 등의 업무에 관하여 법령을 위반하여
처리·조작하도록 하는 행위

11. 징병검사, 부대 배속, 보직 부여 등 병역 관련 업무에 관하여 법령을 위
반하여 처리하도록 하는 행위

12. 공공기관이 실시하는 각종 평가·판정 업무에 관하여 법령을 위반하여
평가 또는 판정하게 하거나 결과를 조작하도록 하는 행위

13. 법령을 위반하여 행정지도·단속·감사·조사 대상에서 특정 개인·단
체·법인이 선정·배제되도록 하거나 행정지도·단속·감사·조사의 결과를
조작하거나 또는 그 위법 사항을 묵인하게 하는 행위

14. 사건의 수사·재판·심판·결정·조정·중재·화해 또는 이에 준하는 업무
를 법령을 위반하여 처리하도록 하는 행위

15. 제1호부터 제14호까지의 부정청탁의 대상이 되는 업무에 관하여 공직
자등이 법령에 따라 부여받은 지위·권한을 벗어나 행사하거나 권한에 속하
지 않는 사항을 행사하도록 하는 행위

② 제1항에도 불구하고 다음 각 호의 어느 하나에 해당하는 경우에는 이 법
을 적용하지 않는다.

7. 그 밖에 사회상규社會常規에 위배되지 아니하는 것으로 인정되는 행위

4 〈부정청탁 및 금품 등 수수의 금지에 관한 법률〉 제8조(금품등의 수수 금지)
① 공직자등은 직무 관련 여부 및 기부·후원·증여 등 그 명목에 관계없이
동일인으로부터 1회에 100만 원 또는 매 회계연도에 300만 원을 초과하는
금품등을 받거나 요구 또는 약속해서는 아니 된다.
② 공직자등은 직무와 관련하여 대가성 여부를 불문하고 제1항에서 정한

금액 이하의 금품 등을 받거나 요구 또는 약속해서는 아니 된다.

③ 제10조의 외부강의등에 관한 사례금 또는 다음 각 호의 어느 하나에 해당하는 금품 등의 경우에는 제1항 또는 제2항에서 수수를 금지하는 금품등에 해당하지 않는다.

2. 원활한 직무 수행 또는 사교·의례 또는 부조의 목적으로 제공되는 음식물·경조사비·선물 등으로서 대통령령으로 정하는 가액 범위 안의 금품 등 (위임조항.)

〈부정청탁 및 금품등 수수의 금지에 관한 법률〉 제10조 (외부강의등의 사례금 수수 제한) ① 공직자등은 자신의 직무와 관련되거나 그 지위·직책 등에서 유래되는 사실상의 영향력을 통하여 요청받은 교육·홍보·토론회·세미나·공청회 또는 그 밖의 회의 등에서 한 강의·강연·기고 등(이하 "외부강의등"이라 한다)의 대가로서 대통령령으로 정하는 금액을 초과하는 사례금을 받아서는 아니 된다. (위임조항.)

5 〈부정청탁 및 금품등 수수의 금지에 관한 법률〉 제22조(벌칙) ① 다음 각 호의 어느 하나에 해당하는 자는 3년 이하의 징역 또는 3,000만 원 이하의 벌금에 처한다.

2. 자신의 배우자가 제8조 제4항을 위반하여 같은 조 제1항에 따른 수수 금지 금품등을 받거나 요구하거나 제공받기로 약속한 사실을 알고도 제9조 제1항 제2호 또는 같은 조 제6항에 따라 신고하지 않는 공직자 등(제11조에 따라 준용되는 공무수행사인을 포함한다). 다만, 공직자등 또는 배우자가 제9조 제2항에 따라 수수 금지 금품등을 반환 또는 인도하거나 거부의 의사를 표시한 경우는 제외한다.

〈부정청탁 및 금품등 수수의 금지에 관한 법률〉(2015년 3월 27일에 법률 제13278호로 제정된 것) 제23조 (과태료 부과.)

⑤ 다음 각 호의 어느 하나에 해당하는 자에게는 그 위반행위와 관련된 금품등 가액의 2배 이상 5배 이하에 상당하는 금액의 과태료를 부과한다. 다만, 제22조 제1항 제1호부터 제3호까지의 규정이나 형법 등 다른 법률에 따

라 형사처벌(몰수나 추징을 당한 경우를 포함한다)을 받은 경우에는 과태료를 부과하지 아니하며, 과태료를 부과한 후 형사처벌을 받은 경우에는 그 과태료 부과를 취소한다.

2. 자신의 배우자가 제8조 제4항을 위반하여 같은 조 제2항에 따른 수수 금지 금품등을 받거나 요구하거나 제공받기로 약속한 사실을 알고도 제9조 제1항 제2호 또는 같은 조 제6항에 따라 신고하지 않는 공직자등(제11조에 따라 준용되는 공무수행사인을 포함한다). 다만, 공직자등 또는 배우자가 제9조 제2항에 따라 수수 금지 금품등을 반환 또는 인도하거나 거부의 의사를 표시한 경우는 제외한다.

6 〈KBS뉴스〉, "한눈에 보는 '김영란법' 합헌결정", 2016. 7. 28. (https://news. kbs.co.kr/ news/pc/view/view.do?ncd=3320042) [retrieve. 2024. 11. 20. 20:31.] "헌재의 '김영란법' 합헌결정에 정치권과 시민단체는 대부분 환영의 뜻을 나타냈다. 새누리당은 '헌재의 판단을 존중하며, 김영란법이 연착륙할 수 있게끔 국회가 힘써야 하고 부작용을 최소화하도록 지혜를 모으겠다'고 밝혔다. 더불어민주당은 '다행스러운 일'이라며 '헌법재판소의 결정을 존중하고 환영한다'고 밝혔고, 국민의당도 '공직 사회의 청렴성 회복이라는 목적을 위해 나온 고뇌의 결단'이라고 입장을 내놨다. 정의당은 '법 제정 과정에서 빠진 이해충돌방지 조항과 부정청탁 적용대상에 국회의원이 포함되지 않은 부분은 법 개정을 통해 개선되어야 한다'고 주장했다. 시민사회 단체 상당수도 환영의 목소리를 냈다."

7 〈연합뉴스〉, "정치권 '김영란법 합헌 존중'… 대응책·보완 입법 마련 착수", 2016. 7. 28., (https://www.yna.co.kr/view/AKR20160728181900001) [retrieve. 2024. 11. 20. 20:47.]

8 윤영미, '2016년 헌법 중요 판례', 〈인권과 정의〉(No. 464), 2017.

9 성중탁, '부정청탁 및 금품등 수수의 금지에 관한 법률의 문제점과 개선 방안 – 헌법재판소 2016. 7. 28.자 2015헌마236 등 결정에 대한 평석을 겸하여', 〈저스티스〉 제160호, 2017. 6, 124쪽.

5. 〈탄소중립기본법〉상 온실가스 감축목표와 환경권

1   헌재 2024. 8. 29. 2020헌마389등, 공보 335, 1409.

2   〈기후변화에 관한 국제연합 기본협약United Nations Framework Convention on Climate Change〉(조약 제1213호, 1994년 3월 21일 발효).

3   〈기후변화에 관한 국제연합 기본협약에 대한 교토의정서Kyoto Protocol to the United Nations Framework Convention on Climate Change〉(조약 제1706호, 2005년 2월 16일 발효).

4   〈파리협정Paris Agreement〉(조약 제2315호, 2016. 12. 3. 발효)

5   〈저탄소 녹색성장 기본법〉(법률 제9931호, 2010년 1월 13일 제정, 2010년 4월 14일 시행).

6   〈기후위기 대응을 위한 탄소중립·녹색성장 기본법〉(법률 제18469호, 2021년 9월 24일 제정, 2022년 3월 25일 시행).

7   헌재 1997. 1. 16. 90헌마110등, 판례집 9-1, 90, 121.; 헌재 2008. 7. 31. 2006헌마711, 판례집 20-2상, 348 등

8   구 〈저탄소 녹색성장 기본법〉(2010년 1월 13일 법률 제9931호로 제정되고, 2021년 9월 24일 법률 제18469호로 폐지되기 전의 것) 제42조(기후변화 대응 및 에너지의 목표 관리) ① 정부는 범지구적인 온실가스 감축에 적극 대응하고 저탄소 녹색성장을 효율적·체계적으로 추진하기 위하여 다음 각 호의 사항에 대한 중장기 및 단계별 목표를 설정하고 그 달성을 위하여 필요한 조치를 강구하여야 한다.

1. 온실가스 감축 목표

구 〈저탄소 녹색성장 기본법〉 시행령(2016년 5월 24일 대통령령 제27180호로 개정되고, 2019년 12월 31일 대통령령 제30303호로 개정되기 전의 것) 제25조(온실가스 감축 국가목표 설정·관리) ① 법 제42조 제1항 제1호에 따른 온실가스 감축 목표는 2030년의 국가 온실가스 총배출량을 2030년의 온실가스 배출 전망치 대비 100분의 37까지 감축하는 것으로 한다.

구 〈저탄소 녹색성장 기본법〉 시행령(2019년 12월 31일 대통령령 제30303호로

개정되고, 2022년 3월 25일 대통령령 제32557호로 폐지되기 전의 것) 제25조(온실가스 감축 국가목표 설정·관리) ① 법 제42조 제1항 제1호에 따른 온실가스 감축 목표는 2030년의 국가 온실가스 총배출량을 2017년의 온실가스 총배출량의 1000분의 244만큼 감축하는 것으로 한다.

9 헌재 2009. 4. 30. 2007헌마103 등. "헌법소원심판 청구 후 심판의 대상이 되었던 법령 조항이 개정되어 더 이상 청구인에게 적용될 여지가 없게 된 경우에는, 특별한 사정이 없는 한 심판대상인 구법 조항에 대하여 위헌결정을 받을 주관적 권리보호의 이익은 소멸하므로, 그러한 헌법소원심판 청구는 부적법하다."

10 헌재 2003. 5. 15. 2001헌마565 등. "다만, 기본권 침해 행위가 반복될 위험이 있거나 당해 분쟁의 해결이 헌법질서의 유지·수호를 위하여 긴요한 사항이어서 헌법적으로 그 해명이 중대한 의미를 지니고 있는 때에는 예외적으로 심판청구의 이익을 인정할 수 있고, 심판대상인 구법 조항의 위헌 여부에 관하여 아직 그 해명이 이루어진 바 없고 개정된 조항에도 유사한 내용이 규정되어 있어 동종의 기본권 침해의 위험이 상존하며, 개정되기 전의 법령 조항의 위헌 여부가 개정된 조항의 재개정 여부에 영향을 미칠 수 있다면, 개정되기 전의 법령 조항의 위헌 여부에 관한 헌법적 해명이 중대한 의미를 지니고 있어 권리보호이익을 인정할 수 있다."

11 〈기후위기 대응을 위한 탄소중립·녹색성장 기본법〉(2021년 9월 24일 법률 제18469호로 제정된 것) 제8조(중장기 국가 온실가스 감축 목표 등) ① 정부는 국가 온실가스 배출량을 2030년까지 2018년의 국가 온실가스 배출량 대비 35퍼센트 이상의 범위에서 대통령령으로 정하는 비율만큼 감축하는 것을 중장기 국가 온실가스 감축 목표(이하 "중장기 감축 목표"라 한다)로 한다.
〈기후위기 대응을 위한 탄소중립·녹색성장 기본법〉 시행령(2022년 3월 25일 대통령령 제32557호로 제정된 것) 제3조(중장기 국가 온실가스 감축 목표 등) ① 법 제8조 제1항에서 "대통령령으로 정하는 비율"이란 40퍼센트를 말한다.

12 정부의 〈제1차 국가 탄소중립 녹색성장 기본 계획〉(2023. 4. 11) 중 'Ⅴ. 중장기 감축 목표'의 '나. 부문별 감축 목표'와 '다. 연도별 감축 목표.'

13 나. 부문별 감축 목표

부문별 배출량 목표
(단위: 백만 톤CO_2e, 괄호는 2018년 대비 감축률)

구분	부문	2018년 실적	2030년 목표 기존 (2021. 10.)	2030년 목표 수정 (2023. 3.)
배출량(합계)		727.6	436.6(40.0%)	436.6(40.0%)
배출	전환	269.6	149.9(44.4%)	145.9(45.9%)[1]
	산업	260.5	222.6(14.5%)	230.7(11.4%)
	건물	52.1	35.0(32.8%)	35.0(32.8%)
	수송	98.1	61.0(37.8%)	61.0(37.8%)
	농 · 축 · 수산	24.7	18.0(27.1%)	18.0(27.1%)
	폐기물	17.1	9.1(46.8%)	9.1(46.8%)
	수소	(–)	7.6	8.4[2]
	탈루 등	5.6	3.9	3.9
흡수 및 제거	흡수원	(–41.3)	–26.7	–26.7
	CCUS (탄소 포집 · 활용 저장)	(–)	–10.3	–11.2[3]
	국제감축	(–)	–33.5	–37.5[4]

– 기준 연도(2018) 배출량은 총배출량/2030년 배출량은 순배출량(총배출량 – 흡수·제거량).
  1) 태양광, 수소 등 청정에너지 확대로 400만 톤 추가 감축.
  2) 수소 수요 최신화(블루수소 + 10.5만 톤), 블루수소 관련 탄소 포집량은 CCUS 부문에 반영(0.8백만 톤).
  3) 국내 CCS(탄소 포집 · 저장) 잠재량 반영(0.8백만 톤), CCU(탄소 포집 · 활용) 실증경과 등을 고려한 확대 (0.1백만 톤).
  4) 민관 협력 사업 발굴 및 투자 확대 등을 통해 국제 감축량 400만 톤 확대.

연도별 배출량 목표
(단위: 백만 톤CO₂e)

부문	2018 (기준 연도)	2023	2024	2025	2026	2027	2028	2029	2030
합계	686.3[1]	633.9	625.1	617.6	602.9	585.0	560.6	529.5	436.6[2]
전환	269.6	223.2	218.4	215.8	211.8	203.6	189.9	173.7	145.9
산업	260.5	256.4	256.1	254.8	252.9	250.0	247.3	242.1	230.7
건물	52.1	47.6	47.0	46.0	44.5	42.5	40.2	37.5	35.0
수송	98.1	93.7	88.7	84.1	79.6	74.8	70.3	66.1	61.0
농·축· 수산	24.7	22.9	22.4	21.9	21.2	20.4	19.7	18.8	18.0
폐기물	17.1	15.1	14.7	14.1	13.3	12.5	11.4	10.3	9.1
수소	(−)	3.4	4.1	4.8	5.5	6.2	6.9	7.6	8.4
탈루 등	5.6	5.1	5.0	5.0	4.9	4.8	4.5	4.2	3.9
흡수원	−41.3	−33.5	−31.3	−28.9	−30.4	−29.1	−28.3	−27.6	−26.7
CCUS	(−)	−	−	−	−0.4	−0.7	−1.3	−3.2	−11.2

1) 국제사회에 제출된 2018년 총배출량은 727.6백만 톤이나 순배출량 기준으로는 686.3백만 톤이며, 모든 연도별 합계는 순배출량 기준(부문별 소수점 첫째 자리 아래 생략).
2) 국제 감축은 관련 국제 기준 확정, 최초 활용 시기(2026년 예상) 등을 고려해 연도별 목표를 설정할 예정으로 2030년 목표에만 반영.

15　헌재 1992. 10. 1. 92헌마68등; 헌재 2022. 12. 22. 2021헌마271 등.

16　정부의 〈제1차 국가 탄소중립 녹색성장 기본 계획〉(2023. 4. 11.) 중 'Ⅶ. 재정
　　　계획 및 기대 효과'의 '1. 재정투자 계획.'

재정투자 계획
(단위: 억 원, %)

구분	2023	2024~2027	합계	연평균 증가율
합계	133,455	765,738	899,193	11.54
- 부문별 중장기 감축 대책	79,480	466,283	545,763	11.48
- 기후변화 적응 대책	29,856	164,213	194,068	9.43
- 녹색산업 성장	10,459	54,453	64,912	7.34
- 정의로운 전환	2,366	19,837	22,203	34.57
- 지역 탄소중립녹색성장	4,602	30,319	34,922	25.36
- 인력 양성 및 인식 제고	5,999	26,881	32,881	2.11
- 국제 협력	693	3,751	4,444	1.59

- 구체적 투자 계획은 재정 여건, 사업 타당성 등을 종합적으로 고려해 변경 가능.

18 헌재 2006. 4. 25. 2006헌마409.

19 기후변화에 관한 정부 간 협의체IPCC: Inter-Governmental Panel on Climate Change는 1988년 11월 국제연합 산하 세계기상기구WMO: World Meteorological Organization와 유엔환경계획UNEP: United Nations Environment Programme이 공동으로 설립한 국제기구로서, 기후변화와 관련된 전 지구적인 환경 문제에 대처하기 위해 각국의 기상학자, 해양학자, 빙하 전문가, 경제학자 등 3,000여 명의 전문가로 구성된 정부 간 협의체다. 우리나라를 포함해 총 195개 회원국으로 구성된 IPCC는 전 세계 과학자들이 참여해 기후변화 추세를 파악하고 원인을 규명하며, 기후변화로 인한 생태학적, 사회경제적 영향을 평가하고 그에 대한 대응 전략을 분석한 평가 보고서를 5~7년 주기로 발간하며, 이들 보고서는 기후변화 관련 정책, 연구 및 국가 간 기후변화 협상의 근거 자료로 활용되고 있다.

20   BVerfGE 157, 30.

[1] 〈독일 기본법Grundgesetz〉 제2조 제2항 제1문[1]에 따른 생명과 신체의 온전성Unversehrtheit 보호는 환경오염으로 인해 발생할 수 있는 기본권적 보호법익에 대한 침해로부터의 보호를 포함하며, 그 침해가 누구로부터 발생하든, 어떤 상황에서 발생하든 상관없이 적용된다. 기본법 제2조 제2항 제1문에 따른 국가의 보호의무에는 기후변화Klimawandel 의 위험으로부터 생명과 건강을 보호할 의무도 포함된다. 또한 미래 세대künftige Generation 에 대해 객관적인 법적 보호의무objektivrechtliche Schutzverpflichtung가 발생할 수 있다.

[2] 〈기본법〉 제20a조[2]는 국가에 기후보호Klimaschutz 의무를 부과한다. 또한 이것은 기후중립Klimaneutralität[3]을 달성하는 것을 목표로 한다.

---

1 〈독일 기본법〉 제2조 ② 제1문. 누구라도 생명과 신체의 침해를 당하지 아니할 권리를 가진다.

2 〈독일 기본법〉 제20a조. 국가는 미래 세대에 대한 책임을 지고 헌법질서의 범위 내에서 입법을 통해, 그리고 법률과 법(정의Recht)에 따른 행정권과 사법권을 통해 자연적 생활 기반natürlichen Lebensgrundlagen 과 동물Tiere 을 보호한다.

3 기후중립Klimaneutralität 은 탄소중립carbon neutrality 이라고도 한다. 탄소중립은 탄소가 배출되는 것과 탄소가 흡수되는 것 사이의 균형을 이루는 것을 의미한다. 탄소흡수원Kohlenstoffsenke 은 탄소를 방출하는 것보다 더 많은 탄소를 흡수하는 시스템을 말한다. 가장 중요한 자연적 탄소흡수원은 바다, 토양, 숲이다. 2021년 전 세계의 연간 이산화탄소 배출량은 37.8기가톤인 반면, 자연적 흡수원이 제거한 이산화탄소는 9.5~11기가톤으로 추정된다. 현재까지 지구온난화에 대처하는 데 필요한 정도로 대기에서 탄소를 제거할 수 있는 인공적 탄소흡수원은 없다. Europäisches Parlament, 'Was versteht man unter Klimaneutralität und wie kann diese bis 2050 erreicht werden?', 2019. 7. 10., 〈https://www.europarl.europa.eu/topics/de/article/20190926STO62270/

was-versteht-man-unter-klimaneutralitat#:~:text=Klimaneutralit%C3%A4t%20
bedeutet%2C%20ein%20Gleichgewicht%20zwischen,weltweit%20durch%20
Kohlenstoffbindung%20ausgeglichen%20werden.) 〔retrieve. 2024. 11. 24.
11:01.〕

(a) 〈독일 기본법〉 제20a조(가 보호하는 이익)이 다른 이익에 비해 절대적인 우위를 지니는 것은 아니므로, 법익 충돌이 발생할 경우 다른 헌법적 법익 및 헌법 원칙과 조화Ausgleich를 이루어야 한다. 기후변화가 심화될수록 이 익형량과정Abwägung에서 기후보호 의무의 상대적 중요성Gewicht이 더욱 커진다.

(b) 환경과 관련된 인과관계에 대한 과학적 불확실성이 존재하는 경우, 입법부는 기본법 제20a조에 따라 미래 세대를 위해서도 특별히 주의의무를 부담하며, 심각하거나 돌이킬 수 없는 피해(손상) 가능성에 대한 신뢰할 만한 단서(징후)를 충분히 고려해야 한다.

(c) 기후보호 의무조항인 〈기본법〉 제20a조는 국제적인 차원을 가진다. 국가의 기후보호 의무는 기후와 지구온난화의 전 지구적 특성으로 인해 한 국가만으로는 기후변화 문제를 해결할 수 없다는 사실과 모순되지 않는다. 기후보호 요청은 국가가 글로벌 기후보호를 위해 국제적으로 행동할 것을 요구하며, 국제적 협력과 조정의 틀 안에서 기후보호를 위해 노력할 의무를 부과한다. 국가는 다른 국가의 온실가스 배출을 이유로 자신의 책임을 회피할 수 없다.

(d) 입법부는 의무의 구체화Konkretisierungsauftrag와 권리의 구체화Konkre-tisierungsprärogative를 이행하는 과정에서 〈기본법〉 제20a조의 기후보호 목표를 현재 헌법적으로 허용 가능한 방식으로 설정했다. 이는 지구의 평균기온이 산업화 이전 수준에 비해 섭씨 2도보다 낮은 수준으로 상승하도록 하고, 가능하다면 섭씨 1.5도 이하로 제한하는 것을 목표로 하고 있다.

(e) 기본법 제20a조는 미래 세대를 염두에 두고 생태적 이해관계를 고려하

기 위한 규정이다. 이것은 (의회와 정부의) 정치 과정을 구속하고, 법원의 사법판단에 적용 가능한 법규범justiziable Rechtsnorm이다.

[3] 〈기본법〉 제20a조와의 합치Vereinbarkeit 여부는 기본권(환경권)에 대한 국가적 개입이 헌법적으로 정당화되기 위한 전제 조건Voraussetzung 이다.

[4] 일정한 경우 〈기본법〉은 기본적 자유를 장기간에 걸쳐 보장하고, 자유를 향유할 기회를 세대 간에 비례적으로 분배verhältnismäßige Verteilung할 것을 요구한다. 기본권은 주관적 권리Subjektivrecht로서, 자유의 통시적通時的 보호 장치intertemporale Freiheitssicherung로서 역할, 즉 〈기본법〉 제20a조에 의해 부과된 온실가스 감축부담을 미래에 일방적으로 이전하는 것을 방지하는 역할을 한다. 또한 〈기본법〉 제20a조는 객관적 법으로서 (일정한) 보호의 무objektivrechtlicher Schutzauftrag, 즉 (현세대가) 삶의 자연적 기반을 조심스럽게 다루어, 후손들이 극단적인 금욕의 대가를 치르지 않고도 이를 계속 보존할 수 있도록 해야 할 것을 요구한다. 미래 세대의 자유를 보존하려면, 기후중립으로의 전환을 적절한 시기에 시작해야 한다. 보다 구체적으로 살펴보면, 이를 위해 온실가스 감축을 위한 추가적인 설계와 관련해 투명한 지침을 조기에 마련해야 하며, 이에 필요한 개발 및 실행 과정의 방향을 제공하고, 계획을 추진하기 위한 충분한 수준의 압박Entwicklungsdruck 과 계획의 실현을 위한 충분한 수준의 안정성Planungssicherheit 을 보장해야 한다.

[5] 일정 기간 동안 허용되는 총배출량 규모는 입법부가 필수규정erforder-liche Regelung으로서 누구나 쉽게 알 수 있도록 연방의회가 직접 마련해야 한다. 연방의회가 연방정부의 법규명령Verordnung 을 승인하는 방식으로는 의회가 직접 온실가스 허용 배출량을 규제하는 입법 절차를 대체할 수 없다. 입법 절차의 특별한 공적 기능이 법률적 규제의 필요성을 정당화하기 때문이다. 지속적으로 새로운 발전과 인식에 노출되어야 하는 법적 영역을 법률로 고정시키는 것gesetzliche Fixierung이 기본권 보호에 해로울 수도 있다. 그러나 지금은 기본권의 동적 보호dynamischer Grundrechtsschutz 라는 사

고방식(BVerfGE 49, 89 〈137〉)을 동원해서 (환경문제에 대한) 법률적으로 규율할 필요성에 반대할 수 없다. 여기서 문제의 핵심은 '(법률적) 규제'가 '(새로운) 발전과 인식'의 속도를 따라가는 데 있는 것이 아니라, 기본권 보호를 위한 발전을 이루기 위해 '새로운 규제'를 만드는 데 있다.

[6] 2019년 12월 12일에 제정된 〈연방기후보호법 Bundes-Klimaschutzgesetz (〈연방관보 I〉, 2513쪽)의 제3조 제1항 제2문, 제4조 제1항 제3문 및 부록 2는 헌법적 요구를 충족하는 방식으로 2031년 이후의 기간의 감축목표 Minderungsziele 를 포함하지 않는 한 기본권과 양립하지 않는다.

입법자는 늦어도 2022년 12월 31일까지 헌재의 판결 이유에 따라 2031년 이후의 기간에 대한 감축목표 규정 Fortschreibung der Minderungsziele für Zeiträume ab dem Jahr 2031 을 마련할 의무가 있다. 2019년 12월 12일 제정된 〈연방기후보호법〉(〈연방관보 I〉, 2513쪽)의 제3조 제1항 제2문,⁴ 제4조 제1항 제3문⁵ 및 부록 2⁶는 계속 적용된다.

---

4 〈연방기후보호법〉 제3조 제1항 제1문. 온실가스 배출량은 1990년 대비 점진적으로 감소시킨다.

동조 동항 제2문. 목표 연도인 2030년까지 최소 55퍼센트의 감소율이 적용된다.

5 〈연방기후보호법〉 제4조 제1항 제2문. 2030년까지의 연간 배출량은 부록 2를 기준으로 한다.

6 〈연방기후보호법〉 부록 2(법 제4조 관련).

	2020	2021	2022	2023	2024	2025	2026	2027	2028	2029	2030
에너지	280	–	257	–	–	–	–	–	–	–	175
산업	186	182	177	172	168	163	158	154	149	145	140
건물	118	113	108	103	99	94	89	84	80	75	70
운송	150	145	139	134	128	123	117	112	106	101	95
농업	70	68	67	66	65	64	63	61	60	59	58
폐기물 관리 및 기타	9	9	8	8	7	7	7	6	6	5	5

21 〈독일 기본법〉 제20a조는 환경보호와 관련해 국가에 미래 세대에 대한 책임을 규정함과 동시에 입법을 통한 자연적 생활기반의 보호 의무를 직접적으로 부여함으로써 구체적이고 강력한 법적 구속력을 인정하고 있다. 이에 비해 우리 헌법 제35조는 국민의 건강하고 쾌적한 환경에서 생활할 권리와 국가의 보호 의무를 인정하면서도(제1항), 환경권의 내용과 행사는 법률로 정한다고 규정함으로써(제2항) 입법과 정책에 의존하는 선언적 성격이 강하다. 따라서 독일연방헌법재판소는 기후중립성을 곧바로 헌법적 의무로 판단하여 국가의 재량권이 축소되는 방향으로 결론을 도출한 데 비해, 한국 헌재는 과소보호금지 원칙에 근거하여 입법자에게 광범위한 형성의 자유를 인정하되, 기본권 보호의무를 전혀 이행하지 않았거나 명백히 부적합 또는 불충분한 경우에만 비로소 헌법불합치의 결론을 도출하고 있다.

6. 그 밖의 중요한 판례

1 헌재 2012. 12. 27. 2010헌가82등, 판례집 24-2하, 281.

2 헌재 2014. 7. 24. 2013헌마423등, 판례집 26-2상, 226.

3 헌재 2014. 8. 28. 2011헌마28등, 판례집 26-2상 337.

4 조성용, '〈DNA 집단테스트〉 규정 도입 여부에 관한 법적 검토', 〈형사정책 연구〉제34권 제1호/통권 제133호, 2023년 03월, 61~103쪽.

5 헌재 2016. 10. 27. 2015헌마1206등, 판례집 28-2하, 1.

6 헌재 2016. 3. 31. 2013헌가2, 판례집 28-1상, 259.

7 헌재 2012. 12. 27. 2011헌바235, 판례집 24-2하, 481(전원일치 합헌).

8 헌재 2011. 10. 25. 2011헌가1, 판례집 23-2상, 759(전원일치 합헌).

9 〈연합뉴스〉, "여성변호사회 '성매매 처벌 합헌결정 환영'", 2016. 3. 31., (https://www.yna.co.kr/view/MYH20160331023400038), [retrieve. 2024. 6. 22. 23:01.]

5장 보편적 국제 인권의 향상

1. 외국인 근로자의 기본권 주체성과 법적 차별의 문제

1 헌재 2007. 8. 30. 2004헌마670, 판례집 19-2, 297.

2. 구금된 난민신청자의 변호인 접견 불허와 변호인의 조력을 받을 권리

1 헌재 2014. 6. 5. 2014헌사592, 판례집 26-1하, 680.

2 헌재 2018. 5. 31. 2014헌마346, 판례집 30-1하, 166.

3 헌재 2012. 8. 23. 2008헌마430.

4 대법원 2014. 8. 25.자 2014인마5 결정 [공2014하, 2293]. 신체의 자유는 모든 인간에게 주체성이 인정되는 기본권이고, 〈인신보호법〉은 인신의 자유를 부당하게 제한당하고 있는 개인에 대한 신속한 구제 절차를 마련하기 위하여 제정된 법률이므로, 대한민국 입국이 불허된 결과 대한민국 공항에 머무르고 있는 외국인에게도 〈인신보호법〉상의 구제 청구권은 인정된다. 또한 대한민국 입국이 불허된 외국인이라 하더라도 외부 출입이 통제되는 한정된 공간에 장기간 머무르도록 강제하는 것은 법률상 근거 없이 인신의 자유를 제한하는 것으로서 〈인신보호법〉이 구제 대상으로 삼고 있는 위법한 수용에 해당한다. 〈인신보호법〉에 의한 구제 청구 절차가 진행되는 중에

피수용자에 대한 수용이 해제되었다면, 피수용자 등 구제 청구자가 법원에 구제를 청구한 사유와 같은 사유로 다른 수용시설에 다시 수용되었거나 향후 같은 사유로 재수용될 가능성을 배제할 수 없는 경우와 같은 특별한 사정이 없는 한, 구제 청구의 이익도 소멸한다고 보아야 한다.

3. 그 밖의 중요한 판례

1 헌재 2023. 3. 23. 2020헌가1등, 판례집 35-1상, 364.

2 헌재 2018. 2. 22. 2017헌가29, 판례집 30-1상, 186(합헌 4, 위헌 5).

3 헌재 2023. 9. 26. 2019헌마1165, 판례집 35-2, 326.

4 헌재 2024. 3. 28. 2020헌마1079, 판례집 36-1상, 337.

5 정치적 박해로 인해 본국을 떠나 제3국으로 탈출한 사람을 일반적으로 '난민'이라고 부르며, 이들이 본국으로 돌아갈 경우 박해의 위험이나 생명의 위협을 당할 수 있기 때문에 국제사회는 난민을 보호할 의무를 부담하고 있다. 우리나라는 1992년에 1951년 〈난민의 지위에 관한 협약Convention Relating to the Status of Refugees〉과 1967년 〈난민 지위에 관한 의정서Protocol Relating to the Status of Refugees〉를 비준했고, 2012년 2월 〈난민법〉을 제정하고 2013년 7월부터 시행하고 있다.

〈난민법〉상 난민은 '난민인정자'와 '난민신청자'로 구분되고, 〈난민법〉상 난민에 해당하지 않지만 생명이나 신체의 자유 등을 현저히 침해당할 수 있다고 인정할 만한 합리적인 근거가 있는 사람으로서 법무부 장관으로부터 체류 허가를 받은 외국인을 '인도적 체류자'라고 한다(제2조). 〈난민법〉은 '난민인정자', '난민신청자', '인도적 체류자'에 대해 각각의 보호 규정을 두고 있는데, 그중에서도 '난민인정자'는 체류 자격과 사회보장 및 기초생활 등에 있어 가장 두터운 보호를 받는다. '난민인정자'는 국내에 체류하는 동안 취업활동에 제한받지 않으며, 대한민국 국민과 같은 수준의 사회보장을 받고(제31조), 본인의 신청에 따라 〈국민기초생활 보장법〉에 따른 보호를 받는다(제32조). 또한 난민인정자나 그 자녀가 〈민법〉상 미성년자인 경우 국민과 동일하게 초등교육과 중등교육을 받으며(제33조), 외국에서 이수한 학교 교육의 정도에 상응하는 학력을 인정받을 수도 있다(제35조). 난민인정자가 원하는 경우 직업훈련을 지원할 수 있다(제34조).

6 외국인도 제한된 범위 내에서 기본권의 주체가 될 수 있다. 특히, 인간의 존엄과 가치, 행복추구권, 평등권은 인간의 권리로서 외국인도 주체가 될 수 있다. 다만, 평등권은 참정권 등 기본권의 성질상의 제한, 국제법상 상호주의에 따른 제한이 가능하다(헌재 1994. 12. 29. 93헌마120; 헌재 2001. 11. 29. 99헌마494 참조).

7 원칙적으로 행정규칙은 행정조직 내부에서만 효력을 갖는다(헌법소원의 대상인 공권력이 아니다). 다만 행정규칙이라도 근거 법령에서 행정관청에 법령의 구체적 내용을 보충할 권한을 부여했거나, 재량권 행사의 준칙으로서 반복적 재량권 행사에 따라 일정한 (행정)관행이 형성되면 평등 원칙이나 신뢰보호 원칙에 따라 행정기관이 상대방과의 관계에서 행정규칙에 따라야 할 자기구속력이 발생한다. 이같이 대외적(대국민적) 구속력이 인정되는 경우 행정규칙(내부 규정)도 헌법소원의 대상이 될 수 있다(헌재 2001. 5. 31. 99헌마413 참조).

3부 국가철학과 헌법 이론의 조명

1. 민주주의의 이념과 원리는 무엇인가

1 Ekkehart Stein, Götz Frank, *Staatsrecht* (21. Aufl.), Mohr Siebeck, 2010, § 8.

2 Thucydides (übersetzt und herausgegeben von Georg Peter Landmann), *Geschichte des Peloponnesischen Krieges*, Artemis und Winkler Verlag, 2002, S. 111 ff. [Thucydides, *The Peloponnesian War* Ⅱ. 37 & 40. (https://www.perseus.tufts.edu/)]

3 Aristoteles (übersetzt von. Franz F. Schwarz), *Politik*, Reclam, 1989, S.

168ff.

통치자 수	통치 목적	
	전체 구성원의 공동 이익 추구	권력자의 특별 이익 추구
1인	왕정/군주정 monachia	폭군정 tyrannia
소수	귀족정 aristokratia	과두정 oligarchia
다수/전체	시민정 politeia	민주정 demokratia

4 Platon, übersetzt von Karl Vretska, *Der Staat(Politeia) VIII*, 557a-558c, Reclam, 2004, S. 381 ff.: "민주정Demokratie은 가난한 사람들이 승리하여 반대자들을 죽이거나 추방함으로써 세워진다. 민주정은 모든 사람이 헌법과 공무에 동등하게 참여하도록 허용하고, 가능하다면 추첨Los으로 공직을 수여한다. 민주정하에서 사람들은 어떻게 살아갈까? 그들의 헌법은 어떤 모습일까? 지금은 (민주주의 헌법하에서) 사람들이 자유롭고, 도시에는 행동의 자유와 발언의 자유가 넘쳐나고, 누구나 원하는 것은 무엇이든 할 수 있다! 그래서 그것은 모든 도시의 헌법 중에서 가장 아름다운 것처럼 보인다. 화려한 꽃으로 장식한 드레스처럼 그것(헌법) 역시 모든 신분과 다채롭게 어우러지며 웅장한 자태를 뽐낸다. 그런 정부하에서는 '공직에 적합한 사람이 공직을 맡아야 한다'는 원칙도 없고, '원하지 않더라도 국법을 지켜야 한다'는 강제도 없다. 그런 헌법하에서는 전쟁 중에도 전쟁의 수행을 강요당하지 않고, 평화 중에도 평화의 유지를 강요받지 않는다. 그러한 정체하에서는 누구나 원하는 대로 행동할 수 있기 때문이다. 누구나 마음만 먹으면 공무원이나 재판관이 될 수 있다. 따라서 이 순간만큼은 신성하고 축복받은 삶이 아니겠는가? 오늘날 이 도시(아테네)는 우리의 선대가 이 도시를 만들면서 중요성을 부여했던 자신의 지도 원칙Grundsatz을 소홀히 하고, 업신여기며, 이에 대한 경멸을 서슴지 않는다. 어릴 적부터 진지하게 아름다움을 다루는 법을 배우지 않는다면, 뛰어난 소질을 타고나지 않은 평범한 사람은 결코

유능한 사람이 될 수 없다. 민주정에서는 오만한 자세로 이 모든 것을 뒤로 미루고, 유능한 정치인이 만들어지는 조건에도 신경 쓰지 않고, 타인에게 인기 있는 사람만 소중히 여긴다. 물론 민주정에도 장점이 있다. 능력이 있는 사람과 없는 사람에게 차별 없이 동등한 평등을 부여하는 유쾌하고 다채로운 헌법이 바로 그것이다."

5 Walter Reese-Schäfer, *Antike politische Philosophie zur Einführung*, Junius Verlag, 1998, S. 147f.

6 Stephan Podes, "Polybios' Anakyklosis-Lehre, diskrete Zustandssysteme und das Problem der Mischverfassung", In: *Klio* (Band 73 Heft 73), De Gruyter, 2016, S. 382-390. [https://www.degruyter.com/journal/key/klio/]

7 Panagiotis Argyropoulos, *Von der Theorie zur Empirie- philosophische und politische Reformmodelle des 4. bis 2. Jahrhunderts v. Chr.*, UTZ Verlag, 2013, S. 89-91.; Polybios, *Histories*, Book 6. [https://www.perseus.tufts.edu/]

8 Marcus Tullius Cicero, *De re publica(Vom Staat)*, 25 (39)-32 (49); Lateinisch/Deutsch übers. und hrsg. von Michael von Albrecht, Reclam, 2013, S. 57ff.

9 Max Farrand(ed), *The Records of the Federal Convention of 1787* (Vol. I, II & III), Yale University Press, 1911, (https://www.loc.gov/item/11005506/) [retrieve. 2024. 5. 13. 20:33.]

10 Thomas Hobbes (Ed. Sterling P. Lamprecht), *De Cive(The Citizen)*(1646), Appleton-Century-Crofts, 1949, P. 1. [https://archive.org]

11 Thomas Hobbes, *Leviathan* (1651), Cosimo Inc., 2008, p. 72.

12 Thomas Hobbes (Ed. Sterling P. Lamprecht), *De Cive(The Citizen)*(1646), Appleton-Century-Crofts, 1949, P. 1. [https://archive.org]

13 Reinhold Zippelius, *Allgemeine Staatslehre* (17. Aufl.), C.H. Beck, 2017,

§17 II.

14 Reinhold Zippelius, ibid., §17 II.

15 Jean-Jacques Rousseau, *Vom Gesellschaftsvertrag*, Reclam, 1986, B.1, K.6. [http://www.gutenberg.org]

16 BVerfGE 77, 1.

17 헌법 제50조.

18 BVerfGE 29, 154 (165).

19 Korematsu v. United States, 323 U. S. 214 (1944). 참조.

20 BVerfGE 44, 125 (142).

21 Maurer/Schwarz, *Staatsrecht I* (7. Aufl.), C.H.Beck, 2023, §7 Rn. 7.

22 〈스위스 연방헌법〉 제136조(참정권) ① 만 18세 이상의 모든 스위스 국민은 정신질환과 심신장애로 인한 행위무능력자를 제외하고는 연방에 관한 참정권을 가진다. 모든 사람은 동등한 정치적 권리와 의무를 가진다.

② 전항에 해당하는 국민은 국회의원 선거Nationalratswahlen 및 연방투표Abstimmungen des Bundes에 참여하고, 연방 업무에 관한 국민제안Volksinitiativ 및 국민투표Referendum를 발의하고 서명할 수 있다.

제138조(연방헌법의 전부개정을 위한 국민제안) ① 유권자 10만 명은 발의안을 공식적으로 공표한 날로부터 18개월의 기한 내에 연방헌법의 전부개정을 제안할 수 있다.

② 해당 제안은 국민투표에 부쳐야 한다.

23 Christoph Degenhart, *Staatsrecht I* (39. Aufl.), 2023, C. F. Müller, Rn. 29f.

24 Maurer/Schwarz, *Staatsrecht I* (7. Aufl.), C. H. Beck, 2023, §7 Rn. 38.

25 일본과 국내의 일부 헌법학자는 플레비시트plebiscite, 즉 권력자가 국민에게 자신의 신임을 묻는 형태의 투표 행위를 국민투표의 일종으로 열거하고 있으나, 플레비시트는 과거 독재자들이 영구 집권의 수단으로 악용했던 역사적 유물에 불과하다. 본문에서 언급하고 있는 현대적 분류 기준에는 부합

하지 못한다.

26 Maurer/Schwarz, *Staatsrecht I* (7. Aufl.), C.H.Beck, 2023, § 7 Rn. 12.

27 Thomas Wischmeyer, 'Was ist eigentlich (⋯) liquid democracy?', *JuS*, 2020, S. 20 ff.

28 Bart Cammaerts, 'Revalidating Participation: Power and Pre-Figurative Politics within contemporary Left-wing Movements', In: Nico Carpentier(ed.). *Respublika!: Experiments in the performance of participation and democracy*, 2019, NeMe. p. 131.

29 Christian Blum & Christina Isabel Zuber, 'Liquid Democracy: Potentials, Problems, and Perspectives', *Journal of Political Philosophy* (24:2), 2016, pp. 162-182.

30 Chiara Valsangiacomo, 'Political Representation in Liquid Democracy', *Frontiers in Political Science* (3), 2021.

31 Christian Blum & Christina Isabel Zuber, 'Liquid Democracy: Potentials, Problems, and Perspectives', *Journal of Political Philosophy* (24:2), 2016, pp. 162-182.

32 Chiara Valsangiacomo, 'Political Representation in Liquid Democracy', *Frontiers in Political Science* (3), 2021.

33 Anson Kahng, 'Liquid Democracy: An Algorithmic Perspective', *Journal of Artificial Intelligence Research* (Vol.70), 2016, pp. 1223-1252.

34 Hélène Landemore, *Open democracy: Reinventing popular rule for the twenty-first century*, 2020, Princeton University Press.

35 헌법 제1조 ① 대한민국은 민주공화국이다.

36 헌법 제1조 ② 대한민국의 주권은 국민에게 있고, 모든 권력은 국민으로부터 나온다.

37 BVerfGE 93, 37 (66).

38 Cara Röhner, 'Von Repräsentation zu demokratischer Gleichheit', *Der Staat* (Bd. 59, Heft 3), 2020, S. 421 ff.

39 헌재 2004. 5. 14. 2004헌나1, 판례집 16-1, 613-614.

40 이와 유사한 독일의 논의에 대해서는 Klaus Stern, *Das Staatsrecht der Bundesrepublik Deutschland* (Bd. II), C. H. Beck, 1980, S. 16. 참조.

41 이와 유사한 독일의 논의에 대해서는 Jürgen Kühling, 'Volksgesetz-gebung und Grundgesetz-"Mehr direkte Demokratie wagen?"', *JuS (Juristische Schulung)*, 2009, S. 777 ff. 참조.

42 이와 유사한 독일의 논의에 대해서는 BVerfGE 8, 104 (114); Ulrich Römmelfanger, 'Das konsultative Referendum: Eine verfassungstheo-retische, -rechtliche und -vergleichende Untersuchung', *Schriften zum Öffentlichen Recht* (Bd. 526), Duncker & Humblot, 1988, S. 292f. 참조.

43 BVerfGE 107, 59 (86); BVerfGE 47, 253 (275).

44 Max Farrand(ed), *The Records of the Federal Convention of 1787* (Vol.1), Yale University Press, 1911, pp. 15-28. [https://www.loc.gov.]

45 Forrest McDonald, *The American Presidency: An Intellectual History*, University Press of Kansas, 1994, p. 132.

46 Winfried Steffani, *Parlamentarische und präsidentielle Demokratie: Strukturelle Aspekte westlicher Demokratien*, Springer, 1979, S. 118 ff.

47 Klaus Stern, *Das Staatsrecht der Bundesrepublik Deutschland* (Bd. II), C. H. Beck, 1980, S. 946 ff.

48 Winfried Steffani, ibid., S. 118 ff.

49 Martin Morlok & Christina Hientzsch, 'Das Parlament als Zentralorgan der Demokratie-Eine Zusammenschau der einschlägigen parlaments-schützenden Normen', *JuS*, 2011, S. 1 ff.

50 헌법 제66조 ① 대통령은 국가의 원수이며, 외국에 대하여 국가를 대표

한다.

④ 행정권은 대통령을 수반으로 하는 정부에 속한다.

51 헌법 제67조 ① 대통령은 국민의 보통·평등·직접·비밀선거에 의하여 선출한다.

52 대통령 정부제와 달리 의회 정부제에서는 의회가 정부 수반인 총리를 자유롭게 임명하고, 자유롭게 해임할 수 있다. 다만 독일의 경우 연방의회의 연방총리 선임에는 제한이 없지만, 연방총리 해임에는 일정한 제한이 있다. 연방의회의 연방총리 해임에는 연방의회 내에서 절대다수의 동의를 얻어 후임자를 선출한 이후에만 가능하다. 소수당의 난립으로 인한 만성적 정국 불안을 예방하기 위한 헌법적 결단이다. (《독일 기본법》 제67조 ① 연방의회는 그 재적 의원의 과반수로 후임자를 선출하고 나서 연방대통령에게 연방총리의 해임을 요구하는 방법으로만 연방총리에 대한 불신임을 표명할 수 있다. 연방대통령은 그 요구에 따라 선출된 자를 임명하여야 한다.)

53 Klaus Stern, *Das Staatsrecht der Bundesrepublik Deutschland* (Bd. II), C. H. Beck, 1980, S. 956.

54 헌법 제8조 ② 정당은 그 목적·조직과 활동이 민주적이어야 하며, 국민의 정치적 의사 형성에 참여하는 데 필요한 조직을 가져야 한다.

55 헌법 제8조 ④ 정당의 목적이나 활동이 민주적 기본질서에 위배될 때에는 정부는 헌법재판소에 그 해산을 제소할 수 있고, 정당은 헌법재판소의 심판에 의하여 해산된다.

56 헌법 제8조 ③ 정당은 법률이 정하는 바에 의하여 국가의 보호를 받으며, 국가는 법률이 정하는 바에 의하여 정당 운영에 필요한 자금을 보조할 수 있다.

57 BVerfGE 121, 30 (53).

2. 자유주의의 근본 원칙은 무엇인가

1 BVerGE 2, 1 (12f.).

2 Alan Ryan, *The Making of Modern Liberalism*, Princeton University

Press, 2012, p. 21f.

3   Jeremy Waldron, 'Theoretical Foundations of Liberalism', In: *The Philosophical Quarterly* (Vol. 37. No. 147), 1987.04, pp. 127-151.

4   Jeremy Waldron, ibid., p. 127.

5   Maurice Cranston, 'Liberalism', in : Paul Edwards (ed.), *The Encyclopedia of Philosophy*, Macmillan, 1967, p. 459.

6   Freiheit, in: *Oxford-Googles deutsches Wörterbuch* [https://languages.oup.com/google-dictionary-de/] [2024. 9. 15. 06:13]

7   Carl Schmitt, *Die geistesgeschichtliche Lage des heutigen Parlamentarismus* [1923], Duncker & Humblot, 2010 (9. Aufl.), SS. 46-58.

8   John Locke (Peter Laslett, ed.), *The Second Treatise of Government in Two Treatises of Government* [1689], Cambridge University Press, 1960, p. 287.

9   John Stuart Mill (J. M. Robson, ed.), *Collected Works of John Stuart Mill* (Vol. 21), University of Toronto Press, 1963, p. 262.

10 John Rawls, *Justice as Fairness: A Restatement*, (Erin Kelly, ed.), Columbia University Press, 2001, p. 44, p. 112.

11 Joel Feinberg, *Harm to Others*, Clarendon Press, p. 9.

12 Stanley I. Benn, *A Theory of Freedom*, Cambridge University Press, 1988, p. 87.

13 Jeremy Waldron, 'Hobbes and the Principle of Publicity', *Pacific Philosophical Quarterly* (82), 2001, pp 447-474.

14 David Schmidtz & Jason Brennan, *A Brief History of Liberty*, Wiley-Blackwell, 2010. Chap. 2.

15 John Rawls, *A Theory of Justice* (revised Ed.), Harvard University Press, 1999, p. 220.

16 Isaiah Berlin, 'Two Concepts of Liberty', in his *Four Essays on*

Liberty, Oxford University Press, 1969, p. 122.

17 Charles Taylor, 'What's Wrong with Negative Liberty', in: Alan Ryan (ed.), *The Idea of Freedom*, Oxford University Press, 1979, pp. 175-193.

18 Jean-Jacques Rousseau (G.D.H. Cole, trans.), *The Social Contract and Discourses* [1762], Dutton, 1973.

19 Thomas Hill Green (Paul Harris and John Morrow, eds.), *Lectures on the Principles of Political Obligation and Other Essays* [1895], Cambridge University Press, 1986, p. 228.

20 Charles Taylor, 'What's Wrong with Negative Liberty', in: Alan Ryan(ed.), *The Idea of Freedom*, Oxford University Press, 1979, pp. 175-193.

21 Gerald Dworkin, *The Theory and Practice of Autonomy*, Cambridge University Press, 1988.

22 Joseph Raz, *The Morality of Freedom*, Clarendon Press, 1986.

23 Stanley I. Benn, *A Theory of Freedom*, Cambridge University Press, 1988.

24 Richard Henry Tawney, *Equality*, George Allen & Unwin, 1931, p. 221.

25 Gerald F. Gaus, *Political Concepts and Political Theories*, Routledge, 2000, ch. 5.

26 Friedrich A. Hayek, *The Constitution of Liberty*, University of Chicago Press, 1960, pp. 17-18.

27 Gerald F. Gaus, 'Property, Rights, and Freedom', *Social Philosophy and Policy* (11), 1994, pp. 209-240.; Hillel Steiner, *An Essay on Rights*, Wiley-Blackwell, 1994.

28 Lionel Robbins, *The Theory of Economic Policy in English Classical Political Economy*, Macmillan, 1961, p. 104.

29 Friedrich A. Hayek, 'Liberalism', in: his *New Studies in Philosophy,*

Politics, Economics and the History of Ideas, Routledge and Kegan Paul, 1978, p. 149.

30   이 스펙트럼에 대해서는 다음 논문을 참조할 것. Mack, Eric & Gerald F. Gaus, 'Classical Liberalism and Libertarianism: The Liberty Tradition', in: Gerald F. Gaus and Chandran Kukathas (eds.), *The Handbook of Political Theory*, Sage, 2004, pp. 115-130.

31   Friedrich A. Hayek, *The Mirage of Social Justice*, University of Chicago Press, 1976, p. 87.

32   Gerald F. Gaus, 'Public and Private Interests in Liberal Political Economy, Old and New', in: S.I. Benn and G.F. Gaus (eds.), *Public and Private in Social Life*, St. Martin's Press, 1983, pp. 183-221.

33   Jeremy Bentham, 'Manual of Political Economy [1795]', in: W. Stark (ed.), *Jeremy Bentham's Economic Writings* (Vol. 1), Allen and Unwin, 1952, p. 226.

34   Michael Freeden, *The New Liberalism: An Ideology of Social Reform*, Clarendon Press, 1978.; Gerald F. Gaus, 'Public and Private Interests in Liberal Political Economy, Old and New', in: S.I. Benn and G.F. Gaus (eds.), *Public and Private in Social Life*, St. Martin's Press, 1983, pp. 183-221.; Ellen Frankel Paul, Fred D. Miller & Jeffrey Paul (eds.), *Liberalism: Old and New*, Cambridge University Press, 2007.

35   John Maynard Keynes, *The General Theory of Employment, Interest and Money* [1936], Macmillan and Cambridge University Press, 1973.

36   John Dewey (Joseph Ratner, ed.), *Characters and Events*, Henry Holt, 1929, pp. 551-560.

37   John Atkinson Hobson, *The Economics of Unemployment*, Allen and Unwin, 1922, p. 49.

38   David George Ritchie, *Principles of State Interference* (2nd ed.),

Swan Sonnenschein, 1896, p. 64. [https://www.gutenberg.org/files/
36957/36957-h/36957-h.htm] [retrieve. 2024. 9. 6. 20:41]

39   James W. Jr. Ely, *The Guardian of Every Other Right: A Constitutional History of Property Rights*, Oxford University Press, 1992, p. 26.

40   John Stuart Mill (J. M. Robson, ed.), *Collected Works of John Stuart Mill* (vol. 18), University of Toronto Press, 1963, p. 293.

41   John Stuart Mill (J. M. Robson, ed.), *Collected Works of John Stuart Mill* (vol. 2), University of Toronto Press, 1963, pp. 203-210.

42   John Rawls (Erin Kelly, ed.), *Justice as Fairness: A Restatement*, Columbia University Press, 2001, Part IV.

43   John Rawls, *A Theory of Justice* (revised ed.), Harvard University Press, 1999, p. 266.

44   상호주의의 원칙 또는 호혜성의 원칙이란 쉽게 말해 상대방이 우호적이면 나 역시 우호적으로 대응하고, 상대방이 비우호적이면 나 역시 비우호적으로 대응한다는 원칙을 말한다.

45   John Rawls (Erin Kelly, ed.), *Justice as Fairness: A Restatement*, Columbia University Press, 2001, pp. 122-124.

46   John Rawls, ibid., pp. 137-138.

47   John Rawls, ibid., pp. 135-138.

48   Friedrich A. Hayek, *The Mirage of Social Justice*, University of Chicago Press, 1976.

49   Robert Nozick, *Anarchy, State and Utopia*, Basic Books, 1974, pp. 160ff.

50   David Schmidtz, *Ecological Justice*, Oxford University Press, 2022.

51   John Rawls, 'Outline of a Decision Procedure for Ethics', *The Philosophical Review* (60), 1951, p. 191.

52   John Rawls, *A Theory of Justice* (revised ed.), Harvard University Press,

1999, p. 76.

53 John Stuart Mill (J. M. Robson, ed.), *Collected Works of John Stuart Mill* (Vol. 18), University of Toronto Press, 1963, p. 224.

54 Bhikhu Parekh, Uday Singh Mehta, Jennifer Pitts 등.

55 Inder Marwah, 'Complicating Barbarism and Civilization: Mill's Complex Sociology of Human Development', *History of Political Thought* (32), 2011, pp. 345-366. 참조

56 John Rawls, *Law of Peoples*, Harvard University Press, 1999, p. 66.

57 Martha Nussbaum, 'Women and Law of Peoples', *Politics, Philosophy and Economics* (1), 2002, pp. 283-306.

58 Thomas W. Pogge, *World Poverty and Human Rights*, Polity Press, 2002, Chap. IV.

59 Immanuel Kant, 'Perpetual Peace [1795]', in: Hans Reiss (ed.), *Kant's Political Writings*, Cambridge University Press, 1970.

60 Loren E. Lomasky, 'Liberalism Without Borders', in: Ellen Frankel Paul, Fred D. Miller and Jeffrey Paul (eds.), *Liberalism: Old and New*, Cambridge University Press, 2007, pp. 206-233.

61 John Rawls, *Law of Peoples*, Harvard University Press, 1999, pp. 113ff.; Charles Beitz, *Political Theory and International Relations*, Princeton University Press, 1993, pp. 143ff.; Thomas W. Pogge, *Realizing Rawls*, Cornell University Press, 1989, Part III.

62 John Stuart Mill (J. M. Robson, ed.), *Collected Works of John Stuart Mill* (Vol. 21), University of Toronto Press, 1963, p. 119.

63 John Stuart Mill, ibid., p. 122.

64 Avishai Margalit & Joseph Raz, 'National Self-Determination', *Journal of Philosophy* (87), 1990, pp. 439-461.; Yael Tamir, *Liberal Nationalism*, Princeton University Press, 1993.

65 John Rawls, *Law of Peoples*, Harvard University Press, 1999, p. 59-61.

66 John Rawls, ibid., p. 81.

67 William Galston, 'Parents, Governments and Children: Authority Over Education in the Liberal Democratic State', in: Stephen Macedo & Iris Marion Young (eds.), *NOMOS XLIV: Child, Family and The State*, New York University Press, 2003, pp. 211-233.; Timothy Michael Fowler, 'The Problems of Liberal Neutrality in Upbringing', *Res Publica* (16), 2010, pp. 367-381.; Emil Andersson, 'Political Liberalism and the Interests of Children: A Reply to Timothy Michael Fowler', *Res Publica* (17), 2011, pp. 291-296.

68 John Stuart Mill (J. M. Robson, ed.), *Collected Works of John Stuart Mill* (Vol. 18) University of Toronto Press, 1963.

69 아미시는 알프스 지역(스위스, 프랑스 알자스) 출신의 전통주의자traditionalist 들로서 재세례교anabaptist 를 믿는다. 일부 학자들은 아미시를 인종과 재세례교의 특징이 결합된 인종적 종교 집단ethnoreligious group으로 묘사하기도 한다. 아미시는 재세례교에 속하는 (보수적) 메노나이트Mennonite 와도 밀접한 관련이 있다. 아미시는 기술 문명을 멀리하고 소박한 전원생활을 추구한다. 이들은 가족, 대화, 자급자족, 육체노동, 겸손, (신에 대한) 복종Gelassenheit 을 중시한다.

70 Wisconsin vs. Yoder: [406 U.S. 205 (1972)]: 미국 대법원은 이 사건에서 〈의무교육법〉이 취학연령을 5~18세로 규정하고 있지만, 아미시 아동은 8학년(14세) 이상의 의무교육을 받을 의무가 없다고 판단했다. 부모의 종교의 자유가 아동 교육에 대한 주 정부의 이익보다 더 중요하다는 것이 판결의 주요 논거다. 이 사건은 부모가 전통적인 학교 제도 밖에서 자녀를 교육할 권리가 있다는 근거로 인용되고 있다(위헌 6, 합헌 1, 심리 불참 2).

71 Susan Okin, 'Mistresses of Their Own Destiny: Group Rights, Gender, and Realistic Rights of Exit', *Ethics* (112), 2002, pp. 205-230.

72 Joel Feinberg, 'The Child's Right to an Open Future', in: William Aiken and Hugh LaFollette (eds.), *Whose Child? Children's Rights, Parental Authority, and State Power*, Rowman & Littlefield, 1980; reprinted in: Joel Feinberg, *Freedom & Fulfillment: Philosophical Essays*, Princeton University Press, 1992, pp. 76-97.

73 William Galston, 'Two Concepts of Liberalism', *Ethics* (105), 1995. p. 529.; Stephen Macedo, 'Liberal Civic Education and Religious Fundamentalism: The Case of God v. John Rawls?', *Ethics* (105), 1995, pp. 285-286.

74 Nomi Stolzenberg, 'He Drew a Circle That Shut Me Out: Assimilation, Indoctrination, and the Paradox of Liberal Education', *Harvard Law Review* (106), 1993, pp. 582-583.; William Galston, 'Two Concepts of Liberalism', *Ethics* (105), 1995, p. 533.

75 Harry Brighouse, 'Civic Education and Liberal Legitimacy', *Ethics* (108), 1998, pp. 719-745.

76 Norbert Bolz, *Der Diskurs der Ungleichheit*, Fink 2009, S. 26.

77 Helena Rosenblatt, *The Lost History of Liberalism*, Princeton University Press, 2018, p. 2.

78 Helena Rosenblatt, ebd., p. 3. 그의 비교역사적-의미론적 연구historisch-semantische Untersuchung에 영감을 준 것은 욘 레온하르트Jörn Leonhard의 명저《Liberalismus: Zur historischen Semantik eines europäischen Deutungsmusters》(Oldenbourg, 2001)이다.

79 관대함Großmut, 너그러움Großherzigkeit은 고전적인 덕목으로, 키케로의 라틴어 magnanimitas, 아리스토텔레스의《니코마코스 윤리학Nikomachischer Ethik》에 나오는 그리스어 megalopsychia와 같은 의미를 지니고 있다.

80 Jörn Leonhard, *Liberalismus: Zur historischen Semantik eines europäischen Deutungsmusters*, R. Oldenbourg Verlag, 2001, S. 94.: 고대의

liberalitas와 기독교적 caritas(charity)가 의미적으로 결합을 통해, 중세의 liberalitas는 기독교 통치자의 덕목이 되었다.

81 Jörn Leonhard, *Liberalismus: Zur historischen Semantik eines europäischen Deutungsmusters*, R. Oldenbourg Verlag, 2001, S. 95.: 중세 대학에서 가르쳤던 자유예술artes liberales은 자유롭지 못하고 천하고 기계적인 예술artes illiberales, sordidae, mechanicae과 구별되었는데, 세 가지 언어 예술(문법, 수사학, 변증법Grammatik, Rhetorik, Dialektik)과 네 가지 계산 예술(산술, 천문학, 기하학, 음악 이론Arithmetik, Astronomie, Geometrie und Musiktheorie)로 나뉘었다.

82 Helena Rosenblatt, *The Lost History of Liberalism*, Princeton University Press, 2018, pp. 16-19.: liberality가 귀족적인 군주의 덕목에서 평범한 기독교인의 덕목으로 전환된 것은 17세기 초반 영국의 프로테스탄트와 뉴잉글랜드의 청교도 사이에서 분명하게 나타났다.

83 Daniel B. Klein, 'The Origin of "Liberalism"', In: *The Atlantic*, 2014. 2. 13., [https://www.theatlantic.com/politics/archive/2014/02/the-origin-of-liberalism/283780/] [retrieve. 2024. 7. 20. 19:31]

84 Daniel B. Klein, ibid.

85 Karin Priester, 'Fließende Grenzen zwischen Rechtsextremismus und Rechtspopulismus in Europa', In: *APuZ(Aus Politik und Zeitgeschichte)* (44), 2010. [https://www.bpb.de/shop/zeitschriften/apuz/32423/fliessende-grenzen-zwischen-rechtsextremismus-und-rechtspopulismus-in-europa/] [retrieve. 2024. 9. 20. 21:06]

86 Duncan Bell, 'What is Liberalism?', in: *Political Theory* (Vol. 42) (6), 2014, pp. 682-715.

87 Duncan Bell, ibid., pp. 695-698.

88 Judith N. Shklar (Hannes Bajohr, Hg.), *Der Liberalismus der Rechte*, Matthes & Seitz, 2017, S. 44.

89 Duncan Bell, 'What is Liberalism?', in: *Political Theory* (Vol. 42) (6), 2014, p. 705.

90 'frei' in: Friedrich Kluge, *Etymologisches Wörterbuch der deutschen Sprache* (24. Aufl.), de Gruyter, 2002.

91 Otto Brunner, Werner Conze, Reinhart Koselleck(Hg.), *Geschichtliche Grundbegriffe* (Bd. 2.), Klett-Cotta, 2004, S. 425.

92 Immanuel Kant, *Was ist Aufklärung?*(1784) [https://www.projekt-gutenberg.org/kant/aufklae/aufkl001.html] [retrieve. 2024. 8. 1. 21:07]

93 Immanuel Kant, *Über den Gemeinspruch: Das mag in der Theorie richtig sein, taugt aber nicht für die Praxis*(1793), II. Vom Verhältnis der Theorie zur Praxis im Staatsrecht(Gegen Hobbes). [http://www.zeno.org/] [retrieve. 2024. 8. 28. 19:27]

94 Reinhold Zippelius, *Rechtsphilosophie* (6. Aufl.), C.H. Beck, 2011, § 26 III.

95 Jan Schapp, 'Über Ethik, Freiheit und Recht', *Ad Legendum* (1/2012), S. 8-15.

96 헌재 2016. 11. 24. 2012헌마854, 판례집 28-2하, 283-284쪽.

97 Jan Schapp, Freiheit, *Moral und Recht: Grundzüge Einer Philosophie Des Rechts* (2. Aufl.), Mohr Siebeck, 2017.

98 Jan Schapp, 'Die Grenzen der Freiheit', in: Jan Schapp(Hg.), *Über Freiheit und Recht*, Mohr Siebeck 2008, S. 237ff.; Jan Schapp, *Private und öffentliche Autonomie: Zur Achtung des Anderen im Recht in Jan Schapp Methodenlehre und System des Rechts*, Mohr Siebeck 2009, S. 109ff.

99 Jan Schapp, 'Über Ethik, Freiheit und Recht', *Ad Legendum* (1/2012), S. 8-15.

3. 법치주의 원칙은 무엇인가

1 Christoph Degenhart, *Staatsrecht I* (39. Aufl.), 2023, C. F. Müller, Rn. 142 ff.; Klaus Stern, *Das Staatsrecht der Bundesrepublik Deutschland* (Bd. 1), 1984, C.H.Beck, § 20.; Hartmut Maurer, *Staatsrecht I* (6. Aufl.), 2010, C. H. Beck, § 8 Rn. 5 ff.; Eberhard Schmidt-Aßmann, 'Der Rechtsstaat', In: Josef Isensee & Paul Kirchhof(Hrsg.), *Handbuch des Staatsrechts der Bundesrepublik Deutschland(HStR) Bd. II* (3. Aufl.), 2004, C. F. Müller, § 26.

2 헌법 제10조~제37조의 국민의 기본권.

3 헌법 제3장(국회), 제4장(정부), 제5장(법원), 제6장(헌법재판소), 제7장(선거관리위원회), 제8장(지방자치)의 기능적 권력분립.

4 헌법 제12조~제13조, 제27조(형사절차적 기본권), 제29조(국가배상 청구권), 제3장(국회의 구성과 조직에 관한 법률유보), 제65조(대통령 등 고위공직자에 대한 탄핵소추), 제4장(정부의 구성과 권한에 관한 법률유보), 제5장(법원의 구성과 조직에 관한 법률유보), 제107조(법원의 행정행위에 대한 적법성 통제), 제6장(헌법재판소의 헌법재판을 통한 합헌성 통제).

5 헌법 제128조, 제129조, 제130조.

6 〈독일 기본법〉제79조 ① 기본법은 본문을 명시적으로 수정 또는 보완하는 법률Gesetz에 의하여 개정될 수 있다. (후단 생략.)

② 이 법률Gesetz은 연방의회 재적의원 3분의 2 이상의 동의와 연방참사원 재적의원 3분의 2 이상의 동의를 필요로 한다.

7 〈독일 기본법〉제79조 ③ 연방을 구성하는 주州의 체계, 입법과정에 대한 주의 기본적 참여, 기본법 제1조와 제20조에 명시된 기본원칙에 영향을 미치는 기본법의 개정은 허용되지 않는다.

〈독일 기본법〉제1조 ① 인간의 존엄성은 불가침이다. 이것을 존중하고 보호하는 것은 모든 국가권력의 의무다.

② 그러므로 독일 국민은 불가침과 불가양의 인권을 세계의 모든 공동체 그

리고 평화와 정의의 기초로서 인정한다.

③ 이하의 기본권은 직접적으로 효력을 갖는 법Recht으로서 입법, 행정, 사법을 구속한다.

〈독일 기본법〉 제20조 ① 독일연방공화국은 민주적이고 사회적인 연방국가다.

② 모든 국가권력은 국민으로부터 나온다. 그것은 선거와 투표, 그리고 입법, 행정 및 사법기관을 통해 국민에 의해 행사된다.

③ 입법은 헌법적 질서에, 행정 및 사법은 법률과 법Recht에 구속된다.

④ 모든 독일인은 이러한 질서를 폐지하려는 자에 대하여 다른 구제 수단이 없을 경우 저항권을 가진다.

8   Josef Isensee, 'Staat und Verfassung', In: Josef Isensee & Paul Kirchhof(Hrsg.), *Handbuch des Staatsrechts der Bundesrepublik Deutschland(HStR) Bd. II* (3. Aufl.), 2004, C. F. Müller, § 15; Paul Kirchhof, 'Die Identität der Verfassung', In: Josef Isensee & Paul Kirchhof(Hrsg.), *Handbuch des Staatsrechts der Bundesrepublik Deutschland(HStR) Bd. II* (3. Aufl.), 2004, C. F. Müller, § 21 Rn. 86.

9   Klaus Stern, *Das Staatsrecht der Bundesrepublik Deutschland* (Bd. 1), 1984, C.H.Beck, S. 784ff.

10   Klaus Stern, ibid., S. 787f.

11   Klaus Stern, ibid., S. 792ff.

12   Hartmut Maurer, *Staatsrecht I* (6. Aufl.), 2010, C. H. Beck, § 8 Rn. 7.

13   Hartmut Maurer, ibid., § 8 Rn. 23 ff.

14   독일연방der Deutsche Bund은 나폴레옹의 패배 이후 전후 유럽 질서의 재편을 위해 1815년 오스트리아가 소집한 '빈 회의'를 통해 성립됐으며, 1866년 프로이센-오스트리아 전쟁에서 오스트리아가 패배하면서 붕괴됐다. 독일연방은 독일 뿐만 아니라 유럽과 미국의 헌법사에서 매우 중요한 의미를 지닌다.

독일연방은 1815년에 '독일의 주권 있는 군주와 자유 도시들'과 오스트리아 황제, 프로이센 왕, 덴마크 왕 그리고 네덜란드의 왕이 합의하여 만들어낸 국가연합Staatenbund이다. 이 연방은 1815년부터 1866년까지 존재했으며, 이미 연방국가의 특성bundesstaatliche Züge을 가지고 있었는데, 이는 독일연방의 법이 구성국을 구속했기 때문이다. 그럼에도 불구하고, 독일연방은 국가 권력Staatsgewalt을 소유하지 않았고, 단지 '국제법상 동맹권völkerrechtsvertraglich vermittelte Vereinskompetenz'만 가지고 있었다. 연방법 서문에 따르면 군주들이 '항구적인 연방beständiger Bund'을 결성한다고 되어 있지만, 이들은 자신들의 국가를 대표하는 것으로 간주되었다. Michael Kotulla, *Deutsche Verfassungsgeschichte: Vom Alten Reich bis Weimar(1495-1934)*, Springer, 2008, S. 329.

1848년 혁명으로 시민정부인 임시국민정부provisorische Nationalregierung 가 수립되었으나, 1849년 프로이센과 그 동맹국들에 의해 진압되었다. 1849~1851년 독일연방의 미래는 계속 불확실했다. 프로이센은 오스트리아를 따돌리기 위해 독일연방 내에 새로운 연방국가를 설립하고자 했다(이중연방Doppelbund). 하지만 오스트리아는 이러한 시도를 저지했다. 다른 몇몇 국가들이 더 많은 권한과 임무를 가진 개혁된 독일연방reformierter Deutscher Bund(사왕동맹Vierkönigsbündnis)을 제안했다. 1851년 프로이센이 자신의 구상을 포기함으로써 독일연방은 원래의 형태로 복원됐다(연방 반동 결의Bundesreaktionsbeschluss). 1860년 다시 독일연방의 개혁에 대한 논의가 시작됐고, 1863년 프랑크푸르트 개혁안Frankfurter Reformakte이 마련되었다. 그러나 오스트리아와 프로이센 사이의 긴장은 결국 1866년 독일전쟁Deutscher Krieg으로 이어졌고, 오스트리아가 패배하면서 독일연방은 사실상 해체되었다. Ernst Rudolf Huber, *Deutsche Verfassungsgeschichte seit 1789, [Bd.III: Bismarck und das Reich]* (3. Auf.), Kohlhammer, 1988, S. 5760.

프로이센과 그 동맹국들은 연방국가Bundesstaat인 북독일 연방Norddeutscher

Bund을 설립했다. 이 연방은 공식적으로 독일연방의 후계자는 아니었지만, 그 시기의 많은 아이디어와 계획을 받아들였다. Jürgen Müller, *Deutscher Bund und deutsche Nation 1848-1866*, Vandenhoeck & Ruprecht, Göttingen 2005, S. 451.

1871년 독일제국 헌법Reichsverfassung이 만들어지면서 연방의 명칭이 독일연방Deutscher Bund에서 독일제국Deutsches Reich으로 바뀌었다. Ernst Rudolf Huber, *Deutsche Verfassungsgeschichte seit 1789 [Band III: Bismarck und das Reich]*, (3. Aufl.), Kohlhammer, 1988, S. 757.

15 헌법 제10조.

16 헌법 전문, 제1조 ①, ②

17 헌법 전문, 제31조(교육권), 제32조(근로권), 제33조(노동3권), 제34조(인간다운 생활 보장권), 제35조(환경권), 제36조(모성보호와 보건권). 제119~127조(경제민주화를 위한 규제와 국가의 조정)

18 헌법 제111조~제113조(헌법재판제도).

19 헌법 전문, 제1조 ①, ②

20 Klaus Stern, *Das Staatsrecht der Bundesrepublik Deutschland* (Bd. 1), 1984, C.H.Beck, S. 792ff.

21 Hartmut Maurer, *Staatsrecht I* (6. Aufl.), 2010, C.H.Beck, § 8 Rn. 7.

22 Hartmut Maurer, ibid., § 8 Rn. 23 ff.

23 헌법 제10조

24 헌법 전문, 제1조 ①, ②

25 헌법 전문, 제31조(교육권), 제32조(근로권), 제33조(노동3권), 제34조(인간다운 생활 보장권), 제35조(환경권), 제36조(모성보호와 보건권). 제119조~조127조(경제민주화를 위한 규제와 국가의 조정)

26 헌법 제111조~제113조(헌법재판제도).

27 BVerfGE 45, 187 (246).

28 Grzeszick, in: Dürig/Herzog/Scholz, *Grundgesetz: Kommentar* (103.

Aufl.) 2024, C.H.Beck, Art. 20 V Rn. 18 f.

29 헌법 제1조 ②, 제40조, 제66조 ④, 제101조 ①.

30 Jarass, in: Jarass/Pieroth, *Grundgesetz für die Bundesrepublik Deutschland: GG Kommentar* (18. Aufl.), 2024, C.H.Beck, Art. 20 Rn. 33.

31 헌법 제43조, 제101조, 제83조.

32 Montesquieu, *Esprit des lois*, 1748. [*The Complete Works of M. de Montesquieu* (4 vols.), 1777, T. Evans. (https://oll.libertyfund.org/)]

33 Ekkehart Stein, Götz Frank, *Staatsrecht* (21. Aufl.), 2010, Mohr Siebeck, § 12.

34 Hartmut Maurer, *Staatsrecht I* (7.Aufl.), 2023, C.H.Beck, § 12 Rn. 7 ff

35 Christoph Degenhart, *Staatsrecht I: Staatsorganisationsrecht* (39. Aufl.), 2023, C. H. Müller, Rn. 297 ff.; Ipsen/ Kaufhold/Wischmeyer, *Staatsrecht I: Staatsorganisationsrecht* (35. Aufl.), 2023, Franz Vahlen, § 14 Rn. 1 ff.

36 Ipsen/ Kaufhold/Wischmeyer, *Staatsrecht I: Staatsorganisationsrecht* (35. Aufl.), 2023, Franz Vahlen, § 14 Rn. 5.

37 Ipsen/ Kaufhold/Wischmeyer, ibid., § 14 Rn. 6.

38 Klaus Stern, *Das Staatsrecht der Bundesrepublik Deutschland* (Bd. 1), 1984, C.H.Beck, S. 792 ff.

39 BVerfGE 95, 1 (15).

40 BVerfGE 9, 268 (279 f.); BVerfGE 95, 1 (15).

41 Ipsen/Kaufhold/Wischmeyer, *Staatsrecht I: Staatsorganisationsrecht* (35. Aufl.), 2023, Franz Vahlen, §14 Rn. 15.

42 헌법 제63조 ① 국회는 국무총리 또는 국무위원의 해임을 대통령에게 건의할 수 있다.
헌법 제67조 ① 대통령은 국민의 보통·평등·직접·비밀선거에 의하여 선출한다.

② 제1항의 선거에 있어서 최고 득표자가 2인 이상인 때에는 국회의 재적 의원 과반수가 출석한 공개회의에서 다수표를 얻은 자를 당선자로 한다.

43 헌법 제75조 대통령은 법률에서 구체적으로 범위를 정하여 위임받은 사항과 법률을 집행하기 위하여 필요한 사항에 관하여 대통령령을 발할 수 있다.

헌법 제95조 국무총리 또는 행정 각부의 장은 소관사무에 관하여 법률이나 대통령령의 위임 또는 직권으로 총리령 또는 부령을 발할 수 있다.

44 헌법 제73조 대통령은 조약을 체결·비준하고, 외교사절을 신임·접수 또는 파견하며, 선전포고와 강화를 한다.

헌법 제60조 ① 국회는 상호원조 또는 안전보장에 관한 조약, 중요한 국제 조직에 관한 조약, 우호통상항해조약, 주권의 제약에 관한 조약, 강화조약, 국가나 국민에게 중대한 재정적 부담을 지우는 조약 또는 입법사항에 관한 조약의 체결·비준에 대한 동의권을 가진다.

② 국회는 선전포고, 국군의 외국에의 파견 또는 외국 군대의 대한민국 영역 안에서의 주류에 대한 동의권을 가진다.

45 BVerfGE 139, 321 (362 f.).

46 헌법 제96조 행정 각부의 설치·조직과 직무 범위는 법률로 정한다.

헌법 제78조 대통령은 헌법과 법률이 정하는 바에 의하여 공무원을 임면한다.

헌법 제74조 ① 대통령은 헌법과 법률이 정하는 바에 의하여 국군을 통수한다.

② 국군의 조직과 편성은 법률로 정한다.

47 헌법 제103조 법관은 헌법과 법률에 의하여 그 양심에 따라 독립하여 심판한다.

48 헌법 제104조 ①대법원장은 국회의 동의를 얻어 대통령이 임명한다.

② 대법관은 대법원장의 제청으로 국회의 동의를 얻어 대통령이 임명한다.

③ 대법원장과 대법관이 아닌 법관은 대법관회의의 동의를 얻어 대법원장이 임명한다.

헌법 제111조 ② 헌법재판소는 법관의 자격을 가진 9인의 재판관으로 구성하며, 재판관은 대통령이 임명한다.

③ 제2항의 재판관 중 3인은 국회에서 선출하는 자를, 3인은 대법원장이 지명하는 자를 임명한다.

④ 헌법재판소의 장은 국회의 동의를 얻어 재판관 중에서 대통령이 임명한다.

49 Stern, Klaus, *Das Staatsrecht der Bundesrepublik Deutschland* (Bd. 2), 2011, C. H. Beck, S. 539.

50 BVerfGE 95, 1 (15).

51 BVerfGE 68, 1 (86).

52 BVerfGE 95, 1 (15); Christoph Möllers, *Gewaltengliederung*, 2005, Mohr Siebeck, S. 68 ff., 88 ff.

53 〈독일 기본법〉 제50조 주는 연방참사원을 통해 연방의 입법과 행정 그리고 유럽연합의 사무에 참여한다.

cf.) 미국 수정헌법 제10조 본 헌법에 의하여 연방에 위임되지 아니했거나, 각 주에 금지되지 않는 권한은 각 주나 국민이 보유한다

54 〈독일 기본법〉 제51조 제1항 연방참사원은 각 주정부의 구성원으로 성립되며 각 주정부가 임면한다. 이들은 주정부의 구성원에 의하여 대리될 수 있다.

cf.) 미국헌법 제1조 제3항 제1호 상원은 각 주의 주의회에서 선출한 6년 임기의 상원의원 2명씩으로 구성되며, 각 상원의원은 1표의 투표권을 가진다.

55 Hartmut Maurer, *Staatsrecht I* (6. Aufl.), 2010, C. H. Beck, § 12 Rn. 13 ff. 참고.

56 헌법 제117조 및 제118조.

57 헌법 제37조 ① 국민의 자유와 권리는 헌법에 열거되지 않는 이유로 경시되지 아니한다.

② 국민의 모든 자유와 권리는 국가안전보장·질서유지 또는 공공복리를 위하여 필요한 경우에 한하여 법률로써 제한할 수 있으며, 제한하는 경우에도 자유와 권리의 본질적인 내용을 침해할 수 없다.

58 BVerfGE 154, 152 (215).

59 헌법 제37조 ②.

60 헌법 제37조 ②.

61 〈독일 기본법〉 제2조 제1항 누구라도 타인의 권리를 침해하지 아니하고 또한 헌법적 질서와 도덕률에 위반하지 아니하는 한 자기의 인격을 자유로이 실현할 권리를 가진다.

62 헌재 1991. 6. 3. 89헌마204, 판례집 3, 268 등 다수.

63 헌법 제18조, 제21조, 제22조.

64 헌법 제11조 ①.

65 헌법 제27조 ① 모든 국민은 헌법과 법률이 정한 법관에 의하여 법률에 의한 재판을 받을 권리를 가진다.

헌법 제29조 ① 공무원의 직무상 불법행위로 손해를 받은 국민은 법률이 정하는 바에 의하여 국가 또는 공공단체에 정당한 배상을 청구할 수 있다. 이 경우 공무원 자신의 책임은 면제되지 아니한다.

헌법 제111조 ① 헌법재판소는 다음 사항을 관장한다.

5. 법률이 정하는 헌법소원에 관한 심판

66 헌법 제12조, 제13조, 제27조(이른바 '형사절차적 기본권').

67 헌법 제1조(국민주권), 제111조(헌법재판), 제65조(대통령, 국무총리 등 고위 공직자 탄핵).

68 Josef Isensee, 'Staat und Verfassung', In: Josef Isensee & Paul Kirchhof(Hrsg.), *Handbuch des Staatsrechts der Bundesrepublik Deutschland(HStR) Bd. II* (3. Aufl.), 2004, C. F. Müller, § 15.; Klaus Stern, *Das Staatsrecht der Bundesrepublik Deutschland* (Bd. 1), 1984, C. H. Beck, S. 787 f.; Christoph Degenhart, *Staatsrecht I* (39. Aufl.), 2023,

C. F. Müller, Rn. 13 f.

69 〈독일 기본법〉 제79조 ② 이 법률(기본법 개정 법률)은 연방의회 재적의원 3분의 2 이상의 동의와 연방참사원 재적의원 3분의 2 이상의 동의를 필요로 한다.

70 〈독일 기본법〉 제79조 ③ 연방을 구성하는 주의 체계, 입법과정에 대한 주의 기본적 참여, 기본법 제1조와 제20조에 명시된 기본원칙에 영향을 미치는 기본법의 개정은 허용되지 않는다.

71 헌법 제111조 ①.

72 헌법 제111조 ①, 제107조 ①, 제27조 ①, 제103조.

73 위헌법률심판은 '법률 시행 이후' 법률의 적용을 놓고 갈등이 일어난 경우, 즉 '법원에 소송'이 벌어졌을 때 '법원'이 헌법재판소에 위헌법률심판을 청구하는 경우가 있고, '법률 시행 전후를 불문'하고 또 '소송이 벌어졌는지 여부와 무관'하게 국가기관, 정당 등이 헌법재판소에 위헌법률심판을 청구하는 경우가 있다. 두 경우 모두 '위헌법률심판' 또는 '규범 통제'라고 하는데, 특히 전자를 '구체적 규범 통제', 후자를 '추상적 규범 통제'라고 한다. 일반적으로 '구체적'이란 '실제적이고 세밀한 부분까지 담고 있는', '추상적'이란 '구체성 없이 사실이나 현실에서 멀어져 막연한'이라는 의미를 지니고 있다. 하지만 '구체적 규범 통제'에 붙은 '구체적'이란 수식어는 '법적 분쟁이 발생한' 또는 '법원에 소송 중인'이라는 의미이고, '추상적 규범 통제'에 붙은 '추상적'이란 수식어는 '법원의 소송과 무관한'이라는 의미다. 박한철, 《헌법의 자리》, 김영사, 2022. 9., 73쪽.

74 〈독일 기본법〉 제93조 ① 연방헌법재판소는 다음 사항을 결정한다.
2. 연방정부, 주정부 또는 연방의회 재적의원 4분의 1의 청구가 있을 때 연방법 또는 주법이 기본법과 형식적, 실질적으로 합치하는지 여부 또는 주법이 그 외의 연방법과 합치하는지 여부에 대하여 다툼이나 의문이 있는 경우 (추상적 규범 통제).

75 〈행정심판법〉 제21조~제31조, 〈행정소송법〉 제9~38조.

76 〈행정소송법〉 제39조~제43조.

77 Michael Sachs, *Grundgesetz: GG Kommentar* (9.Aufl.), 2021, C. H. BECK, Art. 20 Rn. 113.

78 cf)〈독일 기본법〉 제80조(법규명령) ① 연방정부, 연방장관 또는 주정부는 법률에 의하여 법규명령Rechtsverordnung 을 제정할 수 있다. 이 경우 위임된 권한의 내용, 목적과 정도는 법률로 정하여야 한다. 법규명령에는 그 법적 근거가 명시되어야 한다. 법률에 재위임을 할 수 있다고 규정되어 있는 경우에는 그 재위임에 대하여서는 법규명령을 필요로 한다.

79 Hartmut Maurer/Christian Waldhoff, *Allgemeines Verwaltungsrecht* (20. Aufl.), 2020, C. H. Beck, § 6 Rn. 4 ff.

80 BVerfGE 150, 1 (96 f.).

81 BVerfGE 150, 1 (96 f.); BVerfGE 49, 89 (126 f.); BVerfGE 83, 130 (152).

82 Fabian Michl, 'Der demokratische Rechtsstaat in Krisenzeiten', *JuS Juristische Schulung*, 2020, 507 ff. (509).

83 〈독일 기본법 제80조〉 ① 연방정부, 연방장관 또는 주정부는 법률에 의하여 법규명령을 제정할 수 있다. 이 경우 위임된 권한의 내용, 목적과 정도는 법률로 정하여야 한다. 법규명령에는 그 법적 근거가 명시되어야 한다. 법률에 재위임할 수 있다고 규정되어 있는 경우에는 그 재위임에 대하여서는 법규명령을 필요로 한다.

84 BVerfGE 150, 1 (99 f.).

85 BVerfGE 150, 1 (100).

86 BVerfGE 150, 1 (99).

87 BVerfGE 150, 1 (101).

88 BVerfGE 150, 1 (99).

89 BVerfGE 150, 1 (102).

90 Christoph Degenhart, *Staatsrecht I* (39. Aufl.), 2023, C. F. Müller, Rn. 313 ff.; Klaus Stern, *Das Staatsrecht der Bundesrepublik Deutschland* (Bd.

1), 1984, C. H. Beck, S. 811 ff.

91 Hartmut Maurer/Christian Waldhoff, *Allgemeines Verwaltungsrecht* (20. Aufl.), 2020, C. H. Beck, § 6 Rn. 19 ff.

92 BVerwGE 90, 112(126). 그러나 이러한 법리는 보조금 지급이 보조금 관계와 무관한 제3자의 기본권을 의도적으로 방해하는 경우에는 적용되지 않는다.

93 헌법 제103조 법관은 헌법과 법률에 의하여 그 양심에 따라 독립하여 심판한다.

94 헌법 제103조 법관은 헌법과 법률에 의하여 그 양심에 따라 독립하여 심판한다.

95 헌법 제107조 ② 명령·규칙 또는 처분이 헌법이나 법률에 위반되는 여부가 재판의 전제가 된 경우에는 대법원은 이를 최종적으로 심사할 권한을 가진다.

96 헌법 제107조 ① 법률이 헌법에 위반되는 여부가 재판의 전제가 된 경우에는 법원은 헌법재판소에 제청하여 그 심판에 의하여 재판한다.

97 〈독일 기본법〉 제20조 ③ 입법은 헌법적 질서에, 행정과 사법은 법률과 법(정의)에 구속된다.

98 BVerfGE 34, 269 (286 f.)

99 Gustav Radbruch, 'Gesetzliches Unrecht und Übergesetzliches Recht', *Süddeutsche Juristen-Zeitung* (Jg.1, Nr.5), 1946. 8., Mohr Sieback, SS. 105-108.; Gustav Radbruch (Ralf Dreier & Stanley L. Paulson, Hrsg.), *Rechtsphilosophie* (2., überarbeitete Auflage), 2003, C. F. Müller, S. 347ff. (353); BVerfGE 3, 225 (233).

100 BGHZ 3, 94 (107).

101 BVerfGE 23, 98.

102 BGHSt 39, 1; 41, 101; BVerfGE 95, 96.

103 BVerfGE 23, 127 (133).

104 BVerfGE 35, 382 (401).

105 Christoph Degenhart, *Staatsrecht I* (39. Aufl.), 2023, C. F. Müller, Rn. 426 f.

106 Thomas Reuter, 'Die Verhältnismäßigkeit im engeren Sinne-das unbekannte Wesen', *Jura (Juristische Ausbildung)*, 2009, De Gruyter, 511 ff. (515 ff.).

107 BVerfGE 81, 310 (338).

108 Christoph Degenhart, *Staatsrecht I* (39. Aufl.), 2023, C.F.Müller, Rn. 436.

109 BVerfGE 72, 175 (196).

110 BVerfGE 157, 177 (201); BVerfGE 155, 238 (288).

111 Andreas Voßkuhle & Ann-Katrin Kaufhold, 'Grundwissen-Öffentliches Recht: Verwaltungsvorschriften', *Jus (Juristische Schulung)*, 2016, S. 314 ff.

112 BVerfGE 155, 238 (289).

113 헌법 제13조 ①모든 국민은 행위시의 법률에 의하여 범죄를 구성하지 아니하는 행위로 소추되지 아니하며, 동일한 범죄에 대하여 거듭 처벌받지 아니한다.

114 'Nullum poena sine Lege'는 '법 없이는 처벌도 없다'는 뜻의 라틴어다. 이 문구는 Nullum crimen sine lege', 즉 '법 없이는 범죄도 없다'는 법언과 호환적으로 사용된다. 이러한 문구는 '행위를 수행하기 전에 법에 의해 범죄로 규정된 행위를 제외하고는 형사처벌을 받을 수 없거나 처벌을 받아서는 안 된다'는 사고방식을 반영하고 있다. 이러한 사고방식은 성문 형법주의, 즉 범죄행위를 미리 명확한 법적 문장으로 만들어 공개하도록 요구하는 주장으로 나타난다. 이 법언은 라틴어로 표현되고 있지만 18세기 자유주의 운동을 배경으로 탄생했다. Jerome Hall, 'Nulla Poena Sine Lege', *The Yale Law Journal* 47(2). pp. 165-166.

115 Thomas Fischer, *Strafgesetzbuch(StGB)* (68. Aufl.), 2021. C. H. Beck, §1

StGB Rn. 27 ff.

116 비슷한 논지의 독일 판례로는 BVerfGE 156, 354 (355 f.).

117 헌법 제13조 ①모든 국민은 행위 시의 법률에 의하여 범죄를 구성하지 아니하는 행위로 소추되지 아니하며, 동일한 범죄에 대하여 거듭 처벌받지 아니한다.

② 모든 국민은 소급입법에 의하여 참정권의 제한을 받거나 재산권을 박탈당하지 아니한다.

118 비슷한 논지의 독일 판례로는 BVerfGE 156, 354 (388).

119 BVerfGE 127, 1 (16 f.); BVerfGE 135, 1 (13); BVerfGE 155, 238 (289).

120 비슷한 논지의 독일 판례로는 BVerfGE 157, 177 (201).

121 BVerfGE 37, 363 (397); BVerfGE 45, 142 (173).

122 BVerfGE 72, 200 (258).

123 BVerfGE 37, 363 (397).

124 BVerfGE 127, 1 (17); BVerfGE 132, 302 (319); BVerfGE 150, 345 (373); BVerfGE 157, 177 (201); BVerfGE 155, 238 (290).

125 BVerfGE 157, 177 (201).

126 BVerfGE 132, 302 (320); BVerfGE 157, 177 (202);BVerfGE 155, 238 (290 ff.).

127 예를 들어 주택 건설 사업을 승인한(유리한 행정행위) 이후 장기간 공사를 완료하지 못한 건축물을 철거하라는 명령(유리한 행정행위의 폐지)과 관련해, 대법원은 "행정행위를 한 처분청은 비록 처분 당시에 별다른 하자가 없었고, 처분 후에 이를 철회할 별도의 법적 근거가 없더라도 원래의 처분을 존속시킬 필요가 없게 된 사정이 변경되었거나 중대한 공익상 필요가 발생한 경우에는 그 효력을 상실하게 하는 별개의 행정행위로 이를 철회할 수 있다. 다만 수익적 행정행위를 취소 또는 철회하거나 중지시키는 경우에는 이미 부여된 국민의 기득권을 침해하므로, 비록 취소 등의 사유가 있다고 하더라도 그 취소권 등의 행사는 기득권의 침해를 정당화할 만한 중대한 공익상의 필

요 또는 제3자의 이익을 보호할 필요가 있고, 이를 상대방이 받는 불이익과 비교·교량해볼 때 공익상의 필요 등이 상대방이 입을 불이익을 정당화할 만큼 강한 경우에 한해 허용될 수 있다"(대법원 2017. 3. 15. 선고 2014두41190 판결 등 참조)고 판단한다.

128 BVerfGE 153, 310 (340).

129 BVerfGE 150, 1 (100).

130 BVerfGE 150, 1 (101).

131 BVerfGE 153, 310 (341).

132 Klaus Stern, *Das Staatsrecht der Bundesrepublik Deutschland* (Bd. 1), 1984, C. H. Beck, S. 830.

133 헌법 제75조, 제95조.

134 〈독일 기본법〉 제80조.

135 BVerfGE 150, 1 (196).

136 BVerfGE 150, 1 (100).

137 Roxin/Greco, *Strafrecht Allgemeiner Teil Band 1: Grundlagen. Der Aufbau der Verbrechenslehre*, (5. neu Aufl.), 2020, C.H.Beck, S. 207 ff

138 헌법 제13조 ①

139 '의심스러울 때는 피고인의 이익으로'는 증명책임의 문제이고 '무죄추정의 원칙'은 형사피고인의 지위와 관련된 원칙으로서 양자는 서로 연결되는 부분이 있으나 엄밀하게 일치하지는 않는다.

140 헌법 제12조 ② 모든 국민은 고문을 받지 아니하며, 형사상 자기에게 불리한 진술을 강요당하지 아니한다.

141 헌법 제27조 ④ 형사피고인은 유죄의 판결이 확정될 때까지는 무죄로 추정된다.

4. 국가 공동체가 지향하는 핵심 가치는 무엇인가

1 Platon(Übersetzt von Friedrich Schleiermacher), *Apologie des Sokrates(Des*

Sokrates Verteidigung) (1805), LIWI Literatur, 2018, 21d.; Plato, *Apology*, 21d. (https://www.perseus.tufts.edu/).: "그는 현명했지만, 현명하지 않았다. 그 결과 나는 그 사람과 거기 참석한 많은 사람들로부터 미움을 받게 되었다. 그래서 나는 떠나면서 속으로 이렇게 생각했다. '내가 이 사람보다 더 현명하다. 우리 둘 다 아무것도 모르지만, 이 사람은 자신이 모르는 것을 자신이 안다고 생각한 반면, 나는 내가 아무것도 모르기 때문에 내가 아는 것이 없다고 생각했다. 그렇다면 나는 이 작은 일에서만큼은 어쨌든 이 사람보다 더 현명한 것 같다. 즉, 나는 내가 모르는 것은 모른다고 생각한 것이다.'"

2 Plato, *Charmides*, 165b (https://www.perseus.tufts.edu/).

3 Rolf Gröschner, *Dialogik des Rechts*, Mohr Siebeck, 2013, S. 332 ff.

4 헌법 전문. "유구한 역사와 전통에 빛나는 우리 대한국민은 3·1운동으로 건립된 대한민국임시정부의 법통과 불의에 항거한 4·19민주이념을 계승하고, 조국의 민주개혁과 평화적 통일의 사명에 입각하여 (…) 모든 사회적 폐습과 불의를 타파하며, (…) 우리들과 우리들의 자손의 안전과 자유와 행복을 영원히 확보할 것을 다짐하면서…."

5 Armin von Bogdandy & Ingo Venske, *In wessen Namen?: Internationale Gerichte in Zeiten globalen Regierens*, Suhrkamp, 2014, S. 151.

6 Andreas Voßkuhle, *Freiheit und Demokratie durch Recht*, 2013, Volkswagen-Stiftung, S. 26.

7 바이마르헌법Verfassung des Deutschen Reichs 제17조 각각의 주는 **자유국가적** 헌법을 보유한다Jedes Land muß eine **freistaatliche** Verfassung haben.

8 Rolf Gröschner, *Weil wir frei sein wollen: Geschichten vom Geist republikanischer Freiheit*, Mohr Siebeck, 2016.

9 '모든 사람Aller'(대문자로 쓰는)의 자유를 강조하는 공화주의적 패러다임에 대해서는 Paul Johann Anselm Feuerbach, *Lehrbuch des gemeinen in Deutschland geltenden Peinlichen Rechts*, Heyer, 1801, S. 12. [https://www.deutschestextarchiv.de/]를 참조.

10 헌법 전문.

11 Marie Theres Fögen, *Römische Rechtsgeschichten: Über Ursprung und Evolution eines sozialen Systems*, Vandenhoeck & Ruprecht, 2003. S. 21 ff.

12 이와 관련된 대표적 저서로는 Josef Isensee, *Gemeinwohl und öffentliches Amt: Vordemokratische Fundamente des Verfassungsstaates*, Springer, 2014.

13 Cicero, *De re publ.* 2.47. [https://www.attalus.org/]: "그러므로 왕이 어떻게 독재자로 변했는지, 한 사람의 잘못으로 좋은 정부가 어떻게 최악의 정부로 바뀌었는지 보지 못했는가? 그리스인은 '폭군'을 인민의 주인이라고 불렀다. 그리스인은 자녀를 돌보는 아버지만큼 백성의 복지를 염려하고, 가능한 한 최상의 생활 조건을 제공하려고 노력하는 통치자만을 '왕'이라고 불렀다. 이전에 내가 말했듯이, 그러한 정부(군주정)는 참으로 좋지만 그럼에도 불구하고 가장 타락한 상태(폭군정)로 쇠락하는 경향이 있다."

14 타르퀴니우스 수페르부스는 '거만한 타르퀴니우스'라는 의미를 지닌 별명으로서, 그의 본명은 루키우스 타르퀴니우스였다. 그는 실명으로 불리는 일이 거의 없는데, 그의 폭정으로 로마 왕국이 몰락하는 결과를 낳았기 때문이다. 그는 동생이 죽자 동생의 아내이자 왕의 딸인 툴리아와 재혼했다. 툴리아는 남편이 죽기 전부터 타르퀴니우스와 부정한 관계를 맺고 있었고 권력에 대한 야심이 컸다. 타르퀴니우스가 왕(장인)을 원로원 계단 아래로 밀어버리자, 대기하고 있던 툴리아가 마차로 왕을 치고 지나갔다. 스스로 왕위에 오른 타르퀴니우스는 장인인 전 왕의 장례도 치르지 못하게 하고, 자신을 따르지 않는 원로원(귀족원) 의원들을 숙청하면서 공포정치를 시작했다. 그는 원로원이나 평민원의 승인도 얻지 않고, 정책 조언도 요구하지 않으며 전횡을 일삼았다. 그는 모략과 전쟁을 통해 로마 외부에 많은 적을 만들어냈다. 그의 아들이 로마의 명망 있는 집안의 정숙한 여인인 루크레티아를 성폭행하고 결국 루크레티아가 자살하는 사건이 발생했다. 이 사건을 계기

로 로마인은 반란을 일으켜 폭군을 내쫓고 그의 아들을 살해했다. '루크레티아의 죽음'은 뒤러, 티치아노, 렘브란트 등이 그린 수많은 명화의 모티브가 되었다. 이 이야기는 구전된 것이므로 그 진위를 확인하기는 어렵다. 본래 역사가 그런 것일지도 모른다. 타르퀴니우스 수페르부스는 로마 왕정의 마지막 왕이기 때문에 공화정이 탄생하게 된 당위성을 설명하기 위해 희생되었을 수도 있다.

15 Jochen Bleicken, *Die Verfassung der Römischen Republik: Grundlagen und Entwicklung*(8. Aufl.) UTB, 2008, S. 53.

16 Marie Theres Fögen, *Römische Rechtsgeschichten: Über Ursprung und Evolution eines sozialen Systems*, Vandenhoeck & Ruprecht, 2003, S. 23.

17 Cicero, *De re publ.* 2,49. [https://anastrophe.uchicago.edu/] [https://www.perseus.tufts.edu/] [https://www.attalus.org/] [retrieve. 2024. 5. 10. 20:31]

18 Manfred Fuhrmann, *Cicero und die römische Republik*, Artemis & Winkler, 2000, S. 233.

19 Aristoteles (trans. Benjamin Jowett), *Politics*, Randon House, 1943, III. 3 & 13.

20 Aristoteles, ibid., III. 7.

21 Aristoteles, ibid., III. 6.

22 Wolfgang Kersting, *Jean-Jacques Rousseaus Gesellschaftsvertrag*, Wissenschaftliche Buchgesellschaft, 2002, S. 49.

23 Jean-Jacques Rousseau (Hg. von Hans Brockard), *Du contrat social/ Vom Gesellschaftsvertrag*, Reclam, 2010, I. 6. [http://www.zeno.org/]

24 Iring Fetscher, 'Volonté générale', In: Joachim Ritter, Karlfried Gründer, Gottfried Gabriel (Hg.), *Historisches Wörterbuch der Philosophie*, Bd. 11 (U-V), 2007, Schwabe Verlag, 2001, S. 1142.

25 Rolf Gröschner/Claus Dierksmeier/Michael Henkel/Alexander Wiehart, *Rechts-und Staatsphilosophie: Ein dogmenphilosophischer Dialog*, 2000, Springer, S. 200ff.

26 Rolf Gröschner/Claus Dierksmeier/Michael Henkel/Alexander Wiehart, ibid., S. 200ff.

27 Jean-Jacques Rousseau (Hg. von Hans Brockard), *Du contrat social/ Vom Gesellschaftsvertrag*, Reclam, 2010, II. 12. [http://www.zeno. org/]

28 Hermann Heller (In der Bearb. von Gerhart Niemeyer), *Staatslehre* (1934) (6.Aufl.), Mohr Siebeck, 1983., S. 266.

29 "우리는 국민이다Wir sind das Volk "는 1989/1990년 동독 월요일 시위에서 동독 정부에 항의하기 위해 처음으로 구호로 외친 정치적 슬로건이다. 이후 이 슬로건은 "우리는 하나의 민족이다Wir sind ein Volk "라는 슬로건으로 빠르게 대체되었다. 하지만 2014년 이후부터 이 구호는 인종차별, 이슬람 혐오, 반민주, 우익 포퓰리즘 운동 등에서 점점 더 많이 사용되고 있다.

30 Jean-Jacques Rousseau (Hg. von Hans Brockard), *Du contrat social/ Vom Gesellschaftsvertrag*, Reclam, 2010, I. 8. [http://www.zeno.org/]

31 Immanuel Kant, *Grundlegung zur Metaphysik der Sitten* (1785), 2. Abschnitt. [http://www.zeno.org/]

32 Philipp-Alexander Hirsch, *Kants Einleitung in die Rechtslehre von 1784*, Universitätsverlag Göttingen, 2012.

33 Georg Wilhelm Friedrich Hegel, *Grundlinien der Philosophie des Rechts* (1820), § 260. [http://www.zeno.org/]: "국가Staat 는 구체적 자유가 실현된 모습Wirklichkeit der konkreten Freiheit 이다. 그러나 구체적 자유는 사적인 개인persönliche Einzelheit 이 자신의 특수 이익과 사회의 일반 이익을 추구하면서 완전한 발전vollständige Entwicklung 을 이루고 (가족과 시민사회 내에서) 자신의 권리를 인정받는 형태로 구현된다. 일반적인 사람은 불완전한

지식과 의지를 통해 사물과 현상을 자신의 실질적 정신substantieller Geist 으로 인식하고, 그것을 최종 목적Endzweck 으로 삼고 얻기 위해 노력한다. 따라서 일반적인 사람은 특별한 관심, 지식 및 의지 없이는 어떤 것도 중요하게 생각하지 않고 성취하려 하지 않는다. 개인Individuen 은 단지 사적 인간Privatpersonen 으로서 특수 이익을 위해 살아갈 뿐 일반 이익을 위해 살지 않으며 이러한 목적(공익)을 의식하는 활동도 하지 않는다. 근대국가의 원리Prinzip der modernen Staaten 는 주관성의 원리Prinzip der Subjektivität 를 개인의 특수성persönliche Besonderheit 이라는 극단의 형태로 완성시킴과 아울러 그것을 실질적 통일성substantielle Einheit 으로 환원시켜 국가 내에 유지시키는 엄청난 힘과 깊이ungeheure Stärke und Tiefe 를 지니고 있다."

34 Hegel, ebd., § 268.: "주관적 확실성subjektive Gewißheit 은 진실에 기초하지 않은 단순한 의견일 뿐이다. 진실에 기초한 확실성에 비추어보면, 정치적 태도politische Gesinnung 와 애국심Patriotismus 은 습관화된 의지Gewohnheit gewordenes Wollen 또는 국가 내에 존재하는 제도의 결과물Resultat der im Staate bestehenden Institutionen 이다. 합리성Vernünftigkeit 은 합리적인 행동을 통해서만 실제로 존재할 수 있고, 현실에 관여할 수 있다. 이러한 마음가짐Gesinnung 은 일반적으로 나의 실질적이고 특수한 이익이 나와 관련된 타인Andere (여기서는 국가Staat)의 이익과 목적 안에 포함되고 보존될 수 있다는 신뢰(다소 세련된 통찰력으로 발전할 수 있다)와 의식으로 이어진다. 이것은 이 사람(타인, 국가)이 나에게 타인이 아니며, 나는 이러한 의식(연대 의식, 애국심) 속에서 비로소 자유워질 수 있다는 것을 의미한다. 애국심은 흔히 특별한 희생과 행동을 하려는 기분Aufgelegtheit 으로만 이해된다. 그러나 그것은 공동체의 일상적인 상태와 생활 조건 속에서 실질적인 삶의 기반과 목적을 찾기 위해 습관적으로 익숙해져버린 태도를 의미한다."

35 Hegel, ebd., § 267.

36 독일을 비롯한 대륙법 체계에서는 국가와 사회(국민)를 이분법적으로 분리한 뒤, 국가(공동체)-객관-제도(법)와 국민(개인)-주관-자유(권리)를 각각 서

로 반대되는 연관어로 사용된다. 이 문장에서 주관적 권리란 개인적 권리, 객관적 제도란 국가적(법적) 질서라는 의미다. 이러한 용어의 사용법에 익숙해지면 대륙법, 특히 독일법의 이해가 매우 용이해진다.

37 헌법 제10조.

38 헌법 전문

39 헌법 제1조 ①.

40 Klaus Stern, *Das Staatsrecht der Bundesrepublik Deutschland* (Bd. 1), 1984, S. 579 ff.

41 Klaus Stern, ibid., S. 581 f.

42 헌법 제66조.

43 헌법 제67조 ①.

44 헌법 제70조 대통령의 임기는 5년으로 하며, 중임할 수 없다.

45 헌법 제111조 및 제65조.

46 헌법 제67조 ④.

4부 피날레: 민주주의를 위한 제언

1. 민주주의는 과연 인류 보편의 가치인가

1 Giovanni Sartori, *Demokratietheorie*, Wissenschaftliche Buchgesellschaft, 1997, S. 40.

2 Kurt L. Shell, 'Demokratie', In: Everhard Holtmann(Hg.), *Politik-Lexikon* (3. Aufl.), Oldenbourg, 2000, S. 110.

3 Giovanni Sartori, ibid., S. 274.

4 Giovanni Sartori, ibid., S. 209f.

5 Samuel Salzborn, *Demokratie: Theorien-Formen-Entwicklungen* (2. aktualisierte und erweiterte Aufl.), Nomos, 2021, S. 7 f.

6 Waldemar Besson & Gotthard Jasper, *Das Leitbild der modernen*

Demokratie: Bausteine einer freiheitlichen Staatsordnung, Bundeszentrale für politische Bildung, 1990, S. 10.

7 Samuel Salzborn, *Demokratie. Theorien-Formen-Entwicklungen* (2., aktualisierte und erweiterte Aufl.), Nomos, 2021, S. 137 f.

8 Manfred G. Schmidt, *Demokratietheorien: Eine Einführung* (6. Aufl.), Springer, 2010, S. 151.

9 Giovanni Sartori, *Demokratietheorie*, Wissenschaftliche Buchgesellschaft, 1997, S. 39 und 175.

10 Samuel Salzborn, *Demokratie: Theorien-Formen-Entwicklungen* (2., aktualisierte und erweiterte Aufl.), Nomos, 2021, S. 89.

11 World Forum on Democracy(2000.6.25~27.), 'Electoral Demacracies'. [https://web.archive.org/web/20131016184935/http://www.fordemocracy.net/electoral.shtml] [retrieve. 2024. 10. 27. 22:01] 20세기에는 민주적으로 선출된 정부와 주권국가의 수가 극적으로 확대되었다. 군주제monarch 와 제국empire 이 지배적이었던 1900년에는 경쟁적 다당제 선거competitive multiparty election에 대한 보통선거권universal suffrage 을 기준으로 선거민주주의electoral democracy 체제라고 판단할 수 있는 국가가 없었다. 미국, 영국, 그리고 소수의 다른 국가는 가장 민주적인 시스템을 가지고 있었지만 여성의 투표권을 거부했고, 미국의 경우 흑인의 투표권을 거부했기 때문에, 이들은 제한된 민주주의 관행을 가진 25개국 중 하나였으며, 그나마 세계 인구의 12.4퍼센트에 불과했다. 1950년까지 나치 전체주의의 패배, 식민지 해방을 향한 전후의 추진력, 그리고 유럽과 일본의 전후 재건으로 인해 민주주의국가의 수가 증가했다. 20세기가 끝날 무렵 자유주의와 선거민주주의가 분명히 우세했으며, 제3의 물결(새뮤얼 헌팅턴의 언급)과 함께 유럽 세계의 대부분과 라틴아메리카, 아시아 및 아프리카 일부 지역에 민주주의를 가져왔다. 2000년 현재 선거민주주의는 192개 현존 국가 중 120개국을 대표하며, 세계 인구의 58.2퍼센트를 구성한다. 다만 이 중에서

자유민주주의liberal democracy, 즉 기본적 인권과 법치주의를 자유롭게 존중한다고 간주하는 국가는 85개국이며, 세계 인구의 38퍼센트를 차지한다.; UN Genaral Assembly, *Resolution adopted by the General Assembly on 8 November 2007*, United Nations A/RES/62/7 (2007.12.13.) 국제연합UN 은 2007년 9월 15일을 세계 민주주의의 날International Day of Democracy로 선언했다.

12 민주주의는 이론과 실천 모두에서 여러 형태를 띠고 있다. 민주주의 중 일부는 다른 종류보다 시민에게 더 나은 대표권과 더 많은 자유를 제공한다(G. F. Gaus & C. Kukathas, *Handbook of Political Theory*, SAGE, 2004, pp. 143-145.) 그러나 어떤 민주주의도 정부가 입법 과정에서 국민을 배제하거나 어떤 정부 부서가 권력분립을 자기에게 유리하게 바꾸는 것을 금지하도록 구조화하지 않는다면, 특정 집단이 너무 많은 권력을 축적하고 민주주의를 파괴할 수 있다. A. Barak, *The Judge in a Democracy*, Princeton University Press, 2006, p. 40.; T. R. Williamson, *Problems in American Democracy*, Kessinger Publishing, 2004, p. 36.; U. K. Preuss, "Perspectives of Democracy and the Rule of Law", *Journal of Law and Society* 18:3 (1991), pp. 353-364.

13 Hans Kelsen, 'Foundations of democracy', *Ethics* 66(1), 1955, pp. 1-101.

14 Herbert Marcuse, 'Das Schicksal der bürgerlichen Demokratie', In: *Nachgelassene Schriften* (Bd. 1), Zu Klampen, 1999, S. 146.

15 Herbert Marcuse, ibid., S. 150.

16 Herbert Marcuse, ibid., S. 152.

17 Herbert Marcuse, ibid., S. 154.

18 Julian Nida-Rümelin, *Die gefährdete Rationalität der Demokratie: Ein politischer Traktat*, Edition Körber, 2020, S. 14.

19 Otfried Höffe, *Ist die Demokratie zukunftsfähig? Über moderne*

Politik, C. H. Beck, 2009, S. 310 und 312.

20 Daron Acemoglu, Suresh Naidu, Pascual Restrepo, James A. Robinson, 'Democracy Does Cause Growth', *Journal of Political Economy* 127(1), 2019.02., pp. 47-100.

21 D. Walder, E. Lust, 'Unwelcome Change: Coming to Terms with Democratic Backsliding', *Annual Review of Political Science* 21(1), 2018, pp. 93-113.

22 Susan D. Hyde, 'Democracy's backsliding in the international environment,' Science 369(6508), 2020, pp. 1192-1196.

23 훌리거니즘은 축구 경기장 안팎에서 집단적·물리적 폭력을 일삼는 광적인 팬덤fandom 문화를 말한다. 정치 영역에서도 유력 정치인을 중심으로 과격한 팬덤 문화를 형성해 정치적 갈등과 혼란을 키우는 현상이 나타나고 있다.

24 Bernard Manin, *The Principles of Representative Government*, Cambridge University Press, 1997, pp. 2-4.

25 Richard Kimber, 'On democracy', *Scandinavian Political Studies* 12(3), 1989, pp. 199-219.

26 프리드리히 A. 하이에크 지음, 김이석 옮김, 《노예의 길》, 2023, 자유기업원, 154쪽.

2. 자유민주주의와 회색코뿔소 위기

1 Michele Wucker, *The Gray Rhino: How to Recognize and Act on the Obvious Dangers We Ignore*, St. Martin's Press, 2016.

2 '검은 백조'라는 뜻으로 전혀 예상치 못한 리스크, 즉 기존의 관찰과 경험에 의존한 예측이 통하지 않는, 예기치 못한 극단적 상황이 일어나는 경우를 말한다.

3 Robert A. Dahl, *Polyarchy: Participation and Opposition*, Yale

University Press, 1972, pp. 1-16.

4 헌재 1989. 12. 22. 88헌가13, 판례집 1권, 368.

5 토마 피케티 지음, 장경덕 외 옮김, 《21세기 자본》, 2014, 글항아리, 689~690쪽.

6 Hans Vorländer, *Demokratie: Geschichte, Form, Theorien* (4. Aufl.), C. H. Beck, 2020, S. 117 f.

7 Michael J. Sandel, *Vom Ende des Gemeinwohls: Wie die Leistungsgesellschaft unsere Demokratien zerreißt*, S. Fischer, 2020, speziell S. 196-198, S. 313 f., S. 325 und 332.

8 파나마 페이퍼스, 파라다이스 페이퍼스 등은 공익 제보자, 언론사 등을 통해 유출된 비공개 문서로서, 세계적인 부호, 기업, 정치인들의 재무 정보가 포함되어 있었다. 이들이 파나마 같은 규제 피난처를 이용해 사기, 조세 회피 등 불법행위를 저지른 사실이 폭로되었다.

9 Michael Hartmann, *Die Abgehobenen: Wie die Eliten die Demokratie gefährden*, Campus Verlag, 2018, S. 19 und 24 f.

10 Michael Hartmann, ibid., S. 246-248.

11 M. Gilens & B. I. Page, 'Testing theories of American politics: Elites, interest groups, and average citizens', *Perspectives on Politics* 12, 2014, pp. 564-581.

12 박한철, 《헌법의 자리》, 2022, 김영사, 162쪽.

13 박한철, 앞의 책, 2022, 158~159쪽.

14 Carl Schmitt, Die geistesgeschichtliche Lage des heutigen Parlamentarismus(10. Aufl.), 2017(1923), Duncker & Humblot, S. 10.

15 야스차 뭉크 지음, 함규진 옮김, 《위험한 민주주의 *People vs. Democracy: Why Our Freedom is in Danger and How to Save It* 》, 2018, 와이즈베리, 8쪽.

16 Hans Vorländer, *Demokratie: Geschichte, Form, Theorien* (4. Aufl.), C. H. Beck, 2020, S. 118 f.

17 Bernhard Frevel & Nils Voelzke, *Demokratie: Entwicklung-Gestaltung-Herausforderungen* (3. Überarbeitete Aufl.), Springer, 2017, S. 216.

18 Samuel Salzborn, *Demokratie: Theorien-Formen-Entwicklungen* (2., aktualisierte und erweiterte Aufl.), Nomos, 2021, S. 144.

19 Matthew Wood, 'The Political Ideas Underpinning Political Distrust: Analysing Four Types of Anti-politics', *Representation* 58 (1), 2022, pp. 27-48.; Ross Beveridge, David Featherstone, 'Introduction: Anti-politics, austerity and spaces of politicisation', *EPC: Politics and Space* 39 (3), 2021, pp. 437-450.; Emma Vines, David Marsh, 'Anti-politics: beyond supply-side versus demand-side explanations', *British Politics* 13 (4), 2018, pp. 433-453.

20 Samuel Salzborn, ibid., S. 127 f.

21 네이버, 구글, 아마존 등 인터넷 정보 제공자의 알고리즘이 이용자 정보를 토대로 개인의 취향이나 선호도를 분석해 적절한 정보를 골라 제공하면서 이용자가 선별된 정보(필터링된 정보)만을 접하게 되는 현상 또는 필터링된 정보 거품을 말한다.

22 소셜 봇은 소셜 AI 또는 소셜 알고리즘이라고도 하며, 소셜 미디어에서 자율적으로 소통하는 소프트웨어 에이전트다. 배포하는 메시지(예: 트윗)는 간단하지만, 알고리즘을 통해 부분적으로 인간과 유사한 기능으로 작동할 수 있다. 또한 소셜 봇은 인공지능과 머신러닝을 사용해 보다 자연스러운 인간적 대화로 메시지를 표현할 수 있다.

23 Hans Vorländer, *Demokratie: Geschichte, Form, Theorien* (4. Aufl.), C. H. Beck, 2020, S. 115 f.

24 Marcus S. Kleiner, *Streamland: Wie Netflix, Amazon Prime & Co. unsere Demokratie bedrohen* (4. Aufl.), Droemer, 2020, S. 25 f.

25 Marcus S. Kleiner, ibid., S. 218 f., 222 und 249.

26 Engin Bozdag, 'Bias in algorithmic filtering and personalization',

Ethics and Information Technology 15(3), 2013, pp. 209-227.

27 Dietram Sheufele, 'Framing as a Theory of Media Effects', *Journal of Communication*, 1999, p. 49.

28 Boaventura De Sousa Santos, 'Silence of the Intellectuals', *Journal of World-Systems Research* 29 (1), 2023. 3, pp. 219-226.

29 UK Parliament, *Disinformation and 'fake news': Interim Report* (HC 363), 2018. 7. 29. [https://publications.parliament.uk/pa/cm201719/cmselect/cmcumeds/1630/163002.htm] [retrieve. 2024. 10. 22. 20:36]; Yariv Tsfati, H. G. Boomgaarden, J. Strömbäck, R. Vliegenthart, A. Damstra, E Lindgren, 'Causes and consequences of mainstream media dissemination of fake news: literature review and synthesis', *Annals of the International Communication Association* 44 (2), 2020, pp. 157-173.

30 John Locke, *Two Treatises on Government*, 1689, II. §98. "For where the majority cannot conclude the rest, there they cannot act as one body, and consequently will be immediately dissolved again…."

31 Gary W. Cox, Kenneth A. Shepsle, 'Majority Cycling and Agenda Manipulation: Richard McKelvey's Contributions and Legacy', In: John Herbert Aldrich, James E. Alt, Arthur Lupia(eds.), *Positive Changes in Political Science: Analytical perspectives on politics*, University of Michigan Press, 2007, pp. 20-23.

32 Alan Siaroff, *Comparing Political Regimes: A Thematic Introduction to Comparative Politics*, University of Toronto Press, 2009, p. 285.

33 Robert Entman, 'Media framing biases and political power: Explaining slant in news of Campaign 2008', *Journalism: Theory, Practice & Criticism* 11 (4), 2010, pp. 389-408.

34 하이에크의 '사회주의적 계획경제'는 경제 불평등과 대중의 요구에 부응하

기 위해 과도한 국가 개입과 권력의 확대를 추구한다는 점에서 현대적 포
퓰리즘과도 연결된다. 양자는 이념적 기반과 실행 방법에 있어 다소 차이는
있으나, 포퓰리즘도 대중 영합적 정책을 통해 무분별한 경제개입으로 나아
갈 경우 필연적으로 권력의 확대를 초래하며 개인의 자유를 제한하고 정치
적 억압과 전체주의로 이어질 위험이 발생한다.

35 프리드리히 A. 하이에크, 앞의 책, 2023, 자유기업원, 263쪽.

36 하이에크는 "상당히 균질적인 견해를 가진 무수히 많은 강력한 집단이 어
떤 사회에서건 최선의 사람이 아니라 오히려 최악의 사람들에 의해 형성될
가능성이 많은 주된 이유는 세 가지다"라며 독재자의 세 가지 선택 원칙(전
략)을 설명하고 있다. 프리드리히 A. 하이에크, 앞의 책, 2023, 자유기업원,
266~269쪽.

37 프리드리히 A. 하이에크, 앞의 책, 2023, 자유기업원, 267쪽.

38 프리드리히 A. 하이에크, 앞의 책, 2023, 자유기업원, 267쪽.

39 프리드리히 A. 하이에크, 앞의 책, 2023, 자유기업원, 268쪽.

3. 자유민주주의의 위기를 어떻게 극복해야 하는가

1 Rhiannon Williams, 'Humans may be more likely to believe
disinformation generated by AI', *MIT Technology Review*, 2023, 6. 28.
[https://www.technologyreview.com/2023/06/28/1075683/humans-
may-be-more-likely-to-believe-disinformation-generated-by-
ai/] [retrieve. 2024. 10. 22. 21:35]; Jack Nicas, 'How YouTube Drives
People to the Internet's Darkest Corners', *Wall Street Journal*, Feb.
7, 2018. 2. 7. [https://www.wsj.com/articles/how-youtube-drives-
viewers-to-the-internets-darkest-corners-1518020478] [retrieve.
2024. 10. 22. 21:41]

2 딥 페이크란 딥 러닝deep learning (인공 신경망을 활용한 대량 데이터 학습) 기술
을 이용하는 인간 이미지 합성 기술을 말한다. 최근에는 AI를 이용해 실제

처럼 보이도록 만든 모든 비디오, 사진, 오디오를 총칭하는 의미로 사용된다.

3   박한철,《헌법의 자리》, 2022, 김영사, 224, 253쪽.

4   구체적인 헌법적 근거와 조항에 대해서는 박한철, 앞의 책, 2022, 김영사,
    225쪽 참조.

5   현재 헌법재판소의 다수의견은 "우리 헌법 제10조의 행복추구권은 국민이
    행복을 추구하기 위해 필요한 급부를 국가에 적극적으로 요구할 수 있는 것
    을 내용으로 하는 것이 아니라, 국민이 행복을 추구하기 위한 활동을 국가
    권력의 간섭 없이 자유롭게 할 수 있다는 포괄적인 자유권으로서의 성격을
    가진다"는 입장이다(헌재 2011. 6. 30. 2008헌마715, 판례집 23-1하, 430, 441. 등
    참조).

6   W. James Potter, 'The State of Media Literacy', *Journal of Broad-
    casting & Electronic Media* 54(4), 2010, pp. 675-696.

7   Max Weber, *Parlament und Regierung im neugeordneten Deutsch-
    land*(2. Aufl.), 2011(1918), Duncker & Humblot, S. 18.

8   카를 슈미트의 정치철학은 크게 1932년 이전, 1933~1936년, 1937년 이후
    로 구분된다. 1932년 이전에 카를 슈미트는 20세기를 관통하는 원숙한 정
    치철학과 헌법 이론을 완성했지만, 1933~1936년에는 히틀러의 황제 법
    률가로 등극하면서 나치의 국내 정책과 대외 정책을 합법화하는 데 주력
    했으며, 1937년 이후에는 오랜 은둔생활을 하며 국제법과 전쟁법에 관한
    저술에 전념했다. 슈미트의 헌법 저서로는《정치신학Politische Theologie》
    (1922),《현대 의회주의의 정신사적 상황Die geistesgeschichtliche Lage des
    heutigen Parlamentarismus》(1923),《헌법이론Verfassungslehre》(1928),《정치적
    인 것의 개념Der Begriff des Politischen》(1932),《합법성과 정당성Legalität und
    Legitimität》(1932) 등이 있다. 슈미트의 헌법 이론은 오늘날 유럽의 대표적
    정치학자인 슬라보예 지젝Slavoj zizek, 샹탈 무페Chantal Mouffe, 조르주 아감
    벤Giorgio Agamben의 정치 이론에 지대한 영향을 미쳤다.

9   Carl Schmitt, Der Begriff des Politischen(Text von 1932 mit einem

Vorwort und drei Corolarien von 1963), 2015(1932), Duncker & Humblot, SS. 26~27.

10   박한철, 앞의 책, 2022, 김영사, 266~267쪽.

11   '전사로서의 시민'은 프랑스대혁명 이후 1793년 국민 총동원령Levée en masse에 의해 현대 국민개병 제도의 효시인 국민군이 창설되면서 등장한 개념이다. 영국의 역사학자인 에릭 홉스봄Eric Hobsbawm (1917~2012)은 프랑스대혁명 이후 근대 국민국가nation state 형성과 함께 새로이 부각된 시민의 역할을 강조했다. 시민은 한편으로는 국가를 위해 국방의무를 지고 헌신하는 애국심의 상징이지만, 다른 한편으로는 국가의 정체성을 형성하는 존재로서 정치적 토론, 선거, 사회적 책임을 통해 국가의 목표에 적극적으로 기여해야 한다. 따라서 시민은 단순히 국가권력에 복종하는 존재를 넘어, 국가권력을 감시하고 그 권력이 남용되지 않도록 통제·견제할 책임도 가진다고 보고 있다. 특히 홉스봄은 1870년대 이후 유럽의 영토국가territorial state에 민주주의 원리가 도입되면서 시민권이 확대되었고, 국민교육national education을 통해 국민적 동질성이 형성되었으며, 복지국가 원리가 도입되면서 프로레타리아가 시민으로 변질되었다고 보고 있다. [Eric Hobsbawm, *The Age of Empire*, Vintage, 1989, pp. 124~164.] 시민citizen은 국민국가의 구성원인 국민nation을 의미하는데, 이들은 국민 경제 내에서 상호 의존적이기 때문에 공통된 국민의식national class-consciousness (국민적 계급의식)을 공유한다고 한다. 따라서 국민국가의 "실질적이고 실효적인 계급real and effective class은 국민(적)이다national." [Eric Hobsbawm, "Class Consciousness in History", in Istvan Mészáros (ed.), *Aspects of Class Consciousness and History*, Merlin Press, 1971, p. 10.]

4. 자유민주주의의 미래: 홍익인간의 실천

1   정영훈, "홍익인간 사상에 대한 새로운 해석", 〈고조선단군학〉 제34호, 2016. 6., 고조선단군학회. 180~182쪽. 초록.

찾아보기

IN SEARCH OF
THE CONSTITUTION

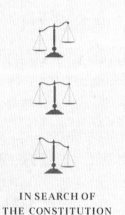

IN SEARCH OF
THE CONSTITUTION